国家社科基金
后期资助项目

爱的悖论

中国福利机构儿童养育的制度与伦理

钱霖亮　著

社会科学文献出版社
SOCIAL SCIENCES ACADEMIC PRESS (CHINA)

图书在版编目（CIP）数据

爱的悖论：中国福利机构儿童养育的制度与伦理 /
钱霖亮著 . --北京：社会科学文献出版社，2024.5
国家社科基金后期资助项目
ISBN 978-7-5228-2950-0

Ⅰ.①爱…　Ⅱ.①钱…　Ⅲ.①儿童福利-组织机构-
研究-中国　Ⅳ.①D632.1

中国国家版本馆 CIP 数据核字（2023）第 245190 号

国家社科基金后期资助项目
爱的悖论：中国福利机构儿童养育的制度与伦理

著　　者 / 钱霖亮

出 版 人 / 冀祥德
责任编辑 / 王　展
责任印制 / 王京美

出　　版 / 社会科学文献出版社（010）59367127
　　　　　地址：北京市北三环中路甲 29 号院华龙大厦　邮编：100029
　　　　　网址：www.ssap.com.cn
发　　行 / 社会科学文献出版社（010）59367028
印　　装 / 三河市东方印刷有限公司

规　　格 / 开　本：787mm×1092mm　1/16
　　　　　印　张：19　字　数：301 千字
版　　次 / 2024 年 5 月第 1 版　2024 年 5 月第 1 次印刷
书　　号 / ISBN 978-7-5228-2950-0
定　　价 / 68.00 元

读者服务电话：4008918866

国家社科基金后期资助项目
出版说明

  后期资助项目是国家社科基金设立的一类重要项目，旨在鼓励广大社科研究者潜心治学，支持基础研究多出优秀成果。它是经过严格评审，从接近完成的科研成果中遴选立项的。为扩大后期资助项目的影响，更好地推动学术发展，促进成果转化，全国哲学社会科学工作办公室按照"统一设计、统一标识、统一版式、形成系列"的总体要求，组织出版国家社科基金后期资助项目成果。

全国哲学社会科学工作办公室

目　　录

第一章

绪　论

"你跟我们一起去吗？"

"你们要去哪儿？还要带那么多小孩？"

"市民广场，有个早教中心在那边办了一个母亲节的活动，要福利院的小孩去参加。"

2011 年 5 月的一天，我一大早到永江福利院，迎面遇到了朱阿姨领着十多个孩子正在往外走。[①] 听到朱阿姨说要带孩子们出院参加活动，我有些惊讶，因为在我调研期间还没有遇到过福利院儿童外出参加活动的情况。早教中心的中巴车已经停在院门口，工作人员正在焦急地等候。双方见面以后，朱阿姨告诉工作人员她带来了十多个孩子，对方一个个打量过去。一名行动不便的女孩被留下了，因为活动期间缺人手照顾她；一名高个子男孩也被留下了，因为"看着不像孩子了"。男孩倒没很大的反应，女孩听到不能去急得要哭了，但最后还是被留下了。朱阿姨向工作人员介绍我的身份是义工，说自己一个人照顾不了那么多孩子，需要我来帮忙，于是我也跟着上了车。上车后，朱阿姨告诉我这个活动早教中心每年都搞一次，去年是去早教中心的教学楼，今年的场面更大一些，放在市民广场上举行。坐在车上的孩子都感觉很新奇，不时地东张西望。有个孩子还把车窗打开往外看，被朱阿姨制止了。朱阿姨说，这些小孩平时没什么机会出去，在福利院里像坐牢一样，所以这一出来就像是放风了。

---

① 本书所涉地名、机构名与人名皆为化名。

活动的会场在市民广场的中心区域，我们到达时已有许多早教中心的老师、学生、家长到场，还有不少驻足观看的市民。会场四周拉起了警戒线，最前方是一个舞台，舞台布景写着"畅想的爱，妈妈的爱"。节目已经开始，先由早教中心的孩子跳了一支舞，之后一位老师也跳了一支舞。接着主持人就宣布今天的母亲节活动有一群特别的嘉宾，他们是来自福利院的孤儿。她用很高分贝的声音模仿孩子说话："我要妈妈，我爱妈妈。"早教中心的工作人员在此之前就安排我们在后台等候，这时我们就被邀请上台了。十多个福利院儿童站成一排，每个孩子身后站一名工作人员，我和朱阿姨站在边上。背景音乐转向沉重哀伤，主持人声情并茂地向观众介绍这群"特殊"的孩子：

> 这些孤儿来自永江福利院，他们一出生就被遗弃在孤儿院门口、火车站、汽车站，从小就失去了父母的关爱和家庭的温暖，没有爸爸妈妈喂他们吃饭，没有爸爸妈妈陪他们做游戏。命运对他们不公平！我每次去福利院看望他们都感到心酸难受，有时候眼泪忍不住就会掉下来。也是因为这个原因，今天母亲节的活动我们特别邀请他们来参加。我希望今天每个在场的老师和家长都能做一回这些孩子的爸爸妈妈，同学们做一回他们的小伙伴，让他们感受一下社会大家庭的关爱和温暖，大家说好不好？

听到舞台下热情的回应和掌声，主持人继续深情地介绍：

> 除了福利院的孩子外，今天在台上我们还有一位特殊的客人，她是一位在福利院里含辛茹苦照顾这些孩子的保育员妈妈。她像对待自己的孩子一样每天不分昼夜地照顾这些孩子，操碎了心。

主持人将话筒传给朱阿姨，问她干这份工作辛苦不辛苦，朱阿姨答："辛苦是辛苦的，但再辛苦也是值得的。"主持人问朱阿姨在带小孩的过程中感受最多的是什么，朱阿姨回答"母爱"，主持人就接话说："是啊，福利院的孩子缺乏母爱，他们被亲生父母遗弃了，而且他们大多数都有身体上的残疾，因此更需要大家的关心和爱护，希望大家给他们热烈的掌声。"此刻掌声响起，音乐也跟着响起，播放的是观众耳熟能详的歌曲《爱的奉献》。主持人接着介绍下面的节目："让我们和福利院的孩子们一起唱歌跳舞，来庆祝这母爱的节日吧！"音乐再次响起，舞台底下家长和老师带着学生跳起舞来，站在孩子们身后的工作人员也一人牵着一个孩子，试图在音乐的节奏中带着福利院儿童舞动。有些孩子跟着节拍跳起来了，但也有一些呆呆地站着，不知如何舞动。

下一个节目是家长带子女在雨伞上画画，福利院的孩子则与早教中心的工作人员组成"临时家庭"。主办方给每一组家庭发了一袋工具，里面有胶水和贴纸。活动有早教中心的工作人员和他们邀请来的电视台、报社记者全程跟踪拍摄。我看到贴纸上已经印好了字与图案。不少早教中心的学生很快就粘好了。有两名福利院儿童在工作人员的指导下也粘好了，纸上写的是"我爱妈妈"，图案画的是一个成人牵着孩子的手。一位工作人员夸赞她带的福利院孩子真听话，"我让他怎么贴他就怎么贴"。由于他们贴得比较好，电视台和报社的记者纷纷去拍他们的雨伞。报社的摄影记者还让工作人员指导福利院儿童重摆一个正在粘贴的姿势以便拍摄，之后又对她进行了采访。在被问及组织这项活动的意义时，那位工作人员说他们的目的是表达社会对福利院儿童这一弱势群体的关爱，同时也希望鼓励更多的人来关注这个群体。

活动结束时永江福利院的郑院长来接孩子们回院，记者们也抓住机会采访了他，询问他对早教中心邀请福利院儿童参加母亲节活动的看法。郑院长首先感谢了早教中心筹划这项活动，鼓励社会大众关注福利院儿童。他说这表明尽管这些孩子被父母遗弃了，但社会不曾忘记他们，经常有热心人士到福利院里来献爱心。在被问及目前福利院儿童的生活状况时，郑院长说当前国家对儿童福利更加关注，政府针对孤残儿童的补助经费每年都在增加。各级党委和政府的领导也非常关心福利院儿童，出台了许多旨在改善他们生活状况的福利政策。他表示，现在福利院的孩子可以说是在国家和社会的双重爱护下成长，这种关怀使他对中国儿童福利的未来充满希望。郑院长的一席话，以及早教中心活动主持人和工作人员的访谈第二天全数出现在了永江本地的电视台和报纸上。

第一节　关爱的政治与伦理

早教中心工作人员、朱阿姨乃至郑院长在上述活动中的言论是我非常熟悉的。在永江福利院进行田野调查期间，每天我都能听到不同人群用各式"爱"的话语来讲述福利院儿童和他们的生活际遇。我访谈的许多人都认为福利院是一个"爱的容器"：这里面的儿童被亲生父母遗弃，失去了家庭的关爱；作为政府开办的替代性照顾机构，福利院为他们提供了来自国家的关照，保育员以一种"替代母爱"的方式养育了他们，还有时下越来越多的慈善人士通过向他们捐赠钱物或提供志愿服务等方式展示了社会大众对他们的关爱。透过官方媒体，我们也可以获知这些"爱"的话语同样被政要和其他社会人士所采用。2006年"六一"儿童节前夕，时任中共中央总书记、国家主席胡锦涛同志曾到北京市儿童福利院考察，他在考察中所做的指示后来被媒体和政府文件广泛引用。例如他强调：

> 少年儿童是祖国的未来、民族的希望。全党、全社会都要关心孩子们的健康成长。孤残儿童是社会上最弱小、最困难的群体，他们最需要呵护、最需要关爱。各级党委和政府都要把孤残儿童放在心上，健全救助制度，完善福利设施，推进特殊教育，动员社会力量为孤残儿童奉献爱心，使他们和其他小朋友一样，在祖国的同一片蓝天下健康幸福成长。①

除了表达对福利院儿童的关心外，胡锦涛同志在那次考察中也称赞了保育人员的奉献精神，他说：

> 你们常年奋战在特殊教育岗位上，为抚养、教育孤残儿童倾注了

---

① 孙承斌、李斌：《胡锦涛在北京市考察少年儿童工作时强调，让每一个孩子都在祖国的蓝天下健康幸福成长，代表党中央向全国少年儿童祝贺"六一"国际儿童节》，《人民日报》2006年6月1日，第1版。

人间最真挚的情感，付出了常人难以想象的辛劳。对孤残儿童来说，你们不是父母，但胜似父母。你们的工作赢得了全社会的尊敬。①

事实上，在这次考察之前，胡锦涛同志就曾多次指示各级党委和政府部门建立完善孤儿救助制度，帮助这些"社会上最弱小、最困难的群体"。2006年4月，根据党中央的指示，民政部等十五个中央部门联合下发了《关于加强孤儿救助工作的意见》。这份文件被誉为新中国成立以来第一个有关孤儿生活救助和服务保障的综合性福利制度安排，对中国儿童福利事业的发展具有里程碑式的意义。该文件要求各级政府部门不仅要建立完善政府系统的孤儿救助保护机制，也要广泛动员社会力量参与进来，比如利用"六一"儿童节、"助残日"和专项慈善活动等时机，通过各种媒体广泛开展宣传，号召社会各界奉献爱心、帮助孤儿，为孤儿生存、发展创造良好的舆论氛围和社会环境。②

在胡锦涛考察北京市儿童福利院后的两个星期，民政部又发出新的通知，要求各地民政部门除继续开展和完善已有的孤残儿童救助制度项目之外，从当年起实施"儿童福利机构建设蓝天计划"（以下简称"蓝天计划"）项目。该项目预计在"十一五"期间（2006～2010年）资助全国地级以上城市新建、改建和扩建一批儿童福利机构。项目的资金来源主要是民政部从部级福利彩票公益金中拨发的每年2亿元资助，以及地方民政部门从地方福利彩票公益金中拨发的配套资金。此外，各级民政部门也积极联系当地发改委和财政部门，将地方儿童福利院机构设施建设纳入各级地方政府的"十一五"规划当中，以加大资金的投入。

除了硬件设施的建设，民政部通知也要求各级民政部门重视完善软件设施，包括在儿童福利机构内开展特殊教育、通过培训提高保育人员的护

① 孙承斌、李斌：《胡锦涛在北京市考察少年儿童工作时强调，让每一个孩子都在祖国的蓝天下健康幸福成长，代表党中央向全国少年儿童祝贺"六一"国际儿童节》，《人民日报》2006年6月1日，第1版。
② 民政部等：《关于加强孤儿救助工作的意见》，2006年3月29日，http：//www.gov.cn/zwgk/2006-04/14/content_ 254233.htm。

理水平等。但不论是硬件还是软件设施的建设与完善，都不能只靠政府的投入，民政部的通知再度强调了动员社会慈善资源的重要性。它提出要建立政府主导下的社会参与机制，积极引导和鼓励社会各界人士通过捐款、捐物和志愿活动等方式，参与、支持儿童福利事业；要大力倡导和发动各种社会力量发挥其各自的优势，为孤残儿童提供力所能及的服务；要适时对为孤残儿童奉献爱心、维护孤残儿童合法权益、支持儿童福利事业发展做出突出贡献的先进集体和个人予以表彰，对他们的善举义行进行宣传；等等。通过上述措施，民政部希望能够充分发挥各方面力量的作用，来促进中国儿童福利事业的发展。① 在接下来的几年时间，我们看到了中央政府在增加儿童福利投入方面所做的更多努力，包括民政部在 2007 年出台的"蓝天计划"实施方案和 2009 年出台的提高福利机构儿童最低养育标准的文件。②

　　党的十八大召开以后，中国儿童福利事业又取得了新的发展。2014年底，民政部出台了《家庭寄养管理办法》，进一步推动家庭寄养作为替代性养育方式，改善寄养儿童的生活条件。③ 2016 年 6 月，国务院下发了《关于加强困境儿童保障工作的意见》，为贫困儿童、残疾儿童、家庭监护缺失或监护不当的儿童等群体提供分类专项保障，保障内容覆盖基本生活条件、医疗、教育和监督责任等多个方面，建立起困境儿童保障工作的体系。④ 2018 年 6 月，为改善残疾儿童康复状况、促进残疾儿童全面发展、减轻残疾儿童家庭负担、完善社会保障体系，国务院又决定建立残疾儿童康复救助制度。这一新的制度体系扩大了残疾儿童的救助范围和救助

---

① 民政部：《民政部关于认真贯彻落实胡锦涛总书记视察北京市儿童福利院重要指示精神的通知》，2006 年 6 月 14 日，http：//sgxh.mca.gov.cn/article/zcfg/200712/20071200008683.shtml。
② 民政部：《民政部关于印发〈"儿童福利机构建设蓝天计划"实施方案〉的通知》，2007年 1 月 22 日，http：//fss.mca.gov.cn/article/etfl/ltjh/200809/20080900019788.shtml；民政部：《民政部关于制定福利机构儿童最低养育标准的指导意见》，2009 年 6 月 9 日，http：//fss.mca.gov.cn/article/etfl/zcfg/200907/20090700032833.shtml。
③ 民政部：《家庭寄养管理办法》，2014 年 9 月 26 日，http：//www.mca.gov.cn/article/gk/fg/rtfl/201507/20150715848518.shtml。
④ 国务院：《国务院关于加强困境儿童保障工作的意见》，2016 年 6 月 13 日，http：//www.gov.cn/zhengce/content/2016-06/16/content_5082800.htm。

服务的内容，提升了救助水平。① 2019 年，民政部新设儿童福利司，统筹设计儿童福利制度，以应对当前儿童工作面临的一系列挑战。该司工作内容包括拟订儿童福利、孤弃儿童保障、儿童收养、儿童救助保护的相关政策和标准，健全农村留守儿童关爱服务体系和困境儿童保障制度，指导儿童福利、收养登记、救助保护机构管理工作等。同一年，民政部制定并推出《儿童福利机构管理办法》《"孤儿医疗康复明天计划"项目实施办法》《关于进一步加强事实无人抚养儿童保障工作的意见》等规章，这些新的政策文件扩大了儿童福利机构收养儿童的范围，加强了对残疾儿童医疗康复的补助，同时也将事实无人抚养儿童纳入我国现行的儿童保障制度体系当中。②

对于我进行田野调查的永江福利院来说，这些政府文件和落实措施有着相当大的意义。例如它的多次修缮工程得到了"蓝天计划"的资助，福利院儿童的养育标准也在不断地提高，还有不少患有先天性疾病的儿童因受到"明天计划"等项目的资助而得以完成手术和康复训练。但国家领导人的指示和政府政策的意义还不止于此，它们揭示了党和政府对福利院孤残儿童这一人群特殊的关注，同时也试图通过政府动员和宣传等方式唤起更多（从地方政治领域到经济、文化等其他领域的）精英对这一人群的关注。这些来自多领域精英群体的关注，在有形和无形之中影响着我进行田野调查的那个距离北京千里之遥的永江福利院的机构角色定位和日常运作机制。事实上，这些精英群体的关注本身即该机构在运作过程中需要处理的日常事务的一部分，包括听取和落实各级领导的指示、接待领导和社会各界人士的来访等。在当代政治精英的规划中，福利院在"政府主导、社会参与"的中国儿童福利事业中占据重要位置：它既是

---

① 国务院：《国务院关于建立残疾儿童康复救助制度的意见》，2018 年 6 月 21 日，http：//www.gov.cn/zhengce/content/2018-07/10/content_ 5305296.htm；民政部：《民政部关于贯彻落实〈国务院关于建立残疾儿童康复救助制度的意见〉的通知》，2018 年 10 月 11 日，http：//xxgk.mca.gov.cn：8081/new_ gips/contentSearch？id=155235。

② 祁培育：《民政部新闻发布会介绍〈儿童福利机构管理办法〉和孤儿医疗康复明天计划等有关情况》，2019 年 1 月 25 日，http：//www.gov.cn/xinwen/2019－01/25/content_ 5361171.htm#allContent；民政部等：《关于进一步加强事实无人抚养儿童保障工作的意见》，2019 年 6 月 18 日，http：//xxgk.mca.gov.cn：8081/new_ gips/contentSearch？id=159474。

发挥政府主导作用的代理人，同时也是（不论是政府动员出来的还是自发的）社会参与的对象，这样的角色职能又有助于进一步巩固政府在儿童福利领域里的主导地位。在这里，对比改革开放前后中国社会福利制度的变迁，尤其是在涉及弃婴孤儿的儿童福利方面，我们可以发现许多变化，包括政府的角色从"独揽"到"主导"的转变。① 但是无论其他方面如何变化，不变的始终是政府的主动权，无论是"独揽"还是"主导"，都强调政府在儿童福利领域的决定权，更不用说政府角色转变的主张本身就是由政府自己做出的。政府在儿童福利领域中角色的变与不变也影响和塑造着福利院这个机构在儿童福利领域中的角色和功能。本书后面的章节将揭示，福利院不变和变化中的角色定位增加了它与政府及社会互动的复杂性，而处理这些复杂的互动关系是其机构日常运作的核心内容之一。

　　本书的重点即在于考察福利院这个机构日常运作中复杂的社会关系，包括机构外的关系（福利院与国家、社会的关系）和机构内的关系（保育员与福利院儿童的关系）。这些关系，在政府与福利院文件、媒体报道和福利院来访者的表述中，都被"爱"的话语修饰着。政府和福利院官方认为国家开办福利机构来收养、抚育弃婴孤儿体现了国家对这一弱势人群的"关爱"。这一"国家关爱"表述并不是新中国成立后才出现的，②

---

① 关于中国社会广义的社会福利制度变迁，参见黄黎若莲《中国社会主义的社会福利：民政福利工作研究》，北京：中国社会科学出版社，1995 年；梁祖彬、颜可亲《权威与仁慈：中国的社会福利》，香港：中文大学出版社，1996 年；Nelson Chow, *Socialist Welfare with Chinese Characteristics*：*The Reform of the Social Security System in China*, Hong Kong：Hong Kong University Press, 2000；Linda Wong, *Marginalization and Social Welfare in China*, London：Routledge, 1998。关于儿童福利制度变迁，参见刘继同《国家责任与儿童福利：中国儿童健康与儿童福利政策研究》，北京：中国社会出版社，2010 年；尚晓援《中国弱势儿童群体保护制度》，北京：社会科学文献出版社，2008 年；王振耀、高华俊《重建现代儿童福利制度：中国儿童福利政策报告 2014》，北京：社会科学文献出版社，2015 年；岳经纶、范昕《中国儿童照顾政策体系：回顾、反思与重构》，《中国社会科学》2018 年第 9 期。

② 在古代中国，王朝的统治者将自己视为"民之父母"，有责任像养育自己的孩子那样养育人民、扶助孤寡。在灾荒年景，国家也应以仁爱之心对待急需救济的灾民，参见艾志端《铁泪图：19 世纪中国对于饥馑的文化反应》，曹曦译，南京：江苏人民出版社，2011 年，第 101~103 页。这些观念在儒家传统中被视为"德政"的表现，是政治统治合法性的来源之一，见尚晓援《中国弱势儿童群体保护制度》，北京：社会科学文献出版社，2008 年，第 45 页。

却有其特殊的表述方式和内容——从新中国成立到现在，这一具有延续性的"国家关爱"话语将"国家"具体化为"（各级）党和政府"，其设置福利院收养弃婴孤儿的行为体现了它们对这一社会弱势群体的关心和爱护，展示了社会主义制度的优越性。除了党中央和国务院，各级党委、政府及其他部门的领导也能够代表国家，在恰当的时间（譬如各种节日）通过去福利院慰问的方式来关爱孤残儿童等社会弱势群体。① 在我进行田野调查的永江福利院，院方的文件和公开的宣传栏里也有体现"国家关爱"或"党和政府关爱"的表述。例如永江市委和市政府部门的领导到访福利院时就曾发言，说福利院的"儿童收养工作是一项爱心工程、德政工程，一定要让这些可怜的孩子尽情享受党和政府的温暖"。② 该院领导也在向上级汇报的报告中写道："政府各级部门对儿童收养工作历来十分重视，只要儿童需要，政府各级部门从来不吝啬。孩子们的生活、医疗、教育等资金全都按需保障。"③

除了"国家关爱"，政府和福利院文件、媒体报道和福利院的来访者的表述中常常出现的"爱"的话语还有"社会关爱"和"保育员妈妈的爱"。在政府文件中，社会各界人士是各级党委和政府动员向福利院献爱心的对象，他们是政治精英期望建立"政府主导、社会参与"式儿童福

---

① 胡键、岳宗：《每个孩子都应拥有幸福快乐童年》，《南方日报》2009 年 5 月 31 日，第 1 版；沈国仪：《张连珍到南京儿童福利院走访慰问》，《新华日报》2013 年 6 月 1 日，第 A01 版。

② 永江福利院：《儿童收养工作总结》，永江福利院内部文件，2003 年。

③ 永江福利院：《年度报告》，永江福利院内部文件，2007 年。与国内主流话语不同，西方某些媒体和组织针对中国儿童福利机构生产出一系列"爱"的反向话语。它们将机构中的工作人员描述成无道德的个体，以不人道的方式对待孤残儿童，并借此攻击中国政府。二十世纪九十年代，这些报道在国际上引起了一些不好的反响。中国政府否认了上述媒体和组织的指控，并开始警惕境外组织和个人通过探访报道儿童福利院来进行反华宣传，参见民政部《民政部关于加强对社会福利事业单位外事接待工作管理的紧急通知》，1995 年 6 月 29 日，http://www.people.com.cn/item/flfgk/gwyfg/1995/213052199506.html。自此之后，甚少境外记者和学者可以进入这些机构访问和进行学术研究。这也在某种程度上导致了中国福利机构和福利院儿童的研究成为海外学界一个相对冷门的话题，想了解上述机构和人群状况的读者很多时候只能参考那些对中国福利机构不甚友善的报道，由此对中国儿童福利产生负面的印象，见 Wei-Chin Lee，"Book Review：Death by Default：A Policy of Fatal Neglect in China's State Orphanages." *The Journal of Asian Studies*，vol. 56，no. 2，1997，pp. 476~477。

利事业的积极参与者。① 而在福利院文件里，或在媒体的报道中，社会各界人士则是主动向福利院献爱心、关心体贴孤残儿童的热心/爱心人士，他们的事迹都记录在《爱心捐赠榜》《社会关爱》《社会关怀》等栏目下。譬如《广州日报》的一篇报道描述了广东佛山的一群宝马车主集体去顺德区福利院献爱心，给那里的孤残儿童送去食物、日常生活用品和玩具等物资的场景。② 除了捐赠现金和物资外，献爱心的方式还有志愿服务。《人民日报》曾经报道湖南长沙的 500 多名网友组成了一个"爱心妈妈"群体，不定期地去长沙市福利院向孤残儿童献爱心，给婴幼儿洗澡、为孩子们讲故事、陪孩子们玩游戏、对他们进行手工训练等，意在帮助那里的孩子重获"母爱"。③ 《南方都市报》的一则报道同样描述了一群去珠海市福利院献爱心的"爱心妈妈"，她们每周都去那里抱婴儿、教孩子学说话、用游戏的方式教会他们如何与人沟通等。④ 这些"热心人士""爱心妈妈"访问福利院的活动都被政府、福利院和媒体，乃至"热心人士"和"爱心妈妈"们自己阐释为一种爱护福利院儿童的行动，体现了对福利院儿童的"社会关爱"。这样的表述也在永江福利院里普遍存在（详见第四章）。

　　同样的，福利院的工作人员也被政府和福利院官方、媒体以及福利院的来访者表述为对孤残儿童充满了关爱，不是父母却胜似父母。其中，保育员更是经常被表述为悉心照料福利院儿童的"保育员妈妈"。在《人民日报》的一篇报道中，山东省潍坊市儿童福利院的一名成为中共十八大代表的保育员就被描述成坚定信念向孤残儿童无私奉献"母爱"的"保育员妈妈"。报道称，她和同事们每人都要同时照顾七八个孩子，每天都有忙不完的事，可还是会抽出时间来钻研科学育儿的方法。多年的操劳令

①　民政部：《民政部关于印发〈"儿童福利机构建设蓝天计划"实施方案〉的通知》，2007年1月22日，http://fss.mca.gov.cn/article/etfl/ltjh/200809/20080900019788.shtml；民政部：《民政部关于制定福利机构儿童最低养育标准的指导意见》，2009年6月9日，http://fss.mca.gov.cn/article/etfl/zcfg/200907/20090700032833.shtml。

②　伦少斌：《同一片天空，同一个梦想：BMW车主为顺德福利院儿童献爱心》，《广州日报》2010年9月3日，第SDAII04版。

③　侯琳良、林洛頍：《母爱，在孤残儿童中积淀》，《人民日报》2011年12月18日，第1版。

④　谢红梅：《教娃娃学说话"爱心妈妈"有妙招》，《南方都市报》2010年5月11日，第AII11版。

其患上了各种疾病，但她仍然坚持在自己的岗位上忘我地付出。① 在永江福利院，福利院官方和地方媒体也把保育员表述成无私奉献的"保育员妈妈"。比如该院每年向上级提交的《儿童收养工作总结》，其对保育员的描述几乎都是固定不变的几句话：

> 我院儿童护理工作量大、时间长，现有6名儿童保育员，按儿童福利规范1∶3的比例已超负荷工作，她们人均需带领5个特护儿童，加上正常儿童，人均需带8个，甚至达到10个（这些数字在每年的总结汇报中有时略有不同）。保育员妈妈们总是尽心尽责、任劳任怨地履行着自己的工作职责，以慈母之心无条件地承担起了照顾这些弱小生命的责任……许多病残儿入院时命如游丝，但在医务人员及保育员的精心护理下，他们被从死神手中夺了回来并生存下来。6名保育员妈妈在福利院都已工作6年以上，积累了大量的儿童护理经验。尽管她们在院里资历较老，工作最苦、最累，收入却没有刚入院的临时职工多，但她们在工作中毫无怨言，以院为家，不分白天黑夜默默无闻地奉献自己的母爱。特别是在护理生活不能自理的病残儿童时，她们不怕脏、不怕臭，跟对待正常的儿童一样，精心呵护关怀他们成长。正因为有这样一群心中装满爱的"妈妈"们，所有儿童在福利院这个大家庭里才能健康成长。②

在一些有特殊事件发生的年份，比如突发"非典"疫情的2003年，永江福利院文件中会再多加一些对保育员辛勤工作的描述，彰显她们的恪尽职守与坚忍付出：

> 在防治"非典"期间，保育员们在工作极度繁重的情况下，仍坚持每天给育婴室消毒，使孩子们安全地度过了危险期。特别是今年夏季，我们经历了50年以来少见的持续高温天气，保育员们一天数

---

① 卞民德：《给孤残儿童当好"妈"——记山东潍坊市儿童福利院护理部主任杨守伟》，《人民日报》2012年10月7日，第2版。
② 永江福利院：《儿童收养工作总结》，永江福利院内部文件，2003~2009年。

次为孩子们洗澡、清洗污物，付出了比平时更加艰辛的劳动，在人口密度及护理人数都超标的环境与工作量面前，未使一个儿童发生人为因素的死亡。在每年一次的儿童秋季腹泻期间，在人手紧缺的情况下（需抱着打吊针），保育员的家属、子女也都来帮助照顾孩子。[①]

然而，不论是"国家关爱""社会关爱"还是"保育员妈妈的关爱"，这些"关爱"之所以被赋予，都是因为福利院的弃婴孤儿失去了亲生父母和家庭的"关爱"。在各级党委和政府领导看来，正因为弃婴孤儿失去了亲生父母的"关爱"，他们才成为社会上"最弱小、最困难"因而"最需要呵护、最需要关爱"的群体。[②] 也是因为他们失去了父母的"关爱"成为"不幸"的弃婴孤儿，福利院的来访者才会将其来访活动表述为是在向他们"献爱心"，为的是让他们重获"母爱"，而自己则化身成为"热心人士"或"爱心妈妈"。[③] 同样的，保育员"妈妈"的角色也是对亲生父母角色的一种替代，以工作的形式来完成原本应当由弃婴孤儿父母来完成的抚养、教育、关怀的任务。如果有幸被领养，弃婴孤儿还能重获家庭的关爱。在这里，福利院这个小社区和里面的儿童被各种"爱"的话语包围着，这个社区内部或者对外的关系也都被"爱"的话语修饰着。似乎在政府和福利院官方、媒体，以及福利院的来访者的眼中，"爱"对于福利院儿童来说就是一切，而他们对福利院儿童的"爱"都是无私奉献的。本书即致力于探索福利机构场景中有关"爱"的主题，用田野调查的素材来审视和分析这些围绕着、修饰着福利院和福利院儿童社会关系的"爱"的话语。

我必须首先澄清，本书的目标并不包括回答"什么是爱"这样的问题。也许有读者会问：什么是对福利院儿童的"爱"？这个既可以形而上

---

① 永江福利院：《儿童收养工作总结》，永江福利院内部文件，2003年。

② 孙承斌、李斌：《胡锦涛在北京市考察少年儿童工作时强调，让每一个孩子都在祖国的蓝天下健康幸福成长，代表党中央向全国少年儿童祝贺"六一"国际儿童节》，《人民日报》2006年6月1日，第1版。

③ 伦少斌：《同一片天空，同一个梦想：BMW车主为顺德福利院儿童献爱心》，《广州日报》2010年9月3日，第SDAII04版；侯琳良、林洛頻：《母爱，在孤残儿童中积淀》，《人民日报》2011年12月18日，第1版。

又可以形而下的问题固然重要，但我所受的学术训练不足以让我对这一问题做出令人信服的解答。同样的，虽然可能会触及，但我不会深入探讨"为什么是爱"的问题。也许有读者会问：为什么国家修建福利院收养弃婴孤儿、公众去福利院捐款或者做志愿者以及保育员的照料工作就体现了这些行动者对福利院儿童的"爱"？这个问题恐怕言人人殊，难有定论。在本书中，我尝试考察的问题主要是包括国家、福利院以外的公众和福利院工作人员在内的行动者如何看待和建构上述那些针对福利院儿童的"爱"的话语，并用这些话语来阐释其自身与福利院儿童之间的社会关系。这些被"爱"的话语所修饰的社会关系，我认为，恰恰是当代中国福利院在运作过程中所要处理的三项最重要的事务。某种程度上，我们甚至可以说，处理这些社会关系的机制就是福利院机构运作制度本身。

具体来说，有以下三个方面。①福利院是国家建立的儿童福利机构，福利院与国家的互动关系既包含了它和政府各部门协商以获得国家资源来维系机构运作、收养照顾弃婴孤儿的过程，也是国家通过它向公众展示其对社会弱势群体关爱并对他们进行治理的过程。②社会大众对福利院儿童的关注，尤其是"热心人士"到福利院来"献爱心"的活动，是在改革开放以来中国政府推行"社会福利社会化"政策和中国社会慈善热潮兴起的双重背景下出现的新现象。① 它是福利院亟须处理的新的社会关系，这一关系的妥善处理不仅影响福利院自身的收入和其他方面的运作，也影响政府的公共形象。③保育员和福利院儿童之间的关系则是福利院内部运作的重要环节，保育员是机构养育儿童的直接照顾人——政府和福利院提倡在这两者之间建立起一种类似亲生母子/女的关系，以此来提高儿童机

① "社会福利"一词在当代中国的语境中指的是民政部门为老人和孤残儿童等特殊群体提供的福利待遇。改革开放以前的中国，社会福利按照当时计划经济体制的要求由国家和集体大包大揽，很少有社会组织和个体的参与。二十世纪八十年代中期，针对福利机构资金来源单一、服务对象狭窄、管理方式落后、服务水平不高、人员素质偏低的情况，民政部提出了"社会福利社会办"的改革思路。1994年，第十次全国民政会议明确提出"社会福利社会化"的改革设想。1998年，民政部开始在全国13个城市进行试点工作。2000年，民政部等十一部门在《关于加快实现社会福利社会化的意见》中提出推进上述改革的总体要求，包括投资主体的多元化、服务对象的公众化、运行机制的市场化、服务对象的多样化和服务队伍的专业化。这一改革举措打开了福利机构原本封闭的大门，欢迎国内外的投资者和慈善人士的捐助。参见易松国《社会福利社会化的理论与实践》，北京：中国社会科学出版社，2006年，第1~2、第93~95页。

构养育的品质，促进福利院儿童的身心发展。我认为，把握这三层社会关系的处理过程，将极大地助益于我们了解中国儿童福利机构制度及其运作的状况。与此同时，福利院儿童就生活在福利机构的制度结构当中，构成这个制度结构的社会关系也基本上就是他们所处的社会关系网络。在福利院这类相对封闭的机构环境中，机构的制度结构和它所包含的社会关系，实际上就成了福利院儿童的生活环境，每天在这里发生的事情、接触的人与物构成了他们的日常生活。① 在这个意义上，不了解那些被"爱"的话语所修饰的社会关系，我们就无法全然理解和把握福利院儿童真实的生活状态。

第二节　孤残儿童与福利机构

在回顾当代中国儿童福利机构的相关研究之前，我们有必要首先搞清楚这些机构收容的都是什么样的孩子。中国政府和媒体将这一人群称为"孤残儿童"，这个标签很大程度上揭示了他们的身份特征：他们中的大多数人是孤儿和残疾人。但具体的官方文件中还会把这些孤儿细分，包括真正的孤儿（父母已去世）和弃婴儿〔父母有可能还在世，但放弃了对孩子的抚养和监护权，因而也可以理解成英文中的 social orphan（社会性孤儿）〕。② 其中，弃婴儿一直以来都是福利机构收容的主要对象，占机

---

① 需要说明的是，中国福利院相对封闭的机构环境在不同历史时期、不同地区是有差异的。各级政府的政策、各地福利院的运作制度、各地公众对于福利院儿童的关注程度，以及慈善活动的发展程度等因素都有可能对福利院的机构环境产生很大的影响。总的来说，相比于二十世纪九十年代及以前，当前大多数的中国福利院都开放了许多，其表现形式包括公众到福利院捐赠和进行志愿服务人数的增加、媒体报道的增加、福利院儿童出院活动机会的增加等。而我之所以说这个体系仍是"相对封闭"的，不仅是因为在制度上并非所有来访的限制都取消了，还包括大部分福利院儿童外出活动的机会仍具有随机性，依赖福利院领导的决策或者院外组织者的邀请。但这种"相对封闭"的状况又不全然是机构制度造成的，考虑到院内很多孩子还是无法独立行动的婴幼儿，他们的空间流动性自然也就降低了。

② 民政部社会福利与社会事务司：《民政部关于在办理收养登记中严格区分孤儿与查找不到生父母的弃婴的通知》，1992 年 8 月 11 日，http：//www.people.com.cn/item/flfgk/gwyfg/1992/213121199206.html。关于"社会性孤儿"的定义，参见 Elena Khlinovskaya Rockhill, *Lost to the State: Family Discontinuity, Social Orphanhood and Residential Care in the Russian Far East*, New York: Berghahn Books, 2010, p. 1.

构养育儿童人口的绝对多数。除此之外，还有不少死刑和在监人员的子女在福利院中接受救济和照顾。再往前追溯历史，在二十世纪的五十和六十年代，父母还可以把难以管教的子女送到儿童教养院（即儿童福利院的前身）收容。① 在我研究的永江福利院，警方尚未找到其父母的流浪儿童、被拐卖儿童和其他类型的儿童（年龄通常在 6 岁及以下）也是该院暂时收容的对象（详见第二、第三章）。

其次，我们也有必要明确当代中国的儿童福利机构不只是公办福利院，还有其他一些组织也在为陷入困境的儿童提供救护和照顾。但公办福利院，包括专门的儿童福利院（通常坐落于地级及以上行政级别的城市）和社会福利院（通常坐落于县和县级市）中的儿童部，在改革开放之前或之后，一直是儿童救济的主要提供者之一。改革开放之前，在没有福利机构的县（市、区），当地政府通常会雇佣寄养家庭来照顾弃婴儿。在农村地区，公办和集体养老院也住着弃婴和孤儿。② 上述两种救济机制在当下中国的不少区域依然存在，甚至家庭寄养还被认为是更为先进的儿童养育方式。公办福利院也在蓬勃发展，国家还安排了专门的款项用于地方福利机构的建设与完善，如 2006 年启动的"儿童福利机构建设蓝天计划"。2013 年初河南兰考寄养家庭的火灾事件（也称"袁厉害事件"）更进一步引发了新一轮的福利机构兴办热潮。民政部的官员认为，由于不少县（市、区）还没有专门的儿童福利设施，当地政府只好委托个人或民办机构来救助、管理弃婴孤儿，委托之后又缺乏必要的支持与监管，导致了惨剧的发生。为避免类似事件再次发生，政府规划在全国范围内的各县市统筹兴建了一批儿童福利院，将民间散居寄养的困境儿童集中起来安置。③

除了寄养家庭与养老机构外，外国慈善机构和志愿组织也在改革开放

① 尚晓援：《中国弱势儿童群体保护制度》，北京：社会科学文献出版社，2008 年，第 57~58 页。
② 尚晓援：《中国弱势儿童群体保护制度》，北京：社会科学文献出版社，2008 年，第 49 页。
③ 卫敏丽：《我国孤儿收留养育能力亟待全面提高——民政部有关负责人回应河南兰考"1·4"火灾事件》，2013 年 1 月 9 日，http：//www.gov.cn/jrzg/2013-01/09/content_23 08396.htm。

之后参与到中国儿童福利的供给之中。近年来，学者们还注意到了国内慈善机构、志愿组织和个体慈善人士所做的贡献。这些国内外组织和个人的参与方式包括为公办福利院提供资金和医疗援助，在机构内建立特殊儿童照顾中心，成立更为独立（学者们称之为"非官方的"或"非政府的"）的儿童救济机构等。① 根据一些学者提供的数据，2005 年我国有32108 名儿童居住在公办福利机构，有 27521 名儿童居住在民办儿童救济机构，有 6778 名儿童居住在城市和农村的养老院。② 这表明越来越多的民间力量开始参与儿童福利的供应，但其所占比重相较于政府机构仍然有限。到 2007 年底，中国政府共计开办了 269 家专门的儿童福利院、约 600家设有儿童部的社会福利院，总共收容了约 8.1 万名儿童。③ 考虑到公办福利机构仍然是中国最重要的儿童救济机构，本研究将致力于探讨这一机

---

① 李敬、尚晓援：《儿童福利服务组织公信力建设研究之一：安琪之家的个案研究》，尚晓援、王小林编《中国儿童福利前沿 2011》，北京：社会科学文献出版社，2011 年，第260~274 页；林甦：《儿童福利服务组织公信力建设研究之二：儿童希望》，尚晓援、王小林编《中国儿童福利前沿 2011》，北京：社会科学文献出版社，2011 年，第 275~295 页；尚晓援、陶传进：《非政府儿童福利机构研究》，尚晓援、王小林、陶传进编《中国儿童福利前沿问题》，北京：社会科学文献出版社，2010 年，第 93~149 页；Catherine Keyser, "The Role of the State and NGOs in Caring for at-risk Children." In Jonathan Schwartz and Shawn Shieh (eds.), *State and Society Responses to Social Welfare Needs in China: Serving the People*, Abingdon: Routledge, 2009, pp. 45~65; Catherine Neimetz, "Navigating Family Roles within an Institutional Framework: An Exploratory Study in One Private Chinese Orphanage." *Journal of Child and Family Studies*, vol. 20, no. 5, 2011, pp. 585~595; Leslie Wang, "Importing Western Childhoods into a Chinese State-Run Orphanage." *Qualitative Sociology*, vol. 33, no. 2, 2010, pp. 137~159; Leslie Wang, *Outsourced Children: Orphanage Care and Adoption in Globalizing China*, Stanford: Stanford University Press, 2016.

② 王小林、尚晓援：《中国弱势儿童群体社会福利筹资制度研究》，尚晓援、王小林、陶传进编《中国儿童福利前沿问题》，北京：社会科学文献出版社，2010 年，第 24 页。

③ 尚晓援：《国有儿童福利机构改革研究》，尚晓援、王小林、陶传进编《中国儿童福利前沿问题》，北京：社会科学文献出版社，2010 年，第 47 页。这里有必要提醒一下读者，在王小林、尚晓援 2010 年合著的论文中，其引述的 2005 年公办福利机构收容儿童的数据来自当年的国家孤儿普查。在尚晓援 2010 年独著的论文中，其引述的2007 年公办福利机构收容儿童的数据来自当年的全国 1% 人口抽样调查。这两组数据出现在同一本编著中，但作者们并没有解释为什么两年时间福利院儿童的人数会增长那么多。

构的运作情况以及居于其中的儿童的日常生活状态。① 除此之外，我也会考察这一机构和其他致力于促进中国儿童福利发展的民间力量之间的互动，它们相互合作和协商的机制在我看来是当前中国公办福利机构日常运作的重要组成部分。接下来，我将分别回顾现有研究中的福利机构与国家（通过不同的国家机关来施展其权力和权威）之间的关系、与社会大众（包括民间力量）之间的关系，以及福利机构内部保育员与儿童之间的关系。我认为处理这三重互动关系的机制构成了中国公办福利机构制度运作的核心。

一　福利机构与国家关系

关于当代中国儿童福利机构的研究主要集中于探讨儿童福利机构与国家之间的关系，基本的切入点是国家政策如何影响福利机构的运作及其收容儿童的生命历程。凯·约翰逊（Kay Johnson）发现中国福利机构收容的儿童中健康女婴的比例极高。根据其在湖南、湖北两省实地调查收集的数据，她认为严苛的计划生育政策导致了二十世纪八十年代和九十年代被遗弃女婴数量的增长。在其一系列论文和著作中，约翰逊不断强调许多中国父母（其中大多又是抱有重男轻女观念的农村居民）在国家人口控制

---

① 公办儿童福利机构与民办儿童救济机构的相同之处在于它们都为包括弃婴、孤儿在内的困境儿童提供收容和照护服务，而差异则主要体现在两者的机构合法性以及由此造成的机构职能范围的大小。就笔者的视野所及，中国的民办儿童救济机构大体可以分为两类。一类主要集中于社会经济条件相对落后的地区，当地民政部门在福利机构设施欠缺的情况下，委托本地寄养家庭或其他有志于儿童福利的民间人士来照顾困境儿童，并给予照顾人士一定的经济补助。此后受助儿童人数的增加使寄养家庭规模化成为民办儿童救济机构，依靠地方政府的财政支持和社会捐赠运行。安徽省颍上县著名的王家玉儿童福利院（2011年转为公办）便属于这样的例子，河南省兰考县的袁厉害寄养家庭也与此类似。这类机构的特点在于它们受地方民政部门委托，也获得了一定的财政支持，承担着其辖区范围内困境儿童的照护乃至教育工作，但却很难获得合法的身份，其生存状态受到政策风向的影响很大。"袁厉害事件"的影响上文已经谈到，关于王家玉儿童福利院的情况，见腾讯公益《王家玉儿童福利院：一家民办儿童福利院转公之路》，2012年1月4日，https://gongyi.qq.com/a/20120104/000004.htm。另一类民办儿童救济机构则集中于大中型城市，由海内外知名慈善人士私人投资创办，或由海内外慈善机构与中国的政府部门合办，SOS儿童村项目便属于此类。这类民办儿童救济机构在成立时就经政府审批，获得了合法身份，故而受政策影响相对小。但相比于公办儿童福利机构，上述两类民办机构基本都不涉足儿童照护以外的领域，家庭领养与登记等方面的管理权限仍仅归属于地方政府。由此，我们可以说上述民办机构是更纯粹的儿童救济组织，而公办机构作为国家体系的一部分，承担着更广泛的政治使命和治理功能。

政策的压力下遗弃自己的女儿，以便为生儿子留下配额。在所有不幸被遗弃的女婴中，最幸运的那些活了下来并进了福利院，成为后者最主要的收容对象。①

　　虽然同样意识到计划生育政策曾经对弃婴儿人数增长产生的负面影响，社会政策专家尚晓援认为约翰逊夸大了两者之间的因果关系，同时低估了历史、经济等因素在其中的影响力。不同于约翰逊强调福利院中女婴人数的增长，尚晓援关注的是残疾儿童比例的增加。在山西大同，她发现计划生育政策开始严格执行的 1984 年，当地的弃婴人数相比前几年有所下降。尚晓援用这个例子说明国家人口控制政策执行的结果未必一定如约翰逊所宣称的那样，反而有可能减少了弃婴人数，尤其是被遗弃的健康女婴的人数。而在南方各省的福利机构中，例如江西南昌的儿童福利院，1973 年以前入院的儿童很少有残疾的。但在 1973~1980 年，残疾儿童的人数迅猛增长。1980 年，该院残疾儿童所占的比例已经达到了 15%。从 1984 年到 1986 年，进入南昌市儿童福利院的孩子有 59% 被归类为残疾，这一比例在之后的几年持续走高。② 由此，尚晓援认为残疾是当代中国福利院儿童一个更显著的群体特征。

　　针对导致弃婴行为的因素，尚晓援认为还包括：①医疗费用的高企和社会福利的不足导致一些中国父母将自己残疾乃至健康的子女遗弃；②国家人口控制政策压缩了中国家庭的规模，削弱了家庭为残疾子女提供照顾的能力；同时，由于中国农村养老保障制度不健全，农村父母主要依靠健康的儿子养老，所以女儿和难以赡养老人的残疾子女被遗弃的概率增大；③中国重男轻女的文化传统导致很多女婴被遗弃；④在迁往城市打工和居

---

① Kay Johnson, "Chinese Orphanages: Saving China's Abandoned Girls." *The Australian Journal of Chinese Affairs*, vol. 30, 1993, pp. 61~87; Kay Johnson, "The Politics of the Revival of Infant Abandonment in China, with Special Reference to Hunan." *Population and Development Review*, vol. 22, no. 1, 1996, pp. 77 ~ 98; Kay Johnson, *China's Hidden Children: Abandonment, Adoption, and the Human Costs of the One-Child Policy*, Chicago: University of Chicago Press, 2016; Kay Johnson, Huang Banghan, and Wang Liyao. 1998. "Infant Abandonment and Adoption in China." *Population and Development Review*, vol. 24, no. 3, 1998, pp. 469~510.

② 尚晓援：《中国弱势儿童群体保护制度》，北京：社会科学文献出版社，2008 年，第 65 页。

住的过程中，许多农村父母探知了儿童福利院的存在，有可能增加残疾儿童被遗弃的概率；⑤中国社会文化的变迁，例如婚姻破裂和非婚生子女的出现也有可能增加儿童被遗弃的概率。① 为解决弃婴儿问题、减轻福利院的压力，尚晓援呼吁国家采取干预措施，为父母和儿童建立更为全面的社会保障网络体系，此外还需给有残疾儿童的家庭提供特别的援助。她还建议政府为那些在城市生育的农村移民提供物质援助和儿童照顾服务，这样做一方面可以提升农村母亲和儿童的福利水平，另一方面也可以降低出生在这类家庭中的残疾儿童被遗弃的概率。②

　　除了讨论计划生育政策对儿童遗弃的影响及其应对之道外，约翰逊、尚晓援等学者也大略地描述了中国儿童福利机构的职能和居于其中儿童的生活条件，这些方面同样也受到国家政策与权力的塑造。③ 福利院为收容的儿童提供看护照顾、医疗服务和教育机会，必要时也会为他们安排家庭寄养和领养。对于那些无人领养的孩子，福利院将承担起为他们找工作和安排住房的责任。《儿童社会福利机构基本规范》（2001）、《关于加强孤儿救助工作的意见》（2006）等政策文本对福利机构的具体职责都做了细致的规定。但是学者们同样也注意到了国家政策所施加的限制，例如1992 年的《收养法》对国内家庭领养福利院儿童提出了十分苛刻的要求。④ 同样的，在改革开放以来中国从计划经济体制转型成市场经济体制

---

① 尚晓援：《中国孤残儿童养护政策与实践的演变》，沙琳编《需要和权利资格：转型期中国社会政策研究的新视角》，北京：中国劳动社会保障出版社，2007 年，第 161~162 页。

② 尚晓援：《中国弱势儿童群体保护制度》，北京：社会科学文献出版社，2008 年，第 82~83 页。

③ 尚晓援：《中国弱势儿童群体保护制度》，北京：社会科学文献出版社，2008 年；Kay Johnson, "Chinese Orphanages: Saving China's Abandoned Girls." *The Australian Journal of Chinese Affairs*, vol. 30, 1993, pp. 61~87; Anna High, *Non-Governmental Orphan Relief in China: Law, Policy, and Practice*, New York: Routledge, 2020; Kay Johnson, *China's Hidden Children: Abandonment, Adoption, and the Human Costs of the One-Child Policy*, Chicago: University of Chicago Press, 2016; Yi Yu, "Making Adoptable Children: A Case Study of the Child Assessment Programme for Chinese-US Transnational Adoptions." *Area*, vol. 52, no. 2, 2020, pp. 298~305。

④ Kay Johnson, "Politics of International and Domestic Adoption in China." *Law & Society Review*, vol. 36, no. 2, 2002, pp. 379~396; Kay Johnson, Huang Banghan, and Wang Liyao, "Infant Abandonment and Adoption in China." *Population and Development Review*, vol. 24, no. 3, 1998, pp. 469~510.

的过程中，政府在儿童福利供给方面有所削减，以至于需要社会政策专家们站出来呼吁国家重新承担起照顾困境儿童的责任。[①] 尚晓援也批评政府在孤残儿童福利供给中的角色定位、固守机构集体养育的方式。她认为政府应当鼓励寄养家庭和其他非政府部门参与儿童福利的供给，这样做既可以提高孤残儿童的养育质量，又能减轻国家和福利机构的财政压力。然而让非政府部门参与并不意味着政府就可以从此置身事外，而是应当承担起监管者和部分资金提供者的责任。[②] 在其之后的中文论著中，尚晓援虽然没有直接主张废除公办福利机构，但她明确提出中国的孤残儿童养育模式应从机构集体养育转向家庭寄养，并断言机构集体养育是一种受意识形态驱动的、过时的儿童养育模式，不利于儿童过上"正常"的生活，因而需要用更"先进"的家庭寄养模式来代替。[③]

上述这些研究从社会政策专家的视角考察了国家政策如何影响福利机构的运作、福利院儿童的生活，以及作为机构集体养育儿童主要来源的弃婴儿及其父母如何被卷入遗弃行为之中。我们应当认可一点，即作为国家发起和建立的机构，福利院的机构理念和运作机制显然受到国家意识形态和政策的塑造。但如果我们只从这一自上而下的路径思考福利机构与国家之间的关系，甚至在思考儿童福利供给的对策时总寄希望于国家政策的调整，我们很可能会忽视地方福利机构的能动性，尤其是这些机构对国家政策不同于预期的反应。尚晓援是为数不多注意到福利机构能动性的学者，例如她曾经描述过山西大同的福利院如何策略性地利用当地家庭寄养的传统来减轻自身的财政和照顾劳动的压力。[④] 但最后她仍然遵循自上而下的研究路径，乃至将推动"过时的"公办福利机构制度改革作为最终目标。

[①] 刘继同：《国家责任与儿童福利：中国儿童健康与儿童福利政策研究》，北京：中国社会出版社，2010年。

[②] Xiaoyuan Shang, "Looking for a Better Way to Care for Children: Cooperation between the State and Civil Society in China." *Social Service Review*, vol. 76, no. 2, 2002, pp. 203~228; Xiaoyuan Shang, Xiaoming Wu, and Yue Wu, "Welfare Provision for Vulnerable Children: The Missing Role of the State." *The China Quarterly*, vol. 181, 2005, pp. 122~136.

[③] 尚晓援：《中国弱势儿童群体保护制度》，北京：社会科学文献出版社，2008年，第84~85页。

[④] Xiaoyuan Shang, and Xiaoming Wu, "Protecting Children under Financial Constraints: Foster Mother Villages in Datong." *Journal of Social Policy*, vol. 32, no. 4, 2003, pp. 549~570.

　　本书没有直接参与政策实践的雄心壮志，而是希望通过民族志记录的方式深入地研究一家儿童福利机构的实际运作及其对所涉人群的影响，以此彰显地方语境的重要性和相关机构、人物的能动性。例如，在国家呼吁"社会福利社会化"和地方慈善活动兴起的背景下，儿童福利机构如何因地制宜地落实国家政策？就推广家庭寄养这一点而言，我研究的永江福利院便与尚晓援讨论的案例相去甚远。当地福利院的领导和工作人员普遍认为福利院内的居住条件、食物供应、身体和情感照料都比寄养家庭好得多。他们确实在用家庭寄养的方式缓解福利院内劳动力不足造成的压力，但并不认为这么做有助于提高儿童的养育质量。实际上，送去家庭寄养的孩子大部分都是中度或重度残疾的幼儿和大龄儿童。这些孩子通常已经到了可以自主吃饭的年龄，健康状况比较稳定，但因为残疾程度较高，基本没有希望被国内外的家庭领养。把他们送出去寄养后，福利院便可以腾出更多的空间和人手来照顾那些年幼体质弱的婴儿（无论是否病残）。同样的，虽然寄养家庭的选择总体上遵循国家的相关规定，但在执行层面永江福利院仍有其特殊的考虑：很多寄养家庭都与福利院有密切的关系，例如有家庭成员是退休的福利院员工或者成年的福利院儿童。这些人本身有儿童照顾的经验，某种程度上也可算是合格的照顾者。换句话说，该院是在国家政策的大框架下寻找机会照顾"自己人"，将地方财政给予每个寄养儿童的生活费（2011 年时是每人每月 450 元）作为寄养家庭的一笔收入来源。这一家庭寄养实践背后隐秘的地方性逻辑揭示了福利机构运作的能动性，而要把握这种能动性，我们需要深入机构特定的场景来进行观察分析。

　　尚晓援和其他国内的社会政策专家试图通过宣扬家庭寄养的优点来推动其在中国的普及，乃至最终取代机构集体养育。[①] 前文的描述显示了家庭寄养实践的展开及其效果会因地方性语境的改变和机构能动性的施展而

---

　　① 丁华芳、张永梅：《社区培力视角下孤残儿童家庭寄养实践研究——对 G 市福利院儿童家庭寄养工作的案例考察》，《社会工作与管理》2015 年第 2 期；傅婷婷、李桧英：《孤残儿童家庭寄养需求及其效果——以 L 市儿童福利院为例》，《社会福利》2016 年第 2 期；尚晓援、伍晓明、万婷婷：《从传统到现代：从大同经验看中国孤残儿童福利的制度选择》，《青年研究》2004 年第 7 期。

有所不同，然而本书的目标并不是找出一种情境化的地方性逻辑来解构上述社会政策专家们建构的家庭寄养普遍性蓝图，而是要为当前中国儿童福利机构体制提供一项扎根民族志的解释。这项任务之所以重要，是因为该体制不仅在过去深刻影响了数以万计的机构集体养育儿童的生活与成长经历，其在未来持续运作产生的效应还会牵动几代人的生命历程。我不赞同尚晓援等社会政策专家认为公办福利机构只是"过时的"儿童救济组织，其采取的儿童集体养育是落后的养育模式，应该由更"先进的"的家庭寄养模式来取代的观点。我认为，尽管中国政府和地方福利机构也在积极吸纳和采用家庭寄养以及其他一些替代性的儿童养育方式，但它们并不会废除既有的儿童福利机构体制，因为该体制不仅是针对孤残儿童的救济系统，还是中国进行人口治理的国家职能部门。尚晓援将"社会福利的社会化"解释为一种将公办福利机构去政治化的机制，这一看法很有启发性，[1] 但我认为这些机构很难实现彻底的去政治化，因为它们就是现代国家体系的一部分，有着其自身的政治使命和功能（详见第三章）。

二　福利机构与社会大众关系

另一个引起学者关注的主题是公办福利机构与公众之间的关系。在学术讨论中，公众常常被概念化为福利机构之外的"社会"实体。[2] 考虑到改革开放以后中国的政治与社会格局，中国的社会科学家和西方的中国问题专家常常采用"国家—社会关系"或"国家—市民（公民）社会关系"的框架来分析国家机关（包括不同的政府部门）与外在于国家的社会力量以及个体之间的互动。[3] 这类分析框架也在中国儿童福利的研究中

---

① 尚晓援：《中国孤残儿童养护政策与实践的演变》，沙琳编《需要和权利资格：转型期中国社会政策研究的新视角》，北京：中国劳动社会保障出版社，2007年，第166页。

② 金观涛与刘青峰曾指出中文里的"社会"一词是晚清以来出现的新概念。它从日语翻译而来，融汇了中国历史、政治与社会语境中形成的新意涵，见金观涛、刘青峰《中国近代公共领域变迁的思想史研究》，《"中央研究院"近代史研究所集刊》2001年第35期，第1~66页。

③ 关于海外中国研究中"国家—社会关系"范式的综述性讨论，参见 Elizabeth J. Perry, "Trends in the Study of Chinese Politics: State-Society Relations." *The China Quarterly*, vol. 139, 1994, pp. 704~713。

盛行。受到意识形态和学术范式的驱使，这一领域中几乎所有的学者都高度赞赏非政府部门与个人所做的慈善。寄养家庭、国内外的慈善机构和志愿组织、个体慈善家的行动都被视为当今中国正在崛起的"市民社会"力量。①

　　例如尚晓援和她的合作者就十分赞许国内外的慈善机构、非政府儿童福利组织和个体慈善家为中国福利院儿童提供资金、医疗康复和其他形式援助的努力。② 她们曾将上海市儿童福利院的家庭寄养项目视为国家与地方"市民社会"合作的典范。该项目由三名个体慈善家于1997年发起，三人分别是上海市民政局的一名高级官员、一家准官方慈善机构的管理人员和一名成功的企业家。他们利用手头的资源为上海市儿童福利院中的孩子招募寄养家庭。民政局的官员在政府内部设立了一个专门的办公室来协调处理家庭寄养事务，慈善机构的管理人员负责筹集资金以支付寄养家庭的费用，而企业家本人则成为第一位寄养家庭的养父。随着项目的进一步开展，某家在上海颇有影响力的报纸帮助他们做了宣传活动，吸引了900多个家庭申请成为寄养家庭。在选拔环节，主办方还动员了包括政府官员、慈善机构工作人员、专攻特殊教育的大学教授、领养家庭代表在内的多方参与，确保寄养家庭的质量。选拔过后，由民政局下辖的家庭寄养办公室、妇联和当地社区居委会共同负责监督寄养家庭，确保养育质量。在尚晓援及其合作者看来，这种广泛的寄养家庭招募、选拔和监督网络融合了国家和地方"市民社会"的优势，为上海福利机构的孤残儿童提供了更好的照顾。③ 同样的，她们也把非政府部门和个体慈善家对福利院儿童和其他弱势儿童群体的资助视为

①　然而很少有学者注意到中国民间非政府儿童福利机构的局限性，见卢宜宜《NGO 的局限性——中国民间社会福利组织初探》，沙琳编《需要和权利资格：转型期中国社会政策研究的新视角》，北京：中国劳动社会保障出版社，2007 年，第 43~61 页。

②　尚晓援：《中国孤残儿童养护政策与实践的演变》，沙琳编《需要和权利资格：转型期中国社会政策研究的新视角》，北京：中国劳动社会保障出版社，2007 年，第 163~164 页。

③　尚晓援：《中国弱势儿童群体保护制度》，北京：社会科学文献出版社，2008 年，第 130~135 页。

"市民社会"的贡献。① 海外的研究者则将国际慈善机构引导下的非政府和半政府组织对中国公办福利机构的援助视为"海外市民社会"力量与中国地方政府合作的代表，赞扬它们共同促进了中国儿童福利的发展。②

与众多持乐观态度的学者不同，尽管莱斯利·王（Leslie Wang）也将中国公办福利机构与国外非政府慈善机构之间的合作视为一种新型的"国家—市民社会"伙伴关系，但她发现了两者之间严重的分歧。通过考察西方志愿者和中国保育员之间的互动，她发现这两群人对福利院儿童的最大利益和理想童年的理解存在根本冲突，并将这些冲突归因于两者在西方和中国社会中所能获得的经济社会资源的差异。③ 在本书中，我也将考察永江福利院与多种社会力量之间的互动，包括个体慈善人士和志愿者、非政府组织、大众传媒和商业公司等。作为被其他学者认定成构成"社会"或"市民社会"实体基本要素的个体和组织，本书的研究揭示了其慈善活动本身就是一种权力再生产的机制，建立起这些社会力量及其宣称要帮助的福利院儿童之间的不平等关系。

三　福利院保育员与儿童关系

直到最近还很少有学者关注福利院保育员和儿童之间的关系。尚晓援曾

---

① 李敬、尚晓援：《儿童福利服务组织公信力建设研究之一：安琪之家的个案研究》，尚晓援、王小林编《中国儿童福利前沿 2011》，北京：社会科学文献出版社，2011 年，第 260~274 页；林甦：《儿童福利服务组织公信力建设研究之二：儿童希望》，尚晓援、王小林编《中国儿童福利前沿 2011》，北京：社会科学文献出版社，2011 年，第 275~295 页；尚晓援、陶传进：《非政府儿童福利机构研究》，尚晓援、王小林、陶传进编《中国儿童福利前沿问题》，北京：社会科学文献出版社，2010 年，第 93~149 页；Anna High, *Non-Governmental Orphan Relief in China*：*Law*，*Policy*，*and Practice*，New York：Routledge，2020。

② Cheryl Chui and Lucy P. Jordan, "The Role of International Non-Governmental Organizations in Service Delivery for Orphans and Abandoned Children in China." *International Social Work*, vol. 60, no. 5, 2017, pp. 1154~1168; Catherine Keyser, "The Role of the State and NGOs in Caring for at-risk Children." In Jonathan Schwartz and Shawn Shieh (eds.), *State and Society Responses to Social Welfare Needs in China*：*Serving the People*, Abingdon：Routledge, 2009, pp. 45~65.

③ Leslie Wang, "Importing Western Childhoods into a Chinese State-Run Orphanage." *Qualitative Sociology*, vol. 33, no. 2, 2010, pp. 137~159.

经介绍过江西省南昌市福利院保育员的工作情况。与其他地方的福利机构一样，这家福利院也存在人手不足的问题，每位保育员要照顾大约 9 名儿童，远远超过官方规定的保育员—儿童比例（1∶1.5）。如果再考虑她们三班倒的工作安排，实际上每个人要同时照顾 27 个孩子。这种高强度的工作压力严重影响了保育员的身体健康，同时降低了福利院儿童的照顾质量。① 尚晓援还注意到，由于保育员忙于孩子的身体照料，后者的情感需求常常被忽略。② 湖北省黄石市福利院的情况要相对好一些，因为在那里接受集体养育的儿童人数较少。在压力较小的情况下，保育员能够与孩子建立更亲密的关系。③ 虽然尚晓援没有进行更深入的研究，但她注意到寄养家庭的养父母和孩子之间往往也有着亲密的纽带。④ 这一观察被人类学家艾琳·拉夫（Erin Raffety）深入的田野调查所证实，她认为这两者事实上形成了一种"合约性的亲属关系"（contractual kinship），彼此之间有着深厚的感情。⑤

如果尚晓援的研究告诉了我们儿童照顾者的工作负荷如何影响她们与福利院儿童之间的亲密关系，那么莱斯利·王的研究则揭示了社会经济地位和文化背景如何塑造照顾者的育儿理念和实践。王博士曾在一家依托公办福利机构运行的特殊儿童保育中心进行田野调查，该中心受到某家欧美基金会的资助，在招募免费的西方志愿者的同时也雇佣中国本土的保育员照顾病残儿童。她的研究发现，西方中产阶级背景的志愿者和中国工人阶级背景的保育员在儿童观和育儿实践上存在显著的差异，并认为这些差异的根源是她们不同的阶级文化。尽管得出这样一个相对主义的结论，王博士对中国保育员育儿活动的描述表现出这些儿童照顾者的冷漠和缺乏爱心。⑥

---

① 尚晓援：《中国弱势儿童群体保护制度》，北京：社会科学文献出版社，2008 年，第 158 页。

② 尚晓援：《中国弱势儿童群体保护制度》，北京：社会科学文献出版社，2008 年，第 99 页。

③ 尚晓援：《中国弱势儿童群体保护制度》，北京：社会科学文献出版社，2008 年，第 99 页。

④ 尚晓援：《中国弱势儿童群体保护制度》，北京：社会科学文献出版社，2008 年，第 129~130 页，第 136~137 页，第 170~172 页。

⑤ Erin Raffety, *Morality on the Margins*：*Fostering Disabled Children in Contemporary China*, PhD Dissertation in Anthropology, Princeton University, 2015, p. 10.

⑥ Leslie Wang, "Importing Western Childhoods into a Chinese State-Run Orphanage." *Qualitative Sociology*, vol. 33, no. 2, 2010, pp. 137~159.

基于上述研究，本书第五章将专门探究永江福利院保育员的情感工作。尽管面对着与南昌福利院同侪一样沉重的工作压力，在家庭出身上也类似于莱斯利·王遇到的儿童照顾者，我观察到的永江福利院保育员却有意无意地建立起对她们负责照顾的孩子的情感依恋。我认为这些情感纽带实际上来自她们每日的育儿实践，这个育儿过程带给她们快乐与悲伤，构造出她们特殊的"保育员母亲"身份。这一复杂的母职身份建构及其附带的工作经历并不能被一些简单化的形象所涵盖。换句话说，她们既不是"无私奉献的"保育员妈妈，也不像西方媒体和人权组织描述得那样冷酷无情，而是有丰富情感的活生生的个体。

第三节　兼备照顾的全控-规训机构

在我们社会中的全控机构，大致上可以分为五大类。首先，有些机构的设立是专为照顾失能而没有伤害性的人，像是盲人之家、老人院、孤儿院或是救济院。第二，有些地方收容失能但是对社会具有威胁性的人，即使他们自己不愿意，像是：结核疗养院、精神病院、麻风病院。第三种全控机构的设立，则是为了要保护外面的社群，隔离那些被认为有蓄意伤害性的人，这些人的福利便不再是首要的考量，诸如：监狱、感化院、战俘营，以及集中营。第四种机构的设立是为了让人能够在其中从事一些劳作，而这些工具性的目的就是它们的存在理由：军营、船舰、寄宿学校、劳动营、殖民地点，以及给仆人住的宅院。第五种则是让人远离世俗的地方，即便这些地方通常也用来从事宗教方面的训练，像是寺庙、僧侣院、修女院，以及其他修道院等……
——厄文·高夫曼（Erving Goffman）：《精神病院》，第 10～11 页①

---

① 本书引用中国台湾的中译本，中国大陆将作者译作欧文·戈夫曼。见厄文·高夫曼《精神病院》，群学翻译工作室译，台北：群学出版有限公司，2012 年，第 10～11 页。英文原著参见 Erving Goffman，*Asylums*：*Essays on the Social Situation of Mental Patients and other Inmates*，New York：Anchor，1961。

　　……具有监视与惩罚机制的监禁是按照一种相对连续原则运作的。各种机构本身具有连续性。这种连续性把它们彼此联系起来（公共救济与孤儿院、改造所、教养院、规训营、监狱相联系；学校与慈善团体、工厂、救济院、女教养修道院相联系；工人住宅区与医疗、监狱相联系）……

　　——米歇尔·福柯（Michel Foucault）：《规训与惩罚》，第343页①

　　1961年，基于其在美国华盛顿特区圣伊丽莎白医院为期一年的田野调查，社会学家欧文·戈夫曼出版了《精神病院》一书，提出了"全控机构"（total institution）这一组织形态模型，用以阐释类似医院、监狱这类机构的运作和居于其中的收容者的日常生活状态。在戈夫曼看来，全控机构的基本特征是"一个让处境类似的一大群人居住和工作的地方，他们在那里与更宽阔的社会隔开好一段时间，共同过着封闭、受到正式管理的生活"。② 如上文引言所示，孤儿院因其封闭群居的特点也被纳入了全控机构模型的阐释范围。法国社会思想家米歇尔·福柯在同一年答辩通过并出版了其博士论文《疯癫与文明：理性时代的疯癫史》，该书探讨了现代精神病院的诞生和精神病人被禁闭的历史，并于1964年发行了缩写本，1965年又出版了英译本。③ 这之后，福柯又对其他类型的医院、监狱等"规训机构"（disciplinary institution）进行了知识考古学的梳理，探究这类机构的权力运作和被收容者的处境。在《规训与惩罚》一书中，福柯详述了规训机构如何通过空间、时间和动作姿势上的纪律来对机

---

① 米歇尔·福柯：《规训与惩罚》，刘北成、杨远婴译，北京：生活·读书·新知三联书店，2016年，第343页。
② 厄文·高夫曼：《精神病院》，群学翻译工作室译，台北：群学出版有限公司，2012年，第 xiii 页。
③ 中文译本参见米歇尔·福柯《疯癫与文明：理性时代的疯癫史》，刘北成、杨远婴译，北京：生活·读书·新知三联书店，2012年。

构当中的个体进行控制和管理，波莱骑士孤儿院被引为纪律森严的例子之一。① 尽管大西洋两岸的戈夫曼和福柯在生前并没有形成学术对话，他们两人的机构模型却同时成为学界研究不同程度的禁闭机构（institutions of confinement/closed institutions）的经典模型，有时甚至被视为同一类。②

　　本书研究的永江福利院和欧美的孤儿院一样符合全控/规训机构的主要特征。对比戈夫曼总结的全控机构的细致特点③，笔者发现：①永江福利院儿童生活的各个层面都受到福利机构的管辖，其日常活动都在福利院相对封闭的空间中展开（详见第三章）；②每个儿童在每个成长阶段的日常作息都与其他同龄儿童同步，日常活动也大同小异，而保育员等照顾人员对待他们的方式也基本一致（详见第五、第六章）；③儿童的日常活动按紧凑的时间表进行，且时间表皆由机构管理层和照顾人员制定执行（也见第五章）；④儿童的日常作息和活动，乃至生命历程的各个阶段都由福利机构来规划安排，其目的是既对这些弃婴孤儿个体进行救助，又借此实现中国社会更广泛的人口治理（也见第三章）——这四项特征彰显了福利院作为全控机构的全控性。而将福柯对规训机构特点的模糊概括对应福利院，其封闭的空间、对收容者活动的控制、对纪律的强调、检查监督的盛行等④，同样彰显了此机构的规训性。

---

① 米歇尔·福柯：《规训与惩罚》，刘北成、杨远婴译，北京：生活·读书·新知三联书店，2016年，第157~202页。有学者指出，福柯曾在其他著作和演讲中用更抽象的"异托邦"（heterotopias）概念来指代权力精英在现实社会中规划出的特定空间，将他们不愿见到的，需要教养、改造和治疗的人圈禁起来，以保障"正常人社会"的运作，监狱、医院、学校都可视为具有异托邦性质的机构。福柯原作的中译文参见米歇尔·福柯《另类空间》，王喆译，《世界哲学》2006年第6期；用异托邦概念分析监狱体制的案例，见 Leonard D. Baer and Bodil Ravneberg, "The Outside and Inside in Norwegian and English Prisons." *Geografiska Annaler*：*Series B*，*Human Geography*，vol. 90，no. 2，2008，pp. 205~216。

② Staffan Bengtsson and Pia H. Bulow, "The Myth of the Total Institution：Written Narratives of Patients' Views of Sanatorium Care 1908~1959." *Social Science & Medicine*，vol. 153，2016，pp. 54~61；Norbert Finzsch and Robert Jutte（eds.），*Institutions of Confinement*：*Hospitals*，*Asylums*，*and Prisons in Western Europe and North America*，*1500 ~ 1950*，Cambridge：Cambridge University Press，1996。

③ 厄文·高夫曼：《精神病院》，群学翻译工作室译，台北：群学出版有限公司，2012年，第12页。

④ 米歇尔·福柯：《规训与惩罚》，刘北成、杨远婴译，北京：生活·读书·新知三联书店，2016年，第160~176、201~216页。

　　然而自它们登上学术舞台开始，全控/规训机构这些概念模型便引发了不少的质疑。一方面，有不少学者指控戈夫曼的研究方法和理论概括方式皆不严谨；对精神病院的描述只着眼于其研究的当时，对这类机构的起源与后续变革都缺乏关注；其全控机构的模型隐喻残酷的集权制度，过于强调禁闭机构之间的相似性，忽略了它们之间巨大的差异；等等。① 尤其是针对戈夫曼忽视禁闭机构差异性这一点，尽管他在书的开篇曾对不同类型的全控机构做了区分，但其著作的论述方式和对全控机构作为整体的尖锐批评令读者很容易感知到他实际上是在强调这些机构的相似性和总体性。② 也由于他对精神病院中非人道待遇的揭露和批判，戈夫曼的著作成为二十世纪六十年代末和七十年代初欧美社会反精神医学运动的理论武器之一，助推了收容人群去机构化（deinstitutionalization）。③ 另一方面，戈夫曼的批评者认为他鲜明的批判立场导致了他的论述未能客观反映医疗救济机构及其照顾人员的人道主义精神和实际的救助效果，尤其是他将精神病院等同于监狱和集中营，将医护人员等同于狱警乃至政治迫害者，这些类比极容易引起公众在情感上的反感。④ 作为回应，后世采纳全控机构模型的学者进一步对戈夫曼的机构分类进行了调整，例如安娜·雪莉赫（Anna Schliehe）便将专为照顾失能而没有伤害性人群的孤儿院和养老院归类为"照顾型"全控机构（total institutions of care），把收容失能但对社会有威胁性人群的精神病院和麻风病院归类为"照顾控制兼顾型"全控机构（total institutions of care and control），把隔离蓄意伤害性人群的监

① 对戈夫曼《精神病院》一书批评的汇总，参见 Raymond M. Weinstein，"Goffman's Asylums and the Total Institution Model of Mental Hospitals." *Psychiatry*，vol. 57，no. 4，1994，pp. 348～367。中国学者王晴锋对这些批评进行了再梳理，见王晴锋《欧文·戈夫曼与情境互动论》，北京：社会科学文献出版社，2019 年，第 109～117 页。对福柯《规训与惩罚》一书就监狱作为规训机构全面的批判，参见 Fred Alford，"What Would It Matter if Everything Foucault Said about Prison Were Wrong? Discipline and Punish after Twenty Years." *Theory and Society*，vol. 29，no. 1，2000，pp. 125～146。

② Christie Davies，"Goffman's Concept of the Total Institution: Criticisms and Revisions." *Human Studies*，vol. 12，1989，p. 83；Nick Perry，"The Two Cultures and the Total Institution." *The British Journal of Sociology*，vol. 25，no. 3，1974，pp. 350～351。

③ Ian Hacking，"Between Michel Foucault and Erving Goffman: Between Discourse in the Abstract and Face-to-Face Interaction." *Economy and Society*，vol. 33，no. 3，2004，p. 292。

④ Raymond M. Weinstein，"Goffman's Asylums and the Total Institution Model of Mental Hospitals." *Psychiatry*，vol. 57，no. 4，1994，p. 356。

狱和集中营归类为"控制型"全控机构（total institutions of control），把军营、寄宿学校等归类为"工作任务型"全控机构（total institutions for work-like tasks），最后把修道院、寺庙等命名为"宗教性"全控机构（total institutions of religious nature）。① 通过对不同机构的目标和运行方式进行重新概括，安娜·雪莉赫尝试调整戈夫曼对全控机构因权力集中造成压迫性的强调，承认部分机构所具有的人道关怀。然而对孤儿院、养老院这类所谓"照顾型"全控机构的民族志研究显示，对被收容者的管控仍是这些机构实际运作的重要方面，照顾人员的训导和惩戒可谓孤儿、老人在院生活中的家常便饭。②

　　而监狱这类"控制型"全控机构是否仅靠控制机制运作，这一点也有待商榷。福柯在探讨十八至十九世纪欧洲惩罚制度的变革时曾指出，从对犯人实施肉体消灭的酷刑到用以监狱为代表的规训机构对他们进行惩戒和改造，启蒙运动的慈善与人道主义思想对这一惩罚手段的转变有着深刻的影响。掌握权力的精英不再将肉体的痛苦视为法律惩罚行动的终极目标，而是要使人改邪归正。规训手段作为一种劝恶从善的技术压倒了纯粹的赎罪③——尽管《规训与惩罚》一书最终揭示了作为执行部门的规训机构并未真正实现精英们的人道主义理想，被规训的人群实际上很难被教化矫正，却依然得承受规训带来的肉体与精神的痛苦。从理念与实践两个方面审视福柯所谓的规训机构，它对个体的关照与管控和戈夫曼的全控机构一样相互纠缠。换言之，启蒙现代性影响下的全控-规训机构，其附属的各种形态可能都同时具有照顾和控制的属性，只是侧重程度有所差别。由此，我们未必应该像安娜·雪莉赫等学者那样将照顾和控制视为两个维

① Anna K. Schliehe, "Re-discovering Goffman: Contemporary Carceral Geography, The 'Total' Institution and Notes on Heterotopia." *Geografiska Annaler: Series B, Human Geography*, vol. 98, no. 1, 2016, p. 21.

② Tom Disney, "The Orphanage as an Institution of Coercive Mobility." *Environment and Planning A*, vol. 49, no. 8, 2017, pp. 1905~1921; Renee Rose Shield, *Uneasy Endings: Daily Life in an American Nursing Home*, Ithaca: Cornell University Press, 1988.

③ 米歇尔·福柯：《规训与惩罚》，刘北成、杨远婴译，北京：生活·读书·新知三联书店，2016年，第10~12页。在中国社会，我们也能经常在媒体上看到服刑犯人经狱警教导后改过自新、重新做人的案例，揭示了中国的规训机构同样倡导对犯人进行教化与改造。

度，将全控-规训机构进行彻底的划分，甄别出绝对的"照顾型"、绝对的"控制型"和"照顾控制兼顾型"。本书认为，照顾与控制乃是现代全控-规训机构运作的一体两面，两者虽然在理念上看似相悖，在机构日常的运作实践中却能合二为一。① 这些机构既可以以关爱照顾之名对被收容群体施加控制，把照顾工作细分成具体的控制措施②，也可以通过控制来展示和实现人道关怀，且这种人道关怀不仅是保障被收容者暂时的安危与温饱，还涉及他们的情感需求和未来的发展（例如通过强制管教革新他们的思想观念，培养其适应社会的行为习惯和劳动技能等）。③ 从这个角度回应学界对戈夫曼将全控机构刻板化成残酷的集权制度缩影的批评，即如果过去我们对这类机构的理解只注重其强大的控制力所导致的压迫性，使这些概念模型成为仅具有负面意涵的学术标签，那么现在我们可以通过正视具体机构强弱不一的人道关怀理念和实践来使它们中立化（neutralized），令其成为观察组织化的社会和个体互动形态的一项工具，从而有机会既审视和批判权力的负面效应，也承认和推动权力的积极效应。

---

① 实际上，当福柯援引边沁的全景敞视监狱模型来讨论规训实践时，这一模型本身也包含了构思者在思想上的悖论。加拿大社会思想家叶礼庭（Michael Ignatieff）在追溯欧洲工业革命时期监狱体制的兴起时也提到了边沁。作为一名激进的社会改革者，边沁为英国的公民权利和社会福利制度的发展做出了巨大的贡献。但也是这样一位公民权利的倡议者构想出了经典的全景敞视监狱模型，让囚犯在权力的监控之下无所遁形。这两面的形象看似矛盾，实际上却是相辅相成的。叶礼庭指出，欧洲公民权发展的历史显示市民社会中的权利扩张必须通过废除旧制度下默认囚犯享有的自由来加以平衡。换句话说，在一个不平等而且越发分裂的社会中，只有用这种方法才能同时扩大自由和巩固支持，而又不危害治安。类似的例子也可以在美国社会找到。托克维尔 1835 年访问美国时便对该国自由民主制度的两面性深感惊讶，例如他曾提到美国社会代表了当时世界最广泛的自由，但该国的监狱里却有着最为专制的景象。对此，托克维尔的解释是在民主制度的发展过程中，多数派对"违法乱纪"的少数派越来越不宽容，多数派的暴政将静默、整体划一，以及感化院中的生皮鞭当成了自身的标志和工具，同时还通过塑造和改造囚犯良知的举措来昭示自己的存在，参见叶礼庭《痛苦的正当尺度：工业革命中的监狱，1750-1850》，赵宇哲译，上海：上海文化出版社，2019 年，第 242~243 页。

② Tom Disney, "The Orphanage as an Institution of Coercive Mobility." *Environment and Planning A*, vol. 49, no. 8, 2017, pp. 1905~1921; Virve Repo, "Spatial Control and Care in Finnish Nursing Homes." *Area*, vol. 51, no. 2, 2019, pp. 233~240.

③ 叶礼庭：《痛苦的正当尺度：工业革命中的监狱，1750-1850》，赵宇哲译，上海：上海文化出版社，2019 年，第 11~12 页；Dominique Moran and Jennifer Turner, "Turning over a New Leaf: The Health-Enabling Capacities of Nature Contact in Prison." *Social Science & Medicine*, vol. 231, 2019, pp. 62~69.

对全控-规训机构的这一辩证看法实际上也呼应了福柯对权力两面性的认识。一方面，福柯将医院、精神病院、孤儿院等诸多存在明显权力实施印记的封闭和半封闭机构视为规训机构，这些机构通过行使其规训权力（disciplinary power）来隔绝和改造"不正常的人"，以达到保卫"正常社会"的目标。另一方面，他又强调权力并不只有压迫性，也有积极的生产性。"生命权力"（biopower）概念的提出就意在揭示权力如何通过介入管理人的出生、死亡、再生产和疾病的治疗等方面来维系人口的繁衍。而为了达到上述目的，权力不仅会借助医院等传统规训机构，还会开发出新的基于知识生产的技术（例如人口学、统计学、公共卫生、城市规划、社会保障和商业保险等）。[①] 在其职业生涯的后期，福柯更进一步提出治理术（governmentality）的概念来统辖那些参与个体治理和社会总体人口治理的所有技术，并且强调它的正面意义。[②] 沿着福柯对权力两面性做出的更细化的探索，本书尝试提出规训机构在升级成现代社会治理技术的过程中，它们所行使的规训权力将不再仅是负面的惩戒，亦可能包含正面的关照。以当代中国儿童福利院为例，本书意图展示从国家建立这一兼备照顾功能的全控-规训机构以表达"国家关爱"（见第三章），到保育员在照顾儿童的同时亦对他们进行教育和管理（见第五章），再到慈善人士在献爱心过程中对福利院儿童身份的排斥和再利用以维护"正常人"的文化正统性（见第四章）。这些话语和实践彰显了福利院作为"爱的容器"的两面性：一方面，它（和参与该机构运作的个体）救助流落到社会边缘、无依无靠的人群，维护了这些人的生命与其他人身权益；另一方面，它（和参与该机构运作的个体）也将救助的对象与主流社会区隔出来，在政治和文化层面上保卫了"正常人"的社会，捍卫了中国社会正统的价值观（例如爱民仁慈的政府形象、家庭主义和健全主义的观念体系等）。

---

① 米歇尔·福柯：《必须保卫社会》，钱翰译，上海：上海人民出版社，2010 年，第 185~189 页。

② Michel Foucault, "Governmentality." In Graham Burchell, Colin Gordon and Peter Miller (eds.), *The Foucault Effect: Studies in Governmentality*, Chicago: University of Chicago Press, 1991, p. 97.

本书即尝试探寻这两面如何在儿童福利机构的日常运作和机构当中人群的日常生活中达到辩证统一。

第四节　再思人道主义与赤裸生命

救济或惩戒组织具有照顾和控制的双重属性，类似的观点也出现在西方法律人类学和医学人类学界新千年之后的"人道主义"转向思潮之中，并融汇成为一个新兴的领域，即"人道主义人类学"（anthropology of humanitarianism）或"批判性人道主义研究"（critical humanitarian studies）。截至目前，这一领域关注的主要议题包括西方国家的政府或组织（涵盖政府组织和非政府组织）对外来非法移民（或难民）的救济与管理，以及西方国家的国际组织（涵盖政府组织和非政府组织）对非西方国家的人道援助。① 有时西方国家内部福利国家体制的调整和宗教团体的慈善活动也被纳入广义的人道主义人类学讨论中。② 这些研究大多意图揭示人道主义的政治性（the politics of humanitarianism），尤其是在施予者和接受者的关系中，强势的一方在给予人道援助时都施展了管理、惩戒或其他具有压迫性的权力，塑造了与接受方之间的不平等关系。然而这些权力施展和不平等关系的形成在人道主义的话语掩护下又显得十分暧昧，以至于需要富有批判精神的学者将它揭露出来。③

例如迪迪埃·法桑（Didier Fassin）对法国非法移民管理机构的研究指出，这些机构因受内部暴力丑闻和外部人道主义思潮的影响而进行了名

① Miriam Ticktin, "Transnational Humanitarianism." *Annual Review of Anthropology*, vol. 43, 2014, pp. 273~289.

② Andrea Muehlebach, *The Moral Neoliberal: Welfare and Citizenship in Italy*, Chicago: University of Chicago Press, 2012; Omri Elisha, "Moral Ambitions of Grace: The Paradox of Compassion and Accountability in Evangelical Faith-Based Activism." *Cultural Anthropology*, vol. 23, no. 1, 2008, pp. 154~189.

③ Didier Fassin, "Inequality of Lives, Hierarchies of Humanity: Moral Commitments and Ethical Dilemmas of Humanitarianism." In Ilana Feldman and Miriam Ticktin (eds.), *In the Name of Humanity: The Government of Threat and Care*, Durham: Duke University Press, 2010, pp. 238~255; Peter Redfield, "Sacrifice, Triage and Global Humanitarianism." In Thomas Weiss and Michael Barnett (eds.), *Humanitarianism in Question: Politics, Power, Ethics*, Ithaca: Cornell University Press, 2008, pp. 196~214.

义上的人道主义化改造，但其内里反而是借助人道主义的话语对移民群体进行更严苛的区分对待。这一看似矛盾做法的背后隐藏着法国官僚体系在人道主义同情和维系政治社会秩序之间摇摆不定的态度，这一态度导致了它的移民政策兼具同情和压迫的色彩。[1] 米丽安·蒂克汀（Miriam Ticktin）进一步发现针对申请难民身份的非法移民，法国的官僚体系更倾向于以人道主义的名义给予那些一直身患重疾的申请人，而非那些患病后已改善或其他非病患申请人。这一筛选机制看起来是出自对疾病受难者的道德援助，实际上却造成了更显著的歧视，除了身体健康者或逐渐痊愈的病患无法获得援助的机会，连严重病患者也是以身体创伤为代价获得旅居国政府的怜悯。[2] 而在国际援助方面，伊拉娜·费尔德曼（Ilana Feldman）的研究也发现，在约旦、黎巴嫩和巴勒斯坦的加沙地区，那些看似中立的人道主义援助在巴以冲突的国际政治背景下制造出了"难民"和"公民"等具有不同政治诉求、资源配给和文化价值的身份群体，难民身份伴随着几代巴勒斯坦人生命的始终，加剧了他们流离失所的感受。[3] 新近的研究更进一步讨论了以人道主义名义进行的政府干预如何影响受助者的家人并造成更广泛的生活危机、[4] 具体落实人道主义援助官员

---

[1] Didier Fassin, "Compassion and Repression: The Moral Economy of Immigration Policies in France." *Cultural Anthropology*, vol. 20, no. 3, 2005, pp. 362~387.

[2] Miriam Ticktin, "Where Ethics and Politics Meet: The Violence of Humanitarianism in France." *American Ethnologist*, vol. 33, no. 1, 2006, pp. 33~49. 法桑和他的合作者还发现，法国官僚体系在难民身份的审核流程中不再信任申请人的自我陈述，而代之以政府授权的医疗机构出具的健康检查证明，这一举措更加强化了官僚体制的权力，见 Didier Fassin and Estelle d'Halluin, "The Truth from the Body: Medical Certificates as Ultimate Evidence for Asylum Seekers." *American Anthropologist*, vol. 107, no. 4, 2005, pp. 597~608。

[3] Ilana Feldman, "Difficult Distinctions: Refugee Law, Humanitarian Practice, and Political Identification in Gaza." *Cultural Anthropology*, vol. 22, no. 1, 2007, pp. 129~169; Ilana Feldman, "The Humanitarian Condition: Palestinian Refugees and the Politics of Living." *Humanity: An International Journal of Human Rights, Humanitarianism, and Development*, vol. 3, no. 2, 2012, pp. 155~172; Ilana Feldman, *Life Lived in Relief: Humanitarian Predicaments and Palestinian Refugee Politics*, Berkeley: University of California Press, 2018.

[4] Georgina Ramsay, "Benevolent Cruelty: Forced Child Removal, African Refugee Settlers, and the State Mandate of Child Protection." *PoLAR: Political and Legal Anthropology Review*, vol. 40, no. 2, 2017, pp. 245~261; Georgina Ramsay, "Humanitarian Exploits: Ordinary Displacement and the Political Economy of the Global Refugee Regime." *Critique of Anthropology*, vol. 40, no. 1, 2020, pp. 3~27.

的工作压力及其对受助者的影响，① 以及受助者群体如何利用文化隐喻来批判人道主义援助的不人道面目等。② 尽管在表述上略有不同，这些研究最终都指向了人道主义美好理念付诸实践后产生的负面效应。

　　本书的写作是对上述议题更进一步的反思和推进。虽然我也试图揭示人道主义活动的另一面（尤其如第四章中慈善人士如何以怜悯的方式利用福利院儿童再造对自己的价值），但在永江福利院调研的观感不断刺激我去反思我们究竟该如何看待人道主义的复杂性，是否因为它有了政治性，我们便可以轻而易举地抹去其人道性？人文主义的批判只是为了解构既成的社会文化认知，还是让我们获得更多理解这个世界的不同方式？过去我在海外求学时经常能感受到身边许多人类学者和从事质性研究的社会学者强烈的人文主义关怀，立志于从学术角度为底层群体发声；如今我自己在课堂上也常常鼓励学生要关心社会弱势群体，向他们介绍公共参与人类学（engaged anthropology）和公共社会学（public sociology）的理论与实践。③ 但这些个人感受和教学科研活动的前提之一是我们默认了这个世界上有许多不幸的人正在持续地经历着痛苦与挣扎，而人道主义人类学的底色也是受助对象的痛苦体验，它更深层次的研究范畴实为"苦难人类学"（anthropology of suffering）。④

　　近年来已有不少学者开始反思上述预设，认为每个人或许都有痛苦的经历，但它们并不是人们生活的全部，愉悦的体验同样也是每个个体生命的重要组成部分，苦难人类学的研究有可能为了替底

---

① Daniela Giudici, "Beyond Compassionate AID: Precarious Bureaucrats and Dutiful Asylum Seekers in Italy." *Cultural Anthropology*, vol. 36, no. 1, 2021, pp. 25 ~ 51; Barak Kalir, "Repressive Compassion: Deportation Caseworkers Furnishing an Emotional Comfort Zone in Encounters with Illegalized Migrants." *PoLAR: Political and Legal Anthropology Review*, vol. 42, no. 1, 2019, pp. 68~84.

② Greg Beckett, "A Dog's Life: Suffering Humanitarianism in Post-au-Prince, Haiti." *American Anthropologist*, vol. 119, no. 1, 2017, pp. 35~45.

③ 相关领域的概述和案例可分别看 Stuart Kirsch, *Engaged Anthropology: Politics beyond the Text*, Berkeley: University of California Press, 2018；麦克·布洛维：《公共社会学》，沈原译，北京：社会科学文献出版社，2007 年。

④ Miriam Ticktin, "Transnational Humanitarianism." *Annual Review of Anthropology*, vol. 43, 2014, pp. 274~277.

层发声而放大了人们的痛苦和不幸。① 同样的，在永江福利院儿童的个案中，当我的亲朋好友（乃至部分学界师友）知道我在做这些儿童的研究时，他们往往和到访福利院的慈善人士一样认为那些孩子命运不幸、集体养育的生活异常悲惨（见第四章），这与我的调研观感大相径庭——孩子们（以及工作人员）的欢笑愉悦远多于悲伤。他们的物质生活（乃至精神生活）也相当丰富（见第三、第六章），而这很大程度上得益于国家投入、慈善人士的捐赠和志愿活动。由此，读者有可能在阅读后面章节时发现我对某些问题和现象进行了较为激烈的批判或异常热情的渲染，这一方面是田野调查所见所闻促使我这么做，另一方面也是因为我有意用某种看起来矫枉过正的方式来强调我要着重论述的那个方面，以凸显作为"兼备照顾的全控‒规训机构"的福利院/孤儿院内部人道主义实践的复杂性——不仅要看到"国家关爱"的救济属性，也要看到它的治理面向；不仅要看到"社会关爱"的怜悯之心，也要看到它的排斥之意；不仅要看到"保育员妈妈的爱"的物质之利，也要看到这些爱付出的深沉——这三重两面性的汇流最终指向一种规训与人道属性并重的立场。

　　接下来，在定义非法移民、难民和其他苦难群体的生存状态时，人道主义人类学和更广泛意义上的苦难人类学研究常常援引阿甘本（Giorgio Agamben）的"赤裸生命"（bare life）概念来进行理论化概括。尽管跟随福柯的脚步探索生命政治的谱系，阿甘本对（生命）权力的看法却走向了福柯后期思想的对立面。如果说福柯后期开始注意权力正面的生产性，阿甘本则始终关注它负面的压迫性，尤其是作为至高权力的主权如何制造例

---

① Joel Robbins, "Beyond the Suffering Subject：Toward an Anthropology of the Good." *Journal of the Royal Anthropological Institute*, vol. 19, no. 3, 2013, pp. 447~462; Sherry Ortner, "Dark Anthropology and Its Others：Theory Since the Eighties." *HAU：Journal of Ethnographic Theory*, vol. 6, no. 1, 2016, pp. 47~73.

外状态，将原本具有完整权利的公民降格成为"牲人"（Homo Sacer），①
将他们弃置于没有政治权利与法律保护的赤裸状态，继而可以忽视他们的
需求，令其自生自灭，乃至对他们的生命进行随意的征用和剥夺。纳粹的
集中营便是阿甘本自身列举的典型。② 尽管这一残酷的体制随着德意志第三
帝国的消亡已经湮灭在人类历史中，但阿甘本暗示它开启的主权者对例外
状态的操纵以及由此形成的赤裸生命状态已经在现代国家中蔓延开来，不
再只是少数人面临的特殊处境。③ 与此同时，生命政治的逻辑似乎也在其他
社会组织中扩散。尽管阿甘本认为生命政治的主体主要是国家与掌握国家
权力的主权者，但在其著作的诸多角落，他也提到了人道主义组织、生化
实验室和医学机构如何与国家权力协作，将难民、病人乃至尸体制作成为
赤裸生命。④ 也是在这样的理论线索下，包括法桑、费尔德曼在内的不少
人道主义人类学家开始将非法移民收容所和难民营等类似组织亦视为制造

---

① 作为阿甘本名著简体中文版的译者，吴冠军认为 Homo Sacer 应译为"神圣人"。"神
圣"在这里并不是一个寓意美好的用语，阿甘本刻意用一种有别于日常使用的离奇颠
倒方式来讽喻生命政治的进路，用吴冠军的话来说，即"神圣"乃是人类政治问题的
罪魁祸首，"神圣生命"并不是要将生命上升为"神圣不可侵犯"，而是要将生命政
治化，捕捉进入政治场域，进而可以像在纳粹集中营里一样对生命随意进行征用，见
吴冠军《译者导论：阿甘本的生命政治》，吉奥乔·阿甘本《神圣人：至高权力与赤
裸生命》，吴冠军译，北京：中央编译出版社，2016 年，第 9 页。另一位中国学者张
旭通过对古罗马法的考据指出译作"神圣人"亦不妥。作为 Homo Sacer 的人"不允
许用于献祭，且杀死他的人不会因杀人而受到谴责"，因而是被世俗和宗教两种政治
秩序排斥的人，所以译为"被双重排斥的人"更为合适，见张旭《什么是 Homo
Sacer?》，《基督教文化学刊》第 45 辑（2021 年春），第 2~20 页。我在这里仍选择使
用"牲人"这一译法，主要是因为它更直观地显示了生命政治的客体被剥夺权利的状
态，更方便对阿甘本思想和用语习惯，以及对古罗马语汇不了解的读者理解它的大致
所指。
② 吉奥乔·阿甘本：《神圣人：至高权力与赤裸生命》，吴冠军译，北京：中央编译出版
社，2016 年，第 223~234 页。
③ 吉奥乔·阿甘本：《神圣人：至高权力与赤裸生命》，吴冠军译，北京：中央编译出版
社，2016 年，第 236 页。
④ 吉奥乔·阿甘本：《神圣人：至高权力与赤裸生命》，吴冠军译，北京：中央编译出版
社，2016 年，第 181~182、248~249 页。

赤裸生命的机器。① 在若昂·比尔（João Biehl）的笔下，毒瘾和酒瘾患者、精神病人、残疾人、失业和无家可归者的生存状态也接近于社会性死亡，他们被家人、邻里、医生和警察丢弃在无人问津的收容所，无人为他们的生死和福祉负责。② 不难预料，作为人们普遍想象中被社会遗弃的弱势群体，弃婴孤儿自然也吸引了学者的关注，他们的孤儿院生活亦成为赤裸生命的具体表现形式之一。③

    然而是否包括孤儿院在内所有看起来相似的禁闭机构都是生产制造赤裸生命的机器？是否它们展现出来的权力运作的状况都是阿甘本意义上的例外状态？同福柯对规训机构特征的归纳，以及戈夫曼对全控机构特征的归纳一样，阿甘本对生命权力运作机制的描述也高度同质化，最终都可以归纳成集中营模式，并且他相信这一模式已经成为"二战"之后现代国家进行人口管理的基本方案，很大程度上任何人都无法逃离。但正如前文已经提到的，

---

① Didier Fassin, "Compassion and Repression: The Moral Economy of Immigration Policies in France." *Cultural Anthropology*, vol. 20, no. 3, 2005, pp. 362 ~ 387; Didier Fassin, *Humanitarian Reason: A Moral History of the Present*, translated by Rachel Gomme, Berkeley: University of California Press, 2012, pp. 145, 191; Ilana Feldman, "Difficult Distinctions: Refugee Law, Humanitarian Practice, and Political Identification in Gaza." *Cultural Anthropology*, vol. 22, no. 1, 2007, pp. 129 ~ 169; Ilana Feldman, "The Humanitarian Condition: Palestinian Refugees and the Politics of Living." *Humanity: An International Journal of Human Rights, Humanitarianism, and Development*, vol. 3, no. 2, 2012, pp. 155~172.

② João Biehl, *Vita: Life in a Zone of Social Abandonment*, Berkeley: University of California Press, 2005; 中译本见若昂·比尔《维塔：社会遗弃下的疯癫与文明》，杨晓琼译，南京：南京大学出版社，2022年。

③ Andrea Freidus, "The Limitations of Compassion in International Volunteering." *Anthropology Now*, vol. 10, no. 3, 2018, pp. 10 ~ 20; Andrea Freidus and Anne Ferguson, "Malawi's Orphans: The Role of Transnational Humanitarian Organizations." In Deborah J. Johnson, DeBrenna LaFa Agbenyiga, and Robert K. Hitchcock (eds.), *Vulnerable Children: Global Challenges in Education, Health, Well-Being, and Child Rights*, New York: Springer, 2013, pp. 203~215. 尽管没有采用生命政治、赤裸生命这类学术语言，一些学者和人权组织对孤儿院集体生活状况的描述也反映了这些术语的意涵，见 Charles A. Nelson, Nathan A. Fox, and Charles H. Zeanah, Romania's Abandoned Children: Deprivation, Brain Development, and the Struggle for Recovery, Cambridge, Mass.: Harvard University Press, 2014; Human Rights Watch, *Romania's Orphans: A Legacy of Repression*, 1990, http://www.hrw.org/legacy/reports/1990/romainia1290/romania1290.pdf; Human Rights Watch/Asia, *Death by Default: A Policy of Fatal Neglect in China's State Orphanages*, New Haven: Yale University Press, 1996; Kathleen Hunt, *Abandoned to the State: Cruelty and Neglect in Russian Orphanage*, New York: Human Rights Watch, 1998。

如果说福柯还愿意承认人道主义思想的兴起与蔓延对掌权者的权力运作方式尚有积极的影响，权力还有生产性的一面，积极地扶植着生命，那么阿甘本可以说断然否决了上述可能性。权力在他的眼中只有负面的压迫性，且这种压迫是绝对的、彻底的，人道主义话语和实践只是权力自我矫饰的面具。这一立场使阿甘本的理论逐渐趋于极端，在经验讨论的层面难有转圜的余地。也是因为这个缘故，尽管蒂克汀总体上认可阿甘本对人道主义活动的批判，却刻意疏远他的赤裸生命概念，强调生命政治之下的生命仍有多种可能性。①

　　同样的，通过对永江福利院的田野调查，一方面我们确实可以将这一机构理解为是由国家设置的具有例外状态性质的生命权力运作机制，负责处理那些原本应由父母、家人照顾的弃婴孤儿；另一方面，国家（以及与其协作的人道主义力量，包括慈善个体和组织）处理这些人群的初衷既包含治理的目标（维护社会的正常秩序），也有扶生的愿望（让弃婴孤儿能够生存下来），而不像阿甘本认为的那样只是服务于权力自身管理的意志。尽管本书后面的章节显示了部分扶生实践的具体状况不够理想，但国家与人道主义力量创造的机构环境还是让弃婴孤儿在家庭之外找到了一个安身立命之所，且他们的生活条件和个体权益远未沦落到赤裸生命的地步。尤其是保育员近似母亲的照顾工作令部分孩童体验着类家庭的成长环境，乃至形成了独生子女一般的个人中心主义习性（见第五、第六章）。同样重要的是，身体较为健康的孩子仍有机会通过领养实现去机构化和去例外化，回到常规的社会系统之中。由此，如果一个禁闭机构的照顾有（不同程度）人性化的一面，保障了居于其中个体（不同程度）的权益，而这些个体本身又有一定的条件和能力返回常规的社会系统，那么他们的生存状况就未必会像赤裸生命概念形容的那样绝望。② 从这点来回应阿甘本，生命政治的运作实

① Miriam Ticktin, *Casualties of Care：Immigration and the Politics of Humanitarianism in France*, Berkeley：University of California Press，2011，p. 14.
② 有学者提出，从孤儿自身福祉的角度来看，其童年所接受照顾的品质远重要于在哪儿接受照顾。在某些国家，孤儿院里的关照体验未必逊色于孤儿各方面状况不佳的原生家庭，见 Kathie Carpenter, *Life in a Cambodian Orphanage：A Childhood Journey for New Opportunities*, New Jersey：Rutgers University Press，2021。英美等国的社会工作学界近些年也出现了一股新的思潮，在面对家庭寄养效果不佳、儿童虐待问题频出等问题后，部分学者开始主张重新反思儿童机构养育的优缺点，见 Mark Smith, *Rethinking Residential Child Care：Positive Perspectives*, Bristol：Policy Press，2009。

际上包含着多种可能性，赤裸生命的状态只是所有运作结果中最极端的例子。而对禁闭机构这类生命权力具体运作机制的近距离民族志研究将有助于我们更真切地了解生命政治运作的复杂性，探究其造成多元结果背后的理路。

第五节　田野调查状况

本研究的田野调查地点是我国东南部 H 省的永江福利院。永江市是 H 省内重要的商业城市之一，改革开放以来经济发展迅猛。商贸的持续繁荣极大地提高了当地居民的生活水平，使该市成为 H 省内最富裕的地区之一。地方财政受益于当地商贸经济的繁荣，近些年都以两位数的比例快速增长，这为永江福利院获得较为充裕的财政支持打下了基础。除此之外，当地经济的繁荣也孕育了一批有资源又热心公益的慈善人士，他们成为永江福利院的常客，其慈善活动对福利院儿童的影响是本书探讨的核心议题之一。也因为商贸活动的兴盛，永江市吸引了大量的外来人口来此做生意和打工，商人群体中还不乏外国人。永江福利院的部分工作人员认为该市这一人口结构特征对该院收容的弃婴儿来源有不小的影响。关于慈善人士和福利院弃婴儿来源的情况，我将会在后面的章节中加以讨论，接下来的重点是介绍福利机构本身的状况。①

永江福利院是永江市境内唯一一家由政府开办的儿童福利机构，坐落于市中心地带，于二十世纪九十年代初成立，到我开启田野调查时已累计

---

① 除了上海等特大城市，一般中国每个县级以上级别的城市都只有一家福利院。为保护我研究的福利院及其工作人员的权益，我在此处只简略交代永江市的状况，并将焦点集中在与福利院相关的议题上。当然，这里也有必要提醒读者，地区间经济条件的差异会影响各地儿童福利机构运作的状况，因为它们接受的财政支持和社会捐赠力度有所不同。就本书所讨论的福利机构与国家、与社会，以及机构内保育员与儿童这三层关系而言，尽管不论哪个地区的福利机构都需要履行国家赋予的职责，但在财政资源和社会捐赠相对不足的地区，福利机构的官员更有可能为了机构和个人"创收"而卷入违规违法的事件，保育人员也更可能因为经济和工作的双重压力减少对儿童照护的精力投入。部分情况我会在后面的章节再做分析。总的来看，我认为永江福利院的机构运行状况和儿童照护品质在全国范围内当属中上水平，但更细致的评估需要更多跨地区的比较研究。

收养上百名孤儿、弃婴儿和其他背景的儿童。在我 2011 年的调研期间，尽管登记在院的儿童人数一直在变化，但总数维持在 80~90 人，其中真正居住在福利院儿童部的孩子大约 50 人，其余寄养在农村家庭。所有这些孩子约 90% 是病残的，病残的类型多种多样，其中最多的类型包括脑瘫、唐氏综合征、唇腭裂、先天性心脏病等。此外，一些早产的、有影响外观的胎记或眼睛内斜等身体特质的儿童，尽管在医学上不被认定为病残，但在地方社会中仍不被视为完全的健康健全（见第二章）。同时，所有孩子中又有约 70% 是估计年龄在三岁以下的婴幼儿，他们大多被安置在院内，而中度或重度残疾的幼儿和大龄儿童，以及少数几个相对健康的学龄儿童则会被送去农村家庭寄养，这些人员配置的原因我在前面文献回顾部分已做解释。这里有必要说明的是，尽管我曾多次探访过那些农村家庭以便了解寄养儿童的状况，并且家庭寄养体系本身是福利院机构运作的一部分，本书的重点仍在于探究居住在福利院内的儿童的境遇以及围绕他们展开的机构运作，后面的章节只有在必要的时候才会再次谈及家庭寄养的角色。

除了儿童，永江福利院里还有 27 位在职工作人员，包括办公室行政人员（院长、副院长、办公室主任、会计、出纳等）、儿童部保育员、驻院医生和护士、食堂工作人员和其他勤杂人员。2011 年时，专门负责照顾在院儿童的保育员有 6 人，皆为女性，年龄为 32~55 岁（2015 年后新增 2 人）。她们的个人情况我会在第五章中做进一步的介绍。除此之外，我的田野地点里还有 3 名不定期到来的资深义工（两女一男）以及不计其数的志愿者，其中义工张宁将会是本书中除我之外最频繁现身的非永江福利院工作人员，她的义工体验和对福利院内状况的观察为我本项研究提供了更多元的素材和视角。①

本书的田野调查时间跨越数年之久，但最集中收集素材的时段是

---

① 张宁，32 岁，全职家庭主妇，2011 年 4~5 月除了双休日，每天都来福利院做志愿服务，服务时间为上午 10 点到下午 4 点。值得注意的是，在中文语境中，义工与志愿者几乎是同义词，都指代不为物质报酬、自愿贡献个人时间和精力以促进社会服务的个人。本书对两者稍作区分，以义工指代那些更长期提供社会服务，并已内化志愿精神，不再以从事志愿服务而自诩崇高者；志愿者则是短期社会服务的提供者，通常由志愿团体组织行动，并自认有崇高的使命。

2011 年的 3~8 月。那一年，我经朋友的介绍获得了永江福利院领导的批准，在该院进行了为期 6 个月的田野调查，了解其机构运作和院内儿童的日常生活。2011 年寒假、2012 年暑假和 2015 年暑假，我又在该院进行了近 4 个月的补充调查。这之后的每一年（除 2016 年和 2017 年这两年笔者一直在国外求学），我都会回到永江福利院做短期的回访，了解机构和儿童的最新状况。2011 年调查期间，我几乎每天都在福利院里和工作人员一起工作，扮演各种角色。作为机构的实习生，我需要协助院领导完成各项行政工作，包括起草官方文书、统计各类数据等。了解到我对机构运作和孤残儿童状况的研究兴趣，主管儿童事务的周副院长欣然邀请我协助她填报和维护永江福利院在民政部全国孤残儿童信息管理系统上的数据，借此机会我也增加了对作为整体的中国儿童福利体制的认识。而为了数据库的维护，同时便利我的研究，她更允许我查阅福利院的档案、出席院内乃至永江市民政局的各类会议、跟随领导一起下乡考察农村寄养家庭和送跨国收养的儿童去省民政厅办理收养手续等。这些经历极大地丰富了我对福利院在行政层面上的机构运作的理解。除此之外，在我调研期间，曾有数位十多年前被国外家庭收养的儿童和她们的养父母来永江福利院回访。作为院领导的业余翻译，我也获得了与这些跨国收养家庭交流的机会，这帮助我从更长的时段和更多元的角度来理解中国的跨国领养制度，以及国内外收养各方对中国儿童福利机构和居于其中儿童的认知。

虽然 2011 年我在永江福利院调查期间的正式身份是机构实习生，但无论是在领导还是在其他工作人员眼中，我更重要的角色是在儿童部帮忙照顾福利院儿童的义工，乃至"男保育员"。在那半年时间里，我像普通的福利院员工一样每天早晨 7 点半"上班"，下午 5 点半"下班"，自费与福利院儿童及保育员们一起吃中饭。有时我会更早一些到福利院（最早一次是凌晨 5 点），也会更晚一些离开（最迟一次是晚上10 点），以便了解福利院儿童早晨和夜晚的活动以及保育员们在这个时间段里的工作情况。融入儿童部这个福利院内更小的"社区"并不是件容易的事情，其中如果有阻力的话，主要来自扮演"田野守门人"

的保育员。① 由于我最初是由福利院领导介绍进入儿童部"实习"的，保育员们对我不甚信任，担心我是领导派来监督她们工作的人；同时也因为她们见多了新来的年轻志愿者不帮忙反而添乱，所以对自称"实习生"或"志愿者"的人都心存芥蒂（除了几位资深的义工）。② 但是时间久了，她们发现我并不是领导派来的"间谍"，似乎也与其他志愿者不一样，什么脏乱的事情都能干——一个未婚男学生连给孩子换尿布也能做，能被小孩拉一身屎尿也不抱怨——我感到，她们改变了对我的看法。③ 在接下来的日子里，我与保育员的友谊逐渐加深，她们也乐于与我分享她们在福利院工作和日常生活中的经历、对院内儿童性格习惯的观察，以及对福利院诸多人事的看法，并且在照顾儿童时也不再忌讳做出一些她们不太愿意让外人看到的行为，譬如体罚（关于体罚问题的专门讨论，见第五章）。也是通过这些坦率的交流以及对她们在工作和生活中与福利院儿童互动的直接观察，加上我自身在福利院中照顾孩子的经历与体会，我自信明了了许多只有"局内人"才能看到的和感受到的喜乐与悲伤。而这些恰恰构成了本书第五章考察的中心问题，即保育员的情感劳动和这一劳动过程中她们作为"保育员妈妈"的身份认同建构。

除了参与观察之外，我的研究方法还包括对福利院工作人员的正式与非正式访谈。在2011年田野调查的后期，我有针对性地对所有保育员和几位行政人员进行了正式的访谈。但在此之前和之后，大量的田野素材主

① 由于大多数福利院儿童都是婴幼儿，并且是病残的，一个陌生人进入这个社区里，他们也不能做什么。有些大龄儿童见多了来做志愿服务或者捐款的人，见到陌生人也会很热情；但也有一些只是站在远处看着，却不靠近，等到熟悉以后才可能靠近一点。等到我和许多孩子熟络起来以后，那些会说话的孩子都叫我"哥哥"。在之后几年不定期的回访中，许多大龄儿童都还认得我。
② 关于年轻志愿者的表现，参见第四章和第五章。
③ 这些是我做了两个月田野调查之后的观察和想法。最初，我帮保育员给小孩喂奶、换尿布等只是因为人类学的田野工作要求田野调查者与田野当中的人共同生活和劳动。后来我发现，由于许多年轻的志愿者虽然都自称是来做志愿服务的，却极少帮助保育员做上述事情，反而乱扔垃圾、抱哭孩子、挑保育员工作当中的疏漏，我和张宁等资深义工的所作所为就经常被保育员们拿来对比真正的义工和一群来福利院玩的志愿者之间的差别。这样经常反复的对比使得保育员们以及福利院的其他工作人员（包括院领导）认为我和张宁等资深义工是更可靠有益的人。

要来自与福利院各类工作人员的日常交流。在相互熟悉之前，包括保育员在内的工作人员有时在我面前会三缄其口，即便他们讨论的问题并没有任何敏感之处。而当我们更为熟悉之后，他们在我面前便不再有所顾忌，于是日常的玩笑、抱怨、嘲讽、八卦和谩骂都纷涌而来。有关闲话、谣言的社会学与人类学研究已经提醒我们，流言蜚语是人们日常生活的重要组成部分，它们能够隐秘地揭示一个社区当中人与人、人与社区整体的关系。[1] 在永江福利院当中也一样，工作人员的各式闲话无时无刻不透露着他们个人的关注点以及对福利机构运作的理解。很多闲话的场景由两个人开启（例如两位工作人员之间，抑或一位工作人员和我）[2]，但接下来总会有其他人陆续参与进来，最后形成的交流形态颇似社会科学研究中"焦点小组"（focus group，或称小组座谈法）的讨论状态：工作人员有时同意、有时不同意其他人的观点，在提出自身看法的同时往往会援引个人或听说的他人经验来举例，而这又会引发更多其他人的观点与经验分享。这些被陈述的观点和经验并不总是客观中立的，但它们所包含的意外丰富的信息印证了焦点小组研究法的优势，即通过研究对象之间的自由交流甚至激辩来获得针对某一问题多元而深入的看法。而对于讨论所涉的福利机构中的人物与事件，由于和福利院领导之间的信任关系以及阅读机构档案的权限，我能够二次甚至三次确认写入本书信息的准确性。

作为一项关于儿童福利院的民族志研究，福利院儿童理应在本书中占据至关重要的位置。我在田野调查期间确实和那里的孩子有许多日常的交流，这些交流的痕迹将会贯穿本书，在某些段落我甚至试图以他们的行动轨迹来呈现儿童自身的视角。但是，我也必须承认因为这些孩子的年龄和病残因素，我所掌握的研究方法并不足以让我全然了解他们的内心世界。譬如很多婴幼儿尚不能说话或只能运用极为简单的字词，年龄稍大的儿童因为其病残的状况也未必能说清一句完整的话。传统的质性研究方法，譬

---

[1]　薛亚利：《村庄里的闲话：意义、功能和权力》，上海：上海书店出版社，2009 年；Pamela Stewart and Andrew Strathern, *Witchcraft*, *Sorcery*, *Rumors and Gossip*, Cambridge：Cambridge University Press, 2003。

[2]　工作人员之间的闲话主要发生在同一级别的人员之间，例如普通员工通常只会跟其他普通员工说闲话，但也曾出现过普通员工和领导说闲话的情况。

如访谈和问卷，可以说毫无用武之地。参与观察虽然有时可以奏效（但面对那些常年瘫痪在床、少与他人交流的孩子，能够观察到的材料也十分有限），如何解释那些观察到的素材却又成了问题，因为从收集到分析的主体都是作为成人研究者的我，而我自身的理解又常常仰赖其他的外部阐释，包括保育员、其他福利院工作人员、研究儿童的学者对儿童言谈举止的理解。这些理解模式同样不可避免地带有外在的、成人的视角，没办法确认它们是儿童们自己的所思所想。本书的第六章将会对人类学和社会学的儿童研究做出方法论的反思，同时探讨民族志方法如何在有限的条件下最大限度地逼近婴幼儿和残疾儿童的内心世界。在经验层面上，如果前面章节所呈现的福利院的机构运作和成人照顾者营造的生活场景可以视为福利院儿童生存成长的结构性环境，那么第六章将要探索的便是这些孩子如何在上述结构中经历社会化，培育和实践自身的能动性，体验着他们对应社会中其他儿童的"平行人生"。

第六节　章节概要

本书第一章首先介绍了本项研究的基本背景、研究主题和研究方法，回顾了相关的文献，并搭建出自身的分析框架。第二章将正式带领读者走进永江福利院，通过观察一个被遗弃的女婴转化为福利院儿童的过程来了解在院儿童各方面的情况。接下来，本书将从分析框架所示的三重互动关系机制展开，探讨永江福利院具体场景中的福利机构与国家关系、福利机构与社会关系和福利院保育员与儿童关系。第三章通过考察福利院与其他治理部门（例如户籍、婚姻、生育、教育、医疗、劳动与社会保障等）的合作与协商（以及可能的冲突），揭示福利机构在中国国家治理体系中的特殊位置。作为承担着孤残儿童、被拐卖儿童、服刑人员子女等特殊人群救助和管理职责的国家单位，福利院的人口治理职能也塑造出了上述群体不同于社会中其他儿童的人生际遇。第四章探讨在福利院的场景中，新兴的慈善人群如何制造与他们献爱心对象之间的不平等关系。在家族主义和健全主义的观念影响下，慈善人士一方面在同情的面纱下排斥福利院儿童，另一方面又利用他们重新创造对社会的价值，揭示了慈善力量构成的

"市民社会"可能本身就带有压迫性色彩。第五章聚焦保育员和福利院儿童之间的亲密互动，并指出富有情感色彩的育儿劳动构造出了这些儿童照顾者颇为矛盾的"保育员妈妈"身份。生活在（代表国家的）福利院、（代表社会的）慈善人士和保育员共同营造的机构环境中，永江福利院的孩子是如何认知、如何融入这一环境的呢？第六章对迄今为止儿童研究的方法论进行了反思，并借助"民族志的想象力"这一实验性的研究与写作方案来重构福利院儿童的机构集体养育生活，展示他们经历社会化、形成自我认知的过程。这一过程既反映了外在的结构性因素对儿童成长的影响，也彰显了孤残儿童自身所具有的能动性。第七章将总结全书的内容，并以回访资料交代永江福利院的一些最新状况。

第二章
福利院儿童的集体养育

2011年4月的一个周日，我像往常一样7点半左右到达永江福利院。朱阿姨告诉我那天凌晨有一个女孩被遗弃在福利院门口。门卫听到哭声后醒来，在门外发现了婴儿，立即给儿童部打电话，朱阿姨随即下楼接孩子，同时向警方报案。保育员们估计这个女婴大概4个月大，看起来很健康，孩子将由方阿姨负责抚养。在我到达前，她已经给孩子洗了澡，并且检查了她所有的随身物品，没有发现记录女孩生日或身体状况的纸条，只有一些衣物、四罐奶粉和一包婴儿纸尿裤。由于方阿姨负责的婴儿房已经满员，她便将一个学步儿童安排到另一间大龄儿童睡觉的房间，腾出一个床位给这个新来的女孩。

安顿好这个女孩之后，保育员们开始讨论她的身世。吕阿姨觉得这个孩子看上去像个外国人，便怀疑她是一个外国商人和中国翻译生的混血儿，据说永江当地媒体就报道过类似的事件。她猜测这个孩子之所以被遗弃，就是因为她的外国父亲离开了中国，而她的中国母亲没有抚养她的经济能力。另一些保育员也同意吕阿姨的猜测。我对这个猜测感到震惊，便问她们永江福利院之前是否接收过外国孩子，她们回答说大概没有。我进一步问她们判断孩子身世的依据，吕阿姨称主要就是这个孩子看起来像外国人，而福利院过去确实有收养过一些明显不是本地人长相的孩子。吕阿姨又向我展示了女婴随身的奶粉和婴儿纸尿裤。她根据商标判断奶粉是雀巢公司的产品，但罐子上没有任何汉字。婴儿纸尿裤的包装上也全是英文。从弃婴父母能够买到纯外国品牌这一点，吕阿姨得出两个推论：第一，他们的经济条件不差；第二，父母其中一方应为外国人，更容易购买并坚持使用外国品牌。尽管所有保育员和我都认为第一个推论是合理的（虽然也可以有别的解释，比如一对贫困夫妻为了表达对孩子最后的爱或者愧疚而为她购买高价的外国商品），但对第二个推论，我们展开了激烈的讨论，比如方阿姨就声称中国家长现在也能很容易地购买到纯外国商品，他们坚持使用外国品牌可能是近年来国内母婴用品频出丑闻的结果。而令朱阿姨感到不解的则是为什么生父母要遗弃这个看起来健康健全的婴儿。在考虑到孩子的健康、父母的背景以及外国商品的使用等多方面因素后，她最终认为吕阿姨的猜想可能是相当合理的：女孩的父亲离开了，她的母亲在经济和社会压力下都无法负担养育她的成本，于是便将她遗弃。吕阿姨又拿出女婴随身的衣物，声称一般中国家长不会给孩子穿某种特定样式的服装，其他的保育员根据她们的经验也都同意吕阿姨的看法。但到讨论结束时，我仍然难以完全相信这名女婴是一个混血儿。

第二天上午，在福利院收到派出所的报案证明后（我将在第三章详细讨论这些文件的功能），方阿姨带着这个女孩去让驻院的黄医生做一个初步的医学检查，我跟着去看检查的过程。第一步是给女孩称体重。由于院内并没有专门的婴儿体重计，所以方阿姨先称了自己的体重，然后抱着孩子又称了一次，通过减法算出孩子的重量。接下来，黄医生测量了女孩的身长，听了她的心跳，还测试了她的臂力。医生发现女孩的右臂十分灵活，但左臂是僵硬的，脖子歪向一边，也是僵硬的。当我们把她的头转向另一边时，女孩就开始哭，直到我们把她转回原来的方向。黄医生认为这个孩子很可能患有脑瘫或其他什么疾病，不然父母一般不会遗弃4个月大的孩子（方阿姨告诉了黄医生保育员们估计的年龄，后者同意这个判断），但同时也表示需要时间进一步观察。接着，黄医生在一张表格上填下了观察的结果，给这个新来的孩子创建了一份档案。她又询问孩子的名字，方阿姨回答没有随身的纸条，让黄医生给取一个。黄医生翻了一下桌上的日历，便建议给这个孩子取名叫"清明"，方阿姨应允。填写完档案后，黄医生又给了方阿姨一些营养冲剂用于改善女孩的身体状况，然后自己把档案送去行政办公室存档，而我们则带着女孩回到了儿童部。

就这样，这个叫清明的女孩在永江福利院安顿下来了。尽管后续还有不少收养流程要走，例如给孩子登记户口、在报纸上刊登寻亲公告，但这些都是福利院行政人员的职责了。我不厌其烦地深描这个女孩安置在福利院的过程，是想给读者提供一个典型案例，呈现被遗弃的家庭养育儿童如何被转化为福利机构集体养育的儿童。永江福利院的保育员每个月都要安置几名这样的儿童，安置的步骤基本相同：接收孩子，给他们洗澡更衣，安排床位后喂饱他们，讨论他们入院前的生活和家庭背景，让医生检查他们的身体并创建个人档案；等等。然而清明的案例在某种程度上与众不同。一般来说，保育员能够在弃婴儿刚入院时就发现他们的病残问题，清明是为数不多看起来健康的孩子。也因此，当几个月后她因生病住院被确诊患有脑瘫时，保育员们感觉到十分遗憾。要理解为什么一个健康的孩子对保育员们来说具有如此不同的意义，我们有必要首先了解一下居住在永江福利院的儿童都是什么样的状况。

第一节 从以健康女婴为主到以病残儿童为主

早前的研究曾指出中国的公办福利机构收容了大量的健康女婴。凯·约翰逊（Kay Johnson）认为中国社会本就有重男轻女的文化传统，导致女婴常常成为被遗弃的对象。而二十世纪八十和九十年代严厉的计划生育政策加剧了这一传统的负面效应，那些偏好男孩的中国父母通过遗弃女儿来给未来的儿子腾出生育指标。在所有不幸被遗弃的女婴中，最幸运的那一小群人被救助进了福利院。[1] 社会政策专家尚晓援则认为约翰逊高估了政府政策对于儿童遗弃行为产生的影响，同时低估了历史、经济等因素对

---

[1] Karin Evans, *The Lost Daughters of China: Abandoned Girls, Their Journey to America, and the Search for a Missing Past*, New York: Jeremy P. Tarcher/Putnam, 2000; Kay Johnson, "Chinese Orphanages: Saving China's Abandoned Girls." *The Australian Journal of Chinese Affairs*, vol. 30, 1993, pp. 61~87; Kay Johnson, "The Politics of the Revival of Infant Abandonment in China, with Special Reference to Hunan." *Population and Development Review*, vol. 22, no. 1, 1996, pp. 77~98; Kay Johnson, *China's Hidden Children: Abandonment, Adoption, and the Human Costs of the One-Child Policy*, Chicago: University of Chicago Press, 2016; Kay Johnson, Huang Banghan, and Wang Liyao, "Infant Abandonment and Adoption in China." *Population and Development Review*, vol. 24, no. 3, 1998, pp. 469~510.

于弃婴数量激增的影响。① 除此之外，与约翰逊强调女婴的数量增长不同，尚晓援观察到福利机构中日益庞大的病残儿童数量。作为一名亲身参与中国儿童福利政策制定的学者，她有渠道查阅大量的官方数据与文件，同时又能够访谈到负责民政事务的各级官员和福利机构的工作人员。凭借这些信息源，尚晓援指出中国福利机构中的残疾儿童比例在 2008 年之前的 30 年间有了显著的增长。② 公开的政府报告和媒体报道也显示我国的福利机构中生活着大量的病残儿童。民政部的一份文件就指出，2003 年全国所有公办福利机构收养有 54522 名弃婴孤儿，其中 27057 名是残疾的，占总人数的 49.6%。③ 地方媒体的报道也指出许多地方福利机构中病残儿童的比例超过了 90%，例如山东省青岛市的儿童福利中心收养的孩子中有 98% 是病残的。④ 新近出版的学术成果也显示福利院中病残儿童人数的高企。⑤ 实际上，当前官方对福利院儿童的表述常用"孤残儿童"来替代，这也表明福利机构集体养育的孩子中残疾的比例非常高。

但是残疾儿童的比例高并不意味着约翰逊的研究发现就是错误的。我进行田野调查的永江福利院于 1992 年底投入使用，它所收养儿童的构成变迁在某种程度上同时验证了约翰逊和尚晓援的研究，只是两者之间存在时间差。根据我访谈得来的信息（访谈对象一部分是福利院的退休员工，一部分是了解先前情况的在职员工），整个二十世纪九十年代该院收养的大部分孩子都是健康的女婴，只有极少数人身患疾病或残疾。大约从 2000 年起，患有先天性疾病和残疾的儿童数量开始增加，到如今几乎所有入院的孩子都有疾病或残疾，性别差异已不再像以前那么大。我阅读过

---

① 尚晓援：《中国弱势儿童群体保护制度》，北京：社会科学文献出版社，2008 年，第 65 页。

② 尚晓援：《中国弱势儿童群体保护制度》，北京：社会科学文献出版社，2008 年，第 57~65 页。

③ 民政部：《残疾孤儿手术康复明天计划实施方案》，2004 年 5 月 9 日，http://www.haiyanxian.gov.cn/html/1639/5319.html。

④ 半岛网：《青岛福利院上半年收 40 余弃婴，三原因催生遗弃》，2009 年 7 月 30 日，https://www.guer.org/forum.php? mod = viewthread&action = printable&tid = 16338。

⑤ Erin Raffety, " Chinese Special Needs Adoption, Demand, and the Global Politics of Disability." *Disability Studies Quarterly*, vol. 39, no. 2, 2019, doi: http://dsq-sds.org/article/view/6662/5249.

的永江福利院完整的跨国收养记录也证实了上述知情者对儿童构成变迁的观察：2002 年之前被外国家庭领养的儿童几乎都是女孩，而这之后（轻度）病残儿童的比例开始显著增加。同样的，我在 2011～2012 年调查期间遇到了十多户来回访的外国领养家庭，他们 10 年前从永江福利院领养的孩子无一例外也都是女孩。

　　尽管如此，我仍然很难确定 2000 年是否为永江福利院儿童构成发生转变的准确年份。一些院方内部的数据也许可以帮助我们抓住一点线索。1993 年，该院在提交给永江市民政局的年终报告中提到它全年共接收了 70 名弃婴孤儿，但没有提及患病或残疾儿童的人数。1996 年，该院上报收养儿童 80 人，但也没提到这些孩子的身体状况。我没有找到该院从 1997 年到 2000 年的年度报告。但是从 2001 年开始，该院存档的年度报告开始统计入院残疾儿童的数量。2001 年，接收的 57 名儿童中有 8 名被记录身患残疾。2002 年，接收的 21 人中有 11 人被记录为残疾。2003 年，该院报告没有提及残疾儿童的具体人数，但声称接收的 67 名儿童中有 67% 是患病或者残疾的。也是从这一年开始，福利院文件开始用"病残儿童"的概念取代"残疾儿童"。表 2-1 列出了上述每年入院的"病残儿童"的人数和比例。

表 2-1　永江福利院每年接收"病残儿童"的数量和比例（1993～2009 年）

单位：人，%

年份	接收儿童总数	"病残儿童"数量	"病残儿童"比例
1993	70	—	—
1996	约 80	—	—
2001	57	8	14
2002	21	11	52
2003	67	约 45	约 67
2004	65	34	52
2005	60	30	50
2006	71	30	42
2007	72	46	64
2008	79	57	72
2009	53	47	89

数据来源：永江福利院年度报告（1993 年、1996 年、2001～2009 年，每年 12 月统计）。

　　在这些被福利院接收的"病残儿童"中，有一些患有危重症的孩子一进院便夭折了。幸存下来的孩子成为福利院长期的住客，除了死亡他们离开机构集体养育的唯一希望是被外国家庭领养。表 2-2 显示的是从 2002 年到 2009 年，每年 12 月登记在院的病残儿童人数（唯缺 2003 年的数据）。

表 2-2　永江福利院在院病残儿童人数与百分比（2002~2009 年）

单位：人，%

年份	儿童总人数	病残儿童人数	病残儿童比例
2002	56	33	59
2004	79	46	58
2005	63	50	79
2006	63	61	97
2007	80	70	88
2008	85	77	91
2009	79	77	97

数据来源：永江福利院年度报告（2002 年、2004~2009 年）。

　　从表 2-2 中我们很容易就能发现病残儿童的人数和比例都在不断增长。永江福利院自从 2002 年开始记录在院儿童的病残率，这一群体所占的比例就已经超过了 50%，之后便波动上升直至超过 90%。在院病残儿童人数的激增有两个方面的原因。一方面，从我调查所得的信息来看，几乎没有国内家庭愿意领养患病或有残疾的孩子；外国家庭有可能接受轻度甚至中度病残的孩子，但是跨国领养的手续耗时甚长（见第三章中有关收养的章节）；严重病残的孩子则百分百滞留在院内。另一方面，如有健康的儿童入院，作为领养市场中的稀缺对象，他们很快会被国内家庭领养，这就使病残儿童在总数和比例上都成为福利院中的绝对多数群体。

　　但这里还是有必要指出，根据我的田野调查见闻，上述数据并不完全准确。首先，有多名患有未确诊疾病的孩子没有统计入内。其次，在医学上被认定为"健康健全"的儿童，在社会和文化意义上未必是"健康健全"的，尤其需要考虑他们所处地方社会的具体语境——更别提医学分类系统本身有时也并不那么准确①——一个孩子要多健康才能在医学上被认定为是"健康"的？身体健全的孩子就一定是完全"健康"的吗？在田野调查期间，我发现有些福利院工作人员认定的"轻微疾病"并没有被记录在案，包括乙肝、内斜视（俗称"斗鸡眼"）、早产造成的体虚等。工作人员这么做可能是为了提高孩子被领养的概率，毕竟这些"疾病"并不会过多地影响他们的身体状况，但公开注明会严重影响国内家庭的收养意愿，令这些孩子显得不够健康，无法成为理想的领养对象。实际上，上述"轻微疾病"导致福利院儿童不够健康也是院内工作人员的共识，例如他们自身也时常抱怨院里没几个孩子是完美无瑕的。我在院里的那段时间，保育员认为只有三个孩子（两男一女）是完全"好"的小孩，但这三个孩子刚入院时身体也都十分虚弱，后来在保育员的悉心照料下才逐渐变好。那么回过头来看，永江福利院的儿童究竟都患有哪些疾病和残疾呢？

第二节　疾病与残疾类型

每天忙碌之后，保育员们都会坐下来闲聊。除了抱怨自己工资低、工作量大以外，她们聊的话题大多和福利院儿童有关。有一次，余阿姨谈到她照顾的孩子的残疾状况，说自己有两个女儿，却只有两条腿；有三个儿子，却只有三只耳朵。有感于福利院儿童各式各样的残疾类型，朱阿姨说幸好入院工作时已经生了孩子，不然肯定担心自己是不是也会生出残疾小孩来。其他保育员不停地给我描述她们照顾过的孩子奇特的外形与长相，例如有个男孩长了一条尾巴；有个女孩左脸是黑色的，右脸是红色的；有个看起来只有三个月大的女孩身体很小但脑袋很大；等等。她们的描述显示了福利院中有大量的病残儿童，他们所患的疾病与残疾类型也多种多样。

---

① Peter Conrad and Kristin Barker, "The Social Construction of Illness: Key Insights and Policy Implications." *Journal of Health and Social Behavior*, vol. 51, 2010, pp. S67~S79; Ludmilla Jordanova, "The Social Construction of Medical Knowledge." *Social History of Medicine*, vol. 8, no. 3, 1995, pp. 361~381.

　　按照朱阿姨的说法，永江福利院过去接收的弃婴儿中患先天性心脏病的比较多，智力残疾的比较少；现在则各种病残类型的孩子都有了，以脑瘫和唐氏综合征患儿最为常见。福利院官方的记录也显示近些年来上述两种残疾儿童的人数激增（见表2-3）。另外，还有相当多的儿童患有唇腭裂、先天性心脏病和肢体残缺（例如手臂、腿、耳朵等）。确诊这些疾病和残疾的通常是驻院医生，但有时候保育员也能够凭借其丰富的育儿经验发现某些显性的疾病和残疾症状。此外，生父母遗弃子女时所写的纸条有时也会说明弃婴儿的身体状况，如有疾病便会请求捡拾者救助他们。少数情况下，驻院医生不能确诊孩子的疾病，而孩子又因病症危在旦夕，院方便会将他们送到当地的公立医院救治，由那里的医生来诊断。

表 2-3　永江福利院儿童常见的疾病与残疾类型（2003～2011 年）

单位：人

病残类型 *	2003/12/24	2005/8/1	2006/1/26	2007/1/4	2009/2/5	2010/6/23	2011/3/17
脑瘫与唐氏综合征 **	5	9	11	16	30	36	46
唇腭裂	4	10	9	6	7	11	9
先天性心脏病	1	3	4	8	10	2	2
肢体残缺	4	5	3	4	4	4	5
其他疾病与残疾 ***	18	29	27	22	21	19	22
病残儿童总数	32	56	54	56	72	72	84

　　注：* 有些孩子可能患有不止一种疾病，尤其脑瘫和唐氏综合征会造成许多并发症。本表呈现的是官方登记的儿童主要疾病。

　　** 福利院工作人员将脑瘫和唐氏综合征的儿童放在一起统计，因为这两类病残儿童在他们眼里都属于智力残疾。实际上脑瘫未必会导致智力低下，尽管医学界人士普遍相信它会对人的智力发展产生负面影响。

　　*** 不少儿童被归类为"因病致残"，但官方文件没有说明究竟是哪些疾病造成了这些儿童什么类型的残疾。

　　数据来源：永江福利院在院儿童名单（2003 年、2005～2007 年、2009～2011 年）。

脑瘫和唐氏综合征儿童人数的激增对福利院有着深远的影响。如果这些孩子在被家长遗弃后能够及时得到救助并熬过其病残带来的并发症，他们未来便能够健康成长。但由于其病残状况在医学上不可治愈，且是"智力低下"的人群，没有国内和国外家庭会领养他们，他们将会成为福利院的永久居民。相比之下，患有其他疾病和残疾的儿童仍有机会进入外国家庭，尤其是唇腭裂的儿童。在永江福利院，2005 年之后的跨国领养孩子几乎都是病残儿童，而唇腭裂儿童是被领养概率最高的群体，因而他们成为保育员眼中相对"好"的小孩。

第三节　性别与年龄

虽然病残状态已经取代性别差异成为福利院儿童的主要特征，但在永江福利院，女孩的数量仍然多过男孩。表 2-4 呈现的是福利院官方记录中不同性别儿童的身体状况，从中我们可以发现病残男孩和女孩的人数都在增长，而健康女孩的人数则大幅下降。健康男孩的人数大致保持稳定。与此同时，尽管越来越多的病残女孩进入福利院，但健康的女孩数量仍然多于健康的男孩。我在前文中提到，福利院的官方记录虽然可以帮助我们了解大致的情况，但它在细节上常常不够精确，会忽略那些还未确诊或影响不大的疾病。我自己本身没有永江福利院每年接收儿童性别比例的确切数据，但在 2011 年 3 月 2 日至 8 月 15 日时间段内，我记录了该院总共接收了 22 名儿童，其中有 7 人被其父母领回或被领养家庭收养（6 男 1 女）。① 在剩下的 15 人中，男孩有 12 名（其中 9 名患有疾病或残疾，1 名早产儿，2 名被认为是健康的），女孩有 3 名（全都患有疾病或残疾）。当我完成第一轮田野调查时（2011 年 8 月），保育员认为该院只有 2 名男孩和 1 名女孩是完全健康的"好"小孩。

---

① 能够被父母领回的孩子基本上是走失或者被人拐卖的儿童，严格意义上并非弃婴儿。能够立即被领养家庭收养的孩子，大多也是相关家庭已经事实收养，到福利院来走一个正式的收养流程。这几类案例的具体情况参见第三章。

表 2-4 永江福利院历年在院儿童的性别与身体状况分布

单位：人

时间	健康男孩	病残男孩	健康女孩	病残女孩
2003/12/24	4	16	29	16
2005/08/01	2	26	4	30
2006/01/26	2	24	6	30
2007/01/04	2	23	4	33
2009/02/05	1	31	4	41
2010/06/23	1	29	6	43
2011/03/17	2	30	5	47

数据来源：永江福利院在院儿童名单（2003 年、2005~2007 年、2009~2011 年）。

针对福利院儿童的年龄分布，大多数孩子入院时年龄通常都不到 12 个月。这里有必要提及的是，由于大部分孩子都是弃婴，且生父母遗弃他们时没有附带记载生日的纸条，所以福利院的工作人员并不确知他们的出生时间，只能根据他们的身体尺寸和发育情况进行估测。虽然估测结果有可能跟实际情况出入很大，但它们是目前仅有的可供研究的数据。只有在少数情况下，弃婴儿随身的纸条会告诉我们孩子准确的年龄。还有一些特殊的案例我们也能够知晓孩子的情况，例如警察或法院送来的服刑人员的子女，这些儿童都有现成的户籍信息。

永江福利院的工作人员基本按照民政部颁布的《儿童社会福利机构基本规范》（2001）来对福利院儿童进行年龄分类。一般说来，年龄小于 14 周岁的人都可被认定为"儿童"，12 个月以下的孩子则为"婴儿"。在所有婴儿中，出生不到 4 个星期的是"新生儿"，但是永江福利院的工作人员很少在书面文件中使用这个概念，只做口头表达。接下来，1~3 岁的孩子是"幼儿"，4~6 岁的是"学龄前儿童"，7~12 岁的女孩和 7~13 岁的男孩是"学龄期儿童"，13~18 岁的女孩和 14~18 岁的男孩是"青少年"。福利机构儿童年龄的官方界定标准到此结束，因为国家规定儿童福利院通常只接收 14 岁以下的儿童，最大不超过 16 岁。考虑到大部分儿童福利院设立于地级以上的城市，而这些城市有可能同时还有社会福利院，后者主要收容 16 岁以上无法自立的弱势群体，儿童福利院便可将这部分人转移出去。而在地级以下的县或县级市，由于当地通常只有社会福利院（下设儿童部），这些机构便无法将超龄而又无法自立的人送往其他机构。因此，县级社会福利院通常比地级及以上级别的儿童福利院在收容人口的年龄构成上更为多元化。2015 年以前的永江福利院是一家社会福利院，在这之后升级成为专门的儿童福利院，但它收容的年轻人口并无变化（升级后只是把原本的老年部合并进永江当地的公立养老院）。超过 16 岁但无智力障碍的青少年可以继续升学（或者工作），平时住在院外，福利院会给他们保留床位，毕竟他们的户口还在院里，是享受国家特殊待遇的机构养育者。而那些超龄但智力受损的孩子则继续生活在院内，并仍被工作人员视为"儿童"。依照"婴儿—幼儿—学龄前儿童—学龄期儿童及以上"这一年龄分期，表 2-5 和表 2-6 以永江福利院 2011 年 3 月 17 日更新的《在院儿童登记表》数据分别呈现了儿童入院时的年龄分布和在院儿童的年龄分布。

表 2-5　永江福利院儿童入院时的年龄分布

单位：人

儿童的年龄	0~12 个月	1~3 岁	4~6 岁	7 岁及以上	总人数
人数	42	14	18	10(最大的 20 岁)	84

数据来源：永江福利院在院儿童名单（2011 年 3 月 17 日）。

如表 2-5 所示，有一半儿童进入福利院时还是婴儿。如果细看名单上估测的年龄，其中新生儿又占极大的比例，有的甚至不到 1 个月大。这些新生儿通常有明显的病残症状，如唇腭裂、先天性心脏病、肢体残缺等，有时还有唐氏综合征。1 岁以后被遗弃的儿童大多患有脑瘫和唐氏综合征，父母需要一段时间才能明确意识到自己的孩子患有这些疾病。到学龄年纪才被遗弃的孩子要么是智力残疾，要么是有身体残障。在所有年龄段的弃婴儿中，婴儿和幼儿的领养率相对较高，健康的婴幼儿马上会被国内家庭领养，轻度病残的婴幼儿也有很大的概率被国外家庭领养，尽管跨国收养的程序会耗费不少的时间（见本书第三章）。中度和重度病残的儿童则被留了下来。如表 2-6 所示，永江福利院实际在院的儿童中，1 岁以

下的婴儿人数并不太多，不少孩子入院后即被领养或夭折，未发生上述两
种情况的孩子很快便长成了幼儿，他们中健康或轻度病残的还有机会被领
养。4~6岁学龄前儿童大多有疾病和残疾，加上年龄增长，被领养的概
率进一步降低。7岁以上儿童大多是身体残障或智力残疾者，他们中绝大
部分将成为福利机构的永久居民。

表 2-6   永江福利院在院儿童的年龄分布

单位：人

儿童的年龄	0~12个月	1~3岁	4~6岁	7~14岁	15岁及以上	总人数
人数	4	26	17	28	9（最大的27岁）	84

数据来源：永江福利院在院儿童名单（2011年3月17日）。

第四节   儿童入院前的生活与家庭背景

正如本章开头所描述的，福利院保育员经常会讨论入院儿童的身世，
探究他们被遗弃的原因。这些讨论通常发生在非正式的场合，没有确凿的
证据，但得出的结论却对保育员以及福利院的其他工作人员如何看待这些
孩子以及他们未知的父母有很大的影响。

政府建立福利机构的初衷是救助父母双亡的孤儿和被父母遗弃的弃婴
儿。根据永江福利院已退休的工作人员所说，1992年该院初建时确实收
容了一些孤儿（即明确知道孩子的父母已死亡），他们大多是健康的儿
童，入院之前被当地民政局寄养在农村家庭。但此后入院的孤儿少了，弃
婴儿的数量却在不断增长。实际上，不论是建院时还是现在，弃婴儿一直
是福利院儿童的主要来源。但工作人员相信，2000年之前的弃婴儿主要
因其性别被遗弃，而这之后主要因其病残状况。也是出于这样的信念，在
本章开篇的叙述中保育员们才会对清明这个看起来健康的孩子被遗弃感到
困惑不解。

永江福利院工作人员关于弃婴儿背景的另一个共识是这些孩子的父
母绝大多数是外地人。她们说永江本地家庭的经济条件一般不会太差，

生个小孩都当成宝贝，就算孩子有病，想方设法倾家荡产也会治好他们，而不是将他们遗弃。与此相反，在永江的外地人大多是经济条件不佳的农民工，同时也因为太年轻不懂如何抚养照顾孩子，因而更有可能遗弃孩子。

为了支持他们自己的说法，不少工作人员还向我列举他们的"证据"。有些人声称亲眼看见过外地人来福利院遗弃自己的子女。余阿姨说她曾经有一次大清早发现一个外地女人抱着一个婴儿在福利院周围转悠，就悄悄跟在她后面，看到她走到一个角落然后把孩子放在地上。见到这一幕，余阿姨快步上前抓住那个女人，要求她把孩子带走，并警告她遗弃子女是犯罪行为。也是在和那名女性交流的过程中，余阿姨了解到了她不是永江本地人。福利院的门卫丁师傅也告诉我一个案例。某天清晨他被一个婴儿的哭声惊醒，发现一名妇女正在院门口遗弃一个孩子。他抓住了那名妇女，责令她把孩子带回去。为了确保她不会再抛弃孩子，他还登记了该名妇女的身份证信息，并声称会向警方报案。也是在盘问过程中，丁师傅了解到她是从邻省来永江的打工者。

工作人员提供的另一些资料也暗示相当多的弃婴儿来自非本地家庭。例如有不少弃婴儿被父母遗弃在医院中，医院向派出所报案，报案证明里有可能提到医院所掌握的孩子父母的情况。我看到过的这类证明文件都提到孩子的双亲（或单亲母亲）是外地人，且遗弃的方式都是秘密地离开医院，有时甚至没付清医疗费用。通常当一名孕妇入院时，医院会要求她本人或者陪同的家属登记家庭住址和联系方式。当医院发现孩子被遗弃后，工作人员的第一反应就是用登记的信息寻找遗弃者，但极少成功，要么信息正确但联系不到，要么信息本身就是假的。外地人员的高度流动性使得医院和警方更难找到他们。一些报案证明则记录了弃婴捡拾人和弃婴父母的互动。在这类案例中，捡拾人通常是在汽车站、火车站，或者就是在马路上遇到外地的遗弃者。这些遗弃者声称他们想买东西或者去洗手间，请求捡拾人帮他们抱一会儿孩子，但离开后就再也没有回来。虽然上述材料都显示遗弃者非永江本地居民，但他们作为农民工的身份并不总能被证实。

极少数情况下，被遗弃的儿童会被父母领回。在田野调查期间，我曾遇到过一个弃儿的案例，其父母确实是农民工。事情的起因是弃儿的母亲与父亲大吵一架后独自回到贵州老家，把三岁的儿子带到了永江。为了发泄对丈夫的不满，她一气之下把儿子丢弃在马路上。警察收到报案后把孩子安顿到了福利院，并要求当地电视台报道此事，以便寻找他的父母。几天后，孩子的父母来接回孩子，他的母亲也一直为遗弃儿子而感到懊悔。

　　除了接收孤儿和弃婴儿之外，福利院还可能接收被拐卖的儿童、服刑人员的子女，有时还有走失的儿童。[1] 虽然按照国家政策它有责任照顾弃婴孤儿，但后面这些群体理论上并不在其收容范围之内。在处理这些儿童的过程中，福利院经常与当地警方、法院发生冲突（详见第三章）。但与弃婴儿相比，这些孩子的身世和家庭背景更加清晰。服刑人员的子女是那些监护人（通常是父母）被判处监禁或死刑的人。在警方的努力下，许多被拐卖的儿童能够回到他们的父母身边。走失的孩子也不难找到他们的家人，因为他们的父母会向警方报案。

　　永江福利院还有一个身份很特殊的孩子。女孩丽敏的单亲妈妈是一名农民工，刚过 20 岁没有结婚就生下了丽敏，她的男朋友（也就是丽敏的父亲）进了监狱。由于手头紧，丽敏的妈妈经常把孩子留在出租房里，自己在外面打零工。有一次房东听到丽敏一直在哭，就怀疑她的妈妈跑了，于是报了警。警察把女孩送到了福利院，那天晚上她的妈妈就来找她了。丽敏妈妈发现福利院是一个不愁吃穿的地方，就决定让女儿继续留在院里。她给福利院院长留了自己的手机号码，却没有说什么时候来接回女儿。院长联系了她几次她都不表态，最后甚至更换了手机号码。丽敏妈妈的做法对福利院来说是一个不小的困扰。从法律上来说，因为丽敏妈妈没有放弃对丽敏的监护权，所以她并不是弃婴儿，不能被领养，但与此同时，她含蓄地拒绝把女儿带回去。福利院的工作人员都批评这位母亲不负责任。

　　我在 2011 年 4 月中旬的一天偶然见到了丽敏妈妈。那一天院长打电话来儿童部，告诉保育员丽敏妈妈要来看女儿。挂了电话后，保育员们抱

① Anna High, *Non-Governmental Orphan Relief in China：Law，Policy，and Practice*，New York：Routledge，2020，p. 27.

怨院长心太软，决定要给这个母亲一个教训。丽敏妈妈到了以后，她们便要求她要么把女儿带回去，要么就永远别再来福利院。付阿姨斥责她拖延时间不把孩子领回去，妄想让福利院帮她养孩子，等她领回去的时候，肯定要向福利院支付抚养费和医药费，拖的时间越久，欠的钱也越多。如果她不想领回去，就应该放弃孩子的监护权，让丽敏有机会被其他家庭领养。丽敏妈妈沉默了，看着女儿哭了起来。保育员问丽敏的父亲什么时候能出狱，他是否想留下自己的女儿。丽敏妈妈回答说自己不知道，所以想等他出来再做决定。保育员进一步问他们未来是否会结婚，丽敏妈妈也没有回答，只是说他们还没达到法定婚龄。朱阿姨评论说，一个婚前就入狱的年轻人一定不是什么好人，还是不要等他了。她又建议丽敏妈妈把孩子交给父母抚养，这样她找新的伴侣会容易一些。对方说自己曾经跟河南老家的父母谈过此事，但他们拒绝了，理由是生养私生子太丢人了，说完又哭了起来。那天傍晚，丽敏妈妈在离开福利院时感谢了所有保育员照顾她的女儿，这时候保育员们又变得都很同情她。

第五节　小结

2012 年春节，我再次来到永江福利院，受到了保育员阿姨们的热情招待。她们向我详细介绍了我上年 8 月结束第一轮田野调查之后发生的事情。小女孩丽敏被她的母亲领回，但另一个女孩清明被证实患有脑瘫。她仍然安静地躺在去年夏天我离开时她睡过的那张婴儿床上，身形没有变化，仍然不能挺直脊柱，也不能像其他孩子那样坐着和站着。保育员们很遗憾，说福利院又多了一个永久居民。正如本章所显示的，目前福利机构收容的孩子中病残儿童的比例居高不下，他们的流动性相比于健康的孩子要低得多，因为几乎没有国内家庭愿意领养他们，而国外家庭也只能接受轻微病残的孩子。事实上，正是这些病残儿童的存在，使中国福利机构的实际工作逐渐从一个更像"收养中转站"的机构转变成一个对病残人群进行终身救济和管理的国家机构（见第三章）。这一转变给福利机构及其工作人员带来了长期的财政压力和沉重的工作量（见第五章），也改变了公共话语中福利院儿童的集体形象（见第四章）。

第三章
作为人口治理技术的福利院

2011 年 6 月的一个早晨，我刚到永江福利院，便听说又有一个"好"小孩进到院里来了。保育员朱阿姨说福利院已经很久没有进来过这么"好"的孩子了，开玩笑说我可以考虑领养一下，还把孩子特意抱给我看。这是一个眉目清秀的女孩，反应很灵活，不认生，看到我还笑眯眯的。阿姨们不仅从女孩的外表和反应来判断这个孩子是"好"的，更重要的是她被遗弃时随身带有一张字条。字条上说这个女孩由一位来自贵州的单亲妈妈所生，生日是 2010 年 12 月 11 日。孩子身体健康，但由于这位单亲妈妈无力抚养，所以遗弃她，希望有好心人能够收养。就在我们谈话之时，郑院长从办公室打电话来询问新进孩子的情况，说等会就有人会来把孩子抱走。阿姨们感到非常惊讶，没有想到这么快就有人听到风声前来领养了。

半个小时后，主管儿童事务的周副院长来到了儿童部，进门就问派出所的弃婴捡拾证明送来没有，朱阿姨便把证明递给她。跟她一起过来的还有一对夫妇，周副院长就让保育员把孩子交给那家人。方阿姨好奇地问周副院长怎么那么快就有家庭来领养，他们是从哪儿听到的风声。周副院长笑着看了一眼夫妇俩抱着孩子的模样，说他们关系很亲密。接着她便用本地方言向阿姨们解释了这个小孩的内幕，说这个孩子实际上是这对夫妇养在家里的。他们是省城人，怕在省城开不了派出所的证明，就抱到永江来扔，然后找了上级部门的熟人联系到了永江福利院，等到派出所开了证明以后便把小孩领回去。阿姨们这才恍然大悟，但仍疑惑为什么这对夫妇要写那样一张字条，周副院长笑着说恐怕他们是为了做得更逼真一点。于是，当天上午这个孩子就从永江福利院"被领养"走了，那张字条也被带走了。

这次特殊的事件让我产生了许多感想。首先，从保育员的反应中我再次感受到一个"好"的小孩在福利院是多么珍贵的"资源"。其次是派出所证明文件在儿童收养过程中的重要性。但是为什么这对夫妇要来福利院进行这样一个领养手续？这一疑问背后有一个更引人思考的问题，那就是福利院究竟在中国儿童收养的制度，乃至在整个国家的人口治理体系中扮演怎样的角色？①

我在帮永江福利院领导整理输入上报给民政部全国孤残儿童信息管理系统的经历也同样刺激我去思考上述问题。我发现，在我进行田野调查的那半年时间里，从儿童部直接领养出去的国内领养个案只有一例，但是在福利院官方的领养记录中有二十多例，几乎每月都有三到四个孩子"被领养"，而这些孩子的名字我从未听说过。那么这些孩子是从哪来的？他们为什么从未进入儿童部，却被记录成为从福利院领养出去的儿童？福利院究竟在这些孩子"被领养"的过程中扮演了怎样的角色？由此延伸出去，对于那些滞留在儿童部里未被领养的孩子，福利院又扮演着怎样的角色？这些都是本章希望解答的问题。

我在这里想提出的观点是，中国儿童福利院不仅是如国家定义的对弃婴孤儿实施救济的儿童福利机构②，它在更宏观的结构上还是国家进行人口治理的一个重要机制。这一机制与其他许多国家人口治理的机制，如户口、计划生育、教育、医疗、婚姻登记、劳动社会保障等制度紧密联系与配合，形成一个现代国家对于其治下的人民实行有效管理的总体性体系。其中，儿童福利院是对那些失去家庭的儿童人口进行治理的重要机制，它是除户籍制度、计划生育制度之外又一种人口治理的双轨制。如同户籍制

---

① 当然这个个案也涉及私人关系如何介入福利院处理儿童收养问题，这实际上已触及法律的灰色地带。按现行法律法规的界定，这对夫妇的情况应属"事实收养"，只要他们满足相关的条件，民政部门可以直接为他们办理收养手续（具体要求和流程详见下文）。考虑到他们最后选择用这种绕弯子的方式来办理收养登记，并且显然他们对民政部门的规则非常熟悉，我们有理由怀疑这对夫妇其实并不满足相关的收养条件。永江福利院的保育员甚至怀疑那个女孩是他们超生的女儿，他们到永江来走这个程序是为了通过熟人关系避开亲子鉴定，钻现有法律法规的空子。

② 许多学者也认可这样的定位，参见尚晓援《中国弱势儿童群体保护制度》，北京：社会科学文献出版社，2008年；Kay Johnson, "Chinese Orphanages: Saving China's Abandoned Girls." *The Australian Journal of Chinese Affairs*, vol. 30, 1993, pp. 61~87。

度在中国社会制造出城乡二元分化①、计划生育制度制造出"计划内"和"计划外"的两类人群②，福利院机构的存在和运作也使这个社会当中的人从童年开始后便分化成两类群体，即非机构收容的普通人和机构收容者（institutionalized subjects），并塑造了后者不同于前者的生命历程：它接收一部分由公安部门通过正式文书证明失去家庭的弃婴和孤儿（通常6 岁以下，但这一规定经常被打破），将他们的身份转化为具有福利院集体户口的"福利院儿童"，并令其享有国家政策给予的特殊待遇（包括衣食住行、医疗、教育、就业等多个方面），直至其死亡或被家庭收养。与此同时，福利院又是掌控管理弃婴孤儿收养体制的中枢机构，它代表民政部门安排领养、与公安部门协调处理领养手续——这一前一后的运作，大致可以概括成将弃婴孤儿机构化（institutionalizoation）后再去机构化（deinstitutionlization）的过程。也是在这个过程当中，国家权力对上述儿童群体实施了有效的治理。考虑到国内外学界尚未系统讨论过中国福利机构的人口治理功能以及它与其他人口治理机制之间的关联，也未明晰非机构收容的普通人和机构收容者在生命历程上的差异，本章将把这两个相互关联的议题作为考察的重点，通过对比来勾勒儿童福利院在整个国家人口治理体系当中的角色及其运作的方式。③

第一节　作为治理技术的福利院/孤儿院

前文已经提到，过往的研究通常视福利院为救助弃婴孤儿的救济机

① 陆益龙：《户籍制度：控制与社会差别》，北京：商务印书馆，2003 年；Tiejun Cheng and Mark Selden，"The Origins and Social Consequences of China's Hukou System." *The China Quarterly*，vol. 139，1994，pp. 644~668。

② Susan Greenhalgh，"Planned Births，Unplanned Persons："Population"in the Making of Chinese Modernity." *American Ethologist*，vol. 30，no. 2，2003，pp. 196~215.

③ 在欧美国家，与中国儿童福利机构相似的机制所具有的治理功能在更早之前已经引起学界的关注。福柯的学生唐斯勒（Jacques Donzelot）在考察十八、十九世纪法国政府介入家庭管理的历史时便论及收容制度和儿童保护法在规范家庭责任以及在家庭责任失效时为儿童提供救济的功能，这些功能最终都服务于国家人口治理的总体目标，见 Jacques Donzelot，*The Policing of Families*，translated by Robert Hurley，Baltimore：The Johns Hopkins University Press，1979。感谢安孟竹提醒我注意这一点。

构。凯·约翰逊（Kay Johnson）认为二十世纪八十年代和九十年代计划生育政策的推行促使了许多重男轻女的中国父母遗弃自己的女儿，以便为还未出生的儿子保留计生名额，而福利院则成为收容救济这些被遗弃女婴的主要场所。[①] 苏珊·格林哈尔希（Susan Greenhalgh）关注计生政策未曾预料的结果，持有准生证的孩子出生后即享受国家的各项福利，而超生的孩子则变成黑户，无缘那些福利。通过引用约翰逊的研究，格林哈尔希更进一步指出计划外出生的儿童（尤其是女婴）更容易被父母遗弃，他们中幸运的那些进了福利院或直接被人领养，不幸的那些则可能熬不到被人发现就离世了。[②] 我同意上述学者对福利院儿童救济功能的阐述，但本章有意探究这些机构在中国社会中更宏观的定位，即它们作为人口治理技术的角色——这些机构不仅为在院儿童提供养护救助，还通过处理社会上的弃婴、儿童拐卖和非正式收养等失范行为来参与更广义的国家人口治理。在这一治理技术下，格林哈尔希关注的计划外人口通过福利院重新被纳入国家的人口治理体系，他们自身也借此重新获得了户口身份，继而享受国家的特殊福利。尽管如此，我们还应该注意到他们以这种方式摆脱计划外人口的身份也并非毫无代价，从此之后他们将拥有一个新的标签，那便是作为机构收容者的"福利院儿童"。这一身份标签某种程度上意味着他们接下来的人生际遇将和社会上的普通人相当不同。[③] 将人群进行划分并塑造出不同群体差异化的人生际遇，福利院在这一点上跟户籍制度、计划生育制度有异曲同工的味道，而后两者作为治理技术的本质，学界已有

[①] Kay Johnson, "Chinese Orphanages: Saving China's Abandoned Girls." *The Australian Journal of Chinese Affairs*, vol. 30, 1993, pp. 61~87; Kay Johnson, "The Politics of the Revival of Infant Abandonment in China, with Special Reference to Hunan." *Population and Development Review*, vol. 22, no. 1, 1996, pp. 77~98; Kay Johnson, Huang Banghan, and Wang Liyao, "Infant Abandonment and Adoption in China." *Population and Development Review*, vol. 24, no. 3, 1998, pp. 469~510. 也见尚晓援《中国弱势儿童群体保护制度》，北京：社会科学文献出版社，2008年。

[②] Susan Greenhalgh, "Planned Births, Unplanned Persons: 'Population' in the Making of Chinese Modernity." *American Ethologist*, vol. 30, no. 2, 2003, p. 207.

[③] 当然也有许多相似之处。第六章便会讨论福利院儿童在饮食行为、自我意识形成等方面与家庭中儿童的相同点，因而我们不应该像第四章中的慈善人士那样将福利院儿童和家庭中的儿童对立起来。

充分的论证。①

　　将孤儿院视为人口治理技术的观念来源于福柯。绪论中已经提到福柯将孤儿院、精神病院等具有救济功能的机构等同于监狱，将它们都视为规训权力的执行部门。②作为欧洲十七和十八世纪以来逐渐形成的"规训社会"（disciplinary society）的重要组成部分，这些机构身负着对需要惩戒和改造之人加以规训的重责。但到了十八世纪中叶以后，一种福柯称为"生命权力"的新的权力形态诞生了。如果说规训权力针对的仅是个人，生命权力则将广义的人口作为关注对象，将权力的触角伸向人的繁衍、生死、疾痛、教育等各个领域。③"治理术"概念的提出最终包揽了规训权力的个体维度和生命权力的集体维度。④由此，在后世研究治理术的学者眼中，规训机构也是参与社会整体治理的技术之一。⑤

　　以往的孤儿院研究曾有不少援引了福柯规训机构的理念，却少有学者从治理术的角度来观察上述机构。⑥类似的，监狱作为最经典的规训机

①　关于户籍制度，见 Michael Dutton, *Policing and Punishment in China: From Patriarchy to "the People"*, Cambridge: Cambridge University Press, 1992. 关于计划生育政策，见 Susan Greenhalgh and Edwin Winckler, *Governing China's Population: From Leninist to Neoliberal Biopolitics*, Stanford: Stanford University Press, 2005; Susan Greenhalgh, *Cultivating Global Citizens: Population in the Rise of China*, Cambridge, Mass.: Harvard University Press, 2010。

②　米歇尔·福柯：《规训与惩罚》，刘北成、杨远婴译，北京：生活·读书·新知三联书店，2016年，第343页。

③　米歇尔·福柯：《必须保卫社会》，钱翰译，上海：上海人民出版社，2010年，第185~189页。

④　Clare O'Farrell, *Michel Foucault*, London: Sage Publications, 2005, p. 138.

⑤　Lisa Downing, *The Cambridge Introduction to Michel Foucault*, Cambridge: Cambridge University Press, 2008, p. 18; Johanna Oksala, "From Biopower to Governmentality." In Falzon Christopher, O'Leary Timothy and Sawicki Jana (eds.), *A Companion to Foucault*, Malden, MA: Wiley-Blackwell, 2013, pp. 325~326.

⑥　例如英国地理学者 Tom Disney 对俄罗斯孤儿院的一系列研究都使用福柯的理论框架，但基本还是围绕"规训"这一概念展开，见 Tom Disney, "Complex Spaces of Orphan Care: A Russian Therapeutic Children's Community." *Children's Geographies*, vol. 13, no. 1, 2015, pp. 30~43; Tom Disney, "The Orphanage as an Institution of Coercive Mobility." *Environment and Planning A*, vol. 49, no. 8, 2017, pp. 1905~1921.

构，学者们对它的探索也很少涉及治理术的视角。①　出现这种情况的原因一方面可能在于福柯本人并没有详细论述过规训机构作为治理技术如何发挥作用。另一方面，尤其是针对孤儿院研究领域，二十世纪六十年代以降的去机构化运动（deinstitutionalization movement）迫使西欧和北美各国大规模关闭此类机构，自此之后它们基本从公众的视野中消失了，以至于对这类机构感兴趣的学者通常只能去俄罗斯和东欧国家开展研究，因为那里还保留了社会主义儿童福利机构的传统。②　研究对象的减少和社会意义的降低有可能会影响欧美学者对西方世界孤儿院机构形态与功能进行探索的广度和深度。然而值得注意的是，研究中国规训机构历史的西方学者留意到了近代中国国家和社会的"治理化"（governmentalization）。通过梳理晚清、民国时期中国监狱和救济机构里的"规训与惩罚"，他们认为西方的治理理念和实践已经传到了中国，中国本土的政治精英借此建立起了现代国家的治理体系。③　在当代中国，人类学家任柯安（Andrew Kipnis）、伍宁（Terry Woronov）与贺美德（Mette Halskov Hansen）都将学校视为国家培养高素质人才、推动社会主义现代化的治理技术。④　彭轲（Frank Pieke）则将负责党员干部培训的党校阐释为"新社会主义"（neo-socialist）式的治理工具，各级党委用它们来加强政权建设。⑤　上述这些研究从两个层面增进了我们对治理术的理解。首先，它们将福柯抽象的理论

①　例如美国《人类学年鉴》刊发的两篇相隔十多年的监狱人类学综述几乎都没有谈到治理术问题，见 Lorna A. Rhodes, "Toward an Anthropology of Prisons." *Annual Review of Anthropology*, vol. 30, 2001, pp. 65~83; Manuela Cunha, "The Ethnography of Prisons and Penal Confinement." *Annual Review of Anthropology*, vol. 43, 2014, pp. 217~233.

②　当然也有学者前往非洲各国以及亚洲的中国、柬埔寨、尼泊尔等地从事此类研究，相关的参考文献见第四章。

③　Michael Dutton, *Policing and Punishment in China: From Patriarchy to "The People"*, Cambridge: Cambridge University Press, 1992；冯客：《近代中国的犯罪、惩罚与监狱》，徐有威译，南京：江苏人民出版社，2008年。

④　Mette Halskov Hansen, *Educating the Chinese Individual: Life in a Rural Boarding School*, Seattle: University of Washington Press, 2016; Andrew Kipnis, *Governing Educational Desire: Culture, Politics, and Schooling in China*, Chicago: University of Chicago Press, 2011; Terry Woronov, "Governing China's Children: Governmentality and 'Education for Quality'." *Positions*, vol. 17, no. 3, 2009, pp. 567~589.

⑤　Frank Pieke, *The Good Communist: Elite Training and State Building in Today's China*, Cambridge: Cambridge University Press, 2009.

概念应用到经验研究中，并且证实了它在不同社会文化语境当中的适用性。其次，它们细致地呈现了规训机构发挥治理功能的方式，而这是福柯本人并没有太多尝试的工作。

尽管上述经验研究有诸多的贡献，但它们自身也有不足。例如这些研究通常只关注一项治理技术，而该技术通常服务于某一特定的治理工程。那么我们不禁要问，是否一项治理技术就足够满足一项治理工程的需求？或者说，是否一项治理工程仅需要一项治理技术就能够完成？一项治理技术是否有可能同时服务于不同的治理工程？以中国社会中的治理技术为例，难道只有常规的学校才是培养高素质人才的机构？而党校是不是各级党委加强政权建设的唯一工具？如果我们将上述研究放在一起阅读，我们很容易就能论证党校培养出来的党员干部同样也可以是服务于现代化建设的高素质人才；而常规学校的教学也需体现国家的教育理念和方针，某种程度上也在发挥着促进政权与国家建设的作用。由此，我们可以认为一项治理工程有可能需要通过多项治理技术来完成，而一项治理技术也可能同时服务于多项治理工程。那么接下来的问题便是，在一项治理工程中，每项治理技术之间的关系是怎么样的？不同治理技术之间是否需要相互合作、配合以达到工程的目标？它们之间是否也有可能存在矛盾与冲突？不同治理工程之间是否也有可能存在矛盾和冲突？

福柯本人对这些问题是保持沉默的。在他的论述中，治理技术作用的对象包括个体的人和作为集体的人口，所涉的领域包括出生、死亡、生育、疾病等，这些针对不同领域的技术最后汇集到一起，构造出现代社会的治理模式，即他所谓的"治理术"。① 福柯似乎预设了这一现代社会的治理模式是一个统一的整体，其内部每个部件都相互配合得非常完美，而没有用经验素材具体说明这些部件之间究竟是如何配合协作的，更没有触及不同部件之间是否会在特定情况下相互冲突——想必他也没有兴趣去讨论这些问题。同样的，不同治理工程之间的关系也被忽略了。从这一系列问题出发，尽管福柯常常被视为反总体性和同质性话语（anti-totalizing

---

① Michel Foucault, "Governmentality." In Graham Burchell, Colin Gordon and Peter Miller (eds.), *The Foucault Effect: Studies in Governmentality*, Chicago: University of Chicago Press, 1991, pp. 87~104.

and homogeneous discourses）并试图解构它们的后结构主义者，我认为他在某种程度上也建构出了他自己的总体性与同质性的话语。① 例如在《规训与惩罚》一书中，福柯用各式各样规训机构的素材来论证它们具有相同的组织逻辑和议程，即通过时间表、强制劳动、全景监控等方式规训被收容的人群，以到达惩戒改造的目的。② 考虑到福柯的重点在于揭示上述机构的共同属性，他对它们在组织上的差异着墨甚少也是可以理解的。同样的理由也使他同质化地处理治理技术之间以及治理工程之间的关系。在他看来，所有治理技术都诞生于治理的逻辑，它们的实践也依循上述逻辑，其所服务的所有治理工程最终目标都是让主权国家在其疆土内实现人口管理。也是因为他在抽象层面上对治理技术、治理工程同质性与整合性的强调，福柯不仅没能在经验层面上阐述清楚治理技术以及治理工程之间的关联，也忽视了它们各自之间可能存在的矛盾与冲突。③

本章将以永江福利院为例，阐述这一治理技术如何从对内和对外两个方面发挥人口治理功能。对内方面，福利院的运作同时具有规训和治理的色彩，福利院儿童的日常生活和长远的人生际遇既受其约束和限制，又因为它的关照而有了必要的保障。对外方面，通过考察它和其他

① 研究苏联生命政治的人类学家 Stephen Collier 也批评福柯在阐述生命权力的特征时有以偏概全的倾向，见 Stephen Collier, "Topologies of Power：Foucault's Analysis of Political Government beyond 'Governmentality'." Theory, Culture & Society, vol. 26, no. 6, 2009, pp. 78~108。

② 米歇尔·福柯：《规训与惩罚》，刘北成、杨远婴译，北京：生活·读书·新知三联书店，2016 年，第 157~202 页。

③ 受福柯影响的后世学者曾经批评或者修补福柯理论在这些方面的不足，例如蒂莫西·米切尔曾指出福柯有时会夸大治理技术之间的一致性，尤其指出"规训手段会失效、互相冲突或不自量力"，见蒂莫西·米切尔《再造国家：埃及在 19 世纪》，张一哲译，北京：生活·读书·新知三联书店，2022 年，第 IV 页。但米切尔自己的研究也没有具体案例阐明上述观点。其他学者则对此有所补充，例如格林哈尔希在讨论中国的人口控制实践时不仅谈到了计划生育制度，也提到了婚姻登记制度如何通过延迟婚龄来减少妇女可生育的时长，以此降低生育率，见 Susan Greenhalgh, "The Peasantization of the One-Child Policy in Shaanxi." In Deborah Davis and Stevan Harrell (eds.), Chinese Families in the Post-Mao Era, Berkeley：University of California Press, 1993, pp. 232~235。如果我们同意费雪若（Sara Friedman）将婚姻登记制度也视为人口治理技术的看法，那么格林哈尔希其实就谈到了不同治理技术之间的关联和配合。费氏的研究见 Sara Friedman, Intimate Politics：Marriage, the Market, and State Power in Southeastern China, Cambridge, Mass.：Harvard University Press, 2006, pp. 128~131。然而到目前为止，我们好像还没有看到讨论治理技术之间矛盾与冲突的研究，治理工程之间的关系也尚不明确。

治理技术之间的互动，本章揭示了福利院这类机构实际上在中国社会的许多治理工程中都扮演着重要的角色，例如孤残儿童的救济、正式与非正式收养、打击与救助被拐卖儿童等。为达到上述这些治理工程的目标，福利院需要同许多参与国家治理的其他部门通力合作，包括派出所、法院、公安局下属户籍管理部门、收养登记部门等。然而它们之间的合作并不总是顺利的，各个部门不同的利益和在国家官僚体系中的地位经常会导致它们之间的矛盾与冲突。综合对内和对外两个方面，福利院的机构运作生产出了"福利院儿童"这一特殊的人群类别并对其进行了有效的治理。而如果我们将福利院治理这些儿童的过程与国家治理非机构收容的普通人的过程并置起来观察，我们会发现它们的叠加建构起了一套更完整的现代国家人口治理体系。

为了方便读者的理解，本章接下来的写法将在某种程度上反转上文陈述的顺序，先从国家如何治理非机构收容者的人生开始，以便让读者对作为总体的国家人口治理体系形成初步的概念。其后，我将遵循儿童入院、居于其中直至离开这一时间顺序来深描永江福利院内的规训与治理实践。紧接着，我将探讨福利院如何与其他治理部门合作来加强对其收容人群的管理，以及部门之间的矛盾与冲突如何因此产生。最后的结语部分将探讨从治理术视角研究中国儿童福利机构有可能带给我们的现实启发。

第二节　国家对非机构收容的普通人的治理

为了凸显国家对机构收容者进行治理的特征，同时让读者对作为整体的国家人口治理体系有一定的认识，我们有必要首先了解它对非机构收容的普通人的治理流程。在我 2011 年的田野调查期间，永江福利院洗衣工李阿姨的儿子刘晓正准备结婚，我无意间参与观察了他筹备结婚的整个过程。通过记录他的个人经历以及其他福利院员工对他筹办活动的评论（某种程度上是我在绪论研究方法部分提到的"焦点小组"形式），我们可以清楚地看到人口治理技术在我们人生周期当中的角色。值得一提的是，我在这里使用刘晓的例子，是因为他是福利院员工的子女但又并非机构收容者，其身份与经历跟福利院儿童的情况形成了鲜明的对比。这一对比不仅让我个人看到了国家对普通人与机构收容者不同的治理方式，也让福利院员工清晰地意识到两者在人生际遇上的差异，希望它也能够引发读者的思考。

时间回到 2011 年 5 月的某日，刘晓和他的未婚妻小敏约定去永江市婚姻登记处办理结婚登记，我也跟着去了。根据李阿姨事先的指引，结婚登记需要他俩一起去夫妻双方任何一方户籍所在地的婚姻登记部门办理，需要的证件包括双方的户口簿和身份证。因为刘晓和小敏的户口都在永江，所以就去了永江市内的婚姻登记处。登记处一楼入口有一个问询处，我们到了以后刘晓过去询问了办理登记的手续。工作人员介绍了登记所需的材料，除双方身份证和户口簿原本以外，还有这些证件的复印件及 4 张 2 寸大的合照；如果事先没有准备好这些材料，一楼有便民服务中心可以复印和拍照。另外，工作人员说有免费的婚前检查服务，询问刘晓要不要做。刘晓问婚前检查是不是必须的，工作人员告诉他国家有政策，现在不强制要求了，但还是鼓励结婚男女进行检查，这对自己、社会和国家都有利。刘晓就拿了一份婚检表格说再想想，然后和小敏先去复印拍照，接着到了二楼登记大堂。大堂里有四个柜台，分别处理结婚和离婚事务。刘晓咨询了工作人员，对方让他们两人各自先填一份申请结婚登记的表格，表格内容包括姓名、性别、国籍、出生日期、民族、职业、文化程度、身份证号、户口所在地信息、婚姻状况以及另一方的上述信息。表格最后还有一段宣誓词，声明登记结婚的双方均无配偶，没有直系血亲和三代以内旁系血亲关系，也了解对方的身体健康状况，依照《中华人民共和国婚姻法》的规定，自愿结为夫妻，最后还要签名。刘晓和小敏填写完表格内容后分别念了一遍宣誓词，然后连同其他材料一并交给了工作人员，对方审核完信息后在登记表上盖了公章，然后把申请人信息输入电脑，打印出结婚证，贴上合照，再次盖上公章，手续便完成了。由于地方政府出台了新政策，原本需要缴纳的结婚证工本费也取消了。

回到福利院后，刘晓跟他妈妈说起婚姻登记手续很便利，前后不到十分钟。根据李阿姨和其他福利院员工的说法，现在结婚登记的手续比她们当年简化多了。二十世纪八十年代初她们结婚的时候，男女双方首先要得到单位的批准，持有单位工会出具的证明（没有工作的城市居民则需要户籍所在地居委会的证明，农村居民需要户籍所在地村委会的证明），证明申请结婚登记的男女是本单位职工（或本居/村委会辖区内的居民/村民），并达到晚婚晚育的年龄。拿到证明以后，男女双方要去（乡）镇的婚姻登记部门领取免费婚前检查的表格，然后去指定的卫生医疗机构进行婚前检查。检查完后该机构会出具一个证明，证明受检人没有医学上不适合结婚生育的疾病。有了这两份证明，男女双方才能带上身份证和户口簿去登记结婚。①

　　根据费雪若的研究，婚姻法和婚姻登记制度长久以来都扮演着国家人口治理技术的角色。从二十世纪八九十年代开始，它们更进一步配合计划生育政策，通过让人们晚婚晚育来降低妇女的生育率。在她研究的一个福建村落，费氏发现当地人通常用农历的虚岁来计算自己的年龄，但是官方规定的法定婚龄则是按照公历的周岁来设置的，当地人因此不得不延后他们的结婚时间。此外，达到法定婚龄的妇女在当时必须进行婚前检查以确认她们是否怀孕，未怀孕的妇女能够顺利拿到结婚证和准生证，已怀孕的则要面对一系列的处罚。费氏认为，这些措施表明国家权力已通过婚姻登记及其配套制度进入人们的私人与家庭生活领域，实现有效的人口治理。② 而按照李阿姨的说法，永江市当时的婚姻管理更为严格，办理婚姻登记还需要户籍管理部门、工作单位、卫生医疗机构等部门开具各种证明，将户籍制度、单位制度等治理技术一环扣一环地联结起来，共同服务于人口管理的大目标。

　　说完结婚登记，李阿姨又开始说计划生孩子的事情。她提到以前生小孩要经过单位批准，有了单位计划生育办公室出具的准生证后才能生

---

① 根据社会学家戴慧思（Deborah Davis）的研究，结婚登记需要单位证明这一规定大约在 2003 年取消，见 Deborah Davis, "Performing Happiness for Self and Others: Weddings in Shanghai." In Becky Yang Hsu and Richard Madsen (eds.), *The Chinese Pursuit of Happiness: Anxieties, Hopes, and Moral Tensions in Everyday Life*, Berkeley: University of California Press, 2019, p. 68。

② Sara Friedman, *Intimate Politics: Marriage, the Market, and State Power in Southeastern China*, Cambridge, Mass.: Harvard University Press, 2006, pp. 128~131.

一个孩子。但参与讨论的付阿姨则说，这要看单位，有的单位管得严，准生证就从单位的计生办开出；但就她所知，过去有的单位虽然也有计生办，但是员工的准生证却是由其户口所在地的居委会或村委会的计生办开具的；没有工作单位的人一律都由其户口所在地的居委会或村委会的计生办开具。当时在场的周副院长则说，永江市城区主要由城镇街道和居民委员会下辖的计生办负责各自辖区内人口生育管理（包括发放准生证），其他各机关和企事业单位计生办则配合其所属辖区街道或居民委员会计生办做联络工作；农村的计生工作主要由村委会计生办负责。有关领取准生证的时间，在严格实行计划生育的年代，单位、居委会和村委会都有定额的生育指标，优先考虑晚婚晚育的夫妻，没有达到晚育年龄的夫妻会被动员乃至强制堕胎。但是近年来国家政策已经开始松动，比如在永江市，虽然政府还是鼓励晚婚晚育，但达到法定婚龄的男女仍然可以结婚，婚后也可以自由安排生育第一个子女的时间。[①] 根据在场几位福利院员工说法的汇总，2011 年前后永江市民生小孩，一般是在确认怀孕以后才去女方户籍所在地的居委会/村委会的计生办领准生证（国家单位工作人员则首先要在单位的计生办登记盖章），有些夫妻甚至是在进医院生产前才领准生证的。准生证的作用除了证明国家批准一个家庭可以生育一个孩子以外，孕期妇女还可以凭它到指定的医疗保健机构接受每月一次的免费产检以及享受其他一些政府提供的福利。即便如此，其最重要的功能还在于它是孩子出生后上户口必需的证件。

有了准生证，孕妇便可以在公立医院/卫生院生产了。依据李阿姨和另外几位福利院员工的说法，过去除了某些特殊情况外，孕妇要在公立医院/卫生院生孩子必须要有准生证。在这种情况下，没有准生证的孕妇（主要是未婚先育或超生的妇女）只能选择私人诊所、非法的助产机构或以其他方式生产。但是在 2011 年的永江市，她们说许多没有准生证的孕

---

① 这是 2011 年当时福利院员工所说的情况，这之后国家进一步放开生育限制，到 2015 年 10 月党的十八届五中全会决定推广普遍二孩政策，有学者认为这标志着独生子女政策的终结，参见龙书芹、陈海林《城市"双非一孩"育龄女性的就业状态对其二胎生育抉择的影响》，《东南大学学报（哲学社会科学版）》2017 年第 3 期。

妇即使在非特殊情况下也能在公立医院/卫生院，抑或政府批准开业的非公立医院生产了。在生产这个环节，国家也通过其自身认定的合法医疗机构对家庭和生育人口进行管理，其中最重要的是这些机构出具的孩子的出生证，它也是孩子上户口必需的证件。①

孩子出生以后，父母就要给孩子去申报理论上任何一个中国公民都有的户口。根据当时在场办过户口的福利院员工的说法，不论是过去还是现在，永江的户籍登记部门都会要求新生儿的父母或监护人出具下列的材料，包括居委会/村委会/单位计生办出具的准生证、国家认定的医疗机构出具的出生证、父母双方的身份证和户口簿，而且要在新生儿出生的一个月内办理。户口在中国社会的重要性众所周知，它是每个国人确立身份、获得公民权的基础，其影响力触及我们日常生活的方方面面。没有户口的黑户在中国社会很难被承认，也无法享受公民应有的福利。有户口的国人则会因为户籍所在地的各项社会经济条件享受不同的福利待遇，其中城市与农村户口之间的福利差距最为可观，这也导致了户籍身份本身成为社会分层的重要因素之一。②

在二胎政策放开前的永江市，妇女在生育第一个孩子后，单位或户籍所在地居委会/村委会便会通知她们做节育手术，然后领取独生子女证，其中对国家单位工作人员的计划生育控制尤为严厉。但二胎政策出台后，满足规定条件的夫妻已被允许生育更多的子女。刘晓夫妇和李阿姨特别关注生育政策的变化，2011 年的新政策已经允许双方都是独生子女的夫妻可以多生一个孩子。按照相关规定，符合条件的夫妻可以向双方所在单

---

① 关于医院对孕妇和孩子其他方面的管理，参见高素珊《爱婴医院和育婴科学》，景军主编《喂养中国小皇帝：儿童、食品与社会变迁》，钱霖亮译，上海：华东师范大学出版社，2017 年，第 153~180 页。如果是有生育困难的夫妻，则医院还可以通过基因检测、生殖辅助技术等方式进一步干预家庭的人口再生产，见朱剑峰、董咚《技术希望、个人选择与文化叙事：生殖领域基因检测的民族志研究》，《世界民族》2018 年第 1 期；赖立里《生殖焦虑与实践理性：试管婴儿技术的人类学观察》，《西南民族大学学报（人文社科版）》2017 年第 9 期；余成普、李宛霖、邓明芬《希望与焦虑：辅助生殖技术中女性患者的具身体验研究》，《社会》2019 年第 4 期。

② Tiejun Cheng and Mark Selden, "The Origins and Social Consequences of China's Hukou System." *The China Quarterly*, vol. 139, 1994, p. 644. 关于户口制度社会影响的深入研究，见苏黛瑞《在中国城市中争取公民权》，王春光、单丽卿译，杭州：浙江人民出版社，2009 年。

位、居民或村民委员会计生办申请，经县（市、区）计划生育部门审批后可领取第二胎准生证（即《申请再生育表》）。生育第二胎以及办理户口的事宜同第一胎子女的做法。

至此，我们已经看到了国家通过各种各样的治理技术管理着婚姻、家庭和生育这些理论上属于私人领域的事务；我们也看到了随着时代的变迁，许多治理技术的具体目标也在调整，比如独生子女政策的放宽、强制婚前检查的取消，但这些改变并不意味着国家角色在式微、国家控制能力在减弱，因为改变本身即国家的决定。[1] 在另一些领域，国家依然保持了强有力的控制，并通过其在这些领域中的治理技术维持着整个人口治理体制的运作——尤其是对女性生育的管理。就在刘晓婚姻事务的讨论会上，当福利院员工谈到小敏生孩子前要去街道计生办领准生证时，付阿姨告诉我们，她的女儿经过招聘进入国家单位上班也需要户口所在地街道/居委会计生办出具的婚育证明。为此她只能跑了一趟街道计生办，计生办的工作人员要求她先去指定的医疗机构做一次体检，包括验尿和照 B 超，然后拿着医疗机构的证明再回来开婚育证明，证明她未婚未孕。付阿姨说自己刚参加工作的时候，招工单位招聘时也要求招工对象（不论男女）提供《计划生育证明》。职工进入单位工作后，他们的计划生育信息在单位的计生办也有登记，但仍由其户籍所在地的街道/居委会/村委会计生办主管。如果单位职工是非本地居民，则他们还需要出具一份上述计生部门开出的《流动人口计划生育证明》。这之后，女职工户籍所在地的街道/居委会/村委会计生办每年都会通知她们去指定的医疗机构体检，看她们有没有怀孕。相比于未婚未孕的女职工，计生部门对已婚且已生育一胎的女性的监控是更为严密的：她们在生育后就会被要求采取节育措施（即上环），并且其户口所在地的街道/居委会/村委会计生办会一年两次（通常是在 3 月和 9 月）通知她们去透环，确保她们不会在未经批准的情况下怀孕。一般而言，只有当一位妇女被允许再生育，医疗机构才会暂时摘除她的避孕环，否则她需要

---

① Bjorn Alpermann and Shaohua Zhan, "Population Planning after the One-Child Policy: Shifting Modes of Political Steering in China." *Journal of Contemporary China*, vol. 28, no. 117, 2019, pp. 348~366.

一直采取节育措施并且接受半年一次的检查，直到生理上不能再生育为止。①

除了妇女外，国家人口管理的另一个重点是儿童：他们需要计生办的准生证才能"合法地"来到这个世上，需要医院的出生证才能证明他们是经过"合法的"程序出生的，需要借助上述证件和父母的"合法"身份（最重要的是户口）才能获得自身在中国社会当中的"合法"身份。国家通过这些技术控制出生人口的数量，与此同时，也花费大量精力通过医疗和教育的方式来保证和提高他们的"质量"。譬如虽然现在婚前检查不再强制，但国家仍积极宣传造势，鼓励结婚的夫妻进行检查，被认为患有不适合结婚生育疾病的男女会被劝阻，近亲结婚被禁止，以防止患有遗传病或严重缺陷的胎儿出生。同样的，免费的产前检查和保健不仅有服务产妇和胎儿的一面，也致力于监控出生人口的发育成长情况，授权医生对发育异常与患有严重遗传病和严重缺陷的胎儿进行干预。对于发育健全的胎儿和新生儿，国家也通过医疗机构定期向产妇传输其认为科学合理的育儿知识和方法，提供护理保健服务，并对婴儿进行体格检查和预防接种，开展新生儿疾病筛查、婴儿多发病和常见病防治等医疗保健服务。② 在孩子接下来的成长历程中，国家的治理角色也从不缺席。从幼儿园到大学，国家

---

① 如果说在计划生育的年代，国家对女性的生育管理偏向于硬性介入的方式；那么在计生政策放开后，国家的策略更偏向于软性的宣传，用晚育的风险、高龄产妇分娩时的痛苦以及再生产作为女性的家庭责任等话语来鼓励早育，见 Xiaorong Gu, "'You are not Young Anymore!': Gender, Age and the Politics of Reproduction in Post-Reform China." *Asian Bioethics Review*, vol. 13, no. 1, 2021, pp. 57～76。与此同时，包括妇联在内的准国家机构也在宣扬"剩女"的"不良"影响，在舆论氛围上给未婚大龄女性造成了社会压力，见洪理达《剩女时代》，李雪顺译，厦门：鹭江出版社，2016年。

② 曹慧中：《在医院做产前检查：生育文化变迁的人类学研究》，南京大学博士论文，2019年；Susan Champagne, *Producing the Intelligent Child: Intelligence and the Child-Rearing Discourse in the People's Republic of China*, PhD Dissertation in Anthropology, Stanford University, 1992; Suzanne Gottschang, *Formulas for Motherhood in a Chinese Hospital*, Ann Arbor: University of Michigan Press, 2018。

一方面鼓励家庭采取合适的教育方法以提升孩子的"素质"水平①，另一方面直接通过教育机构推行"素质教育"。② 在医疗方面，定期的体检和疫苗注射也体现出国家对儿童健康的关注。

当孩子长大成人后，新的治理技术又会纷至沓来。在计划经济时代，国家担负着给大部分城市居民分配工作的责任，其主要渠道便是各式各样的单位。魏昂德（Andrew Walder）、薄大伟（David Bray）、李路路、田毅鹏等国内外学者都曾讨论过城市单位体制的运作和由其构造而来的"单位社会"。他们都注意到单位是一种兼顾政治和社会经济功能的体制，它一方面为职工及其家属提供就业机会和福利保障（包括住房、医疗、教育等），另一方面也对他们在政治上加强管理。③ 而在农村地区，受到户口的限制，大部分农民很难迁徙到城市中去工作，这种局面直到改革开放后才开始改观，国家对人口流动的松绑促使大量农民工涌入城市的劳动力市场。与此同时，国企改革也迫使许多下岗工人不得不到劳动力市场中自谋出路。尽管国家后来重新承担起部分社会福利供给的责任（例如重构社会保障和医疗体系、修改《劳动法》加强劳工权益保护等），但它先前在该领域的退守和商品经济的扩张令市场机制在国家和社会治理中扮演越

① Ann Anagnost, "Imagining Global Futures in China: The Child as a Sign of Value." In Jennifer Cole and Deborah Durham (eds.), *Figuring the Future: Globalization and the Temporalities of Children and Youth*, Santa Fe: School for Advanced Research Press, 2008, pp. 49~72; Teresa Kuan, "'The Heart Says One Thing but the Hand Does Another': A Story about Emotional-Work, Ambivalence and Popular Advice for Parents." *The China Journal*, vol. 65, 2011, pp. 77~100.

② Andrew Kipnis, *Governing Educational Desire: Culture, Politics, and Schooling in China*, Chicago: University of Chicago Press, 2011; Terry Woronov, "Governing China's Children: Governmentality and 'Education for Quality'." *Positions*, vol. 17, no. 3, 2009, pp. 567~589.

③ Andrew Walder, *Communist Neo-Traditionalism: Work and Authority in Chinese Industry*, Berkeley: University of California Press, 1988; 薄大伟：《单位的前世今生：中国城市的社会空间与治理》，柴彦威、张纯、何宏光译，南京：东南大学出版社，2014年；李路路、李汉林：《中国的单位组织：资源、权力与交换》，北京：生活·读书·新知三联书店，2019年；田毅鹏、漆思：《"单位社会"的终结：东北老工业基地典型单位制背景下的社区建设》，北京：社会科学文献出版社，2005年。

来越重要的角色——某种程度上，国家也被认为有意这么做。① 但隐退到市场背后的国家仍在发挥作用，譬如通过调节市场、培养国民的自我管理意识来实现远程治理。② 由于城市单位社会和乡村传统社会的逐渐解体、人口流动的加剧、社会不稳定因素的增加，国家反而相比之前更加重视基层政权的建设，城市中的社区建设便是其中一项重要的治理工程，它的治理目标既包括老街区里中下阶层的居民，也有新兴商业小区里中产阶层的业主。③

不论是老街区的居民还是商业小区的业主，当他们准备孕育下一代，国家对他们这一代的治理还未停止，但对他们下一代的治理循环已经开启，结婚登记、生育、户口登记、教育与医疗保障、职业与社区服务等依次上演。每一代人在人生的每个阶段都在面对国家的治理技术。即便在他们行将就木之时，他们仍然需要医疗机构出具的死亡证明来确认他们的离世，有这张证明肉身才能火化。火化后殡仪馆还要出具火化证明，遗属要凭借上述两份证明才能到户籍登记部门注销亡者的户口。到最后将遗骨汇集到公墓，倡导生者"文明祭祖"，国家依然会在意逝去的人口应该如何埋葬，他们的灵魂应当被如何对待。④

通过上述的梳理，我们可以看到非机构收容的普通人从生到死的每一个时间节点上都有国家的管理：婚姻登记、户口、计划生育、教育、医疗、劳动就业、死亡销户等制度都发挥着国家治理技术的功能，形塑着普

---

① 大卫·哈维：《新自由主义简史》，王钦译，上海：上海译文出版社，2016 年，第 124 ~ 125 页；Aihwa Ong, *Neoliberalism as Exception：Mutations in Citizenship and Sovereignty*, Durham：Duke University Press, 2006, p. 12.

② Lisa Hoffman, *Patriotic Professionalism in Urban China：Fostering Talent*, Philadelphia：Temple University Press, 2010, p. 14.

③ 夏建中：《中国城市社区治理结构研究》，北京：中国人民大学出版社，2012 年；Luigi Tomba, *The Government Next Door：Neighborhood Politics in Urban China*, Ithaca：Cornell University Press, 2014。

④ 关于国家的殡葬改革和对死亡仪式的治理，见 Jonathan Jackson, *Reforming the Dead：The Intersection of Socialist Merit and Agnatic Descent in a Chinese Funeral Home*, PhD Dissertation in Anthropology, University of California at Los Angeles, 2008；新中国成立初期的死亡管理，见安克强《镰刀与城市：以上海为例的死亡社会史研究》，刘喆译，上海：上海社会科学院出版社，2022 年；当代中国更广泛意义上的死亡管理，见 Huwy-Min Lucia Liu, *Governing Death，Making Persons：The New Chinese Way of Death*, Ithaca：Cornell University Press, 2023。

通民众的生命历程。机构养育儿童的人生同样受到国家的凝视与介入，但机构化造就了他们相对于普通人的另一番经历。本章接下来的部分将考察国家通过福利机构关照与管理这些儿童的方式，以及他们由此获得的区别于机构之外常人的"平行人生"。

第三节　作为人口治理模式的儿童机构养育

在本章的开篇，我已经指出国家对机构养育儿童的治理主要通过"机构化—去机构化"这一机制来完成，也正是这一治理机制生产出了机构收容者与普通人不同的生活形态。本节将详尽说明这一治理机制究竟是如何运转的。我将依循入院、在院中生活、离院这一线性时间顺序对机构养育儿童的日常生活进行深描。

一　入院：儿童机构养育的开端

我在第二章中描述了福利院保育员和驻院医生接收和处理入院弃婴儿的流程：首先向警察报案和填报入院表格；然后给弃婴儿洗澡更衣、安排床位，并依据他们的年龄来设计喂养方案；之后对儿童进行全面的体检，了解他们的身体和发育状况，创建个人档案。这些手续构成了将弃婴儿转变成机构养育儿童的基本步骤。

在所有这些手续中，最重要的还是报案和入院文书的准备。正如本章开篇故事所展示的，弃婴儿要成为机构养育儿童，他们必须具备由公安部门出具的《弃婴儿童捡拾证明》和《捡拾弃婴儿童报案证明》。[①] 这两份文件在法律上确认了这些儿童已被其家庭遗弃，没有合法的监护人——只

---

① 在 H 省外的某些城市，当地福利院还需要当地公安部门提供《查找不到生父母证明》。但在永江的个案中，《捡拾弃婴儿童报案证明》的内容已经包含了相关的内容，证明警察已经尝试查找弃婴儿的亲生父母但没有找到。尽管国家规定的这些情况说明抬头应该是统一的，但笔者在调研中发现，各地出具的具体证明，抬头并不总是与国家规定一致。

有确定了这个身份，福利院才能够接收。[①] 此外，假如将来这些儿童被领养，这两份文件也是通过官方渠道进行正式收养登记程序的必备文件。2006 年 6 月以前，在永江市和 H 省内的其他城市，公安局、乡镇政府、街道办事处、社区居委会、村委会等机构都有权力开具《弃婴儿童捡拾证明》，而且在当时这是福利院接收弃婴儿唯一需要的文件。但自 2006 年 6 月起，必需的文件变成了两份，且必须都由当地公安部门开具。

这一政策变化背后可能有多个原因，包括国家在打击儿童拐卖、规范国内公民非正式收养等儿童权益保护方面所做的努力。但某些更抽象的政治考量也不应被忽视，比如政府对其涉外送养体系和自身国际形象的忧虑。二十世纪九十年代初，中国开始参与跨国收养工程，主要扮演儿童输出国的角色。然而，这一工作刚刚开始，中央政府的相关主管部门就发现了问题，某些地方民政部门选送的儿童并非真正的弃婴儿（或失去家庭监护的儿童），因而不符合跨国收养的国际法则。1996 年，公安部下发了一份通知，要求各地公安部门"与民政、司法等部门建立联系核查和相互配合、监督制度，加强对被收养儿童身份来历的调查核实工作。防止被拐卖儿童、其他非弃婴、弃儿或不满查找期限的儿童进入社会福利院被外国人收养出境"。[②] 这个通知明确规定，适合涉外送养的对象只能是丧失父母的孤儿或者有确凿证据的弃婴儿。2000 年，民政部在一则通知中提出了类似的要求，强调"涉外送养工作是一项政治性很强的工作，直接关系国家形象"。它敦促"各地民政厅（局）业务主管部门，应注意不断提高业务素质和执法水平，加强对社会福利机构涉外送养工作的日常监督

---

① 按照官方的定位，福利院理论上只接收和救济弃婴儿和孤儿。但实际上很多地方福利院收养着被警察解救的被拐儿童，以及因父母入狱或被判死刑因而失去监护人的儿童。详情参见第二章。

② 公安部：《关于加强涉外收养儿童出国管理工作的通知》，国务院反拐联席会议办公室、公安部刑事侦查局编《公安机关办理侵犯妇女儿童人身权利犯罪案件指南》，北京：中国人民公安大学出版社，2008 年，第 204～205 页。除了被拐卖儿童的问题以外，在湖南、贵州等省的贫困县还出现过当地计生部门和福利机构合作将超生家庭儿童强行收容进入福利院，然后以弃婴名义送养到国外，借此收取国外领养人的捐赠款并纳入地方财政收入的丑闻，引发中央政府震怒，相关事件参见王楠杰、马欢《跨国收养催生的灰色"产业"链》，腾讯新闻，2011 年 5 月 19 日，https：//news.qq.com/a/201105 19/000475.htm。

和检查，严格依法办事，防止把有被拐卖嫌疑、走失等来源不清或身份有待确定的儿童送养出去"。这则通知还要求，"所有在院儿童，都要在接收、养育的全过程中做好详细记录和规范的档案立卷保存工作"。① 2003年，民政部出台了《民政部关于社会福利机构涉外送养工作的若干规定》，对涉外送养工作的规范化提出了更详尽的要求，比如要求"被送养儿童是孤儿的，应当提交《社会福利机构接收孤儿入院登记表》、孤儿父母死亡或者宣告死亡的证明、其他有抚养义务的人同意送养的书面意见；被送养儿童是弃婴的，应当提交公安机关出具的捡拾弃婴报案的证明、《捡拾弃婴登记表》、《社会福利机构接收弃婴入院登记表》"。② 然而几年后各地民政局和社会福利机构才开始全面执行这项新的规定。在 H 省，直到 2006 年省民政厅颁布补充规定后，基层民政部门和社会福利机构才开始执行新的儿童入院标准。③

　　从公安部门接收到上述两份证明文件之后，福利院工作人员还需要填写两份表格，其中《捡拾弃婴登记表》用于重新梳理和记录公安部门两份证明中的内容，而《社会福利机构接收弃婴入院登记表》则用于记录入院儿童的身体状况（由驻院医生签字）和确认他们作为机构养育儿童的身份（由福利院负责人和当地民政局领导共同签字）。所有这些材料最后都会归档进入福利院儿童的个人档案。他们今后接受手术治疗和医学康复的信息，同样也会归档。在行政上最终确认福利院儿童作为机构养育儿童身份的手续是福利院向户籍部门申请给这些孩子落户，挂在福利院的集体户口之下。在永江福利院，这些行政事务都由主管儿童事务的副院长来操办，她还要负责每个月以及每年向当地民政局汇报福利院收容儿童的数量和照顾状况。

---

① 公安部：《公安部关于打击拐卖妇女儿童犯罪适用法律和政策有关问题的意见》，2000年 3 月 24 日，http：//www.nwccw.gov.cn/2017-05/03/content_ 153264.htm。
② 参见民政部社会福利与社会事务司《民政部关于社会福利机构涉外送养工作的若干规定》，国务院法制办公室编《中华人民共和国民政法典》（第 2 版），北京：中国法制出版社，2014 年，第 126~127 页。如果送养的儿童是孤儿，福利院则需提供其父母死亡的证明、当初收养该名孤儿的登记表，以及孤儿其他亲属（如果有的话）同意送养的书面认可函。
③ H 省民政厅：《关于印发 H 省涉外送养工作规范补充规定的通知》，永江福利院内部文件，2006 年。

二　机构养育下的童年生活

在福利院落户之后，被收容的儿童就可以正式享受国家通过福利院以及其他公办机构提供的福利待遇了，包括日用品消费（如住房、食品、服装、婴儿用品和其他生活必需品）、儿童保育和医疗服务。成年之后，他们还可以获得特殊优待的教育和就业机会等。在接下来的篇幅中，我将对福利院儿童机构养育的日常生活进行深描。

（一）福利院里的一天

2011 年的夏天，永江福利院的孩子们通常早上 6 点左右起床。但其实半个小时之前，福利院的保育员就已经起床，并给所有婴儿喂完了牛奶。当所有的孩子都醒来之后，保育员开始给婴幼儿更换尿布和洗脸（有时还要洗澡），大龄儿童则必须自己穿好衣裤。通常一名保育员需要花费半个多小时来打理她照顾的 7~10 个小孩，洗干净的小孩就让他们自己玩耍或者看电视。幼儿和大龄儿童的早餐时间是 7 点 30 分，食物由两个保育员从福利院食堂端过来，通常有白米粥（或者其他谷物粥、面条）配咸菜、包子（或馒头、春卷）和鸡蛋。大多数大龄儿童已经能够自己吃饭，而教导孩子学会自己吃饭是保育员的重要任务之一。那些不能自己吃的，比如幼儿和瘫痪的大龄儿童，保育员不得不用勺子喂他们。尤其是刚刚断奶的婴幼儿，考虑到他们肠胃的消化能力不足，保育员们需要把鸡蛋和包子捣碎，混到白米粥或燕麦粥里喂给他们吃。

早餐后，孩子们继续玩游戏或者看电视。中央电视台少儿频道和 H 省电视台的少儿频道是我田野点中孩子最喜欢的两个频道。但保育员不像孩子们那样有那么多的休闲时间，洗完早餐的碗碟后，她们又要给婴儿换尿布，接着喂牛奶，此后才能稍作休息。驻院医生通常每天这个时候来检查所有在院儿童的身体状况。上午 11 点，保育员去食堂拿午餐。白米饭是福利院儿童午餐和晚餐最重要的主食，有时会代以面条或饺子。除主食外，食堂还会供应两道荤素搭配的炒菜和一道例汤。为了满足儿童对钙的需求，提高他们的身体素质，汤通常是用骨头和萝卜（或蘑菇、莲藕）熬制而成的。等到孩子们吃完午饭，保育员就会叫他们睡午觉，直到下午 2 点。这段时间，保育员们可能也会抽空休息，但在 12 点 30 分左右，她们还得给三个月以下的婴儿喂一次奶。

　　午睡之后是点心时间。永江福利院的孩子平时可以吃到各式各样的零食：甜牛奶、饮料、糖果、饼干、巧克力棒等，有时也会有应季水果。在炎热的夏天，福利院食堂还会经常煮绿豆汤给孩子们消暑。在随后的空闲时间，孩子们可以继续玩游戏和看电视。通常每日下午也是访客最多的时间，有的来向福利院儿童捐款，有的则是来提供志愿服务。他们可能会抱婴儿，给幼儿喂零食，和大龄儿童一起做游戏（更多细节参见第四章）。驻院医生也可能在这个时段再次来检查孩子们的身体状况。下午 4 点 30 分左右，保育员们会再次给婴儿喂奶和换尿布，直到 5 点钟她们去食堂把晚饭端回来。晚饭后，保育员们会做一些分工，有几位会待在儿童部洗碗和照顾婴儿，另一些则会带着稍微大一点的孩子下楼到院子里散步。6 点 30 分散步结束，她们要给婴儿们再喂一次奶。晚上 7 点 30 分左右，保育员开始催促大龄儿童去洗漱。如果天气炎热，保育员会让孩子们自己冲凉，她们则给婴儿和幼儿洗澡。将所有孩子清理干净后，保育员会给婴幼儿裹上毯子，防止他们在晚上受凉，因为所有房间都开着空调。婴儿房会在晚上 8 点熄灯，但是保育员还要在晚上 9 点 30 分再喂一次三个月以下的婴儿。大龄儿童被允许玩到晚上 9 点 30 分或者 10 点。所有的孩子都上床睡觉后，保育员自己才洗漱休息，但半夜里她们还要再起身给三个月以下的婴儿喂奶和换尿布。

（二）机构养育儿童的衣食住行

　　我上文描述的大多数日常生活场景都发生在永江福利院的儿童部，这是一栋独立的三层建筑，但只有二楼有孩子居住，一楼是医务室，三楼是储藏室。二楼有四间婴儿房、两间幼儿和大龄儿童房，每间房可容纳 6～11 个儿童。除了年龄特别小的婴儿以外，每个孩子都有自己的床铺。

　　与其他中国城市的儿童机构养育形式一样，永江市财政局每年都会拨给永江福利院一笔款项，用于抚养机构内的儿童。这笔钱通常用于购买食品、衣物、婴儿用品和其他日常生活必需品。在食物方面，考虑到孩子们的年龄差异，福利院需要准备流食、半流食和常规食物。永江福利院过去常在当地市场上购买三鹿、蒙牛和伊利这几个品牌的奶粉和米粉，但 2008 年三聚氰胺丑闻爆发后，该院领导开始从当地经销商的渠道统一采购未涉及丑闻的品牌，比如贝因美奶粉和未来米粉。此外，永江福利院还会经常收到一些乳制品生产企业和慈善人士捐赠的其他品牌奶粉（见第四章）。对已断奶的幼儿和大龄儿童，他们的饮食则由福利院食堂统一安排供应。

　　福利院儿童的衣物过去很多是由保育员手工制作的，有时也会由福利院领导在市场上购买。但是孩子们现在身着的服装几乎全由福利院统一购入或由慈善人士捐赠。保育员们有时也会给她们自己偏爱的小孩买东西。在永江福利院，只要孩子们换下来的衣服没有穿烂，保育员就会给更小的小孩重复利用。但是大龄儿童通常每个季节会有自己的着装搭配，不需要和同辈共享。

　　同样，婴儿用品过去一般都由福利院自行购买，但现在有很多慈善人士会捐赠此类产品，其中最重要的是奶瓶和尿布。在永江福利院，我看到保育员们使用 120 毫升和 240 毫升这两种尺寸的婴儿奶瓶，其中 120 毫升的主要用于装牛奶，而 240 毫升的大多用于装白开水。每个孩子都有自己的小奶瓶，但是大号水瓶常常是共用的。当一个孩子生病后，他/她通常不会再和其他健康的孩子共用水瓶，保育员会用他们自己的小奶瓶给他们喂水。给婴儿喂奶之所以选用小号 120 毫升的奶瓶，有两方面的原因，一是婴儿的食量小，二是因为福利院强调"少吃多餐"的原则。通常来说，三个月以下的婴儿每天会喂七次奶，每次半瓶 60 毫升。如果保育员发现某个婴儿上一次吃得少了，下次就会准备满满一瓶奶。三个月以上的孩子，每天则喂四次，每次都是满满一瓶牛奶和米粉混一起的米糊。为避免浪费，福利院儿童使用的奶瓶只有在儿童被领养、断奶或死亡后，抑或瓶子破损时才会被丢弃更换。

　　福利院的尿布也分两种，一种是自产的，另一种是工厂生产的。自产的尿布由保育员用棉布制成，福利院的洗衣工洗干净后会反复使用。但是工厂生产的纸尿裤是一次性的，因而成为福利院中消耗最大的儿童生活用品。永江福利院在采购纸尿裤时通常选择中档品牌，这些品牌价格不贵，但质量上乘。但慈善人士捐赠的纸尿裤，质量就参差不齐了。保育员养育孩子多年，对各种品牌纸尿裤的质量了如指掌。按她们的说法，好的品牌，比如帮宝适（Pampers），有耐吸收、柔软和舒适的优点；差的品牌则恰恰相反。为了充分利用这些不同品牌、不同质量的纸尿裤，保育员通常选择在晚上给婴儿们用吸收力强的好品牌；而白天由于婴儿一排便，保育员就会更换尿布，所以用的通常是差一些的品牌。为了让婴儿们穿戴更加舒服，保育员会把自制的棉布尿布和这些相对较差品牌的纸尿裤绑在一起使用。

（三）儿童保育和医疗服务

在永江福利院里，保育员是主要的儿童照料者。本书的第五章将会详细介绍保育员的儿童照料实践以及由此产生的保育员和福利院儿童之间的亲密关系。本节将主要讨论驻院医生和护士为福利院儿童提供的照料和医疗服务。

按照流程，被遗弃的孩子进入福利院后不久，驻院医生会给他们做全身检查。患重病或感染性疾病的儿童会被安置在专门的婴儿房，进行一段时间的临床观察和治疗，康复后再搬回到普通的婴儿房。假如普通婴儿房里的孩子出现了传染病，他们也会搬进那间重症监护室。在看护照料福利院儿童的过程中，驻院医生需要与有经验的保育员通力合作，观察所有在院儿童的健康状况。医生通常每天早晚各来一次儿童部，对所有儿童进行检查，并听取保育员在具体照护实践中获得的观察，比如孩子的饮食状况、感冒发热状况等，并就此做出诊断。医生不巡班的时候，保育员将承担起主要的医护责任，包括使用常规的儿童药物治疗疾病。然而一旦孩子的病情恶化，她们便会向医生求助。如果驻院医生无法确诊或治愈疾病，患病儿童将被送往永江当地的公立医院，所有医疗费用将由当地财政局拨款支付。

我在前面的章节已经提到，永江福利院里大部分的弃婴儿都患有疾病与残疾。依托当地财政的拨款和民政部 2004 年启动的"残疾孤儿手术康复明天计划"，许多福利院儿童，尤其是患有心脏病、锁肛、唇腭裂等疾病的患者，一旦满足手术的条件，就会立即进行手术。手术通常在永江当地公立医院进行，或者在 H 省民政厅开办的康复中心进行。后者还为全省范围内身体有缺陷的机构养育儿童提供康复治疗，尤其是脑瘫、智力障碍、语言障碍和其他一些疾病的患者。①

---

① 这个康复中心为我们去理解专业医学机构和公办福利院之间的协作关系提供了绝佳的案例。为了了解福利院儿童接受公共医疗服务的情况，我曾跟随永江福利院的领导一起送一名患病儿童到该康复中心治疗。我发现那里的医生和护士都和永江福利院的工作人员相熟。简单寒暄后，他们就马上开始办理住院流程，为儿童称体重，检查他们的疾病和残疾，然后安排具体的康复治疗师。我听到有一名医生对福利院领导说一个叫"天天"的脑瘫女孩两个月前过来康复，目前已经改善了不少，但是分配给她的康复时间已经快要用完了，一旦康复中止，医生担心女孩的状况又会退化。于是医生便建议福利院用其他儿童的名义继续给天天安排康复，福利院领导同意了。医生还说，她已经劝一家生产康复器具的工厂捐赠了一双矫正鞋给天天，这种矫正鞋通常很贵，价格超过一万元。福利院领导非常感激这名医生为天天的康复所做的努力。

（四）教育、就业和婚姻

二十世纪九十年代中期，永江福利院曾拥有自己的幼儿园。当时院内有不少健康的女孩，福利院领导便聘请了一名幼师来教这些孩子。但是从九十年代末开始，越来越多的脑瘫和唐氏综合征儿童进入福利院，之前健康的女孩则多被收养，领导觉得没有必要再在院内保留一家幼儿园，便取消了它。① 自此之后，达到入学幼儿园年龄又有学习能力的儿童会被送到就近的幼儿园上学。在我进行第一轮田野调查的 2011 年，只有几名儿童满足上述条件。所有达到学龄的儿童都被送到农村家庭寄养，并在当地上中小学。② 他们的学费和生活费都由福利院利用财政拨款支付。此外，有特殊教育需求的儿童，例如有视觉、听力和言语障碍的儿童，则被送去特殊教育学校学习。

鉴于永江福利院创院于二十世纪九十年代，历史较短，且九十年代的入院儿童多为健康女孩，领养率高，所以只有几个孩子留在福利院里长大，并通过福利院享受到了国家给予的教育福利。在我田野调查期间，只有一名叫俊伟的十五岁健康男孩在接受初中以上教育，他在永江下辖的一个乡镇上中等职业技术学校（中专），学业成绩不算太好。③ 这个男孩平日都住在学校宿舍里，周末才回到福利院。另外有两名女孩（丽华和秀珍）从初中毕业，一名女孩（明燕）从中等职业技术学校毕业，一名男孩（建强）从高等职业技术学校（大专）毕业。接下来，我将用他们的案例来阐明机构养育儿童的长期生活。

丽华出生于 1984 年，生下来时就只有一只手臂。被父母遗弃后，捡到她的人把她交给了警察，后来便在永江市民政局安排的农村寄养家

① 医学专业人士通常认为脑瘫和唐氏综合征会影响儿童的智力水平和身体机能，永江福利院的工作人员也持有类似的看法。
② 最初永江福利院的学龄儿童也曾在城里的学校入学，但是这些学校的老师总是抱怨福利院儿童缺乏学习能力和自控能力，肢体残障的儿童因为行动不便还会造成许多麻烦。最后福利院只得将这些孩子寄养到农村家庭，让他们在乡镇学校里读书。即便如此，有一位寄养人告诉我，乡镇学校的老师也不喜欢福利院儿童，竭尽全力拒绝校方把他们安排到自己班级里，因为担心他们会拖累全班的成绩，或者造成其他方面的麻烦。
③ 关于中国职业学校系统和在校学生学习生活的研究，参见 Terry Woronov, *Class Work: Vocational Schools and China's Urban Youth*, Stanford: Stanford University Press, 2016；王毅杰、薄小奇、宋姣《结构洞察中的职业学校女孩——基于启明中专的个案研究》，《上海大学学报（社会科学版）》2019 年第 4 期。

庭中长大。永江福利院 1992 年创院后她一度入院居住，但是为了上学，她很快又被送回到当初的农村寄养家庭。中学毕业后，她留在了农村，帮助寄养家庭照顾其他寄养的儿童，还干点农活。等到婚配的年龄，她的寄养家庭便在福利院领导首肯之下开始为她物色伴侣，最后找到了邻村一名为人诚实善良的农民。丽华接受了他，两人很快就结婚了。为了在经济上支持丽华，福利院将她的新家庭也安排作寄养家庭，让她照顾四到五个孩子，这样每个月她便可以领取上千元的寄养费。福利院的工作人员认为，这是福利院作为"娘家人"对丽华的支持，尽管她的户口已经迁到了新家庭。

　　1987 年出生的秀珍的早期生活经历与丽华十分相似——她被遗弃，被寄养，住在福利院里，然后又被寄养。然而读完中学后，她在袜子厂找到了一份工作。在那里，她爱上了一个年轻人，但福利院的工作人员认为那个年轻人就是个小混混。本着对秀珍负责的态度，福利院的老领导几次试图劝说她不要再与那个男人接触，但她拒绝了，并想断绝和福利院的联系。考虑到秀珍已经长大成人，福利院最终向当地民政局报备，正式批准她离开了福利院，尽管她的户口仍挂在福利院集体户口下。秀珍获得了她想要的"自由"，但几周后她就被男友甩了。为了摆脱悲伤，她离开了工厂，想回到福利院。福利院领导同意了，让她在儿童部当洗衣工。但是几个月后，因为觉得工作太辛苦，她又辞职了。在我田野调查期间，她住在自己的养母家里帮忙照顾来寄养的其他福利院儿童。

　　明燕生于 1990 年，患有先天性心脏病。她小的时候也在农村家庭寄养，2004 年接受了民政部的"明天计划"资助做了手术。此后，她回到福利院生活，开始在一所城里的学校接受中学教育。由于学习成绩差（全年级倒数第二），毕业后，福利院不得不用政府针对福利院儿童的优待政策送她到中等职业学校继续学业。等到她再次毕业，由于接受了幼儿教育培训，福利院再次通过优待政策将她介绍进了一家公立幼儿园工作。我在田野调查期间得知她已经厌倦了这份工作，并试图说服福利院领导和当地民政局的官员通过优待政策和个人关系再为她在政府机关单位觅一份工作。在从职校毕业到工作期间，她仍然住在福利院的职工宿舍。

建强是福利院里唯一拥有大学学历的孩子。他于1985年出生，生出来时便只有一条腿，之后长期在农村家庭里寄养。等他到了上学的年纪，福利院把他转回院里，并给他装了义肢。在优待政策的支持下，他进了一所高级职业技术学校。毕业后，福利院为他在附近小区的居民委员会找到了一份工作。在我田野调查时，他已经搬出了福利院住在外面，但他的户口仍然挂在福利院集体户口之下。等到他结婚了，他便可以把户口迁入新家庭。

上述案例表明，福利院在机构养育儿童的童年晚期、青春期甚至成年早期都扮演着多重角色。在国家优待政策和财政拨款的支持下，福利院能够为这些儿童提供医疗服务、教育和就业机会。[1] 当女孩们开始选择男朋友和丈夫时，福利院工作人员会认为自己是她们的"娘家人"，有责任帮她们把关和提供援助。以丽华为例，院领导在同意她结婚之前曾去当地村庄考察，不仅面对面地与她的未婚夫了解情况，还去调查了其他村民对其未婚夫性格和家庭声誉的看法。最后，他们还以娘家人的身份参加了婚礼，并通过雇用新家庭作为寄养家庭的方式为新婚夫妇提供经济援助。在秀珍的例子中，福利院工作人员一再试图劝说她不要与一个他们认为不可靠的人交往。虽然秀珍起初不同意，但最终事实证明了福利院工作人员的判断是正确的。与此同时，尽管她曾公开宣布与福利院脱离关系，但院领导还是允许秀珍在失恋后回来院里当洗衣工。而对于明燕，虽然她在青春期时没有交过男朋友，但福利院领导总是担心她早恋，总是密切关注她和谁交往，并在她每次外出时询问她出门做什么。等到她成年了，领导们又开始鼓励她多参加社交活动以便找到自己未来的伴侣。

（五）退出：儿童机构养育的终点

通常来说，福利机构提供的照料只涵盖从婴儿到成年早期的儿童。但丽华的例子表明，福利院与机构养育儿童之间紧密联系的时间可能远超这

---

[1]   更多关于机构养育儿童的医疗保健、教育和工作的国家优待政策，参见民政部等十五部门《关于加强孤儿救助工作的意见》，2006年3月29日，http://www.gov.cn/zwgk/2006-04/14/content_254233.htm。

个期限。换言之，即使在儿童成年后搬出福利院或迁出户口后，福利院对这些儿童在生命历程上的影响仍然有可能持续，乃至造成后者对福利机构的依赖性。① 国家的优待政策以及媒体对中国其他福利机构的报道也表明，成年并不一定意味着儿童离开福利院，甚至去机构化，恰恰相反，许多机构养育儿童在成年后继续依靠福利机构生存，特别是因肢体和智力残疾而丧失劳动能力的人。② 例如在杭州市儿童福利院，就有记者发现，大约 97% 的在院儿童患有重病或残疾。他们中的大多数在年满 16 岁之后会被转移到另一个收容机构（通常是社会福利院），并在那里度过余生，只有少数人能够离开福利院，靠自己生存。③ H 省政府也为这些不同身体状况的儿童未来的生活做出了不同的安排，例如"孤儿成年后，具备劳动能力和完全民事行为能力的，如在校学生则继续为其供养福利，非在校学生则一次性发放 6 个月孤儿基本生活费后不再纳入政府孤儿供养福利保障范围。对孤儿成年后不具备劳动能力、无民事行为能力或限制行为能力的，如符合低保条件则纳入最低生活保障。"。④ 江苏省对成年的机构养育儿童的制度安排则更为具体：有肢体残疾而不能劳动的人会被安置在社会福利院，而因智力障碍不能劳动的人则被安置在精神病院。有肢体残疾但能劳动的人，政府会把他们安置在社会福利企业和其他适合残疾人工作的场所。身体健全的机构养育儿童长大后，政府鼓励他们找工作，自力更生；如果想参军，他们会被优先录取；还在学校读书的，政府会鼓励他们

---

① 尚晓援、李香萍：《永不成年？国家养育的大龄孤儿如何获得经济独立》，《山东社会科学》2015 年第 12 期；Xiaoyuan Shang and Karen Fisher, *Young People Leaving State Care in China*, Bristol：Policy Press，2017。

② 没有肢体和智力残疾的儿童成年之后也会大概率依赖机构提供的福利生活，这背后的原因可能是福利政策对这些儿童造成的固化影响，使他们缺乏生活自理能力、知识储备与思维潜力不足、丧失自我探索和自我驱动的动力等，见汪集锋《福利固化：成年孤儿安置的个案探究——以 GC 福利院为例》，《社会福利》2019 年第 11 期，第 38~43 页。

③ 徐城忆：《被隔绝在时代之外的人生：杭州病残孤儿状况的一次调查》，《青年时报》2013 年 7 月 29 日，http://www.qnsb.com/fzepaper/site1/qnsb/html/2013-07/29/content_ 444438.htm。

④ H 省人民政府：《H 省人民政府办公厅关于加快发展孤儿和困境儿童福利事业的意见》，永江福利院内部文件，2011 年。

在国家的支持下继续深造。①

　　机构养育儿童在成年后仍然滞留福利院，依赖国家的支持生活，这被永江福利院的工作人员视为某种程度上的负担。在访谈中，他们多次向我提及越来越多入院的儿童身患重病或残疾，而这些孩子基本上没有可能被国内外家庭领养。与大城市不同，永江市目前还没有其他机构可以接收和救助 16 岁以上的机构养育儿童。② 换言之，这些缺乏独立谋生能力的儿童只能在同一福利机构中度过自己的一生。当孩子的数量越积越多，福利机构必然会出现超负荷运转的情况。实际上，这一状况在我田野调查期间已经显露迹象。也是因为这个缘故，从 2003 年以来，永江福利院一直在向当地政府求助。它认为自己不应该是唯一有责任照顾和救助弃婴儿的国家机构，地方法院、公安局、财政局、劳动和社会保障局、卫生局、教育局、广播电视局、人口和计划生育委员会乃至残疾人联合会等部门都应该肩负起相应的责任。它主张只有国家有关部门的通力合作才是解决儿童遗弃问题和机构养育儿童照顾问题的根本之道。在给当地政府的一份报告中，永江福利院期望市委、市政府能够召集上述部门的领导人一起开会，说服他们支持其工作。在所有愿景中，永江福利院最希望市委、市政府领导能帮它解决两个问题：第一，对于未能被领养的健全儿童，福利院希望有关部门能够落实国家的优待政策，让他们顺利进入教育资源良好的城镇学校就读，并在他们成年后帮助其找工作；第二，针对严重残疾乃至瘫痪的儿童，福利院希望当地财政局能够提供更多的财政补助，这样福利院才

---

① 江苏省民政厅等四部门：《关于妥善安置社会福利机构成年孤儿的通知》，《社会福利》2005 年第 3 期。社会福利企业是一种特定的经济组织，专门用于解决残疾人士的就业问题。国家对这类经济组织酌情减免产品税、营业税、增值税等，所减免的税金全部作为企业发展基金和集体福利基金。企业的利润主要用于扩大再生产、职工的集体福利设施和奖金，有条件地提取少部分用于社会福利事业。2016 年，民政部取消了对社会福利企业的认定，这类为残疾人就业提供支持的社会企业就此终结，见民政部《民政部关于做好取消福利企业资格认定事项有关工作的通知》，2016 年 10 月 10 日，http：//xxgk. mca. gov. cn：8081/n1360/84344. html。

② 永江市内有一家精神病院，但它并不接收和救助智力残疾的机构养育儿童。关于广西壮族自治区类似情况的讨论，见 Erin Raffety, *Families We Need：Disability，Abandonment，and Foster Care's Resistance in Contemporary China*，New Jersey：Rutgers University Press，2022。

能购买专业设备、雇用额外的护理人员来照顾他们。①

　　假如步入成年也未必能让机构养育儿童实现去机构化，那么什么方式能让他们真正脱离福利院？我的发现是，唯有家庭领养和死亡。②

　　1. 家庭领养③

　　家庭领养是机构养育儿童实现去机构化唯一正式的途径，每个领养案例至少涉及三方：领养人、被领养儿童和涉及领养的国家机关。要完成领养，这三方都需要满足国家的相关标准，并遵循国家的法律法规进行领养登记。

　　中国政府已经制定和出台了关于家庭领养详尽的法律法规。《中华人民共和国收养法》于 1991 年经全国人大常委会表决通过，1998 年又进行了修订。1999 年，国务院分别颁布了《中国公民收养子女登记办

---

①　永江福利院：《年度报告》，永江福利院内部文件，2003 年。

②　在西方社会，投身去机构化运动的学者认为家庭寄养是比机构养育更好的替代方案，参见 Roger Bullock, *Children Going Home*: *The Re-unification of Families*, Aldershot: Ashgate, 1998；John Pinkerton, *Meeting the Challenge*: *Young People Leaving Care in Northern Ireland*, Aldershot: Ashgate, 1999；Benjamin Smith, *Youth Leaving Foster Care*: *A Developmental*, *Relationship-Based Approach to Practice*, New York: Oxford University Press, 2011。在中国，有志于增进孤残儿童福利的学者也持这种观点，并给出了一些具体案例进行展示，例如丁华芳、张永梅《社区培力视角下孤残儿童家庭寄养实践研究——对 G 市福利院儿童家庭寄养工作的案例考察》，《社会工作与管理》2015 年第 2 期；傅婷婷、李桧英《孤残儿童家庭寄养需求及其效果——以 L 市儿童福利院为例》，《社会福利》2016 年第 2 期；尚晓援、伍晓明、万婷婷《从传统到现代：从大同经验看中国孤残儿童福利的制度选择》，《青年研究》2004 年第 7 期。但在全国范围内，也有学者指出家庭寄养的实践并非没有可商榷之处，见赵川芳《家庭寄养：现实困境和完善对策》，《当代青年研究》2017 年第 4 期。而在永江市，农村寄养家庭的运作更像是一个小型的孤儿院。详细的讨论超出了本书研究的范围，仅列举以下三点我观察到的情况：①永江市农村寄养家庭的养育环境和实践与福利院十分相近，我的许多访谈对象（包括寄养家庭的家长们）甚至认为福利院的照料和居住环境都比寄养家庭要好得多；②尽管国家有规章制度限定每个寄养家庭最多只能寄养三个儿童，但在永江市每个寄养家庭至少寄养了六个儿童，这样就和福利院每个保育员照料的儿童数量大体一致了；③寄养家庭的儿童并不是永久安置，可能会被送回到福利院。

③　英文中的 adoption 可以同时译作收养或领养。在中文语境中，领养通常是指家庭领养，收养则包含了"公民之间的收养"（一位公民送养儿童给另一位公民收养）和"国家收养"（福利机构收养弃婴儿和孤儿），参见 Michael Palmer, "Civil Adoption in Contemporary Chinese Law: A Contract to Care." *Modern Asian Studies*, vol. 23, no. 2, 1989, pp. 373~410。帕默（Michael Palmer）的研究更多地聚焦于公民之间的收养，而本研究关注的则是国内公民收养已经在福利机构的儿童。此外，我还将讨论跨国领养问题，这一现象是在帕默论文出版后才出现的。

法》和《外国人在中华人民共和国收养子女登记办法》，旨在规范管理国内外家庭的领养行为。2008 年，民政部出台了《收养登记工作规范》，该文件详细规定了家庭领养的办事流程。依托中央政府的新政策，H 省民政厅于 2009 年制定了其辖区内收养登记的详细规范。这些法律法规成为永江市民政局和永江福利院处理国内外家庭领养的基本法律依据。

（1）国内领养

如果现在有一位中国内地公民想从永江福利院领养孩子，他/她必须满足三个基本条件：①应年满 30 周岁（如果无配偶的男性收养女性的，收养人与被收养人的年龄应当相差 40 周岁以上）；②有抚养教育被收养人的能力；③未患有在医学上认为不应当收养子女的疾病。这些要求遵循了 1998 年修订的《收养法》关于国内收养人候选资格的第六条；但在 1998 年之前，收养人必须年满 35 岁。具体到领养永江福利院儿童所需的材料，应当包括：①收养申请表；②收养人居民户口簿和居民身份证的复印件；③由收养人所在单位或者村民委员会、居民委员会出具的本人婚姻状况、有无子女和抚养教育被收养人的能力等情况的证明；④县级以上医疗机构出具的未患有在医学上认为不应当收养子女的疾病（通常指精神疾病和传染病）的身体健康检查证明；⑤收养人经常居住的社区所在的居委会/村委会计划生育办公室出具的《生育证明》；⑥一张收养人 1 寸的个人照片和收养人及被收养人 2 寸的合照。这些所需材料都列在民政部发布的《中国公民收养子女登记办法》中。①

在被收养人方面，因为福利院儿童要么是失去父母的孤儿，要么是查找不到生父母的弃婴儿（有《捡拾弃婴儿童报案证明》或《查找不到生父母证明》作为证据），这两类身份令他们成为符合条件的被收养人。尽管如此，根据《收养法》的相关规定（无论是 1991 年的版本还是 1998 年修正案），只有 14 岁以下的未成年人才能被收养。此外，如果福利院送养的是 10 周岁以上的未成年人，送养时应当首先征得他们

---

① 民政部社会福利与社会事务司：《中国公民收养子女登记办法》，1999 年 5 月 12 日，http：//www.mca.gov.cn/article/fw/bmzn/sydj/flfg/201507/20150715849180.shtml。然而，其他福利机构可能还需要更多的证明文件，例如结婚证、收养保证书和名下的不动产权证书。

的同意。

　　也是根据《收养法》的规定，只有下列公民和组织可以作送养人：①孤儿的监护人；②社会福利机构；③有特殊困难无力抚养子女的生父母。本书关注的主要是福利院作为送养人的情况。官方规定的收养流程如下：收养人提交所需材料后，由福利院审核确认其是否有收养资格。福利院领导还将考察收养者的家庭，核实他/她提供的材料是否属实。此后，福利院将对收养人与选定的孩子配对。如果收养人不满意，福利院会选择其他儿童进行匹配。从理论上说，只有 10 岁以上的孩子在选择养父母的过程中拥有发言权。完成这一步骤后，福利院将与收养人签订预收养协议，之后收养人将与养子女度过一至两个月的暂时安置期，以便双方相互适应。在这期间，福利院会在地级市以上公开发行的报纸上发布公告，寻找孩子的生父母。如果生父母没有在公告发布后的六十天内把孩子领回，其监护权将依法终止。届时，如果收养人决定领养配对的儿童，福利院领导将与其约定一个日期，一起到当地民政局办理收养登记。在登记当天，福利院的工作人员不仅要将收养人提交的收养登记材料转给收养登记部门，还需出示以下文件：①福利院的集体户口簿和福利院院长的身份证（因院长是福利院儿童的法定监护人）；②福利院给收养人的收养批准书；③福利院记录儿童在院信息的《捡拾弃婴登记表》和《社会福利机构接收弃婴入院登记表》；④经由警方盖章的《弃婴儿童捡拾证明》和《捡拾弃婴儿童报案证明》。①

　　民政局官员审查收养材料通常需要 30 天左右的时间。如果他们批准，收养人将收到一张《收养登记证》，该证书依法确立了其作为养父母的身份。有了这份证明，收养人可以和福利院工作人员一起到当地户籍部门办理手续，将孩子的户口从福利院的集体户口转到自己家庭名下。这最后一步也意味着机构收养儿童最终成功地去机构化。自此之后，直到被收养人

---

① 假如被收养人是父母双亡的孤儿，福利院还需要提供他/她父母双亡的证明、福利院接收孤儿的登记表以及被收养人近亲属的书面同意书。但这种情况在现在的永江福利院非常罕见，因为大部分福利院儿童都是被遗弃的。关于收养流程更具体的规定参见民政部社会福利与社会事务司《收养登记工作规范》，2008 年 8 月 25 日，http://www.gov.cn/gongbao/content/2009/content_ 1230012. htm。

成年之前，收养人都不得解除收养关系，只有两种情况除外：①收养人、送养人（福利机构）双方协议解除收养关系（如果养子女年满 10 周岁的，则应当征得本人同意）；②收养人不履行抚养义务，有虐待、遗弃等侵害未成年养子女合法权益行为的，送养人有权要求解除养父母与养子女间的收养关系。①

（2）跨国领养

二十世纪九十年代初，中国政府开始允许外国人到中国来领养儿童。到九十年代中期，中国超过韩国和俄罗斯，成为全球最大的被领养儿童输出国。② 1991 年《中华人民共和国收养法》和 1998 年该法的修正案都有专门针对跨国领养的条款。国务院 1999 年颁布的《外国人在中华人民共和国收养子女登记办法》更进一步加强了对跨国领养事务的管理。③

---

① 民政部社会福利与社会事务司：《中国公民收养子女登记办法》，1999 年 5 月 12 日，http://www.mca.gov.cn/article/fw/bmzn/sydj/flfg/201507/20150715849180.shtml。

② 范可：《跨国领养与跨文化的"家"：以来华领养的美国公民为例》，《华侨华人历史研究》2011 年第 1 期。

③ 根据约翰逊的研究，中国政府为确保计划生育政策的广泛严格落实，在《收养法》中对国内收养人提出了很多的限制条件，这导致了二十世纪九十年代中国跨国领养的儿童人数一度远超国内领养的儿童人数。这一趋势到 2000 年左右开始倒转，此时中国政府已意识到国内家庭在领养儿童上应享有优先权，这也符合送养儿童的利益，见 Kay Johnson，"Politics of International and Domestic Adoption in China." *Law & Society Review*，vol. 36，no. 2，2002，pp. 379~396。人类学家范可的研究则解释了中国跨国领养儿童在其他国家受欢迎的原因，包括领养手续相对简单、对国外收养人的年龄限制较宽、允许单身者领养、送养儿童总体较为健康等，参见范可《跨国领养——对美国人领养中国婴孩及相关现象的考察》，《世界民族》2004 年第 3 期。人类学家艾琳·拉夫特更进一步指出西方国家领养人的政治正确理念和道德感令他们对中国送养的残疾儿童多有青睐，见 Erin Raffety，"Chinese Special Needs Adoption，Demand，and the Global Politics of Disability." *Disability Studies Quarterly*，vol. 39，no. 2，2019，http://dsq-sds.org/article/view/6662/5249。更多关于美国家庭到中国领养孩子以及被领养儿童在美生活的状况，参见 Sara Dorow，*Transnational Adoption：A Cultural Economy of Race，Gender，and Kinship*，New York：New York University Press，2006；Andrea Louie，*How Chinese Are You? Adopted Chinese Youth and Their Families Negotiate Identity and Culture*，New York：New York University Press，2015。关于美国跨国领养市场和领养中介机构的分析，参见 Sarah Dunbrook Macdonald，*Mismatched：Adoption Agencies，Parental Desire，and the Economy of Transnational Adoption*，PhD Dissertation in Sociology at University of California，Berkeley，2016。

　　截至 2009 年 6 月，中国与 17 个欧美发达国家建立了跨国领养合作关系。① 这些国家的公民如果希望收养中国儿童，首先需要通过他们本国政府和中国政府双方都认可的政府机构或非政府中介机构提出申请。收养人应当提交的材料包括：①跨国收养申请书；②出生证明；③婚姻状况证明；④职业、经济收入和财产状况证明；⑤身体健康检查证明；⑥有无受过刑事处罚的证明；⑦收养人的家庭情况报告，具体内容包括收养人的身份、收养的合格性和适当性、家庭状况和病史、收养动机以及适合照顾儿童的特点等；⑧收养人所在国主管机关同意其跨国收养子女的证明。② 所有这些文件均应由收养人所在国相关事务的负责机构制作，并经该国的外交部门以及中国驻该国使馆/领馆认证。跨国领养中介机构随后会将申请材料转交给中国儿童福利和收养中心（CCCWA），该中心是受中国政府委托，负责涉外收养具体事务的行政机关。③

　　而在被收养人这边，并非所有的中国福利机构都有资格参与跨国领养。以 H 省为例，2009 年之前，只有 H 省民政厅认定的少数几家福利院有资格送养其机构养育儿童。但自此之后，由于越来越多的病残儿童滞留在院中，国内家庭又不愿意领养他们，H 省民政厅于是决定让更多的福利院加入涉外送养，以减轻它们的压力。④ 永江福利院也在参与名单之中，并且它近年来送出国的孩子几乎都有轻微疾病或残疾。⑤ 我在田野地点阅读的文件和所做的参与观察发现，绝大多数被选作跨国领养的儿童是蹒跚

① 这些国家包括美国、加拿大、英国、法国、西班牙、荷兰、比利时、意大利、丹麦、挪威、瑞典、芬兰、爱尔兰、冰岛、澳大利亚、新西兰和新加坡。2016 年 6 月，中国儿童福利和收养中心在北京主办跨国领养儿童寻根回访活动的通告显示，与中国有涉外收养合作关系的仍然是这 17 个国家，见郝龙《中国已与 17 个国家建立涉外收养合作关系》，2016 年 6 月 15 日，http://news.sohu.com/20160615/n454434682.shtml。

② 民政部社会福利与社会事务司：《外国人在中华人民共和国收养子女登记办法》，1999 年 5 月 12 日，http://www.mca.gov.cn/article/fw/bmzn/sydj/flfg/201804/20180400008413.shtml。

③ 中国儿童福利和收养中心的前身叫中国收养中心，民政部是其监管部门。2011 年 2 月 15 日更改为现名。

④ H 省民政厅：《H 省民政厅关于进一步规范收养登记工作的通知》，永江福利院内部文件，2009。

⑤ 在选择送养儿童时，福利院会把在院儿童从医学角度分为三类。重疾或肢体残疾儿童（如患有脑瘫、唐氏综合征和肢体瘫痪）不符合送养条件。虽然有中度疾病和残疾的儿童可以成为跨国领养的候选人，但轻度疾病和残疾的儿童被领养的可能性更大。

学步的幼儿（通常是 2~4 岁），偶尔也有几个年龄较大的孩子（最大的一个是 11 岁）。造成这一年龄分布状况的因素很多。第一，国内收养人更倾向于领养婴儿（尤其是健康的婴儿），因为他们认为与婴儿建立情感关系更为容易，幼儿和大龄儿童由此就被留在了福利院，跨国领养的候选人便只能从他们当中选取。第二，中国儿童福利和收养中心（及其前身中国收养中心）只接收病情稳定的患病或残疾儿童。这种情况下，与脆弱的婴儿相比，幼儿和大龄儿童的身体状况通常更加稳定。第三，走完跨国领养的程序往往需要很长的时间（1~2 年），候选的儿童在等待期间也陆续长大了。①

挑选好送养的孩子后，福利院会将他们的个人档案递交给省民政厅，并附上作为这些儿童法定监护人的福利院院长的身份证复印件。被领养儿童的个人资料包括以下几种：①《弃婴儿童捡拾证明》和《捡拾弃婴儿童报案证明》；②户籍证明；③儿童成长情况报告；④身体健康检查证明；⑤一张照片。② 省民政厅的官员将审查这些材料，并在地级市及以上级别的报纸上刊登公告查找弃婴的生父母。逾期未被生父母领回的儿童将成为合格的跨国领养候选人，其材料将转交给中国儿童福利和收养中心。

在收到收养双方提供的材料之后，中国儿童福利和收养中心开始根据收养人的意愿和偏好（如性别、年龄、健康状况和原籍地）进行配对。中心将通过跨国领养中介机构告知收养人几位备选儿童的信息，让他们从中选择。如果收养人确定要从备选儿童中认领一个，中国儿童福利和收养中心将给他／她发一份《来华收养子女通知书》，并通知被收养儿童所在的福利机构。收养人接到通知后，应当亲自到被收养儿童所在省的民政厅办理收养登记手续。

---

① 人文地理学者于漪的研究专门探讨了医学技术如何介入跨国领养儿童的选择。从医学角度来看越"正常"或越接近"正常"的（即越健康健全）儿童，越有可能成为跨国领养的候选人，见 Yi Yu, "Making Adoptable Children: A Case Study of the Child Assessment Programme for Chinese-US Transnational Adoptions." *Area*, vol. 52, no. 2, 2020, pp. 298 ~ 305.

② 参见民政部社会福利与社会事务司《外国人在中华人民共和国收养子女登记办法》，1999 年 5 月 12 日，http://www.mca.gov.cn/article/fw/bmzn/sydj/flfg/201804/20180400008413. shtml。如果被领养人系父母死亡的孤儿，提交的材料还应该包括孤儿父母的死亡证明，以及对该孤儿有抚养义务的近亲属递交的同意送养书面意见。

　　我在 H 省民政厅观察到的一场跨国领养仪式也证实了相关法规规定的儿童收养登记手续的流程。那一次，我碰到一群由同一家中介机构组织来华领养的美国人和另一群来自 H 省几个城市的福利院领导与送养儿童。在一间接待室里，中国儿童福利和收养中心派出的几名工作人员帮助这两群人办理了收养登记手续。第一，每个收养人都要与作为儿童法定监护人的福利院院长签署一式三份的收养协议，由收养人、福利院和省民政厅各保存一份。第二，收养人填写一份《来华收养子女登记申请书》，并将这份申请书和他们之前收到的《来华收养子女通知书》、他们自己的身份证明和照片，一并提交给办理收养登记的工作人员。相关的法规规定审批手续将在 7 天内完成①，但这次工作人员当场批准了这些申请，并向外国收养人颁发《收养登记证》。② 第三，福利院与收养人签订一份预收养协议，即便收养关系事实上已经确立。这份协议明确了收养人在未来一两天内对所收养儿童的责任和义务，而这一两天被当作收养双方短暂的磨合期。③ 第四，福利院院长向收养人颁发荣誉证书，感谢他们对福利院的捐赠——通常收养人会在收养登记程序之前或之中向其收养儿童所在的福利院捐赠一笔钱，用于救助其他在院儿童。收养仪式的最后，每位收养人都要和被收养儿童以及送养儿童的福利院工作人员合影留念。

　　与国内领养的情况不同，中国的法律法规很少提及跨国领养的解除问题。在整个田野调查和文献研究的过程中，我也没有听过或读到过这类案例。尽管如此，中国儿童福利和收养中心在其公开的报告中强调自己一直努力监测儿童被领养后的状况，例如会要求国外的领养中介机构在领养后的第一年对收养家庭进行半年一次的安置后报告，无论被收养儿童是否获

---

① 民政部社会福利与社会事务司：《外国人在中华人民共和国收养子女登记办法》，1999 年 5 月 12 日，http：//www.mca.gov.cn/article/fw/bmzn/sydj/flfg/201804/20180400008413.shtml。

② 对于来自美国、意大利、爱尔兰和新加坡以外的国家的领养人，省民政厅还会向他们颁发《跨国收养合格证明》，帮助被领养人获得他们即将前往定居国家的国籍，参见民政部社会福利与社会事务司《民政部办公厅关于在办理涉外收养登记时为收养人出具〈跨国收养合格证明〉的通知》，2008 年 1 月 8 日，http：//mzt.qinghai.gov.cn/html/show-2734.html。

③ 尽管我亲眼见证了预收养协议的签署是整个领养仪式的第三步，但我的访谈对象告诉我这份协议可以在任何时点签署。但是，第一步和第二步必须按顺序进行，因为收养人和福利机构之间签署的正式收养协议是收养登记的必要文件。

得了收养人所在国的国籍。从第二年起，只要被收养儿童还未获得新国籍，领养中介机构就应继续每半年提交一次报告。① 但自 2011 年 8 月 1 日开始，中国儿童福利和收养中心修改了相关规定，需要中介机构提交的报告减少了，但是覆盖的时段更长了：五年内要提交六份报告，分别在领养之后的第一个月、第六个月、第十二个月、第二年、第三年和第五年。②

2. 死亡导致的去机构化

死亡是福利院儿童去机构化的另一种方式。在永江福利院，我没有找到儿童死亡的具体统计数据，但曾经看到过几个案例记录。此外，在 2011 年的田野调查期间，我也见证了五名婴儿的夭折，其中 4 人患有严重的疾病（例如肝硬化、先天性心脏病、婴儿肺炎和高烧，并伴有呕吐和腹泻症状），在进入福利院后几天内就去世了。另一名患有脑瘫的婴儿在福利院住了几个月后，一天夜里突然死亡。保育员认为这个孩子的身体状况相当稳定，所以当她们隔天清晨去给他喂奶时，发现孩子已经去世，内心感到非常震动。驻院医生也不能清楚地确定死因。通常来说，如果福利院儿童在公立医院去世，主治医生会向福利院出具死亡证明，福利院的驻院医生会根据死亡证明和儿童的病历撰写死亡报告。如果儿童在福利院内死亡，如上述个案，驻院医生便有责任开具死亡证明，并根据过往的诊断和儿童的病史撰写死亡报告。随后，福利院的门卫丁师傅便会带着死亡证明和夭折儿童的尸体去殡仪馆火化。死亡报告会上交给福利院领导，由

---

① 中国收养中心：《如何向中国收养中心提交安置后报告？》，2011 年 3 月 24 日，http：//www.cccwa.cn/article/sysw/zxjd/201103/20110300141469.shtml。

② 中国儿童福利和收养中心：《关于安置后报告催缴的通知》，2013 年 3 月 18 日，http：//www.cccwa.cn/article/syhfw/azfk/201303/20130300429651.shtml。具体关于中国儿童福利和收养中心希望通过安置后报告了解的详细信息，参见中国儿童福利和收养中心《安置后报告内容及格式要求》，2011 年 8 月 11 日，http：//www.cccwa.cn/article/syhfw/azfk/201108/20110800174179.shtml。近期的研究开始探讨成年的被领养儿童的身份归属和返乡寻根之旅，参见 Andrea Louie, *How Chinese Are You? Adopted Chinese Youth and Their Families Negotiate Identity and Culture*, New York：New York University Press, 2015；Iris Chin Ponte, Leslie Kim Wang, and Serena Pen-shian Fan, "Returning to China：The Experience of Adopted Chinese Children and Their Parents." *Adoption Quarterly*, vol. 13, no. 2, 2010, pp. 100 ~ 124；Leslie Wang, Iris Chin Ponte, and Elizabeth Weber Ollen. 2015. "Letting Her Go：Western Adoptive Families' Search and Reunion with Chinese Birth Parents." *Adoption Quarterly*, vol. 18, no. 1, 2015, pp. 45~66。

他们联系户籍部门注销儿童的户口。通过这些途径，死亡的儿童在肉体上和行政程序上都彻底离开了福利院，实现了最终的去机构化。

第四节　福利院在非正式收养和打击儿童拐卖运动中的作用

除了照料机构养育儿童和管理正式收养活动外，福利院还参与到国家对非正式收养和打击儿童拐卖活动的治理中。对这些事务的介入更进一步凸显了福利院作为国家人口治理机构的角色。本节将重点介绍福利院如何与其他政府部门合作处理上述问题，同时也将呈现它们在合作过程中的矛盾与冲突。

中国有着悠久的民间收养传统。历史上，收养活动通常被认为是家庭或者社区层面的事务，国家甚少干预。① 但自十九世纪末以来，国家开始干预这类事务。新中国成立之后，国家更进一步加强了对民间收养的监管。② 但即便如此，还是有许多家庭成为漏网之鱼，官方文件也证实了这一点。政府将公民未经登记的非正式收养活动定义为"事实收养"或者"公民私自收养"，是亟须清理的对象。解决非正式收养问题长期以来都在民政部、公安部和司法部的工作日程上，但在民政部发布《关于解决国内公民私自收养子女有关问题的通知》后，清理行动进一步升级。③

上述通知提出了两套方案，分类处理了不同时期未经官方许可的儿童领养个案。对于 1999 年 4 月 1 日之前非正式收养的儿童，只要收养人能够证明他们与被收养人共同生活多年，并且以父母子女相称（这些行为表明"事实收养"关系的确立），政府就可以给他们办理收养公证。持有公证机关开具的《事实收养公证书》，收养人便可以向公安机关申请为被收养人落户。

---

① Ann Waltner, *Getting an Heir: Adoption and the Construction of Kinship in Late Imperial China*, Honolulu: University of Hawaii Press, 1990; Arthur Wolf and Huang Chieh-Shan, *Marriage and Adoption in China*, *1845~1945*, Stanford: Stanford University Pres, 1980.

② Michael Palmer, "Civil Adoption in Contemporary Chinese Law: A Contract to Care." *Modern Asian Studies*, vol. 23, no. 2, 1989, pp. 373~410.

③ 民政部社会福利与社会事务司：《关于解决国内公民私自收养子女有关问题的通知》，2008 年 9 月 5 日，http://www.gov.cn/zwgk/2008-09/22/content_ 1102097.htm。

　　但是对那些 1999 年 4 月 1 日之后才进行非正式收养的家庭来说，官方的处理方案要复杂得多，而且有了更多的不确定性。一般来说，只有收养人满足《收养法》中列举的所有条件（包括年满 30 周岁；有抚养教育被收养人的能力；未患有在医学上认为不应当收养子女的疾病；以及如果是无配偶的男性收养女性儿童的，收养人与被收养人的年龄应当相差 40 周岁以上），他们才可能被准予登记成为正式的收养人，其办理收养登记的手续如下。首先，他们必须在当地民政局获取一份《捡拾弃婴儿童情况证明》。其次，他们必须向当地警方报案，并取得《捡拾弃婴儿童报案证明》，这两份证明也是从福利院里收养儿童所必需的文件。再次，收养人需要首先为被收养人办理福利院入院登记手续，福利院会在其集体户口下为儿童落户。① 与此同时，当地民政局（但有时是当地福利院）会在报纸上发布公告，寻找孩子的亲生父母。民政部的通知并没有明确规定在接下来的 60 天内被收养的儿童是否应当在福利院里度过，但在我的田野点，这些孩子通常还是住在他们的养父母家里。60 天后，如果亲生父母还没来接走他们，福利院和民政局将依照前述程序为收养人办理正式收养登记。最后，收养人领取《收养登记证》，可以将被收养人的户口从福利院转移至自己家庭名下。

　　假如收养人不符合《收养法》规定的收养条件，后续情况又会有所不同，他们非正式收养的儿童将被长期安置在福利机构，直到被其他收养人收养。这里唯一的例外属于那些满足《收养法》中其他所有条件但不到 30 周岁的收养人，他们会被允许首先成为寄养父母，等到年龄条件满足后再正式登记成为收养人。②

　　依上文所示，尽管福利院对 1999 年 4 月 1 日之前进行非正式收养的收养人来说无关紧要，但对这个日子之后出现的非正式收养，福利院在使

---

① 1998 年的《收养法》修正案允许已有子女的收养人收养福利机构养育的儿童（不论是否孤儿或是否残疾），以及福利机构之外的孤儿和残疾儿童，且不需要缴纳计划生育罚款。而已生育子女又收养非孤残儿童的非正式收养人，尽管法律允许他们收养，但需要首先向当地计生部门缴纳计划生育罚款，然后才能在当地民政部门填写《捡拾弃婴儿童情况证明》以办理后续的收养登记手续。

② 民政部社会福利与社会事务司：《关于解决国内公民私自收养子女有关问题的通知》，2008 年 9 月 5 日，http：//www.gov.cn/zwgk/2008-09/22/content_ 1102097.htm。

之合法化的过程中发挥着极为重要的角色。事实上，福利院几乎是后一时期非正式收养儿童获得户籍身份的唯一渠道。而如果收养人达不到国家规定的收养条件，福利院便会成为非正式收养儿童后续的监护人，并将他们安置在机构中养育。为确保所有非正式收养都能得到妥善的处理，民政部的通知还要求其他政府部门通力合作，尤其是公安部门下辖的派出所和户籍登记机关。派出所负责向收养人出具《捡拾弃婴儿童报案证明》，并寻找弃婴儿的亲生父母。户籍登记机关负责为福利院儿童办理集体户口。如果有孩子被领养，它还需将其户口转入领养家庭名下。①

　　这便是本章开篇所提问题的答案——为什么那对夫妇必须到福利院来走收养登记的流程？福利院在中国儿童收养制度中扮演怎样的角色？上文同时也解答了为什么在永江福利院的官方记录中有那么多被收养的儿童从未在院内居住——他们都是到福利院来走程序的非正式收养儿童，只有通过这关才能改变自身的身份。不过，不同人走程序的方式还有差异。大部分领养家庭遵照民政部的通知要求，走的是从非正式收养转换到正式收养的程序，我们可以称之为"事实收养的合法化"。但也有一些像本章开篇中的领养家庭，通过私人关系给非正式收养儿童冠上福利院儿童的身份，然后通过国内公民收养的合法形式把孩子领回家。由于后一种操作处于法律的灰色地带，普通大众如果不熟悉相关法律，又对福利院的运作机制不够了解，便很难明白其中的曲折。

　　梳理国家针对非正式收养的政策，我们可能会产生一个印象，即对被收养人候选资格的限制要比收养人少得多。但通常来说，被收养人不应该是被拐卖的儿童。民政部的通告强调公安部门在查找被收养人的生父母时应确认他们不是被拐卖的儿童，尽管它并没有说明如果确有这类儿童应该如何处理。② 但对公安部门相关文件的分析表明，福利机构承担了救助、抚养和管理这些儿童的职责，它们是中国政府打击儿童拐卖工程极为重要

---

① 民政部同时也要求地方司法部门、公共卫生部门、计生部门以及基层组织（如街道办事处、居委会、村委会等）配合相关工作，见民政部社会福利与社会事务司《关于解决国内公民私自收养子女有关问题的通知》，2008 年 9 月 5 日，http：//www.gov.cn/zwgk/2008-09/22/content_ 1102097. htm。

② 民政部社会福利与社会事务司：《关于解决国内公民私自收养子女有关问题的通知》，2008 年 9 月 5 日，http：//www.gov.cn/zwgk/2008-09/22/content_ 1102097. htm。

的一环。

　　由于儿童拐卖一度猖獗，非正式收养人从人贩子手中购买被拐儿童的情况在中国并不少见。① 自二十世纪八十年代初以来，中国政府为打击这些犯罪活动做了许多工作，但还是没能完全禁绝。一位中国打击拐卖儿童犯罪办公室（公安部下辖的一个部门）的官员曾指出，买方市场的存在是拐卖犯罪屡打不绝的重要原因。考虑到儿童身心健康成长的需要，政府过去都是让买主继续抚养被拐儿童，直至找到孩子的亲生父母，但这种安置措施不利于消除买方市场。② 公安部此后与民政部商定禁止买主抚养被拐儿童，同时下令各地公安机关对查明的被拐儿童一律解救。在我 2011年的田野调查期间，相关部门还未出台正式文件说明后续如何处理这些被拐儿童。但到了 2015 年 8 月，民政部和公安部共同发文明示下属机构：对于查找到生父母和其他监护人的儿童，公安部门会及时送还；暂时查找不到的则先送往福利机构安置，并采集检验被拐儿童的血样录入全国打拐DNA 信息库比对，继续寻找生父母。福利机构在接收被拐儿童后会在报纸和全国打拐解救儿童寻亲公告平台上发布儿童寻亲公告。公告后满 30天未被认领的儿童，福利机构将为他们办理入院和落户手续。被拐儿童移交福利机构满 12 个月仍未找到生父母或其他监护人的，公安部门将向福利机构出具查找不到生父母或其他监护人的证明，福利机构收到证明后可安排符合收养条件的被拐儿童进行国内送养，让他们尽快回归家庭。③

　　2015 年的新政策无疑进一步提升了福利机构的重要性，但我们不应假设在此之前它们的角色无足轻重。恰恰相反，这些机构实际上一直在为

---

① Cindy Chu, "Human Trafficking and Smuggling in China." *Journal of Contemporary China*, vol. 20, no. 68, 2011, pp. 39~52.

② 之前的法规甚至规定，如买主对该儿童既没有虐待行为又不阻碍解救，其父母又自愿送养，双方符合收养和送养条件的，可依法办理收养手续，参见公安部、司法部、民政部、全国妇联《关于做好解救被拐卖妇女儿童工作的几点意见的通知》，国务院反拐联席会议办公室、公安部刑事侦查局编《公安机关办理侵犯妇女儿童人身权利犯罪案件指南》，北京：中国人民公安大学出版社，2008 年，第 220~221 页。

③ 民政部、公安部：《民政部 公安部关于开展查找不到生父母的打拐解救儿童收养工作的通知》，2015 年 8 月 20 日，http://www.mca.gov.cn/article/gk/wj/201508/20150815867698.shtml。

被拐卖儿童提供照料。一份 2000 年的公安部文件就规定遭受摧残虐待的、被强迫乞讨或从事违法犯罪活动的，以及本人要求解救的被拐卖儿童，应当立即解救。如果暂时无法查明其父母或者其他监护人，他们将交由民政部门收容抚养。① 这一规定在永江市被很好地落实了，我就亲身观察到好几起警察将被拐卖儿童送到福利院养护的案例，但也正是这些案例揭示了福利院与其他政府机构之间潜在的矛盾冲突。

自 2003 年以来，永江福利院曾多次向当地政府求助，希望有关部门能够制订方案，帮助处理越来越多滞留在该院的大龄病残儿童、未找到父母的被拐卖儿童，以及父母服刑或被判死刑的儿童。当地公安部门和法院认为福利院作为政府开办的儿童福利机构，有责任救济所有有困难的儿童，于是便将他们接手的需要照顾的儿童都送往福利院。虽然国家明文规定福利院有责任收留照顾被拐卖儿童，但没有文件要求它救助服刑人员的子女，因此当地财政局下拨给福利院的经费并不包含这些儿童的养护开支。② 实际上，国家设立福利机构救济的主要对象是弃婴和孤儿，被拐卖儿童的养护费用也不包含在财政局的预算之中——政府假定这类儿童数量很少，其照料成本也不高，尽管事实并非如此。更糟糕的是，由于被拐卖儿童和服刑人员子女的监护权仍由其亲生父母或其他监护人持有，福利院不能将他们送养，而必须将他们留在院内。福利院的领导和保育员对此都深感不满，认为当地公安部门和法院加重了他们的工作负担，亦没有履行这些职能部门自身对上述困境儿童的责任。

余英的个案便是一个典型的例证。余英出生在云南，父母因贩毒被抓后，八岁的她被警察送进了永江福利院。后来她的父亲被判死刑，母亲被判无期。在余英居留福利院的三年时间里，福利院领导不断地联系永江警方和云南警方，希望将她送回其直系亲属身边，但所有这些努力均以失败告终。永江警方将女孩送进福利院后就再没来探望过她，更别提支付抚养

---

① 公安部：《公安部关于打击拐卖妇女儿童犯罪适用法律和政策有关问题的意见》，2000 年 3 月 24 日，http://www.nwccw.gov.cn/2017-05/03/content_ 153264.htm。

② 2019 年 7 月，民政部联合十二部门共同出台了《关于进一步加强事实无人抚养儿童保障工作的意见》，将服刑在押、强制隔离戒毒、被执行其他限制人身自由措施人员的子女视为事实孤儿，纳入全国困境儿童保障体系当中，地方政府将给这些事实无人抚养儿童发放基本生活补贴。

费了。余英觉得自己已彻底失去了原生家庭，同时又目睹了另一些福利院儿童被领养，她告诉保育员自己想要一个新家。但因为她的监护人仍是她的母亲，福利院没有办法将她送养。考虑到余英本人的意愿，福利院领导决定说服余英的母亲放弃监护权，将它移交给福利院。经过多方劝导，加上与女儿面对面的会面，余英的母亲最终同意了。但此时年龄又成了一个问题，没有国内收养人愿意领养她，最终她被一个外国家庭领养了。[1]

　　无论是在向当地民政局汇报余英案例的报告中，还是在向当地政府呼吁更多帮助的求助信中，福利院都表达了对永江警方的不满，认为他们把那些困境儿童送到福利院之后就撒手不管了，没有履行其责任。与此相反，许多警察认为照顾这些孩子是福利院的责任，而不是他们的。有几次警察送孩子过来，福利院的工作人员拒绝接收，他们便说福利院照顾他们送来的儿童是天经地义的，否则政府为什么要花钱办这个机构？针对这一问题，福利院的工作人员反驳说自己的机构只接收国家政策规定的弃婴和孤儿。尽管双方常有对抗，但结局往往以福利院让步告终。这实际上揭示了福利院（乃至整个民政系统，正如福利院的工作人员自己所说）相比公安部门，在整个国家行政系统中处于劣势地位。

　　我在永江福利院的另一次经历彰显了这两者的权势差异。那一次，四名警察把一个在火车站门前乞讨的六岁女孩送到了福利院。福利院领导认为这个女孩不是弃婴儿，而是在街头讨生活的流浪儿童，因此拒绝接收，并建议警察把她送去救助站。警察说他们已经去过救助站了，那里的工作人员也拒绝接收并建议将她送来福利院，说福利院是专门救助儿童的机构。福利院领导解释说，根据国家政策，福利院只接收找不到父母的弃婴儿，但这个女孩显然不是，她更有可能是一个和父母住在一起的年轻乞丐。由于双方没能达成一致，警察不得不把女孩带走。但到了停车场，他们便把女孩丢在一边，迅速上了车，想夺门而出。福利院的门卫立即关上了大门，但一名警察对他大吼一声："你想干嘛？好大的胆子，敢拦警察！"门卫感到害怕就把门打开了，警察随即离开了福利院。目睹当时场景的福利院工作人员都很生气。后来福利院领导给那些警察所属的派出所

---

[1]　余英的母亲在签署监护权移交协议时已被告知存在跨国收养的可能性。

打了个电话，对方领导为他下属的傲慢和莽撞道了歉，但同时也辩称福利院有义务接收警方安置的儿童，不然这个机构存在的意义和价值是什么。最后双方谈判的结果是，福利院领导同意让女孩留在福利院，但警方需尽快找到她的父母。知道结果后，福利院里的许多工作人员都指责领导太过软弱，但最终还是把问题归结于福利院自身缺乏议价能力，因为它之前与警方的所有谈判都以惨败收场，一次又一次接收超出其职责范围的儿童。

福利机构与警察之间的类似矛盾也在其他地方上演。例如湖北宜昌儿童福利院的工作人员就拒绝收容身份未经确认的儿童，只是与当地警方签订临时寄养协议，后者需要向前者支付寄养费。他们拒绝身份未定儿童入院的另一种方法是给警方免费派遣一名保育员，临时照顾那些困境儿童，这样警方就不能以缺乏儿童照料人手为由将儿童送进福利院。也是通过这种方式，福利院的工作人员成功给警方施加压力，敦促他们更有效率地去寻找儿童监护人。[1]

第五节　小结

在本章结束之际，容我先讲完上文那个被警察留在福利院的女孩的故事。一周后她被证实是一名被拐卖的儿童，警察抓住了人贩子，并通过其全国性的打拐网络找到了女孩的父母。女孩的老家在四川，但她的父母在江苏打工。她的父亲来领回她时，陪同他的江苏警方用摄像机记录了全过程。这一事件后来被多家省级媒体报道，成为公安部门跨省合作打击拐卖儿童犯罪的典范。当然，永江警方强行把女孩留在福利院的事情再无人提及。

福利院的工作人员读过这则新闻后议论纷纷。他们认为，对于女孩和她的家庭来说，这确实是一个好的结局；但对于福利院来说，这样的幸运并不常出现。警方并不总是那么容易找到被拐儿童的父母，这种情况下，不少被拐卖的孩子要在福利院待上几个月，甚至更久的时间。2011 年我

---

[1] 周心忠、罗能专：《机构反弃婴的有效尝试》，中国儿童福利事业年鉴编委会编《中国儿童福利事业年鉴 2006》，北京：中国社会出版社，2007 年，第 463~465 页。

在永江福利院调查时，该院还有数名被拐卖儿童寄养在当地农村家庭，其寄养生活的开支全由福利院负担。也是考虑到这种情况的普遍性，2015年民政部和公安部联合出台了新规定，允许福利院送养那些查找不到父母的被拐儿童。也是在这份文件出台后，福利院在治理儿童拐卖的工程中扮演越来越重要的角色，因为它是唯一合法的、能够转变被拐儿童身份并安排他们进入新家庭的机构。

本章提出的观点是福利院在当代中国发挥着治理术的功能，它的内部运作聚焦弃婴孤儿的福祉，包括他们的安全、健康、教育、就业和生活的其他方面，而其外部运作聚焦正式和非正式收养行为的管理以及被拐卖儿童的处理等。将其内部运作和外部运作相结合，福利院生产出了"机构养育儿童/福利院儿童"这一特殊的人群类别。这一人群在户籍身份上隶属于一个国家机构，并依据这一身份享有特别的福利待遇，由此造成了他们区别于普通中国人的独特生活经历。当我们把国家对这些人的治理和对家庭当中个体的治理进行对比时，机构养育儿童存在的独特性就凸显出来。而当我们进一步将这两种模式结合起来时，它将呈现当代中国政府人口治理更丰富的面貌。正是这些治理技术的运作，以及它们之间的关联，建构起了中国整体性的治理体系。受福柯启发的研究者将这一治理体系命名为"中国的复数治理术"（China's governmentalities）。①

这一治理术的视角可以让我们反思目前盛行于中国社会政策和儿童福利领域的"机构养育过时论"。主张这一观点的学者认为，机构照料相比于寄养家庭照料是落后的，后者应该取代前者。② 对中国家庭寄养实践做全面的讨论超出了本章的范围，但我在文中已经指出了永江福利院在选择寄养家庭和寄养儿童时存在地方性的逻辑，考虑的不仅是儿童本身的福

---

① Elaine Jeffreys（ed.），*China's Governmentalities*：*Governing Change*，*Changing Government*，London：Routledge，2009.

② 丁华芳、张永梅：《社区培力视角下孤残儿童家庭寄养实践研究——对 G 市福利院儿童家庭寄养工作的案例考察》，《社会工作与管理》2015 年第 2 期；傅婷婷、李桧英：《孤残儿童家庭寄养需求及其效果——以 L 市儿童福利院为例》，《社会福利》2016 年第 2 期；尚晓援：《中国弱势儿童群体保护制度》，北京：社会科学文献出版社，2008 年，第 84~85 页；尚晓援、伍晓明、万婷婷：《从传统到现代：从大同经验看中国孤残儿童福利的制度选择》，《青年研究》2004 年第 7 期。

祉，还有各种利益和人情。由此，我认为针对家庭寄养的研究不应拘泥于一种理想化的模型，而应当将注意力转向具体寄养个案的情况，在当地语境中重新评估这些做法的有效性。我对主张"机构养育过时论"的学者的第二点回应是他们可能把福利机构的职能理解得过于简单了。当代中国福利院当然是儿童救济组织，但是它同时也是一项国家人口治理的机制，管理着不同类型的儿童收养工作和处理被拐卖儿童的安置问题。鉴于福利院行使着上述重要职能，政府不太可能会像"机构养育过时论"学者期待的那样废除这些机构，即便它同时也在鼓励用家庭寄养来弥补机构养育的不足。

通过考察福利机构与国家之间的关系，我们看到了国家权力如何作用于福利院儿童这一特殊人群。但在中国政府积极推行"社会福利社会化"的今天，国家权力显然不是福利机构中唯一存在的权力形态。市场经济的繁荣在中国社会催生了蓬勃发展的慈善力量，众多福利机构中都涌动着慈善人士的身影。他们的出现极大地促进了机构养育和照顾群体的福利。然而，有时我们也会看到一些令人啼笑皆非的新闻，例如慈善人士重阳节扎堆献爱心导致老年福利机构中的老人不断地被梳头、洗脚以至身心俱疲。[1] 在儿童福利机构中，考虑到孤残儿童在社会身份与身体状况上的特殊性，慈善人士的献爱心活动又产生了另一些内涵丰富的话语形态和行为模式。下一章我们便将目光转向永江福利院里的慈善人士，审视他们构成的慈善力量如何通过爱的话语和行动介入孤残儿童的日常生活，塑造出新的社会不平等。

---

[1] 中国江苏网：《养老院老人重阳节被志愿者洗7次脚，直言吃不消》，2012 年 10 月 24 日，http://news.sohu.com/20121024/n355595994.shtml。

第四章
福利院献爱心活动的慈善暴力

　　今天是六一儿童节。上午下阵雨，只有零星几户热心家庭来访。下午放晴后，2点左右，欧雅幼儿园的老师、学生和家长一行30多人来访永江福利院。他们一放下礼物就进了婴儿房。我和保育员提醒他们轻声说话，以免惊扰仍在睡觉的婴儿。但仍有个别幼儿园学生说话很大声，看到婴儿觉得很有趣，总是叫他们的家长来看这个小孩、那个小孩。看到一位家长带了相机，我就提醒她婴儿房里不能拍照，她收起相机表示歉意。后来我发现，她去了另一间房间又拿出相机来拍照。她一拍，一群学生也跟着拿相机和手机把婴儿们一个接一个拍过去，有的婴儿被闪光灯惊哭了，我与保育员连忙过去制止拍照。后来进屋的人越来越多，声音也越来越大。有家长把婴儿抱起来品头论足，向我和保育员询问这个小孩身体哪里不对，那个小孩是男是女。由于参观者将婴儿房挤得水泄不通，保育员就以房间空间狭窄、人多了空气不好为由建议他们参观过后就出去，这样有利婴儿健康。有些参观者表示理解，就出去了，可是过了一会儿又回来了。

　　下午2点半，幼儿园的访客还未离开，又有温州商会的七八位男士来福利院献爱心，捐了十箱牛奶和一些童装，院长接待了他们。有一位男士还带了他的儿子一起来，据说今天正好是他儿子的生日，就想让他和福利院里的孩子一起过。这几天永江福利院的仓库已经堆满了社会各界送来的献爱心物资，包括食品、玩具和各类生活用品。到了儿童部，温州商会的几位男士就想和福利院孩子合影。其中一位男士，靠着床搂着两个刚刚学会站立却发呆不知发生何事的孩子，笑容满面地拍了一张。院长和在场的其他人都目睹了这一场景。站在我身边的保育员余阿姨的丈夫轻声问我："你看，这有没有一点像我们平时去动物园抱个动物拍照啊？"他又私下评论说，这些人都是来做名声的。

陆续还有热心人士来访。到4点左右，来访者才基本散去。我和保育员们刚坐下来休息，院长打来电话，说很快又有人要来。由于先前来访人多，大厅和婴儿房里满是垃圾（主要是吃剩的食物和残破的玩具），保育员们赶紧打扫一遍，同时叫大一点的孩子都去洗洗脸。到4点半左右，又一家幼儿园的学生和家长来到福利院。一进门，家长就让子女们各自挑选一名福利院的小朋友，把礼物送给他/她。这些幼儿园学生顿时手足无措，最后不是随意给，就是父母替他们挑选了赠送礼物的对象。接着又是大人小孩全部涌入婴儿房，好奇地把婴儿们一个个看过去，有的还拍照。他们第一个见到的是睡在门边那张床、天生有白化病的思雨，很多家长和学生都对她的白皮肤感到很奇怪，问是不是外国人。看到福利院里那么多被遗弃的病残儿童，有的家长落泪了，说这些孩子太可怜了。但更多的家长这里看看、那里玩玩，嘴上说着小孩可怜，但是笑容满面，一群人扎堆在一个婴儿的床前，讨论着这个小孩是什么毛病，那个小孩是男是女。

有一群家长在围观孝姿，问张阿姨这个头很大的小孩是什么毛病。张阿姨介绍说，孝姿患有先天性脑积水，已经看过医生了，没有直接的治疗方法，只能慢慢调理，目前已略有好转。这批家长听完，感叹了一阵走开了。另一批家长走过来，又向张阿姨询问，她只好又给他们再讲解一遍。

另一群家长在一个巨趾症的婴儿床前猜测这个小孩的身世。她们说这个小孩除了脚上的毛病以外，其他都好的，又是一个男孩，会在福利院里，肯定是外地来永江市打工的农民工生的。如果是本地人家的小孩，只要家庭条件还可以的，不论什么病都会花钱去治疗。这时有位男士从另一间婴儿房把丽敏抱了过来，很兴奋地跟这群女士说这个小孩"很好玩"，还重复了好几次。他让丽敏坐在床上，床上正好有个玩具，他就叫她去拿。另一位女士也觉得丽敏可爱，就把她抱了过去，那男士遂抱起身边婴儿床上的另一个婴儿来逗。

　　有位女士带着她的儿子在看春霞。她叫儿子跟春霞握握手，儿子不肯。她就自己牵了牵春霞的手，说这个小朋友还是比较好的啊，再让儿子来握手试试看，但他仍然不肯，后来就跑出去了。

　　另一位女士拉着女儿四处看看福利院的小孩。她对女儿说，她也是从这么小的身体长到现在这么大的，但这些小朋友生下来以后就没有了爸爸妈妈，多么可怜。她也让女儿和小孩们握手。有一个幼儿园男学生则拿着一台照相机，逐个把余阿姨负责的婴儿房里的小孩都拍了一遍。

　　由于人多，有位家长说她感觉闷热，就走出去了。不一会儿，她又进来提醒其他人快到离开的时间了。另一位女士刚把孝姿抱起来，听到这个消息，就把她放下来。可孝姿一放回床上就哭，那位女士只好又把她抱起来。但女士急着要走，就问保育员有没有哪个人帮忙抱一下。方阿姨手上已经抱着一个刚转手过来的丽敏，也是放下来就哭的，无奈只好再把孝姿接过来。另一个家长抱着霞芳，也放不下来，方阿姨就叫她把霞芳让我抱，她转手给我后就急急地走了。我们哄了很久才把小孩安顿下来。后来又陆续来了一些人，折腾了一整个下午，结果方阿姨晚饭的时候说自己累得饭都吃不下了。今天总共来访的人群大概有七八批，人数超过百人。阿姨们说凡是过节就有很多人来福利院献爱心，但每次接待完那么多访客，她们都感到筋疲力尽。

　　这节全景式描述是我在 2011 年六一儿童节记录的田野笔记，它展示了节日当天来永江福利院献爱心的热心人士与该院儿童、工作人员的互动经历。在我进行田野调查期间，六一儿童节是永江福利院来访人数最多的一天，但这些来访者与福利院儿童的互动细节与平时的来访者并无不同：在每次互动中，虽然福利院的孩子也有自我能动性的发挥（比如大龄儿童也是游戏的参与者，婴儿们被抱过以后放回床时总是哭闹），但基本上来说，他们是所有"献爱心"活动的客体——是被献爱心的对象，是被参观和凝视的对象，是被同情的"可怜人"，是计划被愉悦的对象，实际上却更多地愉悦了来献爱心的人，如此等等。本章的目标就在于揭示大部分声称来献爱心的热心人士——如果不是全部的话——是如何在他们"献爱心"的过程中想象和表述福利院儿童的。

要探讨这一主题，我们首先要在学术层面上概念化这些热心人士的"献爱心"活动。依据目前学界已有的讨论，我将这些"献爱心"行为阐释为慈善主义（philanthropy）的表现，这一概念自身包含了捐助（giving）和志愿服务（volunteering）两个方面的行动。① 事实上，到永江福利院来献爱心的热心人士，其慈善活动粗略地来说也可以分为这两类，一类是奉献现金或实物的捐助，另一类是奉献时间、劳力和技能的志愿服务。但我也注意到，有时进行捐助的人士，下一次再来时也可能进行志愿服务；而进行志愿服务的人士，有时也会捐一些日用品乃至现金给福利院。因此，这两类慈善行动在具体的社会情境中并不是截然两分的。

第一节　慈善主义的赞歌与市民社会的崇拜

在探讨慈善活动的社会意义时，许多西方学者追随托克维尔（Alexis Tocqueville）的理解，将它与市民社会（civil society）、自由民主制度关联起来。在托克维尔的范式下，西方国家的慈善活动常被等同于公民参与志愿组织（voluntary association）或非营利机构（nonprofit organization）的行为，而这些组织和机构是市民社会的重要组成部分。这种公共参与（civic engagement）被认为是社会个体实践公民权利（citizenship）的重要方式。一方面，通过参与这些组织和机构的活动，市民得以在社会资源分配中发挥一定的影响力，同时也有机会批评、监督、参与改革政府议程，促进政治决策和执行的公开透明。另一方面，在参与这些活动的过程中，市民之间的互动产生更多的社会资本或者社会信任（social capital/social trust），这就进一步增进了市民群体的凝聚力，巩固发展了更深入的公共参与。同样也是在上述过程中，每个市民形成了宽容的价值观，养成了用沟通而非暴力的方式来解决问题的习惯，也学习演练了他们参政议政的技能（civic skills）。这些积累的过程，也就是建构和发展市民社会的过程，最终是为了动员更多的市民参与公共事务、介入国家制定与执行政策，确保社会和

---

① Kathleen McCarthy, *American Creed：Philanthropy and the Rise of Civil Society*，*1700~1865*，Chicago：University of Chicago Press，2003，p. 2.

国家权力的民主性质。在"慈善活动—市民社会—民主制度"这一关系谱系中，慈善活动被认为对市民社会的形成和发展有着巨大的促进作用，而为慈善活动提供平台的志愿组织和非营利机构又是市民社会的重要组成部分。市民在市民社会所提供的公共空间（public sphere）中参政议政，使得市民社会成为维系民主制度并确保其良好运行的重要机制。① 与此相似的，在西方定义下的非民主但有希望民主化的国家，志愿组织和非营利机构所塑造的市民社会被认为在这些国家的民主转型中发挥重要的作用：它被视为自主的社会力量，市民借此保护自身免于暴政的侵害，同时也向非民主政府施压，从民间出发推进社会和国家权力的民主化。② 有学者注意到，市民社会似乎就此成为一个万能的机制：它能为自由民主制度提供社会基础；能扩展民主化的程度；能监督、限制和反抗国家权力；能保护弱势群体，促进人人平等；能协调利益纠纷，维护社会和谐；能促进经济发展；等等。③

在这一整套有关慈善活动、市民社会和民主制度关系的论述中，我们不难发现许多学者对这三者的正面肯定态度。但也有另一些人对此提出异议。有的学者认为，志愿组织和非营利机构作为利益群体，它们之间未必

---

① Gabriel Almond and Sidney Verba, *The Civic Culture: Political Attitudes and Democracy in Five Nations*, Newbury Park, CA: Sage, 1963; Keely S. Jones, "Giving and Volunteering as Distinct Forms of Civil Engagement: The Role of Community Integration and Personal Resources in Formal Helping." *Nonprofit and Voluntary Sector Quarterly*, vol. 35, no. 2, 2006, pp. 249～266; Ralph Kramer, *Voluntary Agencies in the Welfare State*, Berkeley: University of California Press, 1981; Kathleen McCarthy, *American Creed: Philanthropy and the Rise of Civil Society, 1700～1865*, Chicago: University of Chicago Press, 2003; Robert Putnam, *Making Democracy Work: Civil Traditions in Modern Italy*, Princeton: Princeton University Press, 1993; Horton Smith, *Grassroots Associations*, Thousand Oaks: Sage, 2000; Robert Wuthnow (ed.), *Between States and Markets: The Voluntary Sector in Comparative Perspective*, Princeton: Princeton University Press, 1991. 对上述关系谱系的部分拆解，见 Anthony Spires, "Contingent Symbiosis and Civil Society in an Authoritarian State: Understanding the Survival of China's Grassroots NGOs." *American Journal of Sociology*, vol. 117, no. 1, 2011, pp. 1～45。

② Michael Foley and Bob Edwards, "The Paradox of Civil Society." *Journal of Democracy*, vol. 7, no. 3, 1996, pp. 38～52.

③ Muthiah Alagappa, "Civil Society and Political Change: An Analytical Framework." In Muthiah Alagappa (ed.), *Civil Society and Political Change in Asia*, Stanford: Stanford University Press, 2004, pp. 25～57；王绍光：《关于"市民社会"的几点思考》，《二十一世纪》（香港）1991 年第 8 期。

有共识。在相互竞争的过程中，它们造就的市民社会未必一定导致民主化，维护社会和谐；相反，这一市民社会有可能会增强威权统治，同时加剧社会的分裂和冲突。① 塔布希（Constanza Tabbush）的讨论则超越这些论述的假定，去揭示它们背后的意识形态内涵。她将目前学术界有关市民社会的论述分为两类：一类是新自由主义多元论式的（neoliberal pluralistic paradigm），另一类是新葛兰西主义式的（neo-Gramscian paradigm）。她指出，新自由主义多元论的学者将结社自由（freedom of association）视为实现民主的前提，而市民社会在他们的定义中是与国家分离的、市民自发成立和参与的社会组织的集合。这类论述着重强调市民社会作为抗衡国家权力的角色，推崇它在维系和健全民主制度上的积极作用。通过促进民主制度的良好运行，市民社会还可以保护各种利益群体，使少数人的利益也不至受到忽视，使社会成员之间更平等。前文那种将慈善主义、市民社会和民主制度联系起来论述显然也体现了这一立场。然而，新葛兰西主义的学者批评了新自由主义者这种将"国家—市民社会"两分，忽视资本主义市场角色的观点。这些学者认为市民社会是不仅与国家分离，也与市场分离的社会领域。在这个领域内，各类群体为其自身利益而进行意识形态霸权（ideological hegemony）的争夺。由此，新葛兰西主义的论述并不简单地认为市民社会自身就体现了社会凝聚力、民主、自主等价值。相反，由于不同利益群体的相互竞争，当某些群体占据优势时，市民社会运作的某些环节中可能会出现强制与压迫，导致不民主的情况发生。② 更具批判性的左翼学者则将矛头直接对准新自由主义式资本主义的非民主性质。伍德（Ellen Wood）认为新自由主义市民社会的论述刻意建构出"国家—市民社会"的观念两分法（conceptual dichotomy），强调国家强制力的恐怖，

---

① Edward Aspinall, "Indonesia: Transformation of Civil Society and Democratic Breakthrough." In Muthiah Alagappa (ed.), *Civil Society and Political Change in Asia*, Stanford: Stanford University Press, 2004, pp. 61～96; Simone Chambers and Jeffrey Kopstein, "Bad Civil Society." *Political Theory*, vol. 29, no. 6, 2001, pp. 837～865; Dylan Riley, "Civic Associations and Authoritarian Regimes in Inter-war Europe: Italy and Spain in Comparative Perspective." *American Sociological Review*, vol. 70, 2005, pp. 288～310.

② Constanza Tabbush, "Civil Society in United Nations Conferences: A Literature Review." *Civil Society and Social Movements Programme Paper No. 17*, United Nations Research Institute for Social Development, 2005, pp. 17～18.

用来掩饰资本主义无孔不入的强制力。尽管新自由主义表面上鼓励多元性，但它有关市民社会的论述背后仍是一套排他性的逻辑（totalizing logic）：市民社会必然与自由、民主相联系，必然是好的，所以要尽量建设和发展；国家必然与暴力、压迫相联系，必然是恶的，所以要尽量限制和约束。如果我们采纳这套论述，它固然可以增强我们抵制国家权力的能力，却削弱了我们反抗资本主义权力的能力。①

　　在中国本土知识界和海外中国研究领域，近年来日益增多的慈善活动，尤其是非政府组织的志愿服务，也被认为标志着中国市民社会的崛起，是促进中国持续开放、政府善治（包括福利制度的完善）乃至实现政治转型的动力所在。② 具体到儿童福利的领域，不少学者也将慈善捐款和公益组织的介入视为市民社会力量的发展，将它们参与中国儿童救助体系的建设看作市民社会与国家之间的合作或协商。③ 社会政策专家尚晓援

---

① Ellen Wood, "The Uses and Abuses of Civil Society." *Socialist Register*, vol. 26, 1990, pp. 60~84.

② Carolyn Hsu, "Rehabilitating Charity in China: The Case of Project Hope and the Rise of Non-Profit Organizations." *Journal of Civil Society*, vol. 4, no. 2, 2008, pp. 81~96; Shawn Shieh and Guosheng Deng, "An Emerging Civil Society: The Impact of the 2008 Sichuan Earthquake on Grassroots Associations in China." *The China Journal*, vol. 65, 2011, pp. 181~194; Jessica Teets, "Post-Earthquake Relief and Reconstruction Efforts: The Emergence of Civil Society in China?" *The China Quarterly*, vol. 198, 2009, pp. 330~347; Ying Xu and Ngan-Pun Ngai, "Moral Resources and Political Capital: Theorizing the Relationship between Voluntary Service Organizations and the Development of Civil Society in China." *Nonprofit and Voluntary Sector Quarterly*, vol. 40, no. 2, 2011, pp. 247~269; Ying Yu, "The Implications of Civil Society Innovations for Good Governance in China: Exemplification of a Voluntary Charity-oriented Sphere." In Deng Zhenglai and Guo Sujian (eds.), *China's Search for Good Governance*, New York: Palgrave Macmillan, 2011, pp. 87~103; 萧延中、谈火生、唐海华、杨占国：《多难兴邦：汶川地震见证中国公民社会的成长》，北京：北京大学出版社，2009年。

③ Cheryl Chui and Lucy P. Jordan, "The Role of International Non-Governmental Organizations in Service Delivery for Orphans and Abandoned Children in China." *International Social Work*, vol. 60, no. 5, 2017, pp. 1154~1168; Anna High, *Non-Governmental Orphan Relief in China: Law, Policy, and Practice*, New York: Routledge, 2020; Xiaoyuan Shang, "Looking for a Better Way to Care for Children: Cooperation between the State and Civil Society in China." *Social Service Review*, vol. 76, no. 2, 2002, pp. 203~228; Xiaoyuan Shang, Xiaoming Wu, and Yue Wu, "Welfare Provision for Vulnerable Children: The Missing Role of the State." *The China Quarterly*, vol. 181, 2005, pp. 122~136; Katja Yang and Bjorn Alpermann, "Children and Youth NGOs in China: Social Activism between Embeddedness and Marginalization." *China Information*, vol. 28, no. 3, 2014, pp. 311~337.

教授是其中最具代表性的学者，她与她的合作者非常欣赏国内外的慈善组织、非政府的儿童救济机构，以及个体慈善人士的善举，称赞他们代表国际和本土的市民社会力量在为中国儿童福利做贡献。[1] 凯泽也认可国际慈善团体引导下的中国非政府和半政府组织的运作模式，认为它们代表海外市民社会力量与中国地方政府的合作，共同致力于改善中国儿童福利。[2] 莱斯利·王的研究只是关注一家中国公办福利院当中的一个由西方志愿者运营的育婴小组，但她也将该小组阐释为"一种独特的、具体创新意义的国家与市民社会合作模式"。[3]

　　为什么海内外的慈善与儿童福利研究者热衷于将非政府组织和慈善人士个体描述成市民社会的力量，并对其不吝赞美？这其中除了有对托克维尔学派学术传统的路径依赖，可能也与中国社会的思潮以及海外学界对中国社会发展的观察取向有关。马秋莎指出，许多鼓吹市民社会理论的中国知识分子自身就是非政府组织的积极参与者，希望通过社会活动把市民社会的理念传播给其他人。从二十世纪九十年代中期开始，诸如"市民社会""NGO""公共空间""公民权利"等概念不再局限于学术讨论的范畴，而是成为大众讨论的关键词。马氏认为"市民社会"概念的引入和传播体现了中国本土知识分子推进中国现代化，尤其是自下而上政治改革的渴望。[4] 而针对许多海外中国研究学者对"civil society"理念的迷恋并用它来阐释中国社会，社会学家安戈（Jonathan Unger）认为这背后也透露着研究者们对中国政治与社会变革的持续关怀。他们将互联网、环保组

[1]　Xiaoyuan Shang, "Looking for a Better Way to Care for Children: Cooperation between the State and Civil Society in China." *Social Service Review*, vol. 76, no. 2, 2002, pp. 203~228; Xiaoyuan Shang, Xiaoming Wu, and Yue Wu, "Welfare Provision for Vulnerable Children: The Missing Role of the State." *The China Quarterly*, vol. 181, 2005, pp. 122~136; 尚晓援、陶传进：《非政府儿童福利机构研究》，尚晓援、王小林、陶传进编《中国儿童福利前沿问题》，北京：社会科学文献出版社，2010年，第93~149页。

[2]　Catherine Keyser, "The Role of the State and NGOs in Caring for at-risk Children." In Jonathan Schwartz and Shawn Shieh (eds.), *State and Society Responses to Social Welfare Needs in China: Serving the People*, Abingdon: Routledge, 2009, pp. 45~65.

[3]　Leslie Wang, 2010. "Importing Western Childhoods into a Chinese State-Run Orphanage." *Qualitative Sociology*, vol. 33, no. 2, 2010, p. 138.

[4]　Qiusha Ma, *Non-Governmental Organizations in Contemporary China: Paving the Way to Civil Society?* New York: Routledge, 2006, pp. 16~17.

织、商业协会、工会、农民工维权组织、宗教团体等有可能独立于乃至有能力平衡国家权力的组织力量都视作市民社会的力量，通过将它们纳入学术讨论来发掘市民社会对推动中国政治现代化的作用。① 2008年四川地震发生后，中国社会兴起的慈善捐款和志愿服务热潮更使许多媒体和学者将这一年称为"市民社会元年"。②

对于本研究来说，除了中国本土知识分子和海外中国研究学者对当前中国市民社会崛起所持的积极看法，还有他们把这个问题作为学术讨论主题这一选择本身，在我看来都仍有可以商榷的空间。我同意马秋莎、安戈等学者对目前学术界乃至更广阔的大众领域对市民社会抱有某种崇拜情结的看法。许多学者和其他领域的知识分子把市民社会化约成一股平衡国家力量的社会力量的集合，这一观念自身包含了对市民社会浪漫化的完美想象，忽视了它作为一种社会机制可能同样有其消极的一面。与此同时，在人为建构的"国家—市民社会"两分的框架下，市民社会内部的多样性和差异性也被刻意忽略了。新葛兰西主义的市民社会论述已经揭示了，市民社会是一个各种利益群体在其中进行权力争夺的领域。当某些群体占据优势时，就有可能对另一些群体产生强制与压迫。本章的个案研究将揭示慈善活动及其构成的市民社会本身即一个权力再生产的机制。我将要论证，那些来永江福利院献爱心的热心人士，虽然他们的捐赠和志愿行动有其正面的意义，但这些行动也塑造了他们与弃婴孤儿和福利院其他人之间的不平等关系。更进一步来说，基于这一实证研究的个案，我认为那种将慈善活动与市民社会联系起来，然后认定市民社会有助于政治与社会变革，有促进人人平等之类好处的观点有一个缺陷——它忽视了市民社会自身也可能生产不平等的权力关系。在现实层面上，本章的初衷并不在于否认慈善活动或者市民社会的积极

① Jonathan Unger, "Introduction: Chinese Associations, Civil Society, and State Corporatism: Disputed Terrain." In Jonathan Unger (ed.), *Associations and the Chinese State: Contested Spaces*, Armonk: M. E. Sharpe, 2008, pp. 3~6.

② Shawn Shieh and Guosheng Deng, "An Emerging Civil Society: The Impact of the 2008 Sichuan Earthquake on Grassroots Associations in China." *The China Journal*, vol. 65, 2011, pp. 181~194；萧延中、谈火生、唐海华、杨占国：《多难兴邦：汶川地震见证中国公民社会的成长》，北京：北京大学出版社，2009年。

意义，而是要为它们祛魅，提倡以更中立的立场来审视它们的现实运作和社会意义。

第二节　慈善活动与"可怜人"的社会生产

在中国历史上，弃婴孤儿一直是社会怜悯的对象。明清时期的文人士绅同情被父母遗弃的婴孩，为挽救他们的生命，更为进行社会教化而向育婴机构捐钱献地。[①] 但是学者们对"社会怜悯弃婴"这组关系的讨论到这里戛然而止了——更多的注意力集中在施善的文人士绅身上，发掘他们在明清乃至民国社会中兴办善会善堂，构建公共领域过程中扮演的重要角色，继而引出中国帝制晚期和近代以来市民社会发展的争论。[②] 那些被怜悯者的形象在这些历史叙述中被凝固硬化，似乎他们注定且必须被怜悯，是慈善活动永恒的客体。不仅如此，与弃婴们"可怜人"形象同时被生产出来的还有对弃婴家人（尤其是亲生父母）"冷酷、残忍、封建愚昧"的刻板印象，以及育婴机构中乳母的"冷酷"和"自私自利"。这些群体都是自诩有社会正义感和高尚道德的文人士绅批判的对象，是他们剥夺了弃婴的幸福，造成了弃婴的悲惨命运，所以必须被谴责、被教化。那些溺婴的父母甚至剥夺了子女的性命，因而要承受最严厉的指责乃至恐吓。政治和文化精英不仅动用国家权力禁止溺婴，还以民间善书、劝诫书、功过格、民歌等形式来教化警示民众。后者以因果报应之说为基础，寓意溺婴杀生的罪恶必然招致报应，以此劝诫潜在有意溺婴的父母，同时也可将其

---

① 夫马进：《中国善会善堂史研究》，伍跃等译，北京：商务印书馆，2005 年；梁其姿：《施善与教化：明清时期的慈善组织》，北京：北京师范大学出版社，2013 年。新近的研究也谈到育婴机构对贫民出身乳母的救济功能，见江昱纬《救婴与济贫：乳妇与明清时代的育婴堂》，台北：秀威资讯科技股份有限公司，2021 年。

② 梁其姿：《施善与教化：明清时期的慈善组织》，北京：北京师范大学出版社，2013 年；小滨正子：《近代上海的公共性与国家》，葛涛译，上海：上海古籍出版社，2003 年；Mary Rankin，"Some Observations on a Chinese Public Sphere." *Modern China*，vol. 19，no. 2，1993，pp. 158~182；William Rowe，"The Problem of Civil Society in Late Imperial China." *Modern China*，vol. 19，no. 2，1993，pp. 139~157。

理解为对已然犯下罪行父母的诅咒。① 与此相对，劝诫杀生、怜悯弃婴、赞助育婴机构等行为被定义为"善行"，不仅帮助行善的文人士绅在因果报应的循环中积累功德，也为他们在现世社会中积累道德资本。有趣的是，这一系列中国历史上的慈善人士与弃婴、与弃婴父母、与弃婴照顾人（乳母）之间的社会关系话语与我调查的当代福利院中情况有着惊人的相似之处。②

自从 1992 年建院以来，永江福利院一直是国家全额补助的事业单位。但与此同时，政府也鼓励福利院自主创收以减轻财政压力，接受社会捐赠就是其中一项重要的创收方式。值得注意的是，虽然永江福利院的年度预算中总有一笔专门的宣传接待费用，但我在田野考察中发现，其在社会捐赠活动中仍主要是被动的、配合的角色：如果有热心人士来捐赠，它是积极的接受者；但它自身并不主动向媒体和公众动员，鼓励捐款捐物。③ 根

---

① Michelle T. King, *Between Birth and Death*: *Female Infanticide in Nineteenth-Century China*, Stanford：Stanford University Press, 2014；D. E. Mungello, *Drowning Girls in China*: *Female Infanticide since 1650*, Lanham：MD：Rowman & Littlefield Publishers, 2008.

② 钱霖亮：《被忽视的文化：当代中国儿童福利院中的民俗观念与实践》，《民俗研究》2020 年第 3 期；Jinting Wu, "Mothering Special Children：Negotiating Gender, Disability, and Special Education in Contemporary China." *Harvard Educational Review*, vol. 90, no. 1, 2020, p. 27。

③ 这背后的原因非常复杂。首先，作为国家事业单位的福利院主要是对政府负责，其机构运作的人事编制和经费来源也由政府安排。这一单位性质使得福利院在国家与社会之间更倾向于依赖国家力量（在第四章中我论证了它本身也可视为国家机器的一部分），而与社会保持一定的距离。也是因为政府要求福利机构进行改革，实现"社会福利社会化"，尤其是经费来源的多元化，福利院才开始面向社会接受慈善捐赠。1995 年一些西方媒体和人权组织攻击中国政府的儿童福利政策，中央政府于是制定了福利机构外事管理制度，规定福利院不能主动接触媒体。理论上来说，各地福利院接受境内媒体采访或其他组织及个人的到访需经地方民政局批准，接受境外媒体采访或其他组织及个人的到访需经省级民政部门批准。这一规章制度虽然在具体操作时存在弹性，但它本身对福利机构与媒体以及社会大众的接触造成了限制。其次，由于政府对包括福利院在内的全额补助事业单位在财政上实行收支两条线管理，社会捐款被纳入财政管理体系中。依据各地政府不同的做法，有些地方福利院的社会捐款在财政局登记后可以提留在院里使用；有些地方（比如永江市）则要求福利院将社会捐款上缴财政局，但不纳入财政收入，而是另开一个户头，由财政局和民政局共同管理，福利院有需要时申请拨发利用；有的地方则直接将福利机构的社会捐款纳入政府的财政收入项目中。为防止贪污和小金库问题，政府加强了财政管理和审计监督，一定程度上抑制了地方福利机构领导主动争取社会捐赠的动机。最后，永江福利院受到来自政府的财政压力和来自职工的工作压力，害怕在媒体和公众面前过度曝光会导致更多的病残弃婴儿童进入福利院，所以一般情况下选择不主动联系媒体。

据几位访谈人提供的信息，二十世纪九十年代初，永江福利院很少收到社会捐赠，但自九十年代末开始增加。近些年来捐赠的人数增加了许多，捐赠的物资种类也丰富了不少。此外，二十世纪九十年代的社会捐赠，很少有直接的现金。偶尔发生，几百元已经是很大的数目了，大部分还是日常生活用品。但如今现金捐助早已不少见，数额多的可以达到上万元。① 物资捐助种类也更加丰富，包括日常生活用品、婴儿用品、食品、玩具等。志愿者的到来比社会捐赠要更迟一些。根据访谈信息，二十世纪九十年代基本没有志愿者到访永江福利院。这些热心人士真正开始大量出现是在2006年永江市一个志愿团体成立以后，该组织最重要的服务对象之一即是永江福利院的弃婴孤儿。

　　社会捐赠和志愿者人数的增多也意味着到访福利院人数的增多。永江福利院在历史上和现在接受的多是当场捐赠，捐赠人或捐赠人的代表都会在场，捐赠仪式前后也都会参观福利院的儿童部，探望受捐的弃婴儿。很少出现捐赠人不在场而以其他方式捐赠的情况。我在田野调查期间曾听一些访谈人提到，在 H 省其他一些地方的福利院，机构方面欢迎社会捐赠，但对参观儿童部有一些限制。永江福利院的工作人员则认为，不让进行捐赠的热心人士参观儿童部，看看他们帮助的对象，于情于理都过不去。也因此，他们认为永江福利院在到访人员管理方面是相对宽松的。而单个志愿者和志愿团体的服务对象直接就是福利院的儿童，必然需要面对面地互动。也是在与越来越多的社会公众接触的过程中，福利院儿童的"可怜人"形象被逐渐建构出来了。

第三节　"不正常的可怜人"

　　在田野调查期间，我时常听来福利院献爱心的各类热心人士将院里的孩子表述为"可怜人"。不少人不愿或者不知如何解释为什么福利院儿童

---

① 虽然没有白纸黑字的规定，永江福利院在处理现金捐助时通常的做法是接受大额捐助，鼓励小额捐款者用捐款直接购买（或在现金入库登记后由工作人员代买）福利院儿童必需或急需的物资，包括一次性纸尿布/裤、儿童洗漱用品、学步车和零食等。所谓小额捐款为几百元到两三千元不等。

就是可怜的，似乎这一形象不证自明。也有不少人会说，因为福利院儿童被亲生父母遗弃了，被父母遗弃、没有亲人照料的孩子就是可怜的。有些来访者，除了在"被遗弃"和"可怜"之间建立联系以外，还会补充说因为几乎所有的永江福利院儿童都是病残的——他们也在"病残"和"可怜"之间建立起了联系。还有一种我经常听到的说法，不仅到过福利院的人常说，没有到过福利院的人也常说：有一类孩子是"家里的正常的小孩"，另有一类孩子是"福利院里的不正常的小孩"，福利院的孩子可怜是因为他们"不正常"。当我询问他们为何福利院儿童是"不正常"的时候，一般受访者的答案又回到了"被遗弃"和"病残"这两大福利院儿童的基本"特征"上。也有受访者说福利院就是一个"不正常"的地方，里面的孩子当然也是"不正常"的。由此我们可以发现到访永江福利院的热心人士在建构福利院儿童"可怜人"形象时有三种较为显著的思路：①被遗弃—（不正常）—可怜；②病残—（不正常）—可怜；③在福利院—（不正常）—可怜。本章即尝试通过追踪这三条思路来揭示以热心人士为代表的"正常人"社会对福利院儿童进行既同情又污名化行为背后的权力逻辑。

每个社会都有"不正常的人"，大抵都是不符合那个社会"正常"规范的人群。福柯归纳了欧洲历史上的三种"不正常的人"：畸形人、需要改造的人和手淫的人。畸形人之所以"不正常"，是因为这些人的存在违反了广义的法律，包括自然规则和社会规则。他们是法律的极限，只在极端的情况下出现。因为超出了法律能够处理的范畴，这些人容易招致暴力的回应，如将他们消灭，或者对他们进行医学治疗等。① 需要改造的人之所以"不正常"，是因为家庭中常见的用来对人进行矫正的技术都对他们无效，因而必须引入医院、精神病院和监狱等"超介入"（sur-intervention）技术对他们进行矫正。他们的不可改造性和可改造性交错造成的含糊不清将他们驱逐出了"正常人"的范畴。② 而手淫的人之所以"不正常"，是因为手淫这一行为在十八世纪的欧洲被视为所有疾病的根源，它会侵蚀正常

---

① 福柯：《不正常的人》，钱翰译，上海：上海人民出版社，2010年，第43~44页。
② 福柯：《不正常的人》，钱翰译，上海：上海人民出版社，2010年，第46页。

健康的身体，对人自身、家庭、社会乃至民族国家的生存造成威胁，因而必须加以干预和控制。① 福柯的分析提示我们，在区分"不正常的人"的话语和活动背后总有一套寓意"正常"的典范，包括自然规则、社会规则、常态的矫正技术以及健康的标准。这套代表权力的知识，在界定出"正常"的范畴之后，将社会中不符合其标准的人与物表述成"不正常"。接下来，权力将这套知识宣传渗透成为人们习以为常的观念（norm），以至于人们常常知其然（并且遵循）而不知其所以然。而为了维系既有的"正常"与"不正常"的分类，权力会对挑战这套知识的人或物加以处理，譬如将他/它们消灭，或者纳入权力可控制管理的范围之内加以"正常化改造"（normalization）。

凭借知识体系赋予特定的人与物异于常人的"不名誉"特征，福柯关于"不正常"话语的知识—权力分析与戈夫曼的污名（stigma）理论似有异曲同工之妙。后者将污名定义为"令人丢脸的特征"，这些特征原本只是人与人在身体、性格和族裔背景等方面的一些差异，而社会当中的一部分人却利用它们建构出一套意识形态，用来解释受污名者的低劣性及其潜在的危险。② 在从一般性的差异转化为污名的过程中，受污名者被认为由于其上述差异而不能扮演既定的社会角色，也不能发挥既定的社会功能，因而被视为坏人、危险分子或者废物，污名由此损坏了个体的身份，将"常人"（the normal）变成了"不正常的人"。③ 受戈夫曼影响的污名研究学者相信，"不正常的人"的出现是因为他们的存在违背了社会规则，对公共秩序构成了挑战。究其根本，污名的产生并非受污名者的问题，而是社会规范和公共秩序的缺陷。④ 以下我将结合福柯与戈夫曼的理论视角来考察建构福利院儿童成为"不正常的人"的社会文化规范，揭

① 福柯：《不正常的人》，钱翰译，上海：上海人民出版社，2010 年，第 47 页，第 211～214 页。
② 戈夫曼：《污名：受损身份管理札记》，宋立宏译，北京：商务印书馆，2009 年，第 3～6 页。
③ 郭金华：《污名研究：概念、理论和模型的演进》，《学海》2015 年第 2 期，第 100 页。
④ 郭金华：《与疾病相关的污名：以中国的精神疾病和艾滋病污名为例》，《学术月刊》2015 年第 7 期；王晴锋：《正常的越轨者：戈夫曼论污名》，《河北学刊》2018 年第 2 期。

示这一污名化标签背后的权力运作。

（一）社会身份的"不正常"

首先，到访的慈善人士都非常关注福利院儿童在社会身份意义上的非同寻常——他们是被亲生父母遗弃、没有家庭照料的孩子，这一社会身份使他们成为"不正常的人"。事实上，当人们在言说上区分"家里的正常的小孩"和"福利院里不正常的小孩"时，这种表达本身就寓意了"家"在永江地方社会（某种程度上整个中国社会）是定义一个人"正常"与否的重要标志——儿童在家庭中由父母亲人抚养长大被认为是社会常态，是"正常"儿童的成长方式。有家庭、有父母照顾被认为是儿童生活幸福的必要条件。这一系列观念实际上是中国家族主义（familism）意识形态的一个组成部分，它是中国社会的一项福柯意义上的"社会规则"，乃至被许多人神圣化为某种"自然规则"。有学者指出，儒家家族主义（Confucian Familism）是传统中国社会的主要特征，它强调家庭（尤其是父子关系）是一切其他关系的轴心，以（父系）亲属关系为核心向外扩散至其他社会关系。因此，它既是中国传统家庭制度的组织原则，也是中国社会组织的基础。① 儒家家族主义为传统中国家庭设计了包括年龄、代际、性别等方面的一系列家庭关系的理想模型。譬如在父母长辈与子女之间，它强调子女对父母长辈的孝道，包括无条件服从长辈的权威和为延续家庭而生育子嗣的责任；但它同时也规定了父母长辈对子女抚养教育的责任，最终目标是将子女培养成能够承担家庭和社会责任的后代。② 换言之，在儒家家族主义的定义中，一个人的一生就是在家庭中接受父母长辈的抚养和教育，同时（学会）履行其对家庭的责任和义务（包括向下一代灌输家族主义观念）的过程。这一过程被认定为传统社会的中国人存在和生活的标准方式，也是唯一"正常"的方式。参照这一标准，特别符合的人会被家庭和社会褒奖，譬如尽孝道的儿子会被授予"孝子"的

① 费孝通：《乡土中国 生育制度》，北京：北京大学出版社，1998 年，第 37~40 页；葛学溥：《华南的乡村生活：广东凤凰村的家族主义社会学研究》，周大鸣译，北京：知识产权出版社，2012 年。

② Limin Bai, *Shaping the Ideal Child：Children and Their Primers in Late Imperial China*，Hong Kong：The Chinese University Press，2005.

荣誉，而违反标准、不尽孝道的儿子会被谴责为"逆子"。以家庭作为整个社会结构的基础，传统中国社会依据儒家家族主义的理念组织起许烺光所说的"祖荫下"的社会。① 在这种社会结构中，家庭的规范管理是传统社会最主要的社会控制机制之一，家庭内的权力和伦理关系同时也投射了帝王与其臣民之间的关系，儒家家族主义价值标准因此受到官方意识形态和政治制度的支持和利用。②

　　儒家家族主义的观念具有顽强的生命力，虽然在 20 世纪历经革命和改革，人们依然可以在改革开放后的中国社会发现那种传统上对家庭的忠诚和义务的延续。③ 然而，当代中国的家族主义并不只是历史的遗留，而是处于传统不断变化和再造的过程——在其中，长幼秩序、性别权力、伦理关系、家庭结构、居住方式等方面都发生了剧烈的变革——但家庭始终被认为是社会的基本组织形式，家庭生活始终是个人生活的重要组成部分，家庭成员各自应扮演的角色、应承担的责任始终是被强调的。④ 于是，在当代中国社会的语境中，个人与家庭仍然密不可分，个人对家庭的责任与义务是其承担的所有社会责任和义务中首要的。此外，个人对家庭的责任与义务又与个人幸福紧密关联。譬如人类学家欧爱玲（Ellen Oxfeld）对中国南方一个村庄的研究指出，不论是离开村庄的还是留守在村里的人，都非常重视家庭关系和家庭成员之间乃至村庄社区成员之间的相互责任，那些

---

① 许烺光：《祖荫下：中国乡村的亲属、人格与社会流动》，王芃译，台北：南天书局，2001 年。

② Susanne Brandtstadter and Santos Goncalo，"Introduction：Chinese Kinship Metamorphoses." In Susanne Brandtstadter and Goncalo D. Santos（eds.），*Chinese Kinship：Contemporary Anthropological Perspectives*，London：Routledge，2009，pp. 1～26.

③ Deborah Davis and Harrell Stevan（eds.），*Chinese Families in the Post-Mao Era*，Berkeley：University of California Press，1993；Goncalo Santos and Stevan Harrell（eds.），*Transforming Patriarchy：Chinese Families in the Twenty-First Century*，Seattle：University of Washington Press，2016.

④ Susanne Brandtstadter and Santos Goncalo，"Introduction：Chinese Kinship Metamorphoses." In Susanne Brandtstadter and Goncalo D. Santos（eds.），*Chinese Kinship：Contemporary Anthropological Perspectives*，London：Routledge，2009，pp. 1～26；Deborah Davis and Harrell Stevan（eds.），*Chinese Families in the Post-Mao Era*，Berkeley：University of California Press，1993；徐安琪、刘汶蓉、张亮、薛亚利：《转型期的中国家庭价值观研究》，上海：上海社会科学院出版社，2013 年；张晶晶：《新媒体语境下孝观念的当代呈现与话语建构》，《南京师大学报（社会科学版）》2018 年第 2 期。

不履行家庭责任和社会责任的人会在村庄社区中被人道德审判为"没有良心"。① 而阎云翔在中国北方农村的研究虽然强调村民的家庭观念变迁，人们越来越强调私人生活的重要性，但他也注意到有些村民刻意强调家庭是实现个人幸福的地方。在老一辈人眼中，家庭生活仍是个人幸福的重要方面——履行家庭责任与义务，扮演应有的家庭成员角色是实现个人幸福的必要条件。②

将家庭视为社会的基本组织形式这种观念并非中国社会所独有，也并非只存在于大众观念中。早期的人类学研究试图在非西方社会和西方社会之间建立一个人类社会组织形式进化的谱系。在非西方的"初民社会"里，社会是由亲属和家庭制度这样最简单、最基本的社会组织形式构成的。而在西方的"文明社会"中，亲属和家庭制度仍是社会结构的基础，但它们之上还有包括各级政府在内的更复杂的政治和社会组织形式。③ 在北美，人们认为核心家庭（nuclear family）才是"正常"的或者"自然"的家庭结构，它是构成社会共同体的基础。除了经济、人口再生产等方面之外，抚育儿童是家庭重要的社会功能之一。尤其是工业革命以来，家庭被视作人们远离公共世界（public world）激烈竞争和风险的避风港，是体验关爱和温柔的地方。④ 也因为家庭被认为充满了关爱和温馨，它既而被认为是最理想的育儿场所，父母在家中的密集式养育是最理想的育儿方式。⑤

跨文化比较显示了不同社会与文化在其历史演变的过程中对家庭之于社会整体结构和个人生活的重要性的强调具有极大的相似性。回到中国社

① 欧爱玲：《饮水思源：一个中国乡村的道德话语》，钟晋兰、曹嘉涵译，北京：社会科学文献出版社，2013 年。
② 阎云翔：《私人生活的变革：一个中国村庄里的爱情、家庭与亲密关系，1949－1999》，龚小夏译，上海：上海人民出版社，2017 年，第 4～5 页。
③ Susanne Brandtstadter and Santos Goncalo, "Introduction: Chinese Kinship Metamorphoses." In Susanne Brandtstadter and Goncalo D. Santos (eds.), *Chinese Kinship: Contemporary Anthropological Perspectives*, London: Routledge, 2009, pp. 1～26.
④ William Haviland, *Cultural Anthropology (tenth edition)*, London: Wadsworth, 2002, pp. 244～248.
⑤ Sharon Hays, *The Cultural Contradictions of Motherhood*, New Haven: Yale University Press, 1996; Adrienne Rich, *Of Woman Born: Motherhood as Experience and Institutions*, New York: Norton, 1986.

会的语境，我想指出的是：当代中国的家族主义观念，或者至少是将家庭视为中国社会的基本组织形式、强调家在中国社会中的重要性、强调家在个体生活中的重要性的一系列观念，促使众多慈善人士用一种"家本位"的标准来审视福利院儿童的存在和生活方式。在这里，我认为玛丽·道格拉斯（Mary Douglas）对洁净与污秽分类的解读有助于我们进一步理解福利院儿童成为慈善人士眼中"不正常的人"的原因。按她的说法，洁净与污秽、安全与危险都是由人为设定的秩序来划分的。在秩序之内的事物即洁净而安全，不在秩序之内的即肮脏而危险。① 换言之，同一件事物放对了地方就是"正常"，放错了地方就是"不正常"。在这层意义上，我们不难理解那种认为因为福利院是"不正常"的地方，里面的孩子就是"不正常"的观点。因为"家本位"的社会观念认定了家庭才是孩子成长的场所，即"孩子在家成长"才是"正常"，而任何"孩子不在家成长"的情况都是"不正常"的，包括在福利院里。

而在更广阔的意义上，将福利院儿童并置于中国家族主义观念的脉络，我们将会发现：正是因为福利院儿童被认为不是在一般意义上的"家庭"当中成长并经历社会化的过程，没有机会接受亲人的抚养和教育（即没有成为其家庭成员履行责任的对象），未来也很难扮演一个家庭当中的孩子被认为需要扮演的家庭成员与社会的角色，承担和履行一个家庭当中的孩子被认为需要承担和履行的家庭与社会责任（即未能向其家庭成员和其他社会成员履行责任），他们即被排除出家族主义界定的"正常人"的范畴，成为社会身份意义上的"不正常的人"。由此，在运用家族主义观念来界定一个人是否"正常"时，重要的除了他/她是否在"家庭"这个社会组织当中，还有他/她的个人角色以及与其他家庭成员之间的关系是否符合家族主义的理想模型。这在更深层次上与中国社会如何界定个体身份的人格观念（personhood）有关。恰如杜维明等学者所指出的，中国社会中个体的"自我"是镶嵌在其以家庭关系为基础的社会关系网络当中的，人们根据其社会关系网络成员之间的

① 玛丽·道格拉斯：《洁净与危险》，黄剑波等译，北京：民族出版社，2008 年，第123 页。

相互责任来确定自我身份。① 反之，如果一个个体没有或者丧失了自身的社会关系网络，无法通过其与社会关系网络成员之间的相互责任来确定自我身份，这就意味着这个个体同时也丧失了"自我"。一个没有社会关系同时也没有"自我"的人，在中国社会就无法成为一个"真正"的人，或至少不是"正常"的人。

也是基于家族主义观念中家庭成员之间的相互责任与义务，到访福利院的慈善人士激烈地批判弃婴父母，谴责他们的残忍，有的甚至诅咒他们遭到报应。对这些道德谴责，福利院里的工作人员多数时候不做回应。但有时保育员们会说，其实很多弃婴父母可能是有苦衷的，并列举了她们所了解的一些弃婴父母的情况，然而慈善人士的基本反应都是继续谴责。他们强调父母即使有苦衷也不能把孩子抛弃，这是很不负责任的表现。与此相对的，他们认为自己来福利院探望这些可怜的儿童是在献爱心、做慈善，是有社会责任心的表现。他们同样也会评价保育员和长期在福利院服务的义工，夸他们有爱心，能够坚持下来实在不容易。作为一名研究者，同时也是永江福利院的义工，我也常常被慈善人士夸奖。他们称赞我有爱心，我父母也肯定是很有爱心的人，把我教育得那么好，同时认为我在福利院帮助这些儿童能给我家积阴德。有的慈善人士会说，虽然这些可怜的福利院孩子被亲生父母遗弃了，但是国家和社会没有遗弃他们，他们是在福利院里接受"社会大家庭"的关爱。

我认为这些表述同样充满了家族主义的色彩，在关注家庭这一层面的同时，更以家庭结构和家庭成员之间的关系投射整个社会结构和社会成员之间的关系，以理解家庭关系的思维方式来理解社会关系。譬如慈善人士认为福利院保育员、义工和他们自己是作为一个"社会大家庭"的成员在给予福利院儿童关爱，尽一份作为"社会大家庭"成员的"责任"；而我在福利院做义工，不仅是因为我也作为"社会大家庭"的成员在尽我

---

① Mark Elvin, "Between the Earth and Heaven: Conceptions of Self in China." In Michael Carrithers et al. (eds.), *The Category of the Person*, Cambridge: Cambridge University Press, 1985, pp. 156 ~ 189; Wei-Ming Tu, *Confucian Thought: Selfhood as Creative Transformation*, Albany: State University of New York Press, 1985; Arthur Wright, "Values, Roles, and Personalities." In Arthur Wright and Denis Twitchett (eds.), *Confucian Personalities*, Stanford: Stanford University Press, 1962, pp. 3 ~ 23.

的社会责任，也与我自身的小家庭有关——一定是我的父母鼓励我这么做的，他们也一定是有爱心的人，而我的行为会为我的家庭积阴德——我的行为既是父母对我承担教育责任的结果，也是我为家庭利益尽责任的表现。在所有这些论述中，家族主义对"家"与"家庭成员的责任"的关注不仅解释了为何福利院儿童在大部分公众眼中是"不正常"的"可怜人"，也为许多慈善人士的献爱心活动提供了一个从他们自身角度出发的阐释框架。

然而，如果我们从福柯提示的权力处理"不正常的人"的方式来审视慈善人士的献爱心活动，我们会发现更有意思的东西。如果没有家庭、不在家庭成员相互的责任关系体系内导致福利院儿童成为社会身份意义上的"不正常的人"，那么慈善人士为表现自身的社会责任心、以"社会大家庭"的名义而进行的献爱心活动实际上是一种使福利院儿童重新回归"家庭"，进入家族主义"正常"范畴的"正常化"改造方式。① 在一系列的"正常化"活动中，慈善人士作为"社会大家庭"的成员重新确立他们与福利院儿童的相互关系，对后者履行他们"社会大家庭"成员的责任，包括提供物质和精神上的关怀。

从这一视角出发，许多看似普通的献爱心活动便不再普通：慈善人士捐献给福利院儿童的各种食物、玩具和日常生活用品，都是一般家庭中家庭成员会买给孩子的物品；他们希望传授给福利院儿童的文化知识、演唱和舞蹈技巧、生活常识等，也是一般家庭中家庭成员会传授给孩子的知识；他们希望给予福利院儿童的关爱（甚至有慈善人士说福利院的孩子太可怜了，她实在忍不住要溺爱他们——要用过分的爱让他们感受到温暖，未来他们才会关爱他人，用爱回报社会），也是一般家庭中家庭成员会给予孩子的情感关怀；部分慈善人士在福利院里认干儿子、干女儿，并

---

① 中国政府在孤残儿童养育的意识形态上也有家族主义的色彩，利用家庭的框架对福利院儿童实行正常化改造，例如指导福利机构引入家庭式的照顾模式，同时提倡家庭寄养和领养，以此让弃婴孤儿重归家庭，参见奂倩《"模拟家庭"："福利院儿童"社会化的新路径》，《中国青年研究》2012年第6期；王玥《我想有个家：中国家庭寄养青少年和他们的寄养家庭》，重庆：重庆大学出版社，2015年。这些政策塑造了福利院儿童对机构的归属感，但同时也加强了他们对机构的依赖，见尚晓援、李香萍《永不成年？国家养育的大龄孤儿如何获得经济独立》，《山东社会科学》2015年第12期。

依据这层干亲关系以干父母的身份给予个别福利院儿童特殊关照，这也是社会当中家庭与家庭之间经常出现的建立更亲密关系的方式。于是，在家族主义"正常人"建立的从思维到行为的霸权下，物品、知识、情感和身份等都可以在人们浑然不觉的情况下成为使社会身份"不正常"的福利院儿童正常化的技术媒介。但是，只要福利院里的儿童没有摆脱他们"福利院儿童"的户口身份，没有通过国家人口管理制度的途径转变成有家庭户口的孩子（见第三章），他们就永远无法成为家族主义定义的"正常的家里的小孩"——这一权力运作的悖论浮出了水面：只要孩子们还在福利院里，还是"福利院儿童"的户口身份，慈善人士对他们进行任何家族主义的正常化改造都无法改变他们"不正常"的社会身份——除了唯一能够令他们彻底转变社会身份的社会领养。但这是任何一个来访永江福利院的慈善人士都不愿意尝试的，因为他们认为这里的孩子同时都是身体"不正常"的，都有这样那样的毛病，而这是本地乃至作为整体的中国家庭领养文化实践基本不能容忍的。

（二）身体的"不正常"

绝大部分福利院儿童的身体损伤（physical impairment）令他们成为慈善人士眼中"不正常的可怜人"，也因此几乎没有可能成为国内家庭领养的对象。对比福柯讨论的"不正常的人"的类型，中国福利院儿童的身体损伤犹如"畸形人"的"畸形"（确有许多来访者认为这里有不少孩子是"先天畸形"的），因为身体上的差异而蒙受"不正常的可怜人"的价值判断。在这判断背后是一种将健康、健全视为人在这个世界上"正常"地存在和生活的社会观念。它假设社会中的大部分人都是健康健全的，而拥有健康健全的身体（和心理）是人们生活幸福的必要条件之一；与此同时，受疾病和残疾影响的只是社会中的一小部分人，病残使得他们的生活不可能幸福，这是他们个人的悲剧。有学者将这种观念及其引发的排斥"不健康、不健全"的人的行动命名为"健全主义"（ableism）。[1]

然而，这一预设健康健全为人的常态的健全主义观念从来只是人生的

---

[1] Kumari Campbell, *Contours of Ableism: The Production of Disability and Abledness*, New York: Palgrave Macmillan, 2009.

理想状态。英美残疾研究领域（disability studies）的学者认为"残疾"（disability）这一概念是社会建构的产物，是医学和社会政策专家等精英对一类有身体差异的人的文化表述，而非事实本身。他们质疑"残疾人"只是社会中少数人的说法。即使用这些专家定义残疾的标准，这个世界上过亿的"残疾人"绝对人口数量也说明"残疾"并非只是少数人面对的"医学问题"。残疾研究的学者不仅反对将"残疾"视为纯粹的"医学问题"，甚至反对将其表述为"问题"；相反，他们视其为社会和政治的意义系统。"残疾"不过是一些人身体上的差异，但主流社会为了管理他们而将其特征如此命名，并赋予了社会和政治上的负面意义。事实上，这个世界上的每个人都有可能在人生的某个阶段变成"残疾"——譬如遭遇交通事故或者年纪增长导致身体器官功能的衰退乃至失灵等。由此"残疾"与"健全"或者"疾病"与"健康"皆为社会标签，它们之间并非对立两分的关系，而是可以相互转化的，且很大程度上只是程度差异而已。当界定"疾病""残疾"的标准被重新调整，那么绝对健康健全的人口更未必在这个世界占多数了。残疾研究的学者更反对那种认为"残疾人"必然生活不幸福的想象。他们认为"残疾"之于个体生命的负面意义是社会赋予的（譬如认为"残疾人"是命运悲惨的、可怜的，需要社会救济的），是"非残疾"人士为了维系"非残疾的、正常的"社会的运行而强加给"残疾"人士的。部分有自觉意识的"残疾"人士认为自己与"非残疾"人士并无不同，而是他们生存的社会出于资本主义工业化和经济发展的需求，将"非残疾"人士视为合适的劳动力，与此同时将"残疾"人士排斥为不合适资本主义工业化生产的"不正常"劳动人口，建构出所谓"正常人的霸权"（Hegemony of the Normalcy）。更有一部分"残疾"人士强调自身同样拥有幸福生活的感受，他们认同自己的"残疾"身份，呼吁建立"残疾人"社区，为进一步实现"残疾人"获得各方面的平等权利而努力。[1]

---

[1] Lennard Davis, *Enforcing Normalcy：Disability, Deafness, and the Body*, New York：Verso, 1995；Simi Linton, *Claiming Disability：Knowledge and Identity*, New York：New York University Press, 1998；Carol Thomas, *Female Forms：Experiencing and Understanding Disability*, Philadelphia：Open University Press, 1999.

在当代中国，由于政治和文化结构等多方面的原因，虽然也有部分"残疾人"群体强调自身感受，认同自我身份，并为自身权益进行抗争，但并未发展出欧美社会中那种持续不断的集体行动。① 值得注意的是，即使是这些为自身权益抗争的"残疾人"，也都是有自觉意识的理性的成人。我认为残疾研究强调的"残疾社会论"（social model of disability）的重要之处在于揭示了社会和政治因素在建构表述"残疾人"形象和他/她们自身经历中的霸权角色，为在理念上消除对"残疾人"的歧视提供了思想基础——"残疾"不是少数人的不幸命运，健康健全并非多数人生活的常态，"残疾人"身份的负面意义是不平等权力运作的结果。但是也由于残疾研究这一学术领域鲜明的政治诉求，以实现"残疾人"平权为目标，许多学者矫枉过正地强调"残疾"的社会建构性，否认它与身体的任何关系，而纯粹是社会压迫的结果。一些来自残疾研究内部的学者就批评那种极端的"残疾社会论"无视许多"残疾人"确实面对身体损伤带来的肉体和精神上的疼痛感觉——这种直接的亲身感受并非社会建构的。② 除此之外，极端"残疾社会论"的另一个问题在于无视不同身体损伤类型之间的或者同一身体损伤类型但程度不同的"残疾人"之间的差异性及其造成的不同经历和感受。譬如相当多的学者以肢体残疾等类型，尤其是以失聪者作为个案讨论的对象，同时却试图把这些类型的"残疾"经历和感受、把社会对它们的表述以及这些类型"残疾人"的抗争政治概括成所有"残疾人"的体验、面对的社会压力和抗争的方式。③ 在这些学者的描述中，那些抗争的"残疾人"主体无疑都是理性的、具有维护自身权益意识的成人。这就产生了一个问题：譬如对于那些由于大脑损伤而有可能无法形成理性的自觉意识的儿童和成人，或者大脑尚未发育完全

---

① Matthew Kohrman, *Bodies of Difference：Experiences of Disability and Institutional Advocacy in the Making of Modern China*, Berkeley：University of California Press, 2005；鲍雨：《治理残障的身体：转型时期截瘫者的日常生活》，南京：江苏人民出版社，2019 年。

② Jenny Morris, *Pride against Prejudice：Transforming Attitudes to Disability*, London：Women's Press, 1991.

③ 例如 Lennard Davis, *Enforcing Normalcy：Disability, Deafness, and the Body*, New York：Verso, 1995；Carol Thomas, *Female Forms：Experiencing and Understanding Disability*, Philadelphia：Open University Press, 1999。

因而有可能无法形成理性的自觉意识的儿童，他们如何成为表述自身感受和维护自身权益的主体？对于永江福利院的大部分病残儿童来说，"残疾社会论"虽然在理念上有助于消解社会对他们"不正常—可怜人"的霸权性表述，却无法处理他们因为身体损伤而获得的自身感受，无法直观地表达他们对自身生活状况的理解，同样也无法凭借他们自身的理性与自觉意识作为反抗霸权性表述的实际武器。在这一情形下，福利院病残儿童群体甚至比马克思的法国农民和萨义德的东方人更加无法表述自己，而只能被别人表述（包括我）。①

　　基于对福利院儿童身体"不正常"的判断，除了代表国家来处理这一人群事务的福利院采用了医学化（medicalization）等方式来治理他们以外，② 以慈善人士为代表的"正常人"社会也采取了福柯所列的处理"不正常的人"的那些方式：消灭、使之"正常化"的管理与改造，并在这些过程中对他们施以怜悯。

---

① 关于残疾儿童自我主体性与能动性的表达，以及我作为本书作者对他们的表述，详见第六章。

② 文化地理学者于潇关注跨国收养过程中中国福利院和美国收养中介如何建构儿童的"可供领养性"（adoptability），这一特性的甄别和筛选过程有大量的医学技术介入，将福利院儿童和"正常"儿童进行对照，接近"正常"的孩子将获得领养资格，不够"正常"的孩子将在福利院内进一步接受医学和社会技术的正常化改造，参见 Yi Yu, "Making Adoptable Children: A Case Study of the Child Assessment Programme for Chinese-US Transnational Adoptions." *Area*, vol. 52, no. 2, 2020, pp. 298~305。在更大的范围内，用来筛查新生儿疾病的检测技术也可以视为福柯意义上的生命政治的技术，体现了权力对新生人口的管理。社会学家蒂默曼斯（Stefan Timmermans）和人类学家布赫宾德（Mara Buchbinder）的研究发现，美国的新生儿筛查机构经常利用家长汇报的儿童发育指标、婴儿生长曲线图和体检等规范化手段来检测儿童是否处于"客观正常"的状态。这些规范化手段伴随西方社会的现代化而生，同时公众对儿童健康的关注促进了知识界对儿童生长"规律"的探索。从十九世纪中后期开始，人体测量学研究逐渐累积了大量有关儿童身高和体重的信息。二十世纪早期，生长曲线图成为儿科界掌握婴儿生长发育状况的主要工具。这一规范化工具认定人体生长与时间之间存在明确的线性联系，婴儿会在每个年龄阶段呈现出某些具体特征，或者掌握某种特定的能力，人们由此便可以通过时间进度来判定婴儿的成长发育是否正常。这一工具如此普及，以至于美国的公共卫生部门此后更进一步将生长曲线图的应用扩展到医疗机构之外，建立起一整套监控儿童成长的体系，包括学校在内的公共机构都被纳入进来。但蒂默曼斯和布赫宾德指出，这套规范化工具并非没有问题，例如它能轻易地将不符合标准的儿童归为"病态"或"不正常"，而实际上人体生长涉及很多因素，生长曲线图并不能充分展现这一点，参见斯蒂芬·蒂默曼斯、玛拉·布赫宾德《拯救婴儿？新生儿基因筛查之谜》，高璐译，上海：华东师范大学出版社，2020年，第130~133页，第312页。

　　所谓消灭未必一定是刑罚上的肉体毁灭，它包含了否定乃至取消人或物存在之权利的一切方式。福柯指出欧洲在十八至十九世纪启蒙运动背景下惩罚制度的变革，这一变革的表现形式之一是把毁灭惩罚对象肉体的酷刑转变成对其肉体和精神的规训。[①] 在现代性思想和技术跨文化传播的过程中，治理与规训的理念及其相应的技术也在中国出现。[②] 然而，这并不意味着消灭作为一种惩罚方式已彻底消失，民国时期和新中国成立初期对革命或阶级斗争对象从肉体到名誉的消灭即为实例。此外，消灭理念和实践更深层次的思想来源未必只有罪恶和仇恨，对权利的肯定和怜悯之心同样也可能导致对人和物存在权利的否定与取消。譬如欧美社会中支持生育自主权的女性主义者，在天主教徒和其他反对堕胎的社会人士眼中就是在鼓吹谋杀未出生的胎儿——女性主义者在维护怀孕女性生育选择权的同时，剥夺了胎儿降生世界的权利。[③] 堕胎权和胎儿的出生权在许多社会和文化场景中都是争议难决的问题，对抗的双方都以权利和道德话语来支持自身的立场。许多到访永江福利院的慈善人士言论也涉及这一问题，通常是他们看到众多病残儿童后发表的感想：

　　　　A 女士：这些小孩太可怜了，现在的科技那么发达，为什么他们的父母不去做检查，知道胎儿不好就应该流掉，不应该让他们到世上来受罪，最后还要把他们抛弃。

　　　　我：如果把残疾的小孩生下来是一种残忍的话，那么在胎儿时期就把他们流掉难道就不是一种残忍的行为吗？残疾的小孩就没有来到这个世界上的权利吗？如果他们坚持要求来到这个世上呢？

　　　　A 女士：还没生出来的小孩有意识吗？

---

① 米歇尔·福柯：《规训与惩罚》，刘北成、杨远婴译，北京：生活·读书·新知三联书店，2016 年。

② Janet Chen, *Guilty of Indigence: The Urban Poor in China, 1900~1953*, Princeton: Princeton University Press, 2012; Michael Dutton, *Policing and Punishment in China: From Patriarchy to "The People"*, Cambridge: Cambridge University Press, 1992; 冯客：《近代中国的犯罪、惩罚与监狱》，徐有威译，南京：江苏人民出版社，2008 年。

③ Stephen Schwarz, *The Moral Question of Abortion*, Chicago: Loyola University Press, 1990.

我：没有吗？那很多人做早教，给胎儿讲故事、听音乐是为了什么？

A女士：（想了一会儿）可能有吧，但我还是觉得不应该把他们生下受罪。

我：这么说，残疾的小孩就没有来到这个世界上的权利了？

A女士：（倔强的神情）还在肚子里的小孩是没有这个权利的。

和A女士一样，不少慈善人士因为同情福利院儿童的病残以及被父母抛弃的经历而否认"残疾"胎儿有出生权，并且认为已经出生的病残儿童在这个世界上存在和生活本身就是受罪，还不如先前就被流产掉。更有一些来访者，一面来福利院献爱心，一面却说福利院里病残儿童的出生是给家庭、社会和国家增加负担，而他们自己又那么可怜，还不如不要来这个世上。这些表述在理念上否认了病残儿童从出生到成长的合理性，是对他们存在权利的一种消灭。

相比于在理念上消灭病残儿童的存在权利，"正常化"的改造技术是更具实践意义的操作。前文已经谈到许多慈善人士对福利院儿童"不正常"社会身份的改造技术。事实上，那些技术中的一部分同样可以用来改造他们"不正常"身体，譬如志愿者们较多参与的对病残儿童文化教育和社会交往方面的"正常化"改造。黄老师是我在田野调查期间遇到的一位从事幼儿教育的志愿者，曾来福利院给孩子们上了几次课。第一堂课教孩子们识别图像。她问我，她想用树叶拼接成各种图案，让孩子们模仿着做，不知他们有没有这个程度的想象力。我没有尝试过，答不上来，就让她试试。她先在黑板上画了三角形、圆形、椭圆形等图像，教孩子们来认。然后又用这些图形画成金鱼的图案，再挑选大小不一的树叶拼成金鱼的图案，让孩子们来模仿。结果不少孩子成功了，但整个教学过程持续了近两个小时，几乎两倍于她给"正常"孩子上课的时长。课程结束后，黄老师对我说，她原本以为福利院孩子的想象力和理解能力会比正常家里的孩子差很多，现在看来虽然有差距，但不算很大。她又与我分享了她来给福利院儿童上课的动机：她觉得不少福利院里的孩子长到十几岁还不会数数、认字，是一件很悲哀的事，她的目标就是要让这些孩子有朝一日能像"正常"的孩子一样学习，并从学习中获得快乐。除了学习文化知识，她也希望教会这些孩子世故，学会分场合、看别人的脸色而采取不同的与人交往的方式，否则他们长大后会活得很辛苦。黄老师和许多志愿者一样很明确地提出，他们所有这些努力的目标是希望福利院里的孩子最终能够像"正常人"一样独立自主地生活，那样就不需要依赖他人，也就不会被别人歧视了。

来给孩子们上第二堂课的那天，黄老师再度感受到让福利院儿童学会人情世故的重要性。当天上课期间，有一群幼儿园的老师、学生和家长来访，黄老师只能停止讲课。幼儿园学生在大人的指导下将礼物送给福利院儿童，包括拼图玩具、球拍和水笔等。可是过了一会儿，有个学生便开始和一个福利院儿童抢夺玩具，后者抢输了就赖坐在地上哭闹，这令老师和家长感到尴尬，同时也对福利院孩子侧目。等他们走了以后，黄老师对我感慨那么多人来访，还送了那么多智力玩具。她说，像拼图游戏这类玩具，得有人专门手把手地教小孩怎么拼才行，并且以福利院小孩的认知水平，两个小时也拼不起来。她觉得买这种类型的礼物给福利院的小孩是一种浪费，因为目击了孩子们拿到玩具后要么不知怎么玩，要么毁坏或者随地丢弃。过了一会儿，她又产生一个疑问：她刚才听到有老师和家长私下评价福利院儿童"不正常"，可是为什么又尽送一些"正常"小孩都未必能玩得很好的玩具给他们呢？

虽然黄老师对幼儿园老师、家长的言行提出疑问，但她没有意识到自己也深陷其中——她也认为福利院儿童"不正常"，而她帮助他们的方法就是将他们"正常化"，让他们掌握"正常人"的语言、计算和想象技能，学会"正常人"的生存和生活方式。然而在几次教学活动后黄老师最终放弃了，除了一些私人原因外，有一点是她感到福利院的孩子确实"不好教也教不会"。幼儿园的老师和家长也认为福利院儿童"不正常"，而他们使后者正常化的方式是赠予他们"正常"孩子玩的智力游戏和玩具，以期像开发"正常"孩子的智力和体能那样开发福利院儿童的智力和体能，使他们在游戏中获得和"正常"孩子一样的快乐。2011年暑假，我在永江福利院还遇到过一群来考察福利院儿童状况的大学生。他们策划了一个项目，设想在儿童部设置一个智力书库，找一些企业捐赠一批智力读物来开发福利院儿童的智力，希望他们能够像"正常人"一样学习和思考。虽然我之后再没有见过这群大学生，他们的项目也石沉大海，但他们宣称的献爱心活动背后的思想理念却如其他很多慈善人士一样，希望福利院儿童变得"正常"，能像"正常人"一样享受生活、获得快乐。不仅是这些大学生和上文中的幼儿园老师及家长，许多多次来访永江福利院的慈善人士，在对福利院儿童的状况有一定程度的了解之后，在捐献的物资上除了食品和婴儿用品之外，仍倾向于赠送智力游戏和玩具、运动器械、图书等被认为有助于开发儿童智力和体能的礼物。①

在许多慈善人士有意选择赠送开发儿童智力和体能的礼物的同时，市场上可供选择的产品也是相对固定的。就我所知，慈善人士捐赠的食物和玩具大多购自永江市的大型超市和商场。那些开发儿童智力和体能的游戏玩具、运动器械与图书几乎是大众化商品市场唯一固定供应的、工业化设计生产出来的产品，它假设适用于所有儿童，实际上却未必适合各类身体损伤的儿童使用。在这里，工业生产的标准化和大众化商品市场活动本身即是一系列使"不正常的人"正常化的制度——它幻想建构、维系和满足社会中所有人的需求，自然也假定包含了"不正常的人"的需求。但"不正常的人"有时因其"不正常"而难以消费这些产品。为使他们具备消费这些产品的能力，必然首先要对他们进行"正常化"改造。这一连串制度运作的过程，或者如黄老师个人改造福利院儿童从希望到失望的过程，都是"不正常"的福利院儿童话语表述与试图将他们正常化的权力实践之间不断互动的过程。由于改造活动往往不易成功，失败只会进一步固化"不正常的人"的形象。而他们越是"不正常"，越是需要前仆后继的正常化改造。由此，这些正常化改造方式成为持续再生产福利院儿童作为"不正常的人"表述机制的一部分。

（三）被厌恶的"不正常的人"

除了将福利院儿童表述成"可怜人"或者"不正常的可怜人"，还

---

① 我在本书中并不否认这些礼物的功能和价值，而是试图揭示慈善人士赠送这些礼物意图使福利院儿童"正常化"的思想形态。

有少数到访永江福利院的慈善人士以及未到访的其他社会人士持有下列看法：他们认为福利院里的儿童那么"不正常"，亲生父母都不要，除了国家，还有谁会这么好心去抚养他们。譬如我有几位在永江认识的朋友曾经抱着好奇心来福利院参观。虽然没有当场对那里的儿童做出评价，或者也说了他们很可怜，但是回家以后态度大转弯，说福利院里的小孩长得都很奇怪，和"正常"的小孩不一样，有点可怕。黄老师也曾告诉我，她有一次去书店给福利院儿童买练字的描红本。她声称自己还是有私心，觉得给福利院儿童的书本用过几次就扔掉了，没有必要去新华书店买正版书，于是选择去了盗版书比较集中的出版物中心。书店老板问她描红本是给谁用的，当她说是给福利院小孩用的，并且只要简单的就好，因为他们的智力略低于"平常"的孩子时，书店老板用敬佩的眼光看她，并且承诺给她优惠，也算是做好事。当时书店里还有一名店员。听说她要买描红本给福利院儿童，那名店员就说教那些"不正常"的人有什么用，他们是连亲生父母都不要的没用的人。书店老板愤怒地斥责了那个店员。又有一次，黄老师的一个曾经来永江福利院做志愿者的朋友直截了当地对她讲："你怎么能受得了？那个地方那么臭，那些人那么不正常，别去了。"黄老师因而觉得"很多人的爱心，有时候只是一种粉饰。"

在记录慈善人士表述福利院儿童的话语素材时，我常常怀疑是否存在表述分裂的情况，即许多人对福利院儿童"可怜人"的表述实际上只是某种"前台的真实"（staged authenticity）。① 田野调查的深入确认了这种表述分裂的存在，但"前台的真实"也仍有其自身的意义。我的田野调查就是去解读人们建构表演这种"真实"的意涵。与此同时，我也感到确实有些慈善人士或者从未到过福利院的人，他们的"前台"和"后台"表述是一致的：他们真心觉得福利院儿童可怜，或者自始至终不关注乃至厌恶福利院儿童的存在。在与不少真心觉得福利院儿童可怜的慈善人士的接触中，我发现他们似乎有些"强迫症"，坚持福利院儿童必须被认为是

---

① Dean MacCannell, "Staged Authenticity: Arrangements of Social Space in Tourist Settings." *American Journal of Sociology*, vol. 79, no. 3, 1973, pp. 589~603.

"可怜"的，如果有人觉得这些儿童不可怜，他们就会指责这个人没有同情心，乃至"没人性"。我相信，这种道德审判似的社会压力是使部分到访福利院慈善人士制造出舞台真实，形成"前台"和"后台"表述分裂的可能原因之一。而那些厌恶福利院儿童存在的人之所以持有这样的态度，也是因为他们认为福利院儿童"不正常"——但接下来的价值判断改变了，"不正常"导致福利院儿童成为"没用的人"。那么，为什么在一致认为福利院儿童"不正常"的基础上，不同的人会持有同情和厌恶这两种看上去截然相反的态度？

　　我认为，对这一问题的解释仍可以回到建构福利院儿童社会身份"不正常"的家族主义观念和建构他们身体社会性"不正常"的健全主义观念这两大框架上。持同情态度的人，在将福利院儿童看作"不正常的人"的同时，倾向于考虑外在世界对他们的责任——譬如他们由于身体病残而需要其出生家庭的成员的照料，但实际上他们失去了家庭成员对他们的抚养照顾和教育的责任关系，因此成为"可怜人"。而处理这些"可怜人"的方式是由福利院和社会大众来承担起对他们的抚养照顾和教育的责任，同时对他们进行社会身份和身体的"正常化"改造。持厌恶态度的人，同样在将福利院儿童看作"不正常的人"的同时，倾向于考虑他们对外在世界的责任——譬如身体病残导致他们不论是现在还是未来都缺乏对其家庭成员履行责任的能力，乃至成为对方永久的负担（或许也因此，他们被其家庭成员遗弃了）；同样，不论是现在还是未来，他们也被认为缺乏对承担其照顾责任的国家与"社会大家庭"成员履行责任的能力，乃至成为对方的永久负担，所以他们成为厌恶他们的人口中"没用"、"没有价值"、"没有希望"、"没有未来"和"活在这个世上没有意义"的人。处理这些"没用"的人的方式即是排斥他们，否定他们存在的权利，将他们彻底边缘化。这两类对福利院儿童极端化的表述都来源于"正常人"运用家族主义和健全主义的标准对他们"不正常"的界定，而由此产生的处理方式也刻意针对他们"不正常"的特征，试图使其"正常化"或者排斥出"正常人"的社会空间（包括从理念上否认其出生权到用福利院对他们进行圈养和相对隔离）。这些权力运作最终是为了维系和巩固"正常人"群体对这个社会的统治，包括意识形态上的文化霸权。①

　　欧美残疾研究的学者认为是资本主义工业化发展生产并维持了"残疾人"这一不适应其劳工体制的社会类别。在这一体制下，他们因为无法对社会做出经济贡献而被指责为"没用"的人。② 同样的，在晚清和民国时期的中国城市，包括许多"残疾人"在内的贫困人口也被政府官僚和知识分子视为"没用"的人，是"社会寄生虫"。历史学家陈怡君认为政治文化精英给贫民贴上这种污名化的标签并对其进行收容和劳动改造，反映了他们思想中的国民生产力主义意识形态（Nationalist Productivism），即希望通过规训和改造的方式再生产出高生产力、高效率的国民，以提高国家整体的经济发展水平。③ 人类学家马修·考勒曼（Matthew Kohrman）注意到中国传统上对"残疾人"进行标签的词汇包括"残疾"、"残废"和"废疾"等，但是考虑到"废"这个字眼可能包含社会歧视（譬如"废人"在中文语境中泛指没用的人），中国政府在二十世纪八十年代中期推行尽量以"残疾"代替其他与"残疾人"有关的用语。即便如此，"残废"之类的用法仍在社会上流传，因为人们对"残疾人"的表述中很重要的一项就是评估他们的"能力"。由于身体"残疾"，他们被认为在经济和社会生活上都依赖他人、无法自立，严重者甚至被视为"废人"。④ 在有关当代中国福利院儿童的话语中，我们事实上也能发现类似对个体之于他人、社会与国家之价值的追问，而其追问的方式也以"有用性"作为标尺。

　　我认为这一标准反映了包括到永江福利院献爱心的慈善人士在内的

_____

①　在本书的语境中，这一"正常人"群体至少应当包括那些把福利院儿童表述为"不正常的人"的慈善人士，但他们与更多其他人构成的毋宁说是一个流动的"想象共同体"，其划分自身群体的边界并不清晰，而总是根据个体的认同和他者的认同在不断调整和重构中。譬如有位永江福利院工作人员的丈夫是永江市残疾人联合会的工作人员，他来福利院时也把福利院儿童表述为"不正常的人"。其他人就在背后议论，说他自己就是个"瘸子"，还说别人"不正常"，仿佛他自己是"正常人"似的。关于"想象共同体"，参见本尼迪克特·安德森《想象的共同体：民族主义的起源与散布》，吴叡人译，上海：上海人民出版社，2016年。

②　Paul Hunt, *Stigma：The Experience of Disability*, London：G. Chapman, 1966, p. 149.

③　Janet Chen, *Guilty of Indigence：The Urban Poor in China, 1900 ~ 1953*, Princeton：Princeton University Press, 2012, p. 3.

④　Matthew Kohrman, "Grooming Que Zi：Marriage Exclusion and Identity Formation among Disabled Men inContemporary China." *American Ethnologist*, vol. 26, no. 4, 1999, pp. 890~909.

"正常人"社会在意识形态霸权方面的实用主义倾向。实用主义"正常人"的霸权统治技术中很重要的一环就是评估人的有用性，然后分类并最大化地利用人的有用性来创造价值：依靠"有用"的人，排斥"没用"的人，开发、改造和利用那些尚有一些"有用性"的人。在这里，家族主义和健全主义都是"正常人"社会判断每个个体是否"有用"的观念体系的一部分。依据这些标准，厌恶福利院儿童的人判定他们是"无用""无价值"的，同时也是"不可改造"的，进而将他们彻底排斥出"正常人"的范畴。同情福利院儿童的人，尽管认为这些孩子"可怜"，但也没有人否认他们的"不正常"。一些慈善人士用怜悯之心否定这些孩子的出生权，乃至直接说他们的存在是对家庭、社会和国家的负担；另一些慈善人士则选择对他们进行"正常化"改造。这些"正常化"改造的目的，一方面是考虑福利院儿童的自身利益，比如希望他们未来的生活能够好过一点，不再受人歧视；但同时也考虑到社会利益，希望这些依赖社会和国家生活的人最终能够自立——能成为一个对社会"有用"的人固然最好，但应该尽量避免永远作为"正常人"社会的负担而生活着，这样的生活是受歧视的、没有自尊的。即使是慈善人士们那些听上去最动情质朴的爱的言语，仍不乏实用主义的色彩，譬如他们常说："我希望给他们爱，希望未来他们同样用爱来回报社会。"由此，我认为诸如"不正常的人""可怜人"等表述和献爱心活动是一系列富有深意的修辞——它们是"正常人"（尤其是来访福利院的慈善人士）在与福利院儿童接触互动的过程中有意无意用来掩饰他们对后者进行"有用性"价值判断的话语工具。而在这个接触互动的过程中，事实上他们已经有了结论：福利院儿童（至少暂时）是没用的——"没用"是因为他们"不正常"，但出于人道、善心或者社会压力的考虑，大部分的慈善人士选择将他们表述为"可怜人"而不是"没用的人"，在怜悯他们的同时否认他们的出生权或者通过各种献爱心活动对他们进行正常化改造，希望他们成为"正常""有用"（比如能够对家庭成员和社会成员尽责）的人。在这个意义上，同情福利院儿童的人和厌恶他们的人在思想观念基础上是一致的，他们对福利院儿童作为人的"有用性"的判断只是程度上的不同。不论是"可怜人"还是"没用的人"，都是"正常人"在划分他者时生产出来的不平等的权力话语。

第四节 再造"人的价值"：福利院"另类"的社会功能

持续不断再生产福利院儿童作为"不正常"的"可怜人"或"没用的人"的表述机制，透露出我们的社会对于这群人存在的焦虑——对他们的"不正常"导致的"没用"进而成为社会和国家负担，同时挑战"正常人"霸权秩序的焦虑。在这种焦虑的刺激下，在实用主义"正常人"的意识形态的指引下，有些人开始思考：既然"不正常"的福利院儿童（至少暂时）是"没用的""没有价值的"，而对他们的"正常化"改造短期内亦没有多大的效果，那么是否可以利用他们的"不正常"来重新创造他们对社会的"有用性"和"价值"？我在田野调查期间就发现了部分慈善人士有意无意地在献爱心的同时发展出一系列利用福利院儿童的"不正常"和"没用"再造他们对社会的"有用性"的策略和方法。这些策略与方法，也使福利院具备除了社会救济和人口治理（见第三章）以外的一些"另类"的社会功能。

（一）作为社会教育机构的福利院

不少研究指出，在中国社会改革开放的进程中，中国父母在抚养教育子女问题上面临全球化和市场化带来的冲击与挑战。他们中尤其是中产阶层的父母基本否定了中国传统的管理教育子女的理念和方式，转而选择拥抱西方的子女教育理念和方式。然而在这个过程中，他们又无法放弃包括孝道在内的中国传统家庭美德，希望家庭成员之间能保持亲密关系，于是陷入了两难的困境。[1] 市场化更是加剧了社会竞争，迫使那些希望孩子拥有独立人格和自主权的父母不得不给他们的下一代施加压力，部分剥夺他们的自主权，要求他们不仅要有优异的学业成绩，也要有丰富的课外知识和技能，以便在激烈的社会竞争中生存下来，乃至出人头地。正如这些学

---

[1] Orna Nafali, "Empowering the Child: Children's Rights, Citizenship and the State in Contemporary China." *The China Journal*, vol. 61, 2009, pp. 79 ~ 103; Terry Woronov, "Chinese Children, American Education: Globalizing Child Rearing in Contemporary China." In Jennifer Cole and Deborah Durham (eds.), *Generations and Globalizations: Youth, Age, and the Family in the New World Economy*, Bloomington: Indiana University Press, 2007, pp. 29~51.

者观察到的，许多城市家庭的孩子从小就在父母的安排下参加课后辅导班和兴趣活动班，以提高他们的学业成绩，扩展他们的知识面。[1] 同样的，虽然从整体上来说中国的学校教育仍是应试导向的，但政府和学校在宣传上也鼓励学生尤其是在假期参加社会活动，让学生获得社会实践经验被认为是素质教育的重要内容之一。[2] 我在田野调查期间也遇到了不少将永江福利院作为课外教育机构的老师、家长和学生。

在永江福利院，每逢周末、节假日和寒暑假，都有大量各年龄层次的学生自发地或随他们的老师、家长来到福利院献爱心。一家人来献爱心的情况通常人数比较少，单独一户两到三人，多的也就是两三户家庭携子女共六七人搭乘自家的轿车到访。[3] 到访孩子的年龄通常不大，根据我和到访家长的聊天，他们的孩子一般都是小学生或初中生。此外，这些以家庭形式到访的通常都是有一定经济条件的本地居民，献爱心的方式主要是捐赠现金（一般为 1000 元及以上），或者大量的食品、玩具和日常生活用品。这些家庭到访时的场景也高度相似。家长们通常都表现得非常得体大方，频繁地与保育员和福利院儿童交流。相比之下，他们的子女则显得非常羞涩乃至胆怯，有时甚至躲在父母背后，或者站在门外不敢入门，要父母催促后才肯进去。在和保育员交流的过程中，家长们经常会询问这个孩子哪里不好，或者那个孩子有什么毛病。由于绝大部分福利院儿童都有身体损伤，家长们听了就很感叹，认为这些孩子真可怜，而把他们遗弃的父母实在是不负责任、太残忍了。这些家长又自顾自地继续评论，说这些孩子肯定是在永江市打工的外地人遗弃的，因为本地家庭只要经济条件还过得去，倾家荡产也会给亲生子女看病治疗。

他们的子女则通常是默默地跟在父母身后边听边看。有几次，我遇到

---

[1] Teresa Kuan, "The Heart Says One Thing but the Hand Does Another: A Story about Emotion-Work, Ambivalence and Popular Advice for Parents." *The China Journal*, vol. 65, 2011, pp. 77~100；林晓珊：《"购买希望"：城镇家庭中的儿童教育消费》，《社会学研究》2018 年第 4 期。

[2] Teresa Kuan, *Love's Uncertainty: The Politics and Ethics of Child Rearing in Contemporary China*, Berkeley: University of California Press, 2015, pp. 192~200.

[3] 尽管也有相当多夫妻双方一起带孩子到访的案例，但一家如果只出现一名家长，这名家长通常是女性，这也许和母亲在家庭中承担更多子女教育责任有关，相关讨论见杨可《母职的经纪人化——教育市场化背景下的母职变迁》，《妇女研究论丛》2018 年第 2 期。

有家长和子女在围观某个福利院儿童时发出惊讶的声音，因为许多孩子的身体损伤类型他们从没见过，由此产生好奇或者恐惧。在参观过程中，我还经常发现下列场景：家长站在福利院儿童身边，对着子女说："看看这些小朋友多可怜，这么小就被父母抛弃了，你们在家里有父母亲人照顾，又有那么好的物质条件，是多么幸福。你们应该好好反省，珍惜自己的幸福生活。"接着这段大同小异的话，不同的家长可能有不同的下文。有的家长批评自己的子女不珍惜家里提供的各种参加课外辅导和兴趣班的机会，不努力学习。有的家长则鼓励子女以后继续来福利院做志愿者，或者把他们的零花钱捐给福利院的小朋友。我还遇到过一位开宝马车的女士，在参观完儿童部后对她的两个孩子说，要是他们能够把他们一个月的零用钱节省下来捐到这里，都能养活这些小孩了。她告诫他们要珍惜自己的美好生活，以及平时花钱要节约一点。

到访家庭很多时候对我也很感兴趣。知道我在永江福利院做义工，在香港读的本科和硕士，许多家长就表扬我，然后教导他们的子女向我学习，努力成为成绩好同时又有爱心的人。此外，他们也向我介绍了他们带子女来福利院献爱心的原因，即希望拓展孩子的视野，同时培养他们的同情心和社会责任感。有家长抱怨他们的子女平时读书不用功，就知道玩手机，一到周末或者放假就躲在家里不出门，不是上网就是打游戏。除此之外，他们还不喜欢见人，完全没有社交能力。他们将子女带出家门就是希望他们脱离网络和游戏，到社会上看看，获得一些社会经验；而带他们来福利院，是想让他们感受一下别人不同的生活，然后反省自身，学会同情社会中的弱势群体。接下来，他们又把话题转到我的身上，认为我在学习之余还能够抽出时间来福利院做义工，证明了我是一个把书本学习和社会经验结合得非常好的例子，所以他们才要求子女向我学习。

在这里，福利院对于这些家长而言的子女教育功能在他们的言行之中已经表露无遗。依循他们的家族主义观念，这些家长将福利院视为家庭的参照对象，福利院儿童的日常生活毋庸置疑地被认为必然是不幸福的，以此来反衬家庭当中孩子的幸福生活。也通过这样的对比，他们希望自己的子女能够体会到家庭幸福的珍贵而倍加珍惜。对于珍惜家庭幸福的方式，这些家长也有自己的理解，那就是子女应该充分利用家庭所能够提供的物质条件来增强自身的社会竞争力，包括用努力学习的方式获得优异的学业成绩，以及用积极参加兴趣班的方式培养广泛的兴趣爱好，掌握书本以外的多方面技能。然而福利院的教育功能并不仅仅局限于作为引发反思的参照对象，这些家长更直接地希望它能够有助于开拓其子女的视野，增加他们的社会经验，培养他们的同情心和社会责任感。有位家长对我说，他带子女来福利院是希望自己能够为下一代作出表率，同情社会中的弱势群体，这样他们未来才能够做一个对家庭、对社会都有用的人。在这样坦诚的诉说中，福利院儿童被认定为需要被同情的"弱势群体"，他们既是从事慈善活动的家长在将自己的子女培养成对家庭、对社会"有用"的人时所借助的一个工具，也是这些家长自身或者其子女未来成为对家庭、对社会"有用"的人时必需的"垫脚石"——没有"弱势群体"作为参照对象就无所谓"强势群体"，没有对家庭、对社会"无用"的人就无法界定对家庭、对社会"有用"的人，而且唯有"强势群体"才有权力和闲暇去同情作为他们对立面的"弱势群体"。

这一同情"弱势群体"然后引发自身反思，经过努力成为对家庭、对社会"有用"的人的过程，本身即是一个社会权力再生产的过程。正如人类学家关宜馨等学者所揭示的中国城市中产阶层父母在转变其子女教育理念与方式过程中遭遇的困境——一方面试图追随"西方"的、"中产阶层式"的子女教育理念，让自己的孩子更独立自主；另一方面又不得不给他们施压以避免在市场化的社会竞争中落败。[1] 在我看来，这本身体现了这群城市中产阶层父母对于自身家庭社会流动性的焦虑。就像我田野地点里这些来福利院做慈善的家长，他们希望自己的下一代能够维系其家庭在整个社会当中的中产阶层（乃至上层）地位，但是现实当中他们的子女由于家庭条件的优越而生活"颓废"（迷恋手机、上网和玩游戏，不喜与人交际），看起来难担大任，所以他们才需要费尽心思教育他们，包括让他们来福利

---

[1] Teresa Kuan, "The Heart Says One Thing but the Hand Does Another: A Story about Emotion-Work, Ambivalence and Popular Advice for Parents." *The China Journal*, vol. 65, 2011, pp. 77~100. 关于中国中产阶层父母相比与打工阶层和工薪阶层父母在子女教育方面更强的主动性，见沈洪成《激活优势：家长主义浪潮下家长参与的群体差异》，《社会》2020年第2期。

院献爱心，感受一下别人的生活，从而珍惜幸福生活、努力学习、培养兴趣爱好、增加社会经验、培养对"弱势群体"的同情心和社会责任感，未来成为对家庭、对社会"有用"的人。在这个维系中产阶层家庭地位的过程中，做慈善的家长通过制造并利用福利院儿童"弱势群体"和"可怜人"的他者表述来促使子女对自身生活进行反思，引导他们建立中产阶层（乃至上层）的意识，这一过程层层再生产并且强化了福利院儿童和慈善人士之间的阶层差异。事实上，这种阶层差异的再生产并不仅仅是个体与个体之间的，同时也是被想象出来的家庭与家庭之间的、地域与地域之间的。当做慈善的本地家长谴责弃婴父母的残忍，并强调他们一定是来永江市打工的外地人时，这一表述建构出一组二元对立的群体：一群是关心孩子各方面成长状况的本地中产阶层（乃至上层）家庭，一群是遗弃孩子的外地打工家庭。在这里，孩子父母的经济与社会地位及其地域来源都被纳入阶层差异的再生产中。由此，福利院和福利院儿童对于热心家长子女的教育意义远不仅是促使后者表面反思和社会经验积累的媒介，而是进行阶层意识言传身教的工具。

（二）作为"旅游景点"的福利院

对于做慈善的家长而言，除了深层次的阶层意识教导功能，福利院在较浅的层面上可以帮助他们的子女见世面，感受一下别人不同的生活以拓展视野，获得不同的社会经验。这种到另一个不同的地方去感受不同的生活方式，以拓展视野和获取不同社会经验为目的的活动，与旅游活动非常相似。根据世界旅游组织对旅游活动的定义："旅游活动是旅游者出于休闲、商业和其他目的而转移到其原本生活环境以外的某些地方停留少于一年时间的行为"。[1] 而那些出于"其他目的"的旅游活动类型，就包括了以接受教育、获取知识与体验不同社会文化为目标的教育旅游（educational tourism 或 educational travel）。[2] 我认为，以家庭形式到访福利院的活动，以

---

[1] World Tourism Organization, "UNWTO Technical Manual: Collection of Tourism Expenditure Statistics." 1995, http://pub.unwto.org/WebRoot/Store/Shops/Infoshop/Products/1034/1034-1.pdf.

[2] Erik van't Klooster, Jeroen van Wijk, Frank Go, and Johan van Rekom, "Educational Travel: The Overseas Internship." *Annals of Tourism Research*, vol. 35, no. 3, 2008, pp. 690~711; Brent Ritchie, *Managing Educational Tourism*, Buffalo: Channel View Publications, 2003.

及由学生自发组织或者由老师、家长带领学生到访福利院的活动，同样可以理解为一种以社会教育、积累社会经验为目的的教育旅游活动。

相比家庭形式的到访，由学生自发组织或由老师、家长带领学生来献爱心的活动通常人数更多，学生的年龄层次也更多样，从幼儿园学生到大学生都有。除了幼儿园的集体到访通常直接宣称是来献爱心以外，其他到访的组织者和参与者有时会把他们的献爱心行动表述为"社会实践活动"，福利院是他们进行"社会实践"的地方，福利院儿童是他们进行"社会实践"的对象。而他们进行"社会实践"的方式，除了直接的现金、物资捐赠和志愿服务以外，还包括对福利院儿童的状况进行考察之后向社会进行宣传，动员企业和个人捐赠。这些活动的组织者和参加者都宣称其"社会实践"的目标一方面是向福利院儿童献爱心，让他们得到社会的关爱和帮助；另一方面是培养学生自身的"社会实践"能力，增强他们的社会责任感。于是，接受采访的老师和学生组织者常常告诉我，组织这样的"社会实践"活动也是他们学校给学生进行"社会教育"、促进学生社会经验积累的一种方式。在这里，福利院再次发挥了其教育功能。

而为了证明这样的"社会实践"活动确实能够帮助福利院儿童，同时也能够培养学生自身的"社会实践"能力、增强他们的社会责任感，记录这些活动的细节就显得非常重要。这也解释了为什么几乎每个"社会实践"的团队如果不是有一个专职的摄像/摄影人员，就是参加者人手一台照相机（包括有摄影功能的手机）来记录"社会实践"活动的全过程。① 然而，除了这些需要照片和录像作为证明和宣传材料的"社会实践"活动组织者和参加者，其他永江福利院的到访者，不论是以家庭形式到访的慈善人士、志愿者个体还是志愿者团体活动的参加者，即使他们

---

① 有时候作为证明材料的照片和录像如此重要，以至于取代了"社会实践"活动本身。我在田野调查期间曾经几次遇到这样的永江市中小学生到访群体，由于学校老师要求他们在假期参加社会实践活动，他们就到永江市福利院拍几张照片当作证明材料。有的学校提供书面文本，要求学生进行社会实践的单位签字盖章。我就遇到过永江市某重点高中的三名学生，前一天来，人都没有到过儿童部，就要求我找保育员和院领导给她们签字盖章，我拒绝了。第二天她们又来了，买了两袋水果，马上又要求保育员给她们签字，以证明她们来福利院暑期社会实践过了。保育员阿姨不好拒绝，就给她们签了。她们又拍了一些照片，不到十分钟就走了。

的活动本身不需要向学校或者公众证明什么，他们也会拍许多福利院和福利院儿童的照片作为纪念。① 我认为，这些慈善人士将福利院儿童视为奇异的他者（exotic others），并拍摄他们个人身体和生活环境作为留念的行为也与旅游活动中的旅游者对旅游地土著居民个人身体和生活环境的记录行为非常相似。

　　事实上，慈善人士把对救济机构的慈善访问变成一种旅游活动的现象在世界其他地方也频频出现。在柬埔寨和非洲南部的一些国家，许多国际游客把对当地孤儿院的慈善访问作为其跨国旅游活动的一部分，由此发展出了所谓的"孤儿院旅游"（orphanage tourism）。这一"旅游"项目近年来在这些国家已经逐渐成为一种专门的产业，它被认为是全球志愿者产业（global volunteerism industry）的一部分。在参观孤儿院或者欣赏孤儿们的舞蹈表演前后，这些国际游客会捐赠一定数额的资金以支持孤儿院的运作。也有游客把在孤儿院的志愿服务作为其跨国旅游活动一部分。② 在中国，至少在永江福利院，我发现慈善人士也越来越明显地使他们的献爱心活动充满了旅游活动的色彩。在这里，依据世界旅游组织对旅游活动的定义——如果存在旅游者出于慈善目的而转移到其原本生活环境以外的地方停留少于一年时间的行为，我们大概可以称之为"慈善旅游"（philanthropic tourism）——那么无论是柬埔寨等国家的"孤儿院旅游"，还是慈善人士通过献爱心活动来进行的中国"福利院旅游"，应该都属于这一"慈善旅游"的范畴。

　　中国福利院"慈善旅游"的"旅游者"就是这些慈善人士。他们有到福利院进行"慈善旅游"的意愿——虽然每个人到福利院的深层动机

① 下文还将专门讨论献爱心活动作为一种市场营销的技术，摄影/摄像在其中也扮演很重要的角色。

② Kathie Carpenter, "Childhood Studies and Orphanage Tourism in Cambodia." *Annals of Tourism Research*, vol. 55, 2015, pp. 15 ~ 27; Andrea Lee Freidus, "Unanticipated Outcomes of Volunteerism among Malawi's Orphans." *Journal of Sustainable Tourism*, vol. 25, no. 9, 2017, pp. 1306 ~ 1321; Tess Guiney and Mary Mostafanezhad, "The Political Economy of Orphanage Tourism in Cambodia." *Tourist Studies*, vol. 15, no. 2, 2014, pp. 132 ~ 155; Linda Richter and Amy Norman, "AIDS Orphan Tourism: A Threat to Young Children in Residential Care." *Vulnerable Children and Youth Studies*, vol. 5, no. 3, 2010, pp. 217 ~ 229. 关于孤儿院旅游在法律意义上的不正当性，见 Kathryn E. van Doore, *Orphanage Trafficking in International Law*, Cambridge: Cambridge University Press, 2022。

可能不同，但至少他们都声称自己是来向福利院儿童献爱心的。他们也有
到福利院进行"慈善旅游"的时间——每次的行程时间从几个小时到半
天不等，慈善人士都愿意付出这个时间（大部分是在周末、节假日和寒
暑假期间）来捐献或者做志愿服务。即使是上学期间到访的学生团体，
他们自己或者学校领导、老师也特意安排好了到访时间。他们同时也有到
福利院进行"慈善旅游"的物质条件——慈善人士到访的交通费全部由
自己承担，除此之外许多人还向福利院捐赠现金和物资。

　　在慈善人士成为"旅游者"的动机、闲暇时间和物质条件都具备的
同时，福利院也完全有条件成为"旅游地"。首先，作为"旅游者"的慈
善人士对福利院有一种想象的期待。他们认为福利院里的儿童都是需要他
们去同情的"不正常的可怜人"，过着和他们截然不同的生活，因此他们
可以去福利院感受和体验一种不同的生活方式。这种想象的期待促使他们
前往福利院进行"慈善旅游"。而当他们到达福利院时，这个"旅游地"
最吸引他们的"旅游景观"莫过于福利院儿童各种"奇特"的身体损伤
特征和一部分孩子的可爱外形。同时，在福利院里还有有意无意为他们
"旅游活动"提供服务的福利院儿童、保育员、长期在永江福利院服务的
义工（包括我），以及有时候带他们进行志愿服务的志愿者团体负责人。
其中，福利院儿童和保育员等工作人员也是永江福利院这个"旅游地"
的"土著居民"。虽然他们并不像柬埔寨、非洲等地孤儿院里的人那样需
要为作为旅游者的慈善人士献上一台精彩的舞蹈表演，但献爱心活动本身
也可以被理解成为一场仪式表演。在这仪式表演的过程中，作为旅游者的
慈善人士，和作为旅游服务提供者同时又是"土著居民"的福利院儿童
与工作人员"同台献艺"，在照相机和摄影机的镜头前，演出了传递爱心
的动人情节。当表演结束了，旅游服务提供者和"土著居民"获得了捐
赠的"旅游收入"，而旅游者也付出了"旅游支出"。当所有条件都成立，
所有环节都能够串联起来时，中国福利院"慈善旅游"就变成了现实。
我想特别指出的是，"慈善旅游"作为更普遍意义上的旅游活动的一种类
型，它不仅能够达到慈善的目的，也具有休闲与娱乐功能。而当福利院的
"慈善旅游"具有休闲与娱乐功能时，这意味着福利院已经被彻底地旅游
景点化了。

　　本章开头引述了我在 2011 年六一儿童节那天的部分田野笔记。这些笔记展示了幼儿园老师、家长和学生，以及其他慈善人士与福利院儿童之间的互动。来访者们围观福利院的婴儿、观察他们的性别和身体缺陷、给他们拍照、谈论他们的身世背景、与他们做游戏玩乐。更有商界精英傍着福利院儿童拍照，被福利院工作人员的家属认为"像是去动物园抱一个动物拍照"。六一儿童节过后的一天，一位长期在永江福利院服务的义工告诉我和保育员，她女儿所在的幼儿园昨天也组织了学生和家长来福利院献爱心。她女儿告诉她，她班里的很多同学在离开福利院后说院里的小孩都长得很奇怪，有的长得像猩猩一样。

　　事实上，儿童节这天到访的慈善人群的言论和行为根本不是特例，他们是包括许多志愿者在内的大部分慈善人士在永江福利院进行"慈善旅游"过程中言论与行为的代表：一边说福利院儿童"不正常""可怜"，所以他们要来献爱心、做慈善；另一边却消费着这些"不正常的可怜人"，好奇地围观长相"奇特"的孩子，观察他们的性别和身体缺陷，同时挑选那些虽然也有身体缺陷但长相可爱的孩子抱起来玩耍——在这一系列"围观""观察""玩耍"的过程中增长了见识，满足了好奇心，同时也获得了欢乐。我曾经遇到有慈善人士感叹，来一趟福利院，以前没见过的各种稀奇古怪的人现在都看到了。在慈善人士旅游参观的过程中，福利院儿童不仅成为游客凝视（tourist gaze）的对象，他们的身体特征也成为被凝视的标志①——慈善人士对福利院儿童逐个观察乃至拍照的行为，实际上可以理解为是对这些标志的收集：他们看到孩子们的身体缺陷，就认为自己在凝视的过程中捕捉到了"福利院儿童"的总体特征，从而将其定义为"不正常的可怜人"，并视其为福利院的符号，而他们"慈善旅游"的活动恰好也是在消费这些符号。

　　慈善人士对于人体缺陷的好奇，使得他们把大量的时间用在仔细观察和询问每个福利院儿童的"毛病"上，这也使得保育员、我和几位长期来永江福利院服务的义工被动地成为他们旅游服务的提供者，需要不停地

　　① John Urry, *The Tourist Gaze: Leisure and Travel in Contemporary Societies*, London: Sage Publications, 1990.

回答他们提出的各种问题，乃至被要求把福利院里的孩子抱起来给他们仔细察看。不仅如此，我们还要经常辅助他们获得"旅游体验"，包括抱婴儿、给婴儿喂奶等。譬如有较年轻的慈善人士尝试抱婴儿，我们就不得不在一旁教他们合适的姿势，以防止坠落或者刚进完食的婴儿吐奶。一旦有人尝试了，其他人也都蠢蠢欲动，结果是把婴儿一个接一个地抱过去——有慈善人士就曾打趣说，福利院是一个非常适合年轻人，尤其是准父母来接受育儿训练的地方。但是抱过的婴儿是放不下来的，一放回床上就哭。有时慈善人士急着要走，就把婴儿转交给我们抱或者把他们放回床上任由他们哭。于是保育员们常常抱怨，认为慈善人士给她们的工作造成的麻烦远多于帮助，因为他们每次来都要把婴儿抱一遍。等他们离开，婴儿的哭声会使福利院一天一夜不得安宁。

然而也有一些类型的"旅游体验"是慈善人士基本不愿意尝试的，比如给婴儿换尿布。虽然没有慈善人士说出口，但是保育员、长期服务的义工和我都能感觉到他们怕脏，一看到我们换尿布就站得远远的，甚至捏着鼻子；有些则直接走出婴儿房，等我们换完了再进来。同样，虽然有慈善人士会将他们抱婴儿的活动表述为关爱婴儿的利他行为，保育员、义工和我却认为那更多是一种他们用来满足自身新鲜感和好奇心的"游戏"。也因为这种"游戏"寻求的是新鲜感，不能"玩"得太久，久了就"不好玩"了，所以我观察到许多慈善人士经常是把婴儿一个接一个地抱，每个抱一会儿（有志愿者说，这是为了让每个婴儿都感受一下"被抱的温暖感觉"），而不是自始至终抱同一个婴儿。保育员们自然对慈善人士把抱小孩当成一种"游戏"十分不满。2011年春夏交接之际，不少永江福利院儿童因为不适应气候变化而感冒。那段时间保育员、义工和我都非常忙碌，从早到晚都要抱孩子在医务室里挂盐水。由于生病孩子的数量多，照顾人手却不够，如果有志愿者来访，我们就会请他们帮忙在医务室里抱小孩。有些志愿者装作没听到，但也有来帮忙的。可是抱一个孩子挂盐水常常需要1~2个小时甚至更长的时间，这时他们就不乐意了，差不多抱了一会儿就急着要走。有一次，有七八位学生周末来福利院进行社会实践，保育员请他们帮忙抱孩子挂盐水，最后只有一个女生答应来帮忙。她在医务室里大概待了半个小时，其间一直在看手表。半个小时以后，她的同学准备走了，过来叫她。结果她一见到同学就责怪他们让她一个人在这里抱小孩，自己却在儿童部玩得高兴。等他们走了以后，医护人员和保育员就议论开了，说这些志愿者就是来玩的，真让他们干点什么事，他们就不高兴了。

相比于保育员、义工和我，志愿团体的负责人更积极地充当旅游服务提供者的角色。他们由于多次带志愿者来福利院进行志愿服务，所以对福利院和福利院儿童的状况多少有一些了解，也因此成了"福利院旅游"的专家，或者说"导游"。他们在网上发布志愿者活动的信息，介绍永江福利院和福利院儿童的相关情况，设计志愿服务活动的行程安排，并且提出活动过程中的注意事项。譬如活动时间一般在每周末下午2点，为期两个小时。在活动开始之前，所有参加者需在永江福利院门口集合，由志愿团体的负责人统计人数，并交代注意事项。每次报名参加活动人数理论上不超过8人（实际上经常远远超过这个数字），患病者不宜参加。参加者要衣着朴素，如果是长发，建议把头发扎起来，以免被福利院儿童拉扯。参加者每人需自带一包纸巾，方便帮福利院儿童擦口水和鼻涕。尽量不要带皮包；如果带了，要保管好，避免让福利院儿童随意翻弄。尽量不要让福利院儿童玩手机，以防止有些孩子养成偷东西的坏习惯。尽量不要带零食给福利院儿童，因为他们的肠胃还没有发育完全，有些食物消化不了，容易拉肚子。志愿者们进入福利院后不能大声吵闹，进入育婴房前要先洗手。志愿服务的主要内容包括帮助保育员照顾孩子，打扫育婴房，给孩子们喂奶、洗脸，带他们到室外晒太阳，教他们识字、画画、说话、唱歌，跟他们聊天、讲故事等。对于躺在被窝里的婴儿，志愿团体的负责人建议志愿者们尽量不要抱，因为这些孩子体质弱，容易着凉。此外，他们的依赖性也比较强，抱过以后容易哭，哭久了对他们的身体不好。负责人同时也建议志愿者们照顾大龄儿童，但不要刻意去接近。如果这些孩子喜欢和外人接触，他们自己会主动来接近。这时候，志愿者们应该把握机会，跟他们说说话，让他们做点力所能及的事，然后诚恳地表扬他们，这样他们就会很开心。负责人专门提醒志愿者，福利院里的孩子非常喜欢画画和跳舞，建议他们可以在这些方面对孩子多加引导和鼓励。注意事项的最后一条是不允许志愿者们随便拍照，只有在经过工作人员同意的情况下才可以。负责人总结："由于福利院儿童是一个特殊的群体，参加活动的志愿者务必遵守秩序，按照带队人和保育员的指引去做，注意一切言行。"

从行程安排到注意事项，我们可以发现，作为"福利院旅游"专家的志愿团体负责人为志愿者们设计的慈善旅游活动是有清晰计划的。他们给作为"旅游者"的志愿者提供了详尽的"旅游清单"，内容包括出发前的准备工作、旅游地的旅游项目、旅游过程中的注意事项和促进旅游活动顺利开展的各种小贴士（比如与旅游地不同类型的土著居民采取不同的互动方式）。同时他们又是"旅游者"和"旅游地"当地的"旅游服务提供者"之间的联络人。譬如有一位志愿团体负责人曾经向保育员提出要求，希望她们能在每个孩子的床头贴一张写着孩子名字的纸条，免得新来的志愿者总是不停地问他福利院儿童的名字，而他自己又总是忘记。他觉得在婴儿床头直接贴上名字的做法，对他和志愿者都方便一点。保育员们听到这个要求都沉默了，不知如何回答。但那天正好从职校回来过周末的福利院少年俊伟听到了这个提议后激动地反驳他，说福利院又不是动物园，不是给游客参观用的，为什么要在每个孩子的床头贴名字？那位志愿团体负责人顿时感到很尴尬，保育员则连忙打圆场，说如果志愿者们想知道孩子的名字，他们可以直接来问我们。

尽管志愿团体的负责人试图规范和管理志愿者们在福利院慈善旅游过程中的行为，也想尽力促使福利院一方提供更好的旅游服务，但前文已经展示的志愿者行为和保育员的态度表明他们实际上很难实现这些目标。许多志愿者并不遵守志愿团体负责人提出的规范要求，认为自己出现在福利院，抱抱婴儿就是在献爱心了。而既然他们是在献爱心、做好事，别人就不能批评、限制他们。而福利院这一方，尤其是保育员，倾向于认为大部分志愿者就是来玩的，不仅帮不上忙，还对她们的工作百般挑剔（见第五章），制造麻烦。从到访人数、活动内容到拍照问题，保育员都对志愿者们抱有未公开的不满。直到后来到访的志愿者人数越来越多，通常又都挤在婴儿房里参观、抱婴儿，保育员才不得不直接向志愿团体负责人表达意见，甚至叫他们不要再来福利院活动了。但是她们根本无力阻止这股慈善旅游热潮发展的进程。2011年5月我加入了志愿团体"永江爱心"的

QQ 群。每到周三当该志愿团体负责人开始发布当周活动计划时，我经常会看到有人说："周末没事，去福利院献献爱心，关爱一下福利院里的小孩。"有时会有另一位网友做出回应，描述一下自己上次去福利院献爱心的感受，说福利院的儿童身体残疾又被父母抛弃是多么可怜，自己忍不住流泪了，并且下决心以后有空要经常去福利院看看他们、抱抱他们，让他们感受到人间尚有真情在。这些"慈善旅游"的话语与行动，看似都以福利院儿童为中心，都以他们的情感需求为出发点，但实际上他们从来都是表述和行动的客体，对他们情感需求的表述也充满了社会想象，都是从"慈善旅游"参与者主体的自我感受和想象出发的。在"慈善旅游"的具体活动中，参与者利用慈善活动持续生产和满足着这种自我感受与想象，获得"献爱心"后精神升华的体验，也从中获得了旅游活动所能提供的休闲与娱乐。

（三）作为营销工具的福利院

比起把福利院用作社会教育机构和旅游景点，将它用作营销工具的做法并不新鲜。近几十年来，西方世界的企业慈善（corporate philanthropy）被认为是企业为社会公共利益做出的贡献，但同时也遭到了质疑。其中一种批评的观点就认为许多企业用企业慈善或者企业社会责任（corporate social responsibility，简称 CSR）的方式来进行市场营销和处理公共关系。[1] 在中国，政策专家和学者也常常从提高企业形象、改善企业公共关系等对企业营销有利的角度来鼓励企业慈善的发展。[2] 永江福利院也接待过许多企业慈善捐赠和企业职工的志愿服务。虽然其中也有国有企事业单位，但大部分是民营企业和个体商户。这些来献爱心的企业和个体商户涉及的产业繁多。有些企业的产品直接与儿童的日常生活相关，比如奶粉公司、儿童用品商店、文具用品公司、幼儿园和早教中心、医院和药店等；

---

[1] Carol Sanchez, "Motives for Corporate Philanthropy in El Salvador: Altruism and Political Legitimacy." *The Journal of Business Ethics*, vol. 27, no. 4, 2000, pp. 363 ~ 375; Abagail McWilliams, Donald Siegel, and Patrick Wright, "Corporate Social Responsibility: Strategic Implications." *Journal of Management Studies*, vol. 43, no. 1, 2006, pp. 1 ~ 18.

[2] 晁罡、石杜丽、申传泉、王磊：《新媒体时代企业社会责任对声誉修复的影响研究》，《管理学报》2015 年第 11 期；单春霞、仲伟周、蔡元：《企业社会责任的公关危机与股东价值》，《河南社会科学》2014 年第 8 期。

有些企业则本身与儿童的日常生活没有很直接的关系，比如美容院、理发店、旅行社、饭店、宾馆等。田野调查发现，这些企业和个体商户，在以企业的名义来福利院进行献爱心活动时，经常会利用福利院和福利院儿童作为营销的工具。其中，那些生产与儿童日常生活相关产品的企业更容易深入地将福利院儿童纳入其产品的宣传项目中。

许多企业来永江福利院献爱心以前会自行联络媒体，包括永江市本地的电视台和报纸。如果没有外来媒体的参与，他们自己的来访团队中也必定有人专门负责摄影摄像，把献爱心的全过程记录下来。那些直接生产儿童用品的企业还会试图拍摄福利院儿童拿着或者正在使用他们产品的照片，作为今后的宣传材料。而那些与儿童有关的服务类企业，譬如幼儿园和早教中心，也需要拍摄福利院儿童在使用他们的设施和服务时的照片和录像，有的甚至会让他们直接参加企业的宣传活动。例如2011年5月曾有一家奶粉企业来永江福利院献爱心，并邀请了本地电视台的记者随行报道。公司总经理和随行人员不仅带来了几十箱奶粉，还带来了他们企业的广告牌。他们在福利院领导的陪同下来到儿童部，总经理指示随行人员搬几箱奶粉上楼，说要让福利院的孩子们拿起来拍照。上楼以后，随行人员给每个在大厅里的孩子都分了一罐奶粉，然后专门负责摄影摄像的随行人员和电视台记者就开始拍照录影了。有个随行人员发现还有婴儿房，于是叫同行的人再拿几罐奶粉放到婴儿床头拍照。

在电视台的摄影机前，奶粉企业的总经理向福利院院长询问了永江福利院收养儿童的状况。接着，记者对那位总经理做了专访。记者问他们企业为什么会想到来福利院给这里的孩子捐奶粉。总经理回答说，自从出了三聚氰胺事件，国人开始非常关注婴儿奶粉的品质，他这次来福利院献爱心，就是希望这里的孩子能够喝上健康的奶粉。接着他谈到了国产奶粉和进口奶粉的问题。他说，三聚氰胺事件后国人对国产奶粉失去信心，进口奶粉畅销，但他们企业的奶粉品质优良，希望进入市场后能够重塑国人对国产奶粉的信心。等到采访结束，奶粉企业的人走了以后，我和福利院的工作人员开始整理奶粉箱子。驻院医生提醒保育员这些奶粉可能要早点吃，于是我们看了保质期，发现很多奶粉是2010年4月生产的，将在2011年10月过期。保育员就开始抱怨，估计奶粉企业就是把一些卖不出去的陈货捐到福利院来。此时主管儿童部的福利院副院长还在场，我就把这个情况汇报给她。副院长说她已经看过生产日期了，但是也没办法。一来人家是来献爱心的，我们总不能说你们不要来；二来这些奶粉也终究还没过期。她问保育员有什么办法处理这些奶粉。保育员们也觉得很麻烦，但总归是要吃掉的，不然就浪费了。她们打算给大一点的体质好的孩子喝，因为婴儿和体质不好的孩子忽然换一个牌子的奶粉喝很容易拉肚子。

与奶粉企业类似，来献爱心的文具用品公司会引导福利院儿童当场使用他们的彩色水笔画画，在这个过程中有专人拍照摄影；麦当劳餐厅会让每个孩子带上绘有麦当劳公司标记的帽子、吃着麦当劳的食物，在这个过程中也有专人拍照摄影；幼儿园和早教中心如果不是带自己的学生和家长来福利院献爱心，就是邀请福利院儿童去他们学校玩，而他们来献爱心或者福利院儿童在他们学校玩的场景都会被工作人员或者记者记录下来。即使那些产品与服务本身和儿童没有直接关系的企业，也尽可能多地拍摄企业员工向福利院儿童献爱心的场面，包括抱他们、给他们喂零食、陪他们玩游戏等，有时还要请福利院大龄儿童和保育员们一起合影留念。这些照片、录像的利用方法也多种多样。奶粉企业献爱心活动的报道当天晚上就在永江市电视台播出了。幼儿园和早教中心献爱心活动的照片和录像不是由媒体发布出来，就是他们自行上传到视频网站上。美容院的献爱心活动没有上电视和报纸，但是几天后我碰巧路过那家美容院，发现门口贴了几张海报，宣传该院员工最近到福利院献爱心的活动。

除了企业和个体商户，利用福利院作为营销工具的还有志愿团体负责人和媒体自身。地方媒体在报道有关福利院的新闻时也根据其自身的意图加以调整，譬如永江市本地电视台在报道一家旅行社的献爱心活动时，把来访时间从 2011 年的 5 月 4 日改成 5 月 14 日，以便纳入其"5 月 15 日全国助残日"的主题报道中。① 在其他媒体对永江福利院的报道中，我们也能看到这种媒体根据自身意图来追逐新闻线索，刻意制造新闻效果，随意编撰修改新闻内容的做法。除此之外，志愿团体负责人也试图通过

---

① 也就是说，电视台篡改了旅行社来福利院献爱心的时间，用全国助残日的主题解释旅行社的献爱心活动的动因，但这显然不是旅行社在 5 月 4 日来献爱心的本意。

福利院的报道增加自身组织在媒体上的曝光率。以下志愿团体、媒体和福利院三边互动的个案将具体展示前两者如何利用后者作为自身营销的工具。

2011年4月23日，永江福利院收到一名被遗弃的大约6岁、下身瘫痪的男孩。自从进入福利院，他每天情绪都很低落，经常一边哭一边喊妈妈。5月7日下午，"永江爱心"志愿团体总负责人陈靖组织志愿者来永江福利院进行志愿服务，男孩一看到有人来便又开始边哭边喊妈妈。这个场景令在场的陈靖和其他志愿者深深动容。后来我和福利院的工作人员得知，当晚陈靖就组织志愿团体的部分人员制作了给男孩"找妈妈"的海报，张贴在永江市许多人群聚集的场所。5月8日上午，永江市本地一家报纸的记者来访福利院，说是陈靖跟他们联系了，希望他们通过媒体力量帮助孩子找妈妈，恰好这天又是母亲节，所以他们就过来了解一下那个男孩的情况。5月9日，该报纸在头版的显要位置发布了这则新闻，并在第四版进行了详尽的报道。5月11日，该报纸记者回访福利院，询问报道效果如何，这几天男孩父母是否有联系福利院，得到了否定的答案。保育员坦言，这个能说话的六岁男孩是被遗弃在医院里的，这么大的孩子被扔掉，很可能是父母已经感到绝望了，才下定决心这么做的，所以估计来领回去的可能性非常小。另外，她们认为志愿团体制作海报帮助孩子找妈妈是值得肯定的，但应该事先和福利院商量一下。保育员们是第二天记者来采访才知道这件事，福利院领导是看了报纸才知道的，都觉得很惊讶。他们都认为新闻报道有可能会给福利院造成负面影响，导致许多有残疾儿童的家庭把子女丢弃来福利院。5月14日上午，由于先前的报道引起了其他媒体的兴趣，有三家报社的记者一大早就来到永江福利院采访，都声称要给那个男孩拍照，帮他找妈妈。拍完男孩他们还没走，派出所民警就又送来一个弃婴，装在黑色行李袋里。记者们先是拍了保育员检查孩子和随行物品的过程，接着又让保育员把婴儿放回到行李袋里以便他们拍照，然后又拍了保育员给婴儿洗澡换衣服的过程。在给婴儿换好衣服放到婴儿房后，保育员拒绝了记者们继续拍照的要求，他们才肯离开。5月16日下午，又有另一家媒体来采访。在对福利院院长进行专访之后，记者又来到儿童部采访了保育员，并给"找妈妈"的男孩拍照。我在和记者聊天的过程中了解到他们也是陈靖联络的。

　　5月17日下午一点半，陈靖和志愿团体的其他成员带着永江市电视台的记者到访福利院。当时孩子们都还在午睡，值班的保育员问陈靖和记者他们到访前是否跟院领导联系过，他们回答联系过了。保育员就让他们先等等，孩子们都还在睡觉，他们表示先上楼看一下。结果一上楼，志愿者和电视台记者就进了婴儿房。我跟陈靖说，这段时间有太多的记者到访福利院，保育员和院领导都很担忧。我们觉得遗弃男孩的父母回来认领的可能性并不大，但是那么多的新闻报道刊登出去以后，可能会有一些有残疾儿童的家庭发现原来还有这么一个收养弃婴的地方。那样的话，被遗弃到福利院来的小孩会越来越多。这对福利院来说是一种压力，对失去父母的孩子也未必是好事。对于我所说的福利院工作人员的担忧，陈靖颇不以为然。他说让媒体报道一下总比什么都不做的好，什么都不做就完全没有机会。他强调，任何事情都会有积极和消极的两面，我们不能因为会有潜在的负面影响就不去做了。可是当我问他，为什么他去做这些事情之前没有和福利院商量就自作主张，他却哑口无言了。

　　我将和陈靖的对话告诉了值班保育员和长期在院里服务的义工，她们均认为他的做法缺乏考虑。这时，永江市电视台的一名男记者走过来，说想问一下瘫痪男孩入院时的情况，问我们当时有谁在场。值班保育员说我们都在场，但是具体情况还是要主管那个男孩的保育员来说比较清楚。那男记者就问主管保育员在哪里，值班保育员就说现在是午睡时间，她们都回家休息了。男记者就问什么时候回来，值班保育员说要到两点。男记者就不耐烦了，用非常傲慢的语气说这是什么单位有这样的时间安排。我说这是机关单位统一的时间安排。男记者就问能不能打个电话给主管保育员，让她过来接受采访。值班保育员问他，他们来采访事先有没有跟院领导联络过。他说没有，他们先前几次都是直接过来采访的，都没有跟院领导打过招呼。值班保育员一听就说："那这个我们就不好随便说了，让他们先跟领导联系一下。"男记者于是很不耐烦地催促值班保育员赶紧跟院领导联系，保育员则提示墙上有联系电话，让他自己联系。在记者打电话期间，保育员对我和义工抱怨院领导的外事规章制度做得太不到位了，让外人觉得福利院是想来就来、想走就走的。我则说，刚才保育员问陈靖和记者他们来之前是否联系过院领导，他们说联系过的，怎么现在又没有联系过了。过了一会儿，男记者走过来，举着电话问，你们几个谁来接下你们院长的电话。值班保育员接了电话，福利院院长在电话那头交代她配合记者采访，给主管保育员打个电话。接完电话以后，值班保育员就给主管保育员打电话，结果没打通，她就亲自去房间找。

等到主管保育员过来，志愿团体的成员和电视台记者也没注意到她，一直在逗小孩玩。主管保育员跟其他保育员、义工和我说，其实这些记者报道的负面影响很大，那个男孩又不是走失的小孩。走失的小孩通过媒体报道有机会让父母来找回去，但那个男孩是那么大了以后才被遗弃的，福利院从来没有那么大的孩子被父母遗弃以后再领回去的先例，所以估计找妈妈成功的概率非常小。到两点钟，保育员们给孩子们发点心，陈靖才发现主管保育员已经在儿童部了，就让记者过去采访她。主管保育员并不想接受采访，说她只是负责照料男孩的饮食起居，其他事情也不清楚，没什么好说的。他们如果有什么要问的，就直接去问院领导。又说要拍照摄影的话就拍男孩好了，不要拍她。但后来值班保育员告诉她，院长交代她们好好配合记者采访，主管保育员才答应接受采访。

采访活动首先是在男孩所在的房间里进行的。记者让主管保育员扶着男孩靠墙坐起来，一名女记者拿着话筒对着他，男记者则用摄像头对着他，主管保育员站在一边，其他人围着看。女记者问男孩你家在哪里，他说"不晓得"。我们听清楚了这句话，记者说好像是四川话或是湖南话。接着女记者又问他叫什么名字、妈妈在哪里，男孩都不说话，表情很不自在。话筒在男孩嘴边停了几分钟，他还是没有回答，女记者就放弃了。主管保育员解释说男孩本身是会说话的，但是有时候说不清楚，我们听他说话也是半猜半懂的。记者们又要求主管保育员抱着男孩让他站起来，趴在床沿上来拍照。拍完照片，由于无法采访男孩，记者们就转向主管保育员，让她介绍一下男孩入院时的情况、目前的身体状况等。接着，男记者就请主管保育员给男孩换一次尿布，他好把这个过程拍摄下来。主管保育员就照做了，男记者换了好几个角度把整个过程拍了下来。

采访完保育员后，记者转向陈靖，请他谈谈他为什么要帮瘫痪男孩找妈妈。但在采访前，记者要求他在采访中突出他所在的志愿团体每周末都会来永江福利院进行志愿服务这个要点。这时我留意到，陈靖和当天到访的其他志愿者胸前都佩戴了一枚写有志愿团体名字的徽章，同时也都戴着一顶写有志愿团体名字的帽子。陈靖在接受记者采访时说，他们志愿团体的成员每周末都会来福利院看望这里的弃婴孤儿。就在这个男孩刚来福利院的那个周末（其实是第二个周末），志愿者们都看到了这个新来的小孩。陈靖描述这个男孩看着自己，忽然说"叔叔，妈妈"，然后就眼泪汪汪地说"我要回家"。陈靖被感动了，当晚就决定和志愿团体的其他成员一起帮他找妈妈。他们联系了媒体，同时也制作了"找妈妈"的海报到永江的火车站、汽车站和大型商场张贴，希望男孩的父母看到海报能够把他领回来。采访完后，男记者提出让今天所有在场的志愿者都到婴儿房里来抱小孩，他要把这个场景拍摄下来。陈靖建议不如在大厅里拍志愿者们跟大孩子们玩耍的场面。男记者同意了，但还是坚持要先拍一张他们在房间里抱婴儿的场景。志愿者和电视台记者一群人忙着拍摄，那个瘫痪男孩就被撂下了，也没人再理他了。

　　5 月 20 日晚上，志愿团体的成员在他们的 QQ 群中发生争执。争执的起源是志愿团体成员之一的黄老师抱怨，负责人有事的有事、生病的生病，最近几次周末的福利院志愿服务活动都没有举行。陈靖出来提醒其他志愿者，虽然这几次周末活动没有办，但大家最好不要私下去探访福利院，以免造成一些不良影响。有些志愿者不太理解陈靖的提醒，认为做公益为什么还会受限制。有一位网名叫"小娜"的志愿者质疑说，如果私底下探访会给福利院造成不良影响，福利院需要被保护的话，那么为什么陈靖等人还要组织电视台把它曝光？她说大家其实都知道男孩的父母是不会出现的。陈靖没有对此做出解释，反过来批评小娜的提问很固执。也有其他的志愿者对陈靖的前后矛盾不理解。陈靖继续批评很多志愿者去福利院是去施舍爱，施舍自己泛滥的爱。他的这个说法激起了更多人的不满，他们不认为自己是为了作秀或者是施舍自己泛滥的爱才去福利院做志愿服务的，同时也批评陈靖的毒舌，认为他很多时候有偏见、固执并且自大。陈靖说自己并不觉得这有什么问题，他说在遇到比自己强的人之前，从来不会认错。

　　后来我和其他几位志愿团体的志愿者讨论了他们对陈靖给福利院孩子

找妈妈一事的看法。大家都认为这个事情的初衷当然是好的，他们也希望孩子的父母能来把孩子领回去，但是同时，大家在做这件事之前也非常清楚成功的可能性非常小。有一位志愿者指出，其实当时陈靖决定要做这件事之前，曾有其他成员提出过异议，比如可行性究竟有多大、是否先和福利院商量，但陈靖一心一意促成此事。这位志愿者觉得他们团体里很多人的想法很多，但是有时太过自以为是，不懂得换位思考。他对陈靖极力促成"找妈妈"活动的看法是觉得后者想做宣传，想把志愿团体做大。黄老师也对陈靖和"找妈妈"事件有相似的看法。她对陈靖动员媒体找妈妈这个事情有些反感，觉得他为自己的考虑多过为福利院的孩子，有些急功近利。她指出，使用"急功近利"这个词来形容陈靖的人并不只有她一个，她接触过的不少志愿者都这样评价陈靖。而她个人跟陈靖的交往也加深了这一印象。她说她平时跟陈靖说话，陈都不搭理她，但到了有求于她时，陈就变得热情起来。黄老师说"找妈妈"海报的文案就是她写的，陈靖负责拍照。对于他想把志愿组织做大做强的想法，黄老师持谨慎态度。她觉得志愿团体只是一个民间组织，一个民间组织为何要做得那么大、那么强？

永江市电视台的报道是"找妈妈"活动最后的高潮，从那以后再没有媒体继续关注这件事情。在我进行田野调查期间，陈靖也没有再来过福利院。事实上，在这之前他也很少来，只是偶尔露个面。志愿团体其他负责人和志愿者到访时也没有再提起此事。我偶尔有一次跟黄老师提起，黄老师想了想，问我还记得陈靖在 QQ 群里聊天时说的那句话吗？当时陈靖批评其他志愿者到福利院是来施舍他们泛滥的爱，说他尤其讨厌那些叫福利院孩子"儿子""女儿"的志愿者，有本事真的领回家去。对于福利院儿童来说，他认为，孤儿就是孤儿，他们要接受这个现实才能像"正常人"一样健康成长。黄老师说，按照陈靖的说法，现在那个男孩的状态才叫作"正常"，不哭也不喊妈妈了，接受了自己福利院儿童的身份——但是他那时候为什么又要那么高调地帮孩子找妈妈呢？

同样，对于"找妈妈"事件中的媒体角色，即使是对此有些不满的福利院工作人员也认为它们的"最终目的"应该是好的——帮孩子找父母，让他重归家庭。但是在这个过程当中，媒体也施展了它们的权力，利用它们作为大众传播媒介的话语权优势制造了自身与包括被采访人在内的利益相关者之间的不平等权力关系。出于自身的需要，他们在报道时改变慈善人士的来访时间，以迎合全国助残日的主题报道。第一家报道志愿团体帮助福利院儿童找妈妈的媒体，在被陈靖提供的第一手新闻线索吸引的同时，也考虑到了新闻的时效性，因为它能够跟当天母亲节的主题背景联系起来。在第一家媒体报道过后，志愿团体的"找妈妈"活动似乎成了永江市的热点新闻，其组织本身也在持续地联络媒体。接下来，我们看到的是一群媒体跟风进入，相继来报道福利院里这个找妈妈的男孩。但是，无论是志愿团体还是媒体，在进行这项活动前都没有跟福利院相关人士有过任何的磋商，没有考虑到福利院可能在这项活动中有其自身的利益选择，因而持有不同的立场。虽然福利院领导表面上几乎每次都同意媒体采访，也要求保育员配合，但他们私下对志愿团体和媒体的行为颇感不悦。而当这些媒体进入福利院采访时，我们也可以明显感知到媒体对被采访人的强势权力：记者们不仅将话筒和镜头对准那个找妈妈的男孩（虽然他想找妈妈，但他是否预料到会是这样的"找妈妈"方式？他是否有能力拒绝这样的"找妈妈"方式？），也对准了其他的福利院儿童和保育员——他们自以为是地用镜头摄录下并向公众公开了一个福利院孩子是怎样哭哭啼啼地喊妈妈，另一个刚刚入院的婴儿又是怎样被从行李袋中抱出然后进行身体检查和清洗——然而这些过程也和许多新闻报道的场景一样是被（重新）制造出来的。已经从行李袋里抱出的婴儿被要求重新放回去以供拍摄，保育员被要求给孩子换一次尿布以供拍摄，志愿团体成员被要求在婴儿房里抱婴儿、在大厅里跟大孩子玩以供拍摄——所有这些过程都是媒体为了制造现场的真实感，满足潜在的读者和观众们的好奇心而做的努力。在这里，福利院儿童的身体与行为、保育员的身体与工作、福利院的空间都被动地成为媒体凝视的对象，成为供大众满足好奇心的消费品。而部分记者在采访前的态度，更揭露了媒体和被采访者之间的这种权力不平等。譬如在永江市电视台的记者看来，被采访机构和个人似乎是没有权利拒绝采访的，他们必须服从媒体的要求和时间安排。从依据自身意图来选择和调整新闻内容，到采访时刻意制造现场场景，媒体在这个过程中运用自身的权力来充分利用福利院和福利院儿童对其的新闻价值，而这一过程生产出来的对福利院和福利院儿童的媒体表述，不仅满足了大众对作为"不正常地方"的福利院和作为"不正常的人"或者"可怜人"的福利院儿童的好奇心，也进一步固化了大众对这个地方和这些人的刻板印象。

第五节　小结

2011年7月17日，"永江爱心"志愿团体召开成立五周年大会。这次大会的主题是"微公益、新生活"，鼓励热心人士和志愿者们从身边点点滴滴的公益慈善活动做起，帮助社会弱势群体。这一主题理念也反映在大会活动中。譬如在接待处，参加者可以花10元钱买一本志愿团体的宣传册，而这一收入将和大会所得的其他收入一起全部捐资助学。这本宣传册提供给参加者有关"永江爱心"志愿团体的发展历史和活动项目等方面的信息：该团体成立于2006年7月，是永江市网友自发组建的民间公益团体，坚持活动的公益性，不以营利为目的。它的宗旨是"热衷于社会公益事业，致力于为社会弱势群体服务，倡导奉献、友爱、互助、进步的志愿者精神"。它的成员由来自各行各业的热心人士组成，既有教师、医生、公务员，也有学生、商人和外来务工人员等。它目前在开展的项目包括对永江市境内以及境外的部分贫困家庭学生开展助学活动、帮助山区学校建立绿色书库、到永江福利院和聋哑学校进行志愿服务等。这次周年大会的第一个节目就是请每个项目的具体负责人来汇报过去一年他们的活动情况。接下来，志愿团体的志愿会计汇报了该组织上年度的财务状况，强调志愿团体一直重视组织的财务公开与透明，对捐赠人和志愿者负责。

再下面一个节目就是主持人对志愿团体目前的总负责人陈靖的访谈。在访谈中，他向参加者讲述了自己从事公益慈善活动的心路历程。他和之后不少上台讲话的志愿者一样，谈到了自己做公益慈善的目的，其中就包括让自己活得更有价值、对社会更有意义。他们希望通过公益慈善活动将人与人之间的关爱传递出去，让身边的人都能感受到社会大家庭的温暖，同时也唤醒每个社会成员对这个大家庭的责任感。"责任感"这个词是许多志愿者讲话中频频提及的关键词，它既是志愿者们参与公益慈善活动的动力，也是他们在活动过程中最大的收获。譬如，有位志愿者谈到她在参与助学活动过程中遇到了很多的困难，包括志愿者人手不够、自己的工作时间和助学时间有冲突以及助学活动本身的耗时耗力耗财，而最终使她和她的同伴们坚持下来的就是"责任感"。她希望这种"责任感"能够鼓励每个参与志愿团体的志愿者从身边微不足道的公益做起，把这种精神和它所承担的对其他社会成员的关爱传承下去。

"责任感""社会责任感""社会责任心""企业社会责任"是我在田野调查期间经常听到的话语，热心人士用它们来阐述自身或者团体、企业到福利院献爱心、进行社会实践活动的动机和目标。也是这些"社会责任感"和"社会责任心"把越来越多的热心人士个体凝聚起来，组成了像"永江爱心"志愿团体这样的民间组织，合力在社会当中行公益、做慈善。在理念上，不论是热心人士个体还是志愿团体都倡导关心社会弱势群体；志愿团体则更进一步倡导成员之间以及更广泛意义上的社会成员之间的奉献、友爱、互助与进步精神，在组织运作上它也强调其组织的民间性和自发性、成员参与的自主性以及组织运作的公开透明。① 而从效果上来说，包括志愿团体志愿者在内的热心人士对福利院儿童的慈善活动或多或少都让后者有所受益。换言之，他们确实向其他社会成员提供了公共福利和服务。

行文至此，我们最终要回到慈善活动与市民社会关系的问题上来。在近期中国市民社会研究中，谢世宏与邓国胜将"市民社会"定义为介于国家和个人、家庭与企业之间的结社领域（associational realm），它主要由非政府、非营利的自治组织和网络组成。这些组织和网络由社会成员自

---

① 就我所知，"永江爱心"志愿团体成立之初，负责人也面对和很多其他中国民间组织一样的困境。他们起草了组织章程，然后去民政局注册，以便让志愿团体成为正式的社团。但是根据政府在社团管理方面的规定，没有主管单位就无法注册。后来他们依靠某些途径与永江市共青团委接上了头，团委领导认可这些青年人的活动，在为他们提供建议的同时，也答应成为他们名义上的主管单位。从团委的立场出发，志愿团体的行动一方面可以在社会上树立起新时期年轻人的新形象，让更多有志于社会服务的年轻人参与到公益事业当中来，在全社会形成一种做公益慈善的良好氛围；另一方面也对一些政府目前无法顾及的领域做适当的弥补，向许多社会弱势群体提供帮助。从组织创办至今，志愿团体的负责人时常与团委以及其他部门的领导会面，交流活动和其他方面的信息，但后者并不直接参与团体内部的管理和活动的开展。

愿建立，并以此来追逐他们的利益和价值。这两位学者认为，四川地震后参与救灾和重建的许多草根非政府组织和网络符合他们的"市民社会"定义。① 区别于他们静态的"市民社会"定义，蒂斯（Jessica Teets）采取了一套以行为基础为依据的动态"市民社会"定义（action-based definition of civil society）。她将"国家—市民社会"视为一种互动过程，而非无法协商的对立两极，这样就可以涵盖市民社会组织与政府一定程度上合作互利的情况。她同时也从效果上来定义"市民社会组织"，譬如如果一个社会团体能够制造社会信任，发起集体行为和公民参与，那它就可以被认定为一个"市民社会组织"。从这一定义出发，蒂斯将参与四川地震救灾的更广泛的社会组织和个人都纳入她的"市民社会组织"范畴。② 而对于尚晓援及其同事来说，中国市民社会的存在已经是无可争议的事实。在她的实证研究中，非政府、非营利部门的存在即意味着市民社会的存在，并且她发现这些部门在对弱势群体的支持援助上发挥着极为重要的作用。③ 其他学者更进一步将开展慈善活动的企业、大学里的学生志愿团体、居委会支持的社区志愿服务小组，以及由报社记者组成、挂靠共青团和精神文明办公室的志愿服务团体都纳入他们的"市民社会组织"范围。④ 对比这些学者研究中"市民社会"个体和团体，我田野地点里这些到福利院献爱心的热心人士和志愿团体同样可以被视为地方市民社会的力

① Shawn Shieh and Guosheng Deng, "An Emerging Civil Society: The Impact of the 2008 Sichuan Earthquake on Grassroots Associations in China." *The China Journal*, vol. 65, 2011, pp. 181~194.

② Jessica Teets, "Post-Earthquake Relief and Reconstruction Efforts: The Emergence of Civil Society in China?" *The China Quarterly*, vol. 198, 2009, pp. 330~347.

③ Xiaoyuan Shang, "Looking for a Better Way to Care for Children: Cooperation between the State and Civil Society in China." *Social Service Review*, vol. 76, no. 2, 2002, pp. 203~228; Xiaoyuan Shang, Xiaoming Wu, and Yue Wu, "Welfare Provision for Vulnerable Children: The Missing Role of the State." *The China Quarterly*, vol. 181, 2005, pp. 122~136.

④ Ying Xu and Ngan-Pun Ngai, "Moral Resources and Political Capital: Theorizing the Relationship between Voluntary Service Organizations and the Development of Civil Society in China." *Nonprofit and Voluntary Sector Quarterly*, vol. 40, no. 2, 2011, pp. 247~269; Ying Yu, "The Implications of Civil Society Innovations for Good Governance in China: Exemplification of a Voluntary Charity-oriented Sphere." In Deng Zhenglai and Guo Sujian (eds.), *China's Search for Good Governance*, New York: Palgrave Macmillan, 2011, pp. 87~103.

量。他们对社会有"责任感"，并依据这种责任感自发地走到一起进行集体公益慈善活动，由此建立团体成员乃至更广泛意义上的社会成员之间的信任，同时也为包括社会弱势群体在内的其他社会成员提供社会支持、援助与服务。而这些个体和团体，尤其是志愿团体，不仅很大程度上独立于政府，同时又与政府保持良好的关系，也特别强调团体内部运作的公开透明。无论是从宽泛的定义出发，还是从现实出发，说永江市存在一个有一定规模的市民社会并不为过。

但是，也正是这一市民社会的成员，在他们到永江市福利院献爱心、做慈善的过程中，不断地再生产着他们与福利院儿童和其他人之间的不平等权力关系。一部分公众把福利院儿童表述为"可怜人"或者"不正常的可怜人"，另一部分公众把他们表述为"不正常的没用的人"。依据不同的表述，厌恶福利院儿童的人从未向后者献过爱心或者献过一次就再也不去了，在话语和实践中将福利院儿童彻底排斥出"正常人"的范畴，使他们边缘化乃至否认他们存在的权利。同情福利院儿童的人则可能选择经常去向他们献爱心，在献爱心的过程中不是以怜悯的名义否认他们存在的权利，就是对他们进行"正常化"改造。但是改造活动往往很难成功，结果常常是加深了对福利院儿童"不正常的人"的刻板印象。

无论是同情还是厌恶福利院儿童的人，在更深的层次上都是从实用主义"正常人"的霸权意识形态来理解和利用这些"不正常的人"的——在将他们看成（至少暂时）是"没用的人"的同时，又利用各种献爱心的途径重新创造他们的有用性价值，譬如将他们作为子女教育的参照对象和塑造阶层意识的工具；旅游景点里的旅游景观、土著居民和旅游服务提供者；企业、志愿团体和媒体营销的工具；等等。献爱心活动作为一个庞大而系统的生产不平等权力的机制，镶嵌在永江市的市民社会结构之中。作为市民社会组成部分的慈善人士、志愿团体、企业和媒体都参与了对福利院儿童"不正常的可怜人"或者"没用的人"的表述生产，同样也都参与了重新创造这些"没用的人"的有用性价值并对此加以利用的过程。在这种情况下，市民社会内部的多样性和差异性就暴露了出来："正常人"在表述、改造、利用、否认"不正常的人"的过程中对后者施展了或强硬或柔软但终究是压制性的权力，最终是为了巩固"正常人"对这个社会的霸权统治。

　　此时我们再来反思"市民社会"的概念，是否所有人都是这个社会毋庸置疑的成员，是否所有人都具有完整的公民权利？如果不是，那么哪些人能够获得市民身份？哪些人无法获得或者被部分剥夺了公民权利？——从这个角度我们可以理解帕萨·查特杰（Partha Chatterjee）在印度社会的语境中反对资产阶级的"市民社会"、提出庶民的"政治社会"（political society）的用心。他用更具颠覆性的策略反对"市民社会"概念的跨社会、跨文化滥用，反对西方"市民社会"范式里的"国家—市民社会"两分法，反对将"市民社会"视为一个无所不包的对立于国家的整体结构。他指出，"市民社会"本身就具有阶级性，它在印度社会的语境中是资产阶级的、中产阶级的、有公民身份的社会成员的集合，由此排除了低种姓的、不被认为具有公民身份的贫民群体。[①] 同样的，在围绕中国福利院的语境中，市民社会如果不是一个具有内在差异性的社会结构，公然区分出所谓"正常人"和"不正常的人"这两个权力不对等的市民社会成员的次群体，并纵容前者对后者施展压制性的权力，就是一个由"正常人"垄断的政体，通过"市民社会"的表述机制、改造机制、利用机制和否认机制治理和排斥"不正常的人"，以此来维系"正常人"的霸权。事实上，西方"市民社会"假说就预设了市民社会是由一群既能享受权利又能履行责任义务的、独立自决的理性社会人组成的，它本身就排除了那些不符合这些前提条件的人。用这一预设来审视永江福利院的儿童，他们恰恰就是一群被认为未能享受（家庭福利）权利（因而"可怜"）、难以（向家庭、社会、国家）履行责任义务（因而"没用"）、无法独立自决、非理性或不够理性甚至缺乏社会关系的人。当在中国语境中挪用和实践这套"市民社会"假说时，"不正常"的福利院儿童在理念上早已被排除出了"正常"的市民社会成员行列。在这个意义上，从理念到实践，市民社会都内嵌着不平等的权力关系，已然远离了学者对它包含人类平等和正义理想的期望。

　　通过考察福利机构与外在社会（以慈善人士和组织为代表）之间的

---

① 　帕萨·查特杰：《被治理者的政治》，田立年译，桂林：广西师范大学出版社，2007 年。

关系，我们看到了社会力量如何在中国政府积极推行"社会福利社会化"的背景下介入福利院儿童的养育和照护活动。然而这些介入，不论是捐款捐物，还是提供志愿服务，都是短期的、辅助性的。福利机构的运作和孤残儿童的日常照护根本上还需仰赖政府的财政拨款和保育人员的辛勤工作。下一章我们将转向福利机构内具体的儿童照护实践，考察保育员和孤残儿童之间基于密集育儿活动形成的亲密关系如何构造出她们"保育员妈妈"的职业身份认同，以及这一身份认同如何真正帮助福利机构成为一个某种程度上值得赞赏的孤残儿童照护场所。

第五章
保育员的情感劳动与建构母亲身份的挣扎

> ……树立"把弃婴当亲生子女"的思想，为弃婴儿的健康成长尽心尽力，不打骂、不虐待儿童，不歧视残疾儿童。
>
> ——《永江福利院儿童部护理员职责》

2011年4月的一天，我较平常早些来到永江福利院，因为这天有一个叫小军的孩子要涉外送养。正好付阿姨和小军在工作间里，我进门的时候感到气氛有点严肃，付阿姨看见我进来也不说话。小军穿着阿姨早就为他挑选好的新外套，还没到早饭时间，他手上已经拿着饼干。我问付阿姨今天会不会送小军去涉外送养，阿姨说她今天上班，由不上班的阿姨送去。大约7点钟，大家就去福利院门口等院领导。付阿姨担心小军路上饿，就特地去食堂拿了几个馒头给他，又让护送他去涉外送养的方阿姨拎了满满一袋零食。在等待期间，保育员阿姨们在聊天，说以前送养出国的小孩，送去的时候都很少哭，基本上都不知道发生了什么事。小军显然也是，虽然他看上去有点恍恍然的样子，拿在手上的饼干一直都没吃。阿姨们又说，虽然出国的小孩很多都已满三四岁了，但这并不意味着他们会对保育员们有很深的印象，估计一个星期以后就不记得了。张阿姨自嘲说，"这些小孩认识你是因为你总在他们面前，但是一个星期不见，估计就不认识了。"阿姨们又跟小军玩了一会儿，等到院领导都到齐了，他们就出发了。

到9点钟，长期在永江福利院服务的女义工张宁来了，看付阿姨在，就跟付阿姨聊天，问小军走了她会不会舍不得。付阿姨说，刚才她在婴儿房听到外面有小孩叫"军"，恍然觉得似乎小军还在。张宁听了说自己感动得都快要哭了。在张宁的询问下，付阿姨继续讲诉她和小军的故事。小军刚出生就进了福利院。初入院时，他的体质很不好，而且患有重度唇腭裂，做了三次手术才成功。每次手术前后的几天，付阿姨不分昼夜地一直在医院里照顾他。手术前的那顿饭不能吃，缝好后两天也不能进食，付阿姨只好自己煮粥，用调羹小口小口地喂小军。回到福利院以后，付阿姨有时晚上也要照顾他到深夜，回家后常被丈夫责备。付阿姨说，小军小时候身体一直不好，很难带，直到后来才慢慢好起来，到现在可以自己一个人玩一整天也不累。她叹息道，连她自己的孩子都没这么辛苦地照料过。

付阿姨是永江福利院 6 名保育员中年纪最大的，同时也是年资最久的，在这里工作了十多年。她对福利院的孩子很关心，却很少像其他较年轻的保育员那样直接地通过拥抱、亲吻弃婴儿来表达她对这些孩子的关爱。起初我以为她这种情感自控是源于某种中国传统的长辈之道：对孩子严厉以培养他们的自律意识。① 然而那次动情的叙述改变了我的看法。后来有一次机会令我理解了她情感自控的缘由。

那一次，付阿姨被一户前来回访的外国领养家庭邀请去福利院门口合影，因为那个家庭十年前领养了一个她曾经照顾过的女婴。等她拍照回来，付阿姨告诉我，曾经有不少外国领养家庭来回访时会邀请保育员一起共进晚餐，但她认为这么做其实没什么意义，因为不论是保育员还是当年被领养的孩子都早已不认识对方了。她同时也认为，保育员们不应该对那些被领养的孩子心存留恋。她说："就算是自己带的小孩，这么长时间了，如果你还对他们牵肠挂肚，那真是自作孽，人家早把你给忘掉了。"

然而，付阿姨还是为一个叫晓海的孩子保留了例外。根据其他保育员的说法，并且付阿姨自己也承认，晓海是她带过的感情最深的孩子。那时

---

① Margery Wolf, "Child Training and the Chinese Family." In Maurice Freedman (ed.), *Family and Kinship in Chinese Society*, Stanford: Stanford University Press, 1970, pp. 37～62；郭建文、张震东、高耀中：《以"理念类型"比较研究华人幼儿社会化》，吴燕和主编《华人儿童社会化》，上海：上海科学技术文献出版社，1995 年，第 10～17 页。

候她经常带晓海回家，还带到亲戚朋友家里去玩。她坦言，送小孩出国，她只哭过一次，就是晓海那次。那天早上她给晓海准备好东西，用塑料袋装了满满一袋零食，然后回家去拿一个她自掏腰包买的书包，里面再放些衣服，结果她的亲生女儿跑来跟她说晓海要上车了。等到她下楼，车已经开走了，那回她是真的掉下了眼泪。第二天，晓海的养父母带他来回访，他背着养父母给他的书包喘着气上来儿童部，在楼梯上就叫"妈妈，妈妈"。重聚的时间总是太短暂。离开的时候晓海大哭，不肯上车，最后是被硬拉上去的。其他保育员也对那个场景印象深刻，将它形容成一次生离死别。根据余阿姨的回忆，晓海出国后，那家人过了几个月还打过一次电话来，但之后就再没有跟福利院直接联络了。付阿姨最后的总结令当时在场的人都唏嘘不已。她说：

> 其实保育员这份工作是很伤感情的，有时候带小孩多少都会有感情，带大了一些就被领养或者出国了，然后就失去消息了，心里多少都会有些难过。像晓海刚出去的那几天，心里总觉得空空的。而对于那些小孩来说，你在他们身边的时候，他们对你很熟悉；你不在他们身边了，过两天他们就忘记了，对他们好的养父母才是他们的亲人。

在本书的开篇，我们已经看到政府和媒体如何将福利院保育员表述为"充满爱心的保育员妈妈"，无时无刻不在将关爱无私奉献给可怜的弃婴儿。在永江福利院，官方文件也形容保育员"总是尽心尽责、任劳任怨地履行自己的工作职责，以慈母之心无条件地承担起了照顾这些弱小生命的责任，不分白天黑夜默默无闻地奉献自己的母爱"。[①]　与此截然相反，海外一些媒体和人权组织则将她们贬低为缺乏爱心和道德的人群，是中国儿童福利机构虐待儿童的直接责任人。[②]　此后，由于中国政府对境外媒体和学者研究的持续限制，西方学术界和大众对中国儿童福利机构的认识长

---

① 永江福利院：《儿童收养工作总结》，永江福利院内部文件，2003～2009 年。
② Human Rights Watch/Asia, *Death by Default: A Policy of Fatal Neglect in China's State Orphanages*, New Haven: Yale University Press, 1996, p. 5.

期被这样的污名化表述所主导。① 摇摆在这两种极端且政治化的表述之间，中国福利院保育员真实的工作经历、日常生活与情感却被忽略了。她们与福利院儿童的关系究竟如何？这层关系究竟对她们自身的生活造成何种影响？与此同时，这层关系又对福利院儿童们的生活造成了何种影响？这些都是本章试图解答的问题。

第一节　情感劳动与职场里的"母亲身份"建构

有一点是没有疑问的，即保育员事实上是与福利院儿童互动最多的成人，也是直接的照顾人。通过宣传"把弃婴当亲生子女"的话语，中国政府和各地福利院倡导在保育员与这些儿童之间建立起亲子般的关系，而这正是儿童福利机构得以运作的重要机制。这一机制的初衷在于提高儿童机构养育的质量，促进他们的身心发展。在地方性的实践中，我发现我所接触的保育员们确实和一些福利院儿童建立起这种亲子般的情感联系，但远远谈不上无私奉献。正如许多亲生母亲在育儿过程中时常感到失落和压抑②，保育员们给予福利院儿童的关爱同样也充满着矛盾和挣扎。付阿姨的个人经历即揭示了情感劳动如何令保育员们陷入烦恼和失落的困境。事实上，它也揭示了一种与众不同的育儿体验（childrearing experience）。

在本章中，我将保育员抚养福利院儿童这项工作视为情感劳动（emotional labor）的一种类型。按阿莉·拉塞尔·霍克希尔德（Arlie Russell Hochschild）的说法，情感劳动要求劳动者通过激发或压抑个人情

① Wei-Chin Lee, "Book Review: Death by Default: A Policy of Fatal Neglect in China's State Orphanages." *The Journal of Asian Studies*, vol. 56, no. 2, 1997, pp. 476~477; Aidan Madigan-Curtis, "A Decade after the Dying Room: Revisiting China's One-Child Policy." *Harvard Asia Pacific Review*, vol. 8, no. 1, 2005, pp. 53~54.

② 蓝佩嘉：《拼教养：全球化、亲职焦虑与不平等童年》，台北：春山出版，2019 年；安·奥克利：《初为人母》，王瀛晨译，南京：南京大学出版社，2022 年；Caitlyn Collins, *Making Motherhood Work: How Women Manage Careers and Caregiving*, Princeton: Princeton University Press, 2019。

感的方式来服务购买他们劳动力的消费者。① 在劳动过程中，提供服务的情感方式本身也是作为商品的服务的一部分。中文学界已陆续有学者沿用此定义来探讨护理员②、美容师③、家政工人④、幼儿园教师⑤、社会工作者⑥、护士⑦等人群如何通过管理自身的情绪来达到服务的目标。但我认为，霍氏的情感劳动定义仍是静态的，它忽视了劳动过程本身可能会持续再生产出各种个人情绪。对于福利院的保育员们来说，她们是被福利院雇用来照顾在院弃婴儿的劳动者。她们被要求在工作过程中扮演"母亲"的角色，将这些儿童当作自己的亲生子女一样来照料——不仅要有身体上的照顾，也要有情感上的呵护——为达到这一工作的理想状态，保育员们需要控制自己的情绪波动，以温柔慈爱的方式来对待福利院里的孩子。然而，正如我将要在下文中所展示的，这一育儿过程本身在保育员的身上持续再生产着各种情绪，包括对部分孩子的依恋、对犯了错的孩子的严厉、对保育员这份工作的物质利益和情感生活的矛盾心理等，乃至还生产出她们对自身"保育员妈妈"身份的认同。因此，我在本章中运用的保育员"情感劳动"的概念意指更为动态的过程，不仅包含了这群儿童照顾者通过调整自身情绪从而对福利院儿童进行身体和情感照料的过程，也包含了这一照料过程中持续的情绪再生产，乃至包含了个体身份认同的建立。

特别需要指出的是，由于永江福利院保育员的工作时间特别长，并且她们中的大多数都和家人一起居住在工作地点内，换言之，她们的家庭生

① Arlie R. Hochschild, *The Managed Heart: Commercialization of Human Feeling*, Berkeley: University of California Press, 2003, pp. 5~7. 该书中文版参见阿莉·拉塞尔·霍克希尔德《心灵的整饰：人类情感的商业化》，成伯清、淡卫军、王佳鹏译，上海：上海三联书店，2020 年。
② 吴心越：《照护中的性/别身体：边界的协商与挑战》，《社会学评论》2022 年第 1 期。
③ 施芸卿：《制造熟客：劳动过程中的情感经营——以女性美容师群体为例》，《学术研究》2016 年第 7 期。
④ 梅笑：《情感劳动中的积极体验：深层表演、象征性秩序与劳动自主性》，《社会》2020年第 2 期；苏熠慧、倪安妮：《育婴家政工情感劳动的性别化机制分析——以上海 CX 家政公司为例》，《妇女研究论丛》2016 年第 5 期。
⑤ 陈玉佩：《建构亲密与控制情绪：幼儿教师的情感劳动研究——以北京市 3 所幼儿园的田野调查为例》，《妇女研究论丛》2020 年第 2 期。
⑥ 王斌：《女性社会工作者与情感劳动：一个新议题》，《妇女研究论丛》2014 年第 4 期。
⑦ 张晶、李明慧：《"向死而生"：安宁疗护专科护士的情感劳动层次及其转化》，《社会学评论》2022 年第 2 期。

活及其他方面的私人生活也在工作地点的环境之内，这就导致了职业生涯在她们的日常生活中占据了压倒性的比重。① 由此，考察她们在工作地点的情感劳动亦不能脱离她们的家庭生活乃至日常生活的其他方面，因为这些因素本身就是交织在一起的。在这个意义上，保育员的情感劳动也突破了霍克希尔德的"情感劳动"定义，因为后者仅仅局限于工作时间，劳动者可以在工作时间之外卸下面具，还原私人生活当中他们认为的"真实的自我"（real/true self）。② 但我的田野研究将展示，保育员的情感劳动跨越了工作和私人生活的时间界限，同时也跨越了工作环境与私人生活环境的空间界限，工作由此深入私人生活的领域，乃至影响到家庭关系和个体的身份认同。③ 反过来，私人生活中的家庭关系和个体身份认同也持续不断地影响着她们在职场中的工作。

保育员情感劳动的这种将工作和私人生活交织在一起且相互影响的特征，最集中的表现就在于她们与福利院儿童的互动关系上。在本章中，我用"保育员母亲身份"（institute nanny motherhood）这一同时包含职业和私人生活中个体身份的概念来讨论这群儿童照顾者与其照顾对象之间的互动关系，并试图阐明这一特殊"母亲身份"（motherhood，也译作"母职"）类型的建构恰恰是她们情感劳动的核心内容，同时亦是这一情感劳动最重要的结果。这一"保育员母亲身份"的建构包含三个维度。第一，它是一个身份制度（institution of identity），最初是由国家、社会和福利院为保育员们设计的，要求她们扮演"保育员妈妈"的角色，把弃婴当作亲生子女一样尽心尽力地抚养。我的田野调查发现，保育员们一方面抗拒这一外在的强势话语，另一方面又在这一话语所提供的制度性安排（institutional setting）的基础上依据自己的想法重新定义了"保育员妈妈"

---

① 有关永江福利院保育员的工作时间与居住形式，见下文的介绍。

② Arlie R. Hochschild, *The Managed Heart: Commercialization of Human Feeling*, Berkeley: University of California Press, 2003, pp. 34, 47.

③ 霍克希尔德区分了情感劳动（emotional labor）和情感工作（emotion work），她将前者定义为职场当中为有薪工作而付出的情感活动，而后者是私人生活当中的情感活动，见 Arlie R. Hochschild, *The Managed Heart: Commercialization of Human Feeling*, Berkeley: University of California Press, 2003, p. 7. 而我试图阐明的是，保育员的情感劳动既是有薪的工作，又跨越了职场和私人生活的时空界限。

的角色。第二，它有一系列的育儿实践（childrearing practices），而这些育儿实践又被国家、社会、福利院乃至保育员们自身认定为母亲式的育儿实践（mothering practices），是"保育员母亲身份"的重要组成部分。第三，最重要的，它包含了保育员们的自我认同（self-identity）——我的田野调查发现，虽然内心有挣扎与矛盾，但永江福利院的保育员都认可自己是其所照顾儿童的"保育员妈妈"，而这一身份认同的建立又与上述育儿实践和身份制度密切相关。

我是从女性主义建构论的立场上提出"保育员母亲身份"这一概念的。女性主义社会建构论者（feminist social constructionists）认为，"母亲身份"并非女性天生的命运，而是一套社会建构的意识形态。作为社会文化的话语，它形塑着，同时又被不同社会文化情境下多样化的育儿经验和实践所形塑。① 她/他们批评天职论者（naturalists）将母亲身份自然化，视其为女性天赋的责任，并且是由其血缘关系决定的。通过生产这样的霸权主义意识形态，天职论者的话语压制和剥夺了女性自身认同和表述的权利。为此，女性主义建构论主张以个体的自我认同取代性别和血缘关系作为"母亲身份"成立的基础。② 在女性主义建构论的视野下，"母亲身份"这一概念适用的语境超越了亲生父母子女组成的家庭场景，同时也可以超越生理女性的角色。③ 受到这一学术思潮的影响，西方学术界的

---

① Caitlyn Collins, *Making Motherhood Work: How Women Manage Careers and Caregiving*, Princeton: Princeton University Press, 2019; Diane Richardson, *Women, Motherhood and Childrearing*, New York: St. Martin's Press, 1993.

② Sharon Hays, *The Cultural Contradictions of Motherhood*, New Haven: Yale University Press, 1996; Nancy Mezey, *New Choices, New Families: How Lesbians Decide About Motherhood*, Baltimore: Johns Hopkins University Press, 2008; Adrienne Rich, *Of Woman Born: Motherhood as Experience and Institutions*, New York: Norton, 1986. 关于中国社会中母亲身份建构的复杂脉络与实践，参见安超《拉扯大的孩子：民间养育学的文化家谱》，北京：社会科学文献出版社，2021年；刘新宇《礼俗时刻：转型社会的婴儿诞养与家计之道》，北京：社会科学文献出版社，2022年。

③ 虽然酷儿研究（Queer Studies）领域里的女性主义建构论者在讨论欧美男同性恋家庭中成人男性的角色时仍采用具有性别差异意识的"父亲身份"（fatherhood）一词来同时归纳两位男同性恋家长和领养孩子的关系，参见 Abbie Goldberg, *Gay Dads: Transitions to Adoptive Fatherhood*, New York: New York University Press, 2012; Ellen Lewin, *Gay Fatherhood: Narratives of Family and Citizenship in America*, Chicago: University of Chicago Press, 2009. 但从个体自我认同出发，他们未必不可以用"母亲身份"来形容自身和领养孩子的关系。

"母亲身份"研究（motherhood studies）已然将这一话语分析的语境延伸至非亲生父母子女组成的家庭（如养父母—子女家庭）和类父母子女角色互动的场景（如保姆与雇主子女之间的关系，保姆在其中扮演类似母亲的看护人的角色）。这些研究拓展了这一话语体系在不同社会组织和结构中的内涵与外延。[1] 在中国福利院保育员的个案中，福利院官方和大众话语都将这群弃婴儿的照顾者定位为"保育员妈妈"，而这一定位亦被保育员们自己所认可和接受。与此同时，她们也认为自己在福利院抚养弃婴儿与在家抚养子女的实践非常相似，并在此过程中容易对照顾对象产生亲子间的情感联系。这种情感联系，根据我的田野观察，进一步巩固了她们自身"保育员妈妈"的认同。由此，从社会建构论的立场出发，以"保育员母亲身份"这一概念的视角考察这群儿童照顾者的工作经历、日常生活与情感，以及她们和福利院儿童的关系，是不无裨益的。

另一方面，已有的女性主义母亲身份研究在考察母亲们的具体育儿实践时多聚焦于在家的全职妈妈（full-time motherhood at home）或者职场母亲（in-employment motherhood）的困境。这些研究强调密集型育儿术（intensive mothering）实际上是父系的社会制度强加于这些全职或职场母亲身上的具有剥削性的意识形态和社会控制的机制。它以孩子与家庭利益的名义要求母亲们彻底或部分地撤出公共领域，剥夺了女性实现自身事业理想的机会，本质上仍是为居于主导的男权社会制度服务的。[2] 全职妈妈被认为是繁重却无薪的工作，限制女性获得经济独立和自身事业的权利。而职场母亲则被认为同时肩负两副重担，在工作和家务劳动间疲于奔命。[3] 有趣的是，这些研究在工作场所和家庭之间设立了一道空间差异（spatial differentiation），将职场工作和无薪的在家育儿并置成对立的两极。

---

[1]　Julie Berebitsky, *Like Our Very Own: Adoption and the Changing Culture of Motherhood*, 1851~1950, Lawrence, Kan.: University of Kansas Press, 2000; Cameron Lynne Macdonald, *Shadow Mothers: Nannies, Au Pairs, and the Micropolitics of Mothering*, Berkeley: University of California Press, 2010.

[2]　Sharon Hays, *The Cultural Contradictions of Motherhood*, New Haven: Yale University Press, 1996; Adrienne Rich, *Of Woman Born: Motherhood as Experience and Institutions*, New York: Norton, 1986.

[3]　Caitlyn Collins, *Making Motherhood Work: How Women Manage Careers and Caregiving*, Princeton: Princeton University Press, 2019.

育儿这项任务被不言而喻地认定为在空间上仅限于家庭，在经济效益上是无收益的——总而言之是"在家的无薪劳动"（unpaid work at home）。吊诡的是，这些对立组合在福利院保育员这一职业上汇流了：它是有薪水的工作，但工作的内容是育儿；它育儿，但地点不是在家里（虽然保育员偶尔会把宠爱的福利院儿童带回家）。换句话说，保育员这一职业在育儿实践的特征上是"职场里有薪水的育儿工作"（mothering as a paid job in the workplace）。①

或许有人会说"保育员母亲身份"的育儿实践和保姆很相似，她们同样都是职场里的有薪水的育儿工作，然而她们之间还是存在一项显著的差别。麦克唐纳（Cameron Lynne Macdonald）认为保姆在雇主家中的角色是"影子母亲"（shadow mothers），她们只是对真正的母亲在儿童照料上劳动力不足的补充。② 类似的，蓝佩嘉的研究也指出中国台湾中产阶层家庭中的保姆只是充当真正的母亲实践其"母亲身份"的合作者，她们做的不过是"部分的育儿"（partial mothering）。③ 也有学者对新加坡华人家庭的研究发现女雇主和保姆之间就"母亲身份"进行着激烈的竞争。④ 相比于保姆在雇主家中享有的不充分的"母亲身份"，福利院保育员"妈妈"的角色更显充分而且独一无二，可惜尚缺专门的学术讨论。

已有的涉及中国儿童福利院保育员或更广义的孤儿院儿童照顾者的研究寥寥可数。尚晓援在其针对中国弱势儿童的研究中谈到了个别福利院保

---

① 尽管如此，正如我在上文中所指出的，由于保育员的情感劳动跨越了工作和私人生活的时间和空间界限，影响到保育员的家庭关系和身份认同，而这家庭关系和身份认同又反过来影响其在职场当中的育儿实践，因此，考察"保育员母亲身份"建构的过程也需要考虑职场以外的因素。

② Cameron Lynne Macdonald, "Manufacturing Motherhood: The Shadow Work of Nannies and Au Pairs." *Qualitative Sociology*, vol. 21, no. 1, 1998, pp. 25~53; Cameron Lynne Macdonald, *Shadow Mothers: Nannies, Au Pairs, and the Micropolitics of Mothering*, Berkeley: University of California Press, 2010. 后一部著作的中译本见卡梅隆·林·麦克唐纳《影子母亲：保姆、换工与育儿中的微观政治》，杨可译，上海：华东师范大学出版社，2024年。

③ 蓝佩嘉：《跨国灰姑娘：当东南亚帮佣遇上台湾新富家庭》，长春：吉林出版集团有限责任公司，2011年。

④ Brenda Yeoh and Shirlena Huang, "Singapore Women and Foreign Domestic Workers: Negotiating Domestic Work and Motherhood." In Janet Henshall Momsen (ed.), *Gender, Migration and Domestic Service*, London: Routledge, 1999, pp. 277~300.

育员的工作状况和待遇，但没有深入考察她们的具体工作和日常生活。①
奈米丝（Catherine Neimetz）研究了一家有基督教背景的小规模民间孤儿
院中类家庭（family-like）的养育实践，两名机构主管和两名儿童照顾者
在育儿过程中尽力扮演父母的角色，照顾过程也着意模仿家庭当中的育儿
流程，最终造就了照顾者和儿童之间类家庭成员的亲密关系。② 莱斯利·
王的研究以阶级文化的视角详尽地讨论了部分中国保育员和西方志愿者的
儿童照料实践。她发现，相比于来自西方的中产阶级基督教志愿者，中国
劳工阶层的保育员对弃婴儿表现出相当冷淡的态度，尤其漠视这些孩子的
"情感需求"，而对自身利益斤斤计较。③ 本项研究同样发现了永江福利
院保育员们对自身利益（包括物质利益和其他方面的利益）的关注，
但在追求这些利益的过程中，她们的内心是非常复杂和矛盾的。与此
同时，她们就像奈米丝笔下信仰基督教的儿童照顾者一样，十分容易
与她们照顾的儿童产生感情。此外，我也不完全赞同莱斯利·王在育
儿实践上的阶级文化决定论，这部分内容我将在下文中进一步展开论
述。还有一点特别需要注意的是，奈米丝研究的孤儿院完全由民间人
士自办，且具有宗教背景；莱斯利·王研究的则是一个位于公办儿童
福利院内却由另一个西方基督教慈善组织独立运作的特殊育婴单位。
虽然它也雇用中国的保育员，但不论是育儿理念还是具体的儿童照料
实践都由这个西方慈善团体的志愿者主导，也由此产生了中国保育员
和西方志愿者之间的矛盾。这两项研究的语境显然与那些纯粹由中国
政府开办的儿童福利院相当不同，后者甚少受到境外势力的直接干预，
而我研究的福利院就是其中一例。

　　本章接下来的部分首先介绍保育员工作的物质面向，交代她们的职业
生涯。然后我将详尽地阐述这群儿童照顾者的情感劳动，尤其是其"保
育员母亲身份"动态的建构历程。这个建构过程是充满内在张力的，保

---

① 尚晓援：《中国弱势儿童群体保护制度》，北京：社会科学文献出版社，2008 年。
② Catherine Neimetz, "Navigating Family Roles within an Institutional Framework: An Exploratory Study in One Private Chinese Orphanage." *Journal of Child and Family Studies*, vol. 20, no. 5, 2011, pp. 585~595.
③ Leslie Wang, 2010. "Importing Western Childhoods into a Chinese State-Run Orphanage." *Qualitative Sociology*, vol. 33, no. 2, 2010, pp. 137~159.

育员们一方面抗拒着来自福利院官方等外在势力要求她们成为"无私奉献"的"保育员妈妈"的强势话语；另一方面内化着这一身份制度，并在抚养福利院儿童的过程中依据自身的想法重新定义了"保育员妈妈"的角色，发展出与福利院儿童的感情，建立起自身的身份认同。然而，在育儿实践的许多环节，由于受到官方和大众话语的冲击，以及考虑到自身的利益，她们的内心也会感到困惑与矛盾，一个突出的例子就体现在体罚孩子的问题上。是否体罚孩子、在什么情况下体罚孩子、采取体罚行为的合理性在哪里，诸如此类的问题都成为保育员们在情感劳动过程当中必须面对和处理的困扰。经历了漫长的情感劳动过程，当保育员们与福利院儿童建立起越来越亲密的关系以后，当她们的"保育员母亲身份"越来越巩固的时候，领养时机的到来又会令她们的情感遭受更大的矛盾和挫折——她们认为孩子能被领养是非常幸运的；但与此同时，一旦孩子被领养，再见的机会就很渺茫了，保育员们以往的情感依恋都必须搁置下来。这一情感劳动的后果总是使保育员们黯然神伤。虽然更多的保育员还是自觉或不自觉地去建立和其他孩子的亲密关系，也有保育员（如付阿姨）像本章开篇所述的那样开始自觉地控制自身的情感，以避免一次又一次的伤心。通过展示这群儿童照顾者建构"保育员母亲身份"的挣扎经历，本章不仅希望读者能够了解这些女性鲜为人知的职业和生活历程，也希望这一个案能够有助于拓展学界就情感与身份在特定体制下和社会环境中生产与运作的讨论。

第二节 成为保育员：作为职业的育儿

（一）入职

要理解福利院保育员的情感劳动和自我认同，我们首先要了解她们是如何开始从事这项职业的。在采访在院工作的六位保育员时，我发现她们的背景和入职经历有很多的共同点：所有的保育员都是有育儿经验的本地农村成年女性，都通过社会关系进入福利院工作。她们凭借的社会关系大抵可以分为两种：亲属关系和邻里关系。朱阿姨的妈妈和方阿姨的婆婆都曾经是永江福利院的保育员，退休后介绍女儿和媳妇顶替自己的岗位。吕阿姨是通过她在民政局的亲属介绍的，余阿姨和付阿姨通过与福利院或民政局有关系的同村人的介绍进入福利院。张阿姨则是由她已经在福利院工作的大姑子余阿姨介绍进来的。她们入职前的经历也非常相似。付阿姨、余阿姨、吕阿姨到福利院当保育员之前都没有其他工作经历，生完孩子后一直在家带孩子，等到孩子大了，才想出来赚钱补贴家用。朱阿姨和张阿姨结婚前曾经在工厂打工，婚后一直在家，也是等到孩子大了才出来找工作。方阿姨是唯一婚后有工作经历的保育员。

这一入职前的经历与她们选择来福利院工作的原因也是密切相关的。据付阿姨、余阿姨和吕阿姨的说法，她们就是因为以前没有工作经验，其他工作未必找得到，恰好有关系可以进福利院工作，工作内容又是照顾小孩，她们觉得自己有在家育儿的经验，应当可以应付。张阿姨觉得有余阿姨为她介绍工作，她就不用费神另外再找了。她同时也认为，和亲戚一起工作可以相互之间有个照应。朱阿姨过去在工厂工作，婚后一直在家带孩子。其间家庭关系出现变故，她和外省籍贯的丈夫离婚了，并主动要了儿子的抚养权。她妈妈从福利院退休以后就鼓励她接替其保育员的岗位，自己则在家带外孙。据朱阿姨的说法，她妈妈的考虑主要是福利院中的工作关系比较简单，与孩子相处心情也会好一点，这样有助于她排解离婚后的沮丧，而她也接受了。方阿姨原本在永江市城区的一家超市上班，每天下班后骑车回农村家里。虽然超市的工资比福利院略高一些，但她还是在婆婆退休以后接替了保育员的岗位，主要考虑是福利院分配给工作人员单位福利房，这样她就可以和同样在城里打工的丈夫住在一起，免去丈夫另外租房的费用，同时又可以过家庭生活。除了各自的私人原因，保育员们都认为福利院工作的稳定性和良好的福利待遇是吸引她们入职的重要原因。曾经在工厂打工的朱阿姨就认为福利院的工作可以一直做到退休为止，不像许多工厂旺季招工、淡季裁员，普通职工没有安全感。另外，过去许多私营企业不给职工交各类医疗和养老保险，福利院作为国家单位，在这方面令她感到有更多的保障。还有一个非常重要的方面仍与社会关系有关。由于保育员们都是通过关系介绍进入福利院的，而在福利院里工作，巩固、加强了她们在福利院和民政局这个系统当中的关系网络。她们私下里认为这些关系网络是她们在福利院里工作的"保护伞"，能够帮助她们解决许多工作和生活当中遇到的问题——换一个工作她们就会失去这项"保护伞"，工作和生活未必会比现在更好、更顺利。①

　　我通过对两位前任保育员（朱阿姨的妈妈和方阿姨的婆婆）的访谈以及对福利院自成立以来所有员工信息的整理发现，以往入职的保育员也全部是本地农村户籍的有育儿经验的成年女性，大部分也是通过社会关系入职的。无论是前任还是现任，保育员的背景和她们提到的有关福利院的工作条件、福利，都与福利院自身的单位性质和招聘条件有很大的联系。从新中国有"儿童福利院"开始，这些机构就是由地方政府资助和运作的，隶属于地方民政局。② 但按官方的说法，福利院归属于国家事业单位这一机构类别，不是政府部门，却部分行使着政府的行政权。儿童福利院实际上是从地方政府延伸出来的一个专门负责处理其辖区内弃婴儿收养事务的治理机构（见第三章）。这一机构性质决定了它所提供的职位有两大延续至今的特点。

　　首先，作为一个国家单位，它有严格的人员和财政编制制度。这意味着它在聘用员工前首先要向地方财政局和民政局的人事部门申请和汇报。地方政府为每一个转调或招聘来的员工设置特定的岗位和投入固定的工资，就像流行的描述国家单位岗位的口头禅说的那样："一个萝卜一个坑。""用小钱办大事"是另一句揭示政府进行财政预算背后考虑的口头禅。虽然没有白纸黑字的证据说明在二十世纪九十年代初永江福利院刚启用时，哪些人是地方政府心目中理想的福利院员工，但以往的保育员和许多其他非行政人员，在他们进入福利院以前，都是在家务农的或者已经在

---

① 美国社会学家魏昂德曾经探讨过改革前中国单位体制当中领导与下属之间的庇护与依附关系，这层关系对下属的生计、福利都有巨大的影响，参见 Andrew Walder, *Communist Neo-Traditionalism：Work and Authority in Chinese Industry*, Berkeley：University of California Press, 1988。永江福利院这一事业单位中的人际关系某种程度上延续了改革前的传统。

② 近年来，中国政府已经允许私人资本投资兴办和参与管理福利院，但这些机构必须经过政府严格的审批，受政府的监督，并以"民办公助"的形式运行。迄今为止，全国绝大多数的福利院仍是由政府兴办和管理的，参见 Catherine Keyser, "The Role of the State and NGOs in Caring for at-risk Children." In Jonathan Schwartz and Shawn Shieh (eds.), *State and Society Responses to Social Welfare Needs in China：Serving the People*, Abingdon：Routledge, 2009, p. 48; Anna High, *Non-Governmental Orphan Relief in China：Law, Policy, and Practice*, New York：Routledge, 2020, pp. 9~11。

城里打工的本地农村居民。① 他们被认为是当时地方社会中的廉价劳动力。在二十世纪九十年代初，尽管城市改革已经开始，永江市的城市居民大部分仍在国有或集体单位中工作；非本地农民工虽然已经出现，但基于社会稳定的考虑，地方政府仍对其进行严格的控制。有一份当时地方政府的报告也指出，本地雇主在招工过程中歧视非本地农民工。② 在这一背景下，考虑到劳动力的价格、本地性和市场上实际可用的人力资源，本地农民工似乎是永江福利院这一新设机构唯一合适的招工人选。

其次，基于上述稳定的编制制度，并且作为一个延续改革前社会主义福利分配制度的国家单位，福利院继续为其员工提供较为稳定的职业保障和较好的单位福利。而包括保育员在内的各类临时工岗位每月400多元的工资水平以及其他许多的福利待遇，在九十年代初的永江市，对于那些不愿意冒险的求职者而言，仍是相当有吸引力的，对于农村居民则更是如此。根据我对已退休保育员的访谈，当年福利院的工资和福利对增加这些农村妇女的家庭收入有很大的作用。按她们的说法，那收入远比过去把家中所有劳力都投入农业生产要高。基于福利院招聘保育员的"特殊要求"，即有育儿经验的成年女性，这些农村妇女获得了在城里工作的机会，有了自己的一份稳定收入。这一城市里性别化的招工要求更进一步导致了这些保育员家庭的劳动力性别分工，女性离开了家庭、土地和农村，而男性却被这三者绑住了。在更宏观的意义上，这些农村女性进城做保育员的地缘和社会流动性，在城乡二元对立的格局下，引发了永江市这部分农村家庭劳动分工、居住形式和生活形态的变迁。

在过去20年中，永江市福利院发生了许多的变化，但也有很多不变的东西。保育员的工资涨了，增速却远远慢于城市里的其他职业，虽然她们的福利仍是不错的。保育员的个人背景也略微发生了变化。比如，前几代的保育员几乎都是文盲或者只接受过一到两年的小学教育，如今

① 相反，行政人员几乎都是城镇居民，并且很多是从其他国家单位调任过来的。除此之外，作为民政局的下属单位，福利院过去也常常成为安排退伍复员军人工作的机构。永江福利院目前的招聘制度是双轨的，正式工编制的行政人员需要通过统一的事业单位考试才能录用；包括保育员岗位在内的临时工编制人员不需要考试，直接招聘。
② "永江"市公安局调查组：《"永江"市外来人口管理存在的问题及对策》，《公安学刊》1998年第49期。

大部分保育员都有初中学历。居住形式也改变了：保育员们的丈夫都进城打工了；有的保育员的核心家庭成员都住进了单位提供的福利房；有的则是夫妻俩同住在福利院里，但老人和小孩留在农村的家中。但按户籍来说，所有保育员及其家庭成员仍是农村户口，她们的大家庭成员仍居住在农村。

（二）收入与福利

虽然福利院的工资及其福利一度对许多想进城找工作的农村女性很有吸引力，但当她们进入福利院后，她们还是会发现许多令她们不满意的方面。比如，永江福利院所有在任的或者已经退休的保育员都是临时工，她们的工资与福利远低于正式工（主要是行政人员），却担负着所有抚养儿童的重任。也由于永江市近年来经济快速发展，居民收入不断增加，以往颇有吸引力的福利院工资如今在就业市场上早已失去了竞争力。在田野调查期间，我每天听到最多的就是保育员们对低工资、拖欠加班费和超负荷工作的抱怨。

在我调查期间，一位保育员第一个月的试用期工资是 500～600 元。此后她的基本工资上涨到每月 800 元。从第二年开始，她可以享受到 15 元每年的工龄工资。除了基本工资以外，她每月有 300 元的绩效工资（取决于她是否有旷工或其他会被惩罚的行为）、10 晚的加班费总计 250 元以及其他一些福利收入。基本上来说，一位保育员第一年的收入大约是每月 1350 元。这样的收入在经济繁荣的永江市应该说是处于较低水平的。比如，2011 年永江市官方宣布的最低工资标准是每人每月 1160 元。然而，由于福利院拖欠加班费，保育员们甚少有机会拿到她们每月所有收入。她们对此非常不满，抱怨说院里从不准时支付她们工资，但每次向她们收取房租、水电费时却格外准时。公平地说，福利院为她们提供的福利是不错的。比如，相比于市场价，单位福利房的房租是极为便宜的，每平方米每月只要 1 元（一间房面积 8～10 平方米）。其他费用也相对便宜：无论用水量大小，每人每月水费 10 元；电费按实际使用量计算，但比市场价便宜。有些保育员在食堂吃饭，每月一日三餐按 30 天计，总共 90 元。食物质量凑合，但有荤有素，这样的饮食消费在永江市已经相当便宜了。此外，保育员们按政策需要自付一部分的劳动和医疗保险，其余由单位支付和国家补贴。扣除上述的基本开支和被拖欠的加班费，一位保育员每月能拿到的钱为 800~1000 元。

一位福利院办公室职工在访谈中提到，尽管那么多年国家一直在鼓吹和推行事业单位改革，像福利院这样的单位依然沿袭了传统国家单位的高福利分配制度。在这一分配制度下，职工的实际现金收入可能不高，但是单位提供的各项福利（包括住房、水电设施费用，以往还有优惠医疗、教育等）有助于职工家庭节省许多基本的开支。此外，国家单位的工作也比较稳定，（正式工）退休工资也高，仍有种"铁饭碗"色彩。因此，近年来事业单位的岗位和公务员一样越来越受到年轻人的青睐。这位职工道出了福利院和其他事业单位高福利分配的特征，然而我们不能忽视在这些国家单位内部资源再分配的高度阶层化，这尤其体现在正式工和临时工的收入差异上。在永江福利院，一般来说，一位正式工的工资为 2000~2800 元，这个数字几乎是临时工的两倍。但是工资收入只占正式工总收入的一部分。除了临时工也同样享有的基本福利以外，正式工们还有各种津贴、额外福利和一些其他收入。粗略估计，一位保育员的年收入大约是 15000 元，而一位最低岗位的正式工的年收入至少有 50000 元。这一收入差距有时会对保育员们产生很大的困扰，她们意识到自己与正式工的职位和阶层差异，并且出于教育水平、家庭背景等各方面因素的考虑，也倾向于接受一定程度的收入差距。令她们不满的是现实中这一差距是如此之大，而所有照顾弃婴儿的实际工作是由她们完成的。

有限的收入对保育员的日常生活造成了不小的影响。在调查期间，我每天中餐都和保育员们搭伙吃饭。最初我发现饭桌上基本上都是蔬菜，很少有肉。于是我开始买肉，之后保育员们也开始买各种荤菜。临近调查结束的时候，她们告诉我，我在福利院这段时间是她们在这里工作那么久午饭吃得最好的日子。我担心会不会加重她们的经济负担，但她们的回应是，以前舍不得吃，但现在大家既然都吃好的，"吃到自己肚子里就是自己的"，虽然饭桌上她们还是要抱怨物价飞涨而工资不涨。有空的时候我也和她们一起去附近的一个廉价服装市场玩。保育员们通常要花很久的时间考虑是否要买某件商品，决定要买后还要花很长时间讨价还价，最后经常还是无功而返。2011 年暑假,朱阿姨对是否送儿子去上暑假班很犹豫。她担心不送儿子去上课会使他在和同学的学业竞争中落后,但是暑假班的一个月 2000 元学费几乎是她月工资的两倍。同样的,虽然方阿姨家衣食无忧,却也没有多少积蓄,因为一有存款她就得去还前两年旧村改造建新房欠下的债。

(三) 工作压力

与低收入不相匹配的是保育员们的超负荷工作。在调查期间,福利院领导和保育员都曾告诉我,国家对每个保育员照顾小孩的数量有着明文规定。按他们的说法,正常来说,每个保育员照顾 3 个健全的儿童或 1.5 个婴儿和残疾儿童。而我找到的由民政部制定的《国家级福利院评定标准》则规定,符合国家级标准的福利院,其保育员与健全儿童的比例应当为 1:6,与婴儿、残疾儿童的比例应当为 1:1.5。① 鉴于永江福利院绝大部分孩子都是病残弃婴或儿童,每个保育员要照顾 7~10 个残疾孩子,"2 个保育员照顾 3 个弃婴或残疾儿童"的官方标准反复为保育员们所征引来为自己的权益正名,而院领导也接受她们的说法,只是出于各种理由迟迟没有改变。

除了强度大以外,保育员的工作时间也长,而且无假期。永江福利院的 6 名保育员分成三个组,表 5-1 显示了她们每三天一轮的工作时间表(白天需保证有 4 名保育员上班,夜晚需保证有 2 名保育员值班)。

表 5-1 每组保育员的工作时间表

分组*/工作日**	第一天	第二天	第三天
A 组	白班	白班+夜班	休息
B 组	白班+夜班	休息	白班
C 组	休息	白班	白班+夜班

注:* 分组情况:A 组(朱阿姨、付阿姨)、B 组(张阿姨、吕阿姨)、C 组(方阿姨、余阿姨)。

** 工作日工作安排:白班(夏秋季节 6:00~17:30;冬春季节 6:30~17:00)、夜班(夏秋季节 17:30~次日 6:00;冬春季节 17:00~次日 6:30)。

---

① 民政部:《国家级福利院评定标准》,1993 年 4 月 22 日,http://mzj.nanjing.gov.cn/njsmzj/njsmzj/200801/t20080125_1063618.html。

每组保育员每周工作两轮，没有双休日。她们把第三天的休假看作半天而非全天的假日，因为如果这天她们早上返回农村老家和大家庭的家人团聚，基本上下午或晚上她们就需要赶回福利院，否则有可能赶不上第二天的早班。而即使是这半天的假日，她们认为也不过是工作时间上的调整：把第三天白班的时间调到了第二天晚上。按这样的逻辑，她们实际上是全年无休的，每轮工作（3天）36小时，每天工作12小时。这就远远超过官方规定的每周五日、每日八小时的标准工作时间。具有讽刺意味的是，这种情况就发生在国家单位里。春节、五一和国庆等公共假日，保育员们同样没有休假。她们可能会收到院里发的节日礼品，但不享受政府规定的节假日加班工资和补贴。但对保育员来说最严重的是她们不享受病假和其他一切正当的请假权。方阿姨在我调查的前一年做了一次小手术，因为没有病假，她请院里的另一位临时工为她代班三天，到了第四天虽然她还没康复也只能回来上班。而对余阿姨来说，没有请假权是一个永久的伤痛，她甚至没有机会见她父亲最后一面。与此相反，正式工不仅享有双休日和各种假期（包括一周的年休假），在节假日加班也有补贴。

同样糟糕的是福利院拖欠保育员的夜班加班费。保育员们多次向院领导申诉，院方也承诺尽快解决问题，但迟至我2011年的调查结束，这个问题仍然没有解决。① 福利院院长解释说由于院里的财政紧张，并且还有许多其他问题要处理。于是他就用这笔加班费去解决一些他认为更重要的问题，但答应保育员们最终会把钱一次性付清。他又说这也相当于帮保育员们储蓄，免得她们一拿到钱就花光了。尽管保育员们没有直接回应院长的说法，但私下她们觉得这一说辞很滑稽。她们辩护说自己又不是小孩子，靠这些钱养家的，该怎么用她们自己非常清楚。

第三节　保育员的情感劳动

虽然工资低、工作量大还被拖欠加班费，但保育员们还是选择继续在福利院里工作。这背后的原因很复杂，但基本上来说，福利院不错的福利

---

① 我2013年7月回访时，该问题已基本解决。

待遇以及业已建立起来的关系网络使这些来自农村的保育员选择留下来工作。另一个不可忽视的因素是保育员们都宣称舍不得自己照顾的福利院儿童。

我的田野调查发现，永江福利院的保育员都对自身的"保育员妈妈"身份有很强的认同感。这一身份的内容包括对自己照顾的福利院儿童"有感情"、抚养照顾"到位"。所有保育员都承认自己容易在育儿过程中和自己照顾的福利院小孩产生感情，尽管由于性格差异，不同的保育员和小孩的感情会有深浅。在育儿实践上，她们也认为，除了怀孕和生育，抚养福利院孩子与在家抚养自己的小孩的经历并没有太大的差别。

但这一"保育员妈妈"身份绝非福利院官方定义的版本，保育员们有意识地区分这两者。比如我在访谈中察觉到她们不太喜欢回答下述问题：从事保育员这个职业的人是否真的能够把弃婴儿当作自己的亲生子女来对待。保育员们觉得这个问题没有意义，因为"把弃婴当亲生子女"只是写在官方文件和报纸上或者挂在领导嘴边的一句口号。有的则会进一步地质疑怎样才算把弃婴当作自己的亲生子女，标准是什么。如果没有公开的标准，按照她们自己的想法，她们现在做的就是在把弃婴当作自己的亲生子女来抚养——"有感情"、抚养照顾"到位"。付阿姨尤其觉得这个标准难以把握，她觉得一名保育员是否真的能把福利院的孩子当成自己的亲生子女来对待不是白纸黑字可以规定的（更何况并没有详细的规定），也不是她自己说了算的，而是要看外人如何评价的，但是每个外人评价的标准又可以很不一样。所以她觉得这个口号很讨厌，让人很有压力。

有时，保育员们甚至会刻意否认她们对福利院儿童的感情。这种情况通常发生在另一些团体过分强调保育员工作需要无私奉献时。我遇到很多次，当福利院或者民政局的领导发言，宣称做保育员就要有无私的爱和奉献精神的时候，保育员们私底下就很厌恶这种说法。她们认为这是领导们为拖欠她们的加班费、不给她们涨工资而找的借口。这时她们会说，保育员这份工作就是她们赚钱的饭碗，这些领导把它说得那么崇高实在没什么意思——如果真的那么高尚的话，为什么他们自己不来当？保育员们也用相同的方式来回应那些自称来献爱心，实际上却造成更多麻烦的新志愿者，尤其是当后者试图固化保育员是"无私奉献的妈妈"的刻板印象时。①

虽然福利院官方和大众的话语权力仍在一定程度上影响着保育员们在处理和福利院儿童关系上的自我定位，譬如福利院保育员这一岗位的设置本身就将这些成年女性嵌入一个结构性的位置当中，充当弃婴儿的主要照顾人。但保育员们的态度说明了她们并非"无私奉献的保育员妈妈"或者"把弃婴当亲生子女"这等官方或大众话语被动的接受者，相反，她们有意识地在某些方面抗拒着这些话语权力，并在抚养福利院儿童的过程中依据自身的想法重新定义了"保育员妈妈"的角色。以下的部分我将详尽地阐述她们如何在与福利院儿童日常互动的过程中发展出对后者的感情，建立起自身的身份认同。

（一）在育儿过程中建构保育员的母亲身份

在本章的开头，张阿姨和付阿姨告诉我们，她们认为福利院孩子对她们产生感情是因为她们总在身边。换一个角度，我认为这种日常的在场和亲密的互动同样塑造了保育员对孩子们的感情。

正如我之前讨论过的，保育员们每三天工作 36 小时，这 36 个小时她们基本上都和福利院孩子待在一起，表 5-2 展示了保育员们每日的工作计划。此外，保育员有时会带她们最喜爱的孩子回单位福利房过夜，或者在那半天休假日带他们回农村老家。如果不是直接在和孩子们互动，比如她们在聊天的时候，除了聊工资、待遇和自家或福利院里琐碎的事情以外，谈的最多的就是每个小孩的状况，或者发生在孩子们身上的趣事和麻烦。这种日常讨论主题的集中性也在无形中展示并且持续再生产着保育员对孩子们的关注。

①　有的志愿会当面对保育员说她们是"无私奉献的妈妈"。有一次，方阿姨看到一群志愿者把婴儿抱哭，把食品包装袋随地乱扔。当这群志愿者参观完婴儿房出来，称赞保育员们真是"无私奉献的好妈妈"，能够坚持在福利院里为这些可怜的孩子奉献母爱时，方阿姨非常不高兴地回应他们："是啊，你们来扔垃圾，我们来奉献。"现场气氛十分尴尬。

表 5-2　保育员每日工作计划（2011 年夏季）

时间	工作内容	工作对象 *
5:30	喂奶	所有婴幼儿
6:00	换尿布及洗漱	所有婴幼儿
7:30	早餐	大龄儿童
8:30	换尿布	所有婴幼儿
9:30	喂奶	所有婴幼儿
11:00	中餐	大龄儿童
12:30	喂奶	三个月以下的婴儿
14:00	换尿布	所有婴幼儿
14:30	点心	大龄儿童
15:30	喂奶	所有婴幼儿
16:30	换尿布	所有婴幼儿
17:00	晚餐	大龄儿童
17:40	户外活动	大龄儿童
18:30	喂奶	所有婴幼儿
19:30	换尿布、洗澡、裹被子	所有婴幼儿
21:30	喂奶	三个月以下的婴儿
00:30	喂奶、换尿布	三个月以下的婴儿

注：* 本表按照保育员在育儿过程中对不同年龄儿童的分类制作而成，主要分类依据是饮食品种、物理测试估计的年龄以及是否能够自行下地行走。一般而言，"婴儿"指的是以奶粉和米粉为主食、估计年龄 1 岁以下的儿童；"幼儿"指的是以奶粉和米粉为主食、估计年龄 1~3 岁但仍不能自行下地行走的儿童；"大龄儿童"指的是以米饭为主食、估计年龄 3 岁以上且能自行下地行走的儿童（满足饮食和估计年龄条件，但由于瘫痪而不能行走的儿童仍属此类）。这样的分类方法有其地方特殊性，因为绝大部分的弃婴儿在入院时都已失去年龄和身份信息（极少数随身带有记录出生日期的纸条），福利院工作人员（包括保育员和医生）只能凭借其身高、体重、发育情况等信息来估计他们的年龄。尽管如此，由于相当多的儿童患有先天性疾病或残疾，或入院时身体状况很差，这对依据身体状况来估计年龄也有影响。

表 5-2 说明抚养福利院儿童无论如何都是一项劳动密集型的工作。一直到深夜，保育员们几乎每个小时都有任务，不是给婴幼儿喂奶、换尿布就是给大龄儿童安排饮食。事实上，深夜以后她们也不能很好地休息，不仅因为有的婴儿会忽然开始哭闹，派出所也会随时把新发现的弃婴送入福利院，她们要 24 小时接收。抚养小孩同时也需要丰富的育儿知识与经

验，抚养福利院儿童则更是如此。保育员们普遍认为不同年龄阶段的婴儿需要特殊化的照料，所以每当有弃婴进入福利院，她们的首要任务是根据婴儿的身高和各方面的发育情况来估计其年龄，然后据此为婴儿搭配饮食。以喂奶为例，一个月以下的婴儿只喂牛奶；两到三个月的婴儿，保育员会在他们的奶里加入少许米粉；三个月到一岁的婴儿喝的奶粉里会加入更多的米粉；一岁以上的儿童直接吃米粉，并且开始尝试进食米饭。按食量计，三个月以下的婴儿一般只喂半瓶奶，少吃多餐。如果保育员发现某个婴儿上一次喝得少，下次就会准备满满一瓶奶，因为该婴儿可能会因为饿而增加食量。少吃多餐的做法在夏季尤其被强调，因为这个季节婴儿容易消化不良。而三个月以上的婴儿和儿童基本上每日进食四次，每次都是足量的。

　　由于目前绝大多数福利院孩子都是"有特殊需要"的病残儿童，保育员需要掌握更多特殊的育儿技术。譬如，近些年越来越多的脑瘫儿童进入福利院，保育员们为此需要掌握一些基本的脑瘫患儿康复护理技术。另一类人数较多的是唇腭裂患儿。在手术之前，这些儿童很难自己喝奶，或者会一边喝一边奶溢出嘴巴，以致满脸都是奶。有时保育员不得不用针筒来给他们喂奶，在控制速度防止他们呛住的同时，需要不停地擦拭溢出的牛奶以防止其倒流到婴儿的鼻子里。鉴于福利院孩子的疾病种类非常多样和复杂，有些甚至较为少见，保育员不得不临时学习一些技术应急。比如，在永江福利院，锁肛患儿是比较少见的，所以保育员们并没有太多应对这类孩子的经验。根据驻院医生的说法，锁肛患儿应该在出生之后立即进行手术。手术需要在患儿的腹部开一个口子连到大肠以方便排泄，否则患儿有可能会很快死于消化不良。根据访谈我了解到，曾经有几个锁肛患儿因为入院时身体状况已经极差，来不及就医就死了。余阿姨跟我描述说，那些患儿多是上吐下泻，排泄物都是蓝绿色的，有腐烂的味道。保育员们一方面不敢给这些孩子喂食，担心进食会加剧他们的消化不良；另一方面又不忍心孩子活活饿死。余阿姨形容说，那感觉真是受罪。她估计这些孩子最终是同时死于饥饿和消化不良。如果他们的父母早点给这些孩子做手术，或许还有很大的存活概率。小名是永江福利院唯一一个幸存的锁肛患儿。她在入院之后马上被送往医院做手术。在那次手术成功以后，保育员们特地练习了如何在她的腹部换尿布（我在调查期间也尝试学习此项技术，但怎么也学不好）。后来她又进行了第二次手术，在臀部开出人工的肛门和大肠相连。这次，保育员们又要练习每天用铁棒给她通肛门一小时。尽管驻院医生告诉她们按铁棒上的刻度来操作，保育员们还是很担心出现差错。她们同样也对小名感到歉意，因为每当保育员走近这个小女孩并脱掉她的裤子时，她就露出恐惧的神情并且开始哭。此外，保育员需要格外留意她的睡姿和尿布的位置，以防止伤口污染和堵塞。

抚养大龄儿童也不省力。比如，保育员要像对待婴儿那样给严重病残的大龄儿童喂食、换尿布和洗漱等。对有轻微病残但肢体健全的学步儿童来说，保育员除了要料理他们的日常生活以外，还要花费更多的时间和精力来教他们学走路、上厕所、自己吃饭、树立是非观念、养成自律意识等，这个过程一点儿也不简单。以教小孩学走路为例。在一个肢体健全的孩子达到一定年龄以后，保育员会有意识地让他每天拉住婴儿床的栏杆站几分钟来锻炼他的站立能力和身体的平衡能力。最开始的时候这些初学步的孩子免不了要摔跤。有的孩子摔痛了就怎么都不肯学站立，一让他站他就哭闹耍赖，但保育员相信必须让他坚持下来。一般来说，几个星期以后这些孩子就学会站立了。然后保育员会让孩子下地，每天扶着他迈步走路几分钟到半个小时不等；或者平时就让他抓着栏杆站在地上，久而久之，这个孩子就会自己走动了，但保育员仍需对他保持关注。由于福利院里孩子多，磕磕碰碰总是难免，保育员需随时应付突发事件。在抚养和教育福利院孩子的过程中，保育员们一方面在某种程度上实践了官方对她们作为"保育员妈妈"的角色要求；另一方面，通过自我定位以及与孩子的互动，她们也在自主地再生产和巩固着她们自身定义的"保育员妈妈"的认同。这种认同的再生产和不断加固，在保育员惩罚做错事的孩子时显得尤其突出。在这种场合，保育员们有时有意识地严肃对待孩子的犯错行为。按她们的说法，这一方面是要给孩子一个教训，让他意识到问题的严重性，进而明辨是非对错，养成自律的习惯。她们相信这是一般家庭中的父母同样会做的事。另一方面，这也有助于她们在孩子面前树立"保育员妈妈"的权威。"否则孩子们不听你的，以后你怎么教孩子，怎么开展工作？"朱阿姨如此说。

与在普通家庭一样，保育员们在福利院里育儿需要投入大量的精力，包括体力工作（physical work）和精神工作（mental work）。理想地说，福利院官方和保育员们自身都认为她们应该掌握每个孩子的认知和行为发展状况，比如一个孩子在不同场合和时间哭闹的原因，他/她喜欢什么、害怕什么等。但实际上，在每个保育员需要照顾 7~10 个病残孩子的情况下，她们并没有足够的精力来实现这种理想状况。根据我的观察，虽然保育员对不同孩子的身体照料（physical nurturing）基本上是平等的，但在情感照料（emotional nurturing）方面却是选择性的。换句话说，保育员在情感上对个别孩子是存在偏爱的。然而，她们并不认为自己这样做就是在歧视那些她们在情感上较少偏爱的孩子，因为在偏爱和歧视之间有着广阔的灰色地带。她们说在自己的家庭中，有的父母和直系亲属就会偏爱一些孩子多于另一些，有时她们自己就是被偏爱的或者不被偏爱的对象。与此同时，被偏爱的孩子，父母亲戚也未必事事都顺着她们的心意，做错事该惩罚还是要惩罚；不被偏爱的孩子也并不意味着她们就是被歧视的、被虐待的。而偏爱情结产生的原因也是多种多样的，有些因素未必是孩子自己可以控制的，比如重男轻女的观念；有些则是与孩子自身有关的，比如有些孩子"更讨巧，知道如何讨父母长辈的欢心"。与此客观存在的差异化的地方性实践相悖的是，官方和大众话语不容置喙地强调所有的福利院儿童在任何时候都应当被完全平等地对待。但吊诡的是，那些在地方社会中大致可以代表国家和社会的代理人，譬如福利院的院长和副院长、热心公益的访客和志愿者，未必就是言行合一的。在田野调查期间，我发现院长和副院长每次来儿童部都只抱他们偏爱的孩子。几乎所有的访客和志愿者也都只抱那些看上去长得可爱的孩子，并且只跟那些孩子玩游戏。

对本书来说，更重要的问题是保育员们如何选择性地与她们偏爱的孩子建立起更密切的情感关系。在访谈中，保育员们用"缘分"来形容自己和她们所照顾的福利院孩子之间的联系。她们认为，这些进了福利院的弃婴儿是所有被亲生父母抛弃的孩子中最幸运的，他们在保育员的照料下存活并长大。保育员们相信，在冥冥之中有种力量将这些孩子和照顾他们的每个保育员的生命联系在了一起。她们称这种力量为"缘分"。接下来，虽然每个孩子都和照顾他/她的保育员有"缘分"，但阿姨们相信有些孩子跟她们有更多的"缘分"（用保育员们的话说就是"特别有缘"）。比如当描述和一些特别被宠爱的孩子的联系时，她们常常使用类似的桥段，其大意是："当这个孩子刚刚入院的时，他/她一看到我（或者我一抱他/她）就笑（或者停止哭泣），好像很早之前就认识我似的。"但是有时候，保育员们自己也察觉到，所谓"缘分"可能是长时间照顾的结果。比如朱阿姨一方面认为她和她照顾的孩子的"缘分"是天定的，另一方面这种"缘分"又需要通过日以继夜的育儿经历来"挖掘"。她将抚养孩子的过程看作"挖掘缘分"的过程：那些她投入更多精力去照料的孩子，也就是她挖掘更多"缘分"的孩子。所以当一个她喜爱的孩子被领养时，悲伤之余，她转向另一个孩子去挖掘他们之间的"缘分"。[①]

从社会建构论的角度，我将这看作"缘分"积攒的过程——更准确地说，是用"缘分"的话语来表述的"保育员母亲身份"社会化建构的过程。然而，不论"缘分"是天定而后被挖掘的，还是在社会情境中被建构出来的，它都与保育员的育儿经历有关。在抚养福利院孩子的过程中，保育员们挑选那些"好小孩"作为她们建立更亲密亲子关系的对象。在永江福利院的具体情境中，"好小孩"即指健全健康的孩子。但正如前文已经提到的，目前绝大多数永江福利院儿童都是病残的，于是保育员们只得挑选那些"比较好的小孩"，意指病残程度相对较低的，尤其是认知能力健全的孩子。尽管没有国内家庭愿意领养这些孩子，他们还是有机会被外国家庭领养。这也就给了保育员们一个潜在的动机来更多地关注这些孩子的认知能力发展。考虑到这些孩子本身智力健全，加上保育员给予更多的情感照料，最终他们确实表现得比其他病残程度高的孩子对外界的反应更敏捷。而由于他们对外界的反应更灵敏，更能感受到保育员们给予的关爱并做出更积极的回应，他们便进一步地赢得保育员们的青睐。根据我的观察，如果一位保育员同时照料几个她认为"比较好的小孩"，却钟

---

① 关于保育员和福利院其他工作人员的缘分观更细致的讨论，参见钱霖亮《被忽视的文化：当代中国儿童福利院中的民俗观念与实践》，《民俗研究》2020年第3期。

爱某个孩子，这基本上是孩子们对保育员的关爱进行竞争的结果。获胜者一般而言对外界反应更灵敏，对保育员的关爱更渴求，并且对获得的关爱给予更多的积极回应。保育员们将这些视为一个孩子是否"聪明"的具体表现：一个"聪明"的孩子，他会渴望获得"保育员妈妈"的关爱，会为此竞争；在获得关爱后，他会更积极地回应。但是，最"聪明"的孩子懂得"保育员妈妈"的心思，能够感受到保育员情绪的变化，学会分场合有节制地渴求关爱。此外，长相可爱的孩子在竞争中是具有优势的，但并非决定性的因素。

很大程度上，福利院的孩子们也并非没有能动性的客体。尽管不是儿童心理学家，我能察觉到很多婴儿在达到一定年纪以后所具有的意识。他们喜欢看人，一旦我移出他们的视线，他们就开始哭。这就使我不得不驻足他们的床边和他们玩。到了另一个年龄阶段，他们开始喜欢被拥抱。一旦我把他们抱起来就很难再放下，放下来就哭。学步年纪的儿童也是如此，看到我走进婴儿房，就站起来微笑地看着我。当我靠近其中一个，他/她就举起双手。刚开始我不明其意，保育员们告诉我那是想要我抱。如果我走开，他/她就会放下双手。一旦我重新靠近，他/她又重新举起手来。我把他/她抱起来，他/她就会变得很开心，但是隔壁床的孩子会很生气，不是暴跳就是在床上打滚。然后，抱着的孩子怎么也放不下来了，一放下来就大哭，或者在床上打滚。大一些能走路的孩子总是跟在保育员和我的身后，我们走到哪儿他们跟到哪儿。有的孩子会故意打我以便引起我的注意，想让我跟他们玩。也就是在这样频繁的互动中，我或者保育员和孩子们的情感关系不断地被再生产出来。

在建构保育员和福利院孩子情感关系的过程中，有时保育员的丈夫和其他亲戚也会扮演相当重要的角色。保育员们的丈夫现在基本上也都住在单位福利房里，他们中的一些也会经常到访儿童部。当他们的妻子有事外出时，他们也会帮忙代班，所以对自己妻子照顾的福利院儿童都非常熟悉，并把自己当作这些孩子的"爸爸"（有的孩子也这么称呼他们）。我发现，如果保育员夫妻双方喜爱同一个小孩，那么这个孩子与保育员的亲密关系会进一步加强。他/她会获得来自保育员夫妻双方更多的情感照料，有机会被带回家过夜乃至被带到乡下老家去见大家庭的亲戚朋友。如果他/她有幸获得大家庭成员的喜爱（比如祖父母和保育员的亲生子女），他/她将很有可能在这个家庭中获得作为子女的地位。有几位保育员已经表达过领养的意愿，虽然实际的个案到我 2011 年 8 月结束调查时还没有出现。① 如果保育员夫妻双方各自喜欢不同的小孩，保育员就会在两个孩子之间保持平衡，但仍倾向于给予自己偏爱的那个孩子更多的关爱。这里有必要提及的是，我很少遇到保育员亲生子女和福利院孩子之间直接的竞争。保育员的亲生子女都在乡下上小学、初中，或者在永江市以外上大学，或者已经工作了。除了公共假日，他们很少来福利院，更少到儿童部。根据保育员们的说法，他们多嫌儿童部太挤太吵了。

（二）"把弃婴当亲生子女"的悖论

当保育员与一些福利院儿童逐渐建立起那种官方与大众话语青睐的类似亲子关系的感情时，她们发现这些话语又在一些方面干扰她们的育儿实践，并且这些话语自身充满了矛盾。保育员们指出，过去她们自己的小孩不听话或者做错事，她们都是要体罚的，这是中国父母习以为常的管教方式。按这种逻辑，如果保育员们真的把福利院孩子当作自己的亲生子女，在他们不听话或者做错事的时候，保育员也是要体罚的。但是按照福利院的规定和大众观念，任何人在任何情况下都不能体罚福利院儿童。② 在育儿理想和地方的文化实践之间，虽然保育员们基本还是沿用她们习以为常的管教方式，内心却十分困惑与矛盾。而福利院领导对保育员们的管教方式也是睁一只眼闭一只眼，默认了机构理想与文化实践之间的差距。实际上，根据我的观察，他们自己也是这么管教子女的。

然而一些年轻的新志愿者破坏了保育员和机构领导之间的这种默契。这些志愿者认为"保育员妈妈"就应该无条件地宽容和爱护福利院里可

---

① 2015 年夏天我再次回到永江福利院，发现有两名保育员领养了她们自己照顾过的福利院儿童，虽然被领养的孩子并不是 2011 年时她们最疼爱的那两个。

② 但有的学者相信机构集体养育的场景容易催生体罚和虐待行为，因为保育人员和儿童之间存在权力的不平等，同时又往往缺乏外在的监督。这也是部分研究者主张用家庭寄养等替代性养育方式取代集体养育的理由之一，参见 Xiaoyuan Shang and Karen Fisher, "Child Maltreatment and Prevention Practices in Chinese Orphanages." In Adrian V. Rus, Sheri R. Parris, and Ecaterina Stativa (eds.), *Child Maltreatment in Residential Care: History, Research, and Current Practice*, Cham: Springer, 2017, pp. 323~336。

怜的弃婴儿，她们应当具有自我奉献的精神和绝对完美的抚养技能。他们从个人与社会道德理想的角度出发，要求保育员们服膺于自身的道德标准。吊诡的是，他们自己也未必达到了自己期待的道德标准。

几乎所有的新志愿者都宣称他们是来福利院照顾小孩的，为这些可怜的孩子做一些力所能及的事，但实际上他们并无育儿经验。每次他们见到福利院里那么多小孩就变得非常兴奋，想把所有的婴儿和学步儿童都抱一遍。因为不懂抱婴儿的姿势，很多刚刚喝完牛奶的婴儿被他们抱到吐奶。一旦婴儿吐奶，这些志愿者就慌了神，连忙把婴儿转手给保育员处理。有几次他们又在未经保育员允许的情况下把婴儿抱出婴儿房甚至到户外，之后不少婴儿得了感冒。由于很多孩子抱完以后放下就哭，每次有志愿者群体来过以后，福利院里就满是哭声，但他们却心满意足地离开了，美其名曰说自己到福利院来献了爱心。保育员们对此非常不满，她们抱怨这些志愿者哪里是来献爱心的，根本就是来制造麻烦的。此外，她们也批评这些没有育儿经验的年轻人总是自以为是，挑她们工作的毛病。比如，有位志愿者把一个婴儿抱起来以后发现它留着鼻涕就开始大声嚷嚷，叫保育员过来给婴儿擦鼻涕。事后吕阿姨评论说，如果这个志愿者真的是来帮助孩子的，餐巾纸就放在婴儿床上显眼的位置，为什么她自己不给孩子擦？另一位我遇到的志愿者向我抱怨保育员不给一个婴儿喂奶导致它一直哭，我告诉她，在她到来之前我们刚刚给所有小孩喂完奶。方阿姨则评论说，志愿者们嫌弃福利院里脏，可他们非但不帮忙打扫，还在给小孩喂完零食以后直接把垃圾扔在地上。她认为关心照顾小孩的方式有很多种，帮助保育员做一些力所能及的事情也是在帮助福利院儿童。按保育员们的想法，大部分新志愿者都是来玩的，而不是真正来帮忙的。

这些新志愿者的来访同样也对大龄儿童造成了很大的影响。根据我的观察，每次一有志愿者来，许多大龄儿童就变得爱耍赖。为了表现自己对可怜的福利院孩子"无私"的爱，这些志愿者宣称成人们应该满足孩子们所有的需求，宽容他们所有的过错。他们强调孩子是天真无邪的，而福利院里这些不幸的弃婴儿尤其需要关心和照顾。在实践中，他们试图兑现自己的诺言，比如有时一些大龄儿童要让他们抱。尽管很多时候保育员看到了会阻止，志愿者们还是想尝试一下。结果一抱，这些孩子就放不下来了。一放下来，孩子就开始耍赖，坐在地上又哭又闹。由于志愿者们不知如何处理，最后只能由保育员们介入。保育员通常会把孩子拉起来；有时会打他们屁股，警告他们不许耍赖，不能坐在地上。然而这样的处理方式却引起了那些新志愿者的不满。尽管不知道如何处理小孩耍赖，他们仍觉得小孩的需求本身是合理的，因为渴求关爱是孩子的天性。甚至曾经有新志愿者因此去找院领导告状，说保育员虐待儿童。当保育员们听说这个事情，她们再次感到愤怒。她们告诉我，曾经也有志愿者去跟领导告状，说她们放任小孩，不管教小孩，但是她们又因为管教小孩而被告状，那么她们究竟要不要管教？

　　我曾经私下和包括张宁在内的几位资深义工讨论保育员们的管教方式。这些资深义工都有抚养自己孩子的经验，也对福利院的情况比较了解，所以在面对这样的问题时，他们更现实一些，并倾向于同情保育员们的做法。他们认为做保育员是一份很有挑战性的工作，不仅体力消耗很大，还需要一定的"专业技术"。他们认为，那些没有生过养过小孩的年轻人可能较难胜任这份工作。此外，这份工作也容易使人身心交瘁。张宁告诉我，尽管她很爱这里的孩子，但每次做完志愿服务她都感到筋疲力尽。她说，有几次帮保育员给婴儿喂奶、换尿布，打扫卫生，照顾大龄儿童，中途停下来休息，大脑里都是婴儿的哭声和小孩嬉闹的声音，心里会忽然觉得很烦躁。有一次，她看到两个大龄儿童在她面前莫名其妙地就开始打架，她试图阻止他们但没有成功。于是她形容自己"气不打一处来"，上去就把那个强势一些的孩子拉到一边，并且打了他。她将自己的行为描述成部分有意识、部分无意识的选择。有意识的部分是，因为这两个孩子是莫名其妙就开始打架，她用比较软性的方法试图去阻止他们，却失败了。在这种情况下，她需要换一种方法。于是，在"气不打一处来"的情况下，她"无意识"地选择了使用体罚的方式。为了进一步增强这一行动的合理性，她补充说中国传统的管教方式就是在小孩不听话或者犯错的时候体罚他们，以便使他们明辨是非，不再犯错。

　　尽管保育员们并不用"无意识"的行动来解释她们偶尔体罚孩子的行为，但也多次谈到她们体罚孩子时经常是"气不打一处来"，或者有类似的情绪。① 同样，她们也强调体罚孩子这种管教方式在中国社会是具有历史延续性的某种"文化传统"，尤其强调这一行为的初衷是"为了孩子好"。这种将中国社会的文化理念和实践本质主义化的取向，似乎为她们的行为提供了不证自明的合理性。与她们的表述类似，学者们在阐释中国父母的管教方式时，也有相当程度的文化本质主义和结构主义倾向。

相当多的学者认为中国传统文化本质上是权威主义的，强调对权威的服从，忽略个体的权利。这一深层的文化结构体现在教育方式上，就形成了所谓中国式的权威主义的子女管教方式，强迫孩子服从父母。当孩子不服从或者做错事时，父母有权以"为孩子好"的名义惩罚孩子。同样，中国传统家庭观念把孩子视为父母或家庭的私有财产，父母和长辈对子女的惩罚缺乏外在权力的监督，这有可能助长家庭暴力的使用。② 这些学者和专业人士在通过中国文化结构来解释中国父母管教子女的行为的过程中，将中国文化视为所有中国家庭都遵守的一成不变的存在。这不仅忽视了中国文化本身可能存在的多样性和复杂性，同时也忽视了文化的变迁性和文化存在的社会基础。当代人类学家在强调尊重文化多样性的同时，更倾向于将文化的存在方式看作一个动态的过程，在社会变迁中不断地生产与再生产，因而并不存在本质主义式的、一成不变的文化体系。这在全球化的时代尤其显著。③

另一些试图走出种族文化绝对主义困境的学者认为体罚孩子是一个阶

---

① 但也有一些体罚行为有更明确的目标，比如遏制福利院儿童养成有可能造成恶劣后果的思想意识与行为习惯，残疾青少年的性意识和行为即为一例，参见第六章。

② Xinyin Chen, Dong Qi, and Zhou Hong, "Authoritative and Authoritarian Parenting Practices and Social and School Performance in Chinese Children." *International Journal of Behavioral Development*, vol. 21, no. 4, 1997, pp. 855~873; David Y. F. Ho, "Filial Piety and Its Psychological Consequences." In Michael H. Bond (ed.), *The Handbook of Chinese Psychology*, Oxford: Oxford University Press, 1996, pp. 155~165; David Yen-Ho Wu, "Child Abuse in Taiwan." In Jill Korbin (ed.), *Child Abuse and Neglect: Cross-Cultural Perspectives*, Berkeley: University of California Press, 1981, pp. 139~165; 乔东平：《虐待儿童：全球性问题的中国式阐释》，北京：社会科学文献出版社，2012年。

③ Arjun Appadurai, *Modernity at Large: Cultural Dimensions of Globalization*, Minneapolis: University of Minnesota Press, 1996; Xavier Inda and Renato Rosaldo (eds.), *The Anthropology of Globalization: A Reader*, Malden, Mass.: Blackwell Publishers, 2002.

级文化的问题。梅尔文·科恩（Melvin Kohn）等人对美国社会中不同阶级教育子女方式的研究指出，美国中产阶级家庭倾向于和孩子沟通，而劳工阶级家庭则倾向于要求孩子服从，所以容易产生体罚孩子的情况。阶级差异通过父母们的工作经验和教育水平形塑了不同的育儿观念与父母之道（parenting values and styles）。比如中产阶级父母的职业多是处理人际关系，或是具有创新性的，所以比较强调个体的能动性和自觉意识，较少受到权威的约束；而劳工阶级父母多从事较为标准化的机械工作，他们被更多地要求遵守权威的规范。这种工作经验的差异也影响到他们的育儿观念。教育水平的差异则一方面影响到父母们的职业选择，另一方面也影响到他们对"正确"和"合适"的育儿观念和父母之道的理解。[1] 莱斯利·王将这种阶级文化分析投射到她所研究的一个西方基督教慈善组织在中国设置的育婴机构里，将西方志愿者与中国保育员的育儿理念差异解释为"第一世界中产阶级"和"中国劳工阶级"育儿理念的差异。[2] 这些研究虽然避开了种族文化的绝对主义，却陷入了阶级文化的绝对主义：它假设不同社会阶级有着截然不同且互不沟通的文化理念（包括子女的管教方式）。[3] 此外，部分社会学家倾向于考虑结构性因素的特征，也使上述研究对个体在具体社会情境当中所做的选择缺乏细致的考察。譬如，虽然科恩注意到中产阶级父母在选择采纳"合适"的子女教育方式时具有充分的主观能动性，但他和其他研究者普遍无视劳工阶级在相同问题上可能同样具有能动性。

我认为上述两种观点都不足以用来完全解释永江福利院保育员体罚小孩的实践。其一，虽然保育员们自己强调当孩子不听话或者犯错时，父母以体罚的方式惩罚孩子是中国传统上管教子女的方式，但我不认为这是她们采取这种方式管教福利院儿童的唯一理由。其二，虽

[1] Melvin L. Kohn, "Social Class and Parent-Child Relationships: An Interpretation." *American Journal of Sociology*, vol. 68, no. 4, 1963, pp. 471~480.

[2] Leslie Wang, "Importing Western Childhoods into a Chinese State-Run Orphanage." *Qualitative Sociology*, vol. 33, no. 2, 2010, pp. 137~159.

[3] 作为反例，洪岩璧、赵延东的定量研究显示中国中产阶层父母在家庭教养态度和实践层面上与较低阶层父母没有明显的差别，参见洪岩璧、赵延东《从资本到惯习：中国城市家庭教育模式的阶层分化》，《社会学研究》2014年第4期。

然我在前文中交代了保育员们的经济状况和社会地位，我也不认为她们的"阶级地位"决定了她们用体罚的方式来管教福利院儿童。这两项因素或许对她们采用这样的管教方式有所影响，但我认为永江福利院这一具体的社会情境和保育员这份工作情感劳动的特殊性质促使她们做出这样的选择。

我的田野调查发现是：体罚与不体罚孩子，对于永江福利院的保育员而言，是介于情绪极限两端的两个理性选择。首先，在选择体罚孩子的时候，体罚活动维护了保育员自身定义的一部分利益：正如前文曾经提到的，由于她们认同自身的"保育员妈妈"角色，认为自己和一般家庭当中的父母一样有责任管教孩子，让后者明辨是非、养成自律的习惯，这种责任感在"保育员母亲身份"的认同下转化成了她们自身定义的一种利益，一种"满足责任感的权利"（rights of fulfilling responsibility）。与此同时，她们也认为，既然已经生气了（抵达情绪控制的极致），就利用这次机会建立/加强/巩固自己在孩子面前的"保育员妈妈"的权威，以便在未来教育孩子的过程中占据优势，这是一种追求家长式权威的权力企图（desire of building parental authority）。在我看来，正是这种追求家长权力的企图和满足自我责任感的需求构成了保育员体罚孩子的理性基础。其次，在选择不体罚孩子的时候，这一不作为维护了她们自身定义的另一部分利益：长时间、高强度的育儿活动使她们意识到需要维护自身的身心健康，而体罚孩子经常是因为生气，体罚过程会使她们越来越气，这就促使她们不得不去选择究竟在什么情况下体罚孩子。

按保育员和资深义工们自己的说法，他们体罚孩子或者与保育员体罚孩子共情，是因为体罚这一行为大多数是在孩子不听话或者犯了错，他们很生气的情况下发生的。根据他们的说法，以及我自身参与观察的感受，"很生气"的情绪状态并不是突发的，而是身体和情绪压力逐渐积累到一定程度后被一个导火事件点燃爆发的结果。对于这一身体和情绪压力积累的过程，我有自己的切身经历。譬如有一次张阿姨休息，她请我代为留意永江福利院公认最顽皮的小孩国芳。那天上午我一直跟着国芳，可是她还是趁我不注意跑出了儿童部。等我再次发现她，她已经在刚下过雨的泥地里打滚过了，衣服裤子全都是泥巴。于是我只好把她拉回房间给她换衣服。刚给她脱掉外衣，她跑出了房间，我去把她拉回来。等给她穿上了衣服，她又跑掉了，而且把衣服也脱掉了，我又把她拉回来。给她穿好衣服，裤子穿了一半，她拖着裤腿再次跑掉了，我只能再把她拉回来。最后一次给她完整地穿好衣裤后，我感到全身乏力和头晕，只好去床上躺着，并且整个下午都感到浑身无力。这次经历令我印象深刻，并使我下定决心，以后照顾小孩需要分散精力，不能过于关注一个很吵的孩子。而这正是在永江福利院目前小孩多且照顾人员少（保育员和儿童比率为1∶7到1∶10）的现状下，保育员们不得不面对的一个问题。她们抱怨工资低、没有休假、加班费被拖欠，但是工作任务还那么繁重；也意识到经常生气对自身身体和情绪造成的巨大伤害。阿姨们经常说，她们自认是比较有耐心和爱心的人了，但是任何人到福利院里工作一段时间，恐怕他/她有再多的耐心和爱心，最后都会被消磨殆尽，同时还很可能换来一大堆毛病：休息不足和经常性的情绪波动导致血压偏高、头晕、耳鸣、月经不调等。很多保育员都有这些症状。方阿姨跟我开玩笑说，她丈夫在家提醒儿子，妈妈放假的日子不要去惹她生气，让她有一天放松情绪，又说因为她在福利院里工作压力太大，连更年期都提前了。张宁则用更极端的语言来描述这种压力，她说："如果保育员和义工因为小孩犯错生气而打小孩就是虐待儿童的话，那么这些福利院里可怜的孩子也一直在虐待我们，而且他们虐待我们的强度超过我们（"虐待"他们）不知多少倍！"

也是由于这种工作压力与收入的不对等，以及在关注自身身心健康的情况下，"没事少生气"成了保育员们有意识的选择。有一个例子我认为特别能够揭示保育员们这一选择的内在理性。有一次我和吕阿姨看到一对大龄儿童打架，吕阿姨并不阻止，也不生气。我就问她为什么。她说小孩打架就是几分钟的事情，等会儿又是好朋友了，为什么要阻止，为什么要生气。然后又说："没事少生气。如果经常生气把自己的身体气坏了，就那么点工资，连医药费都不够！"也是这一"没事少生气"的情绪控制选择，发展出保育员们另一项应对高强度育儿工作的策略：把主要精力放在更需要照顾的婴儿身上，而对那些自己能走路能吃饭，同时也最可能不听话和犯错的大龄儿童，只要他们不是太过分、不犯大错，保育员们一般都放任他们——因为管得越多，自己的身心压力就越大。也正因为如此，才有一些新志愿者去找福利院领导告状说保育员不管教小孩。

　　对于自身的管教方式，保育员们也并非没有自己的思考。她们从媒体和日常生活的渠道获知，很多中国人和外国人都在批判所谓的"中国传统的"教育方式，盛赞某种"西方现代的"教育方式，而她们私下里也觉得，归属于"中国传统的"教育方式下的体罚孩子未必是引导他们辨别是非最好的方式。① 但与此同时，她们也不觉得这就是很差的方式。有的保育员认为，自己过去就是这样管教子女的，而他们现在进了大学或者毕业后找到了好工作，整体社会表现都不错，这似乎表明了自己的教育方式还可以。同时她们也质疑是不是那种"西方现代的"教育方式就绝对好。在将"中国传统的"和"西方现代的"两种教育方式二元对立的同时，她们认为前者还是有很多优点的，比如子女跟父母关系比较亲，比较孝顺。朱阿姨则提到，她几年前去省会参与一个保育员培训项目，遇到一位据说来自某家中外合办福利院的保育员。在闲聊过程中她了解到，那家福利院照顾小孩的方式很"西方"，比如惩罚犯错孩子的方式就很不一样：把小孩关进一间小黑屋，直到他不哭、承认错误并且承诺以后不再犯才放出来。朱阿姨觉得这种惩罚方式其实跟体罚小孩没有本质的差别。它们都是通过让孩子感到害怕的方式来惩戒他们，也都会在孩子的内心造成阴影。朱阿姨的想法使她观念中原本对立的"中国传统的"和"西方现代的"教育方式的边界变得模糊。但她强调，她个人认为评价一种教育方式的根本立足点是施教者的动机：只要施教者是为孩子的利益着想的，即使体罚他们或把他们关进小黑屋都会让他们内心有阴影，这两种不同的管教方式都仍然是可接受的——而且当然不能被理解成是虐待儿童。实际上，这种对动机的强调也体现在保育员和资深义工惩罚孩子的行为过程中。每当他们体罚一个孩子，他们同时也在进行一场公开演讲，告诉被惩罚的孩子和其他在场的人这个孩子所犯的错误——这种"公开宣判"似

---

　　①　关于中西方教育方式差异的想象，见许晶《培养好孩子：道德与儿童发展》，祝宇清译，上海：华东师范大学出版社，2021年，第78~84页。

的仪式在象征意义上使体罚行动合理化。① 但这一仪式发挥效用的前提是讲者和听众之间对如何教育（福利院）儿童存在基本的共识。于是，当那些宣称要无条件关爱福利院孩子的年轻新志愿者们在场时（甚至有志愿者直接说："虽然我知道溺爱孩子不好，但我就是忍不住要溺爱他们。"），保育员和资深义工会倾向于克制自己，不管教大龄儿童，而这些孩子也因此变得越来越骄纵。这就进一步加深了保育员和资深义工对新志愿者们的不满。

（三）情感劳动的终点：离开的孩子，心碎的"保育员妈妈"

保育员们在福利院的情感劳动除了要处理育儿过程中的地方文化实践与机构理想和大众期待之间的矛盾外，她们最终还要面对其情感劳动颇为残酷的终点：在与孩子的情感关系中，她们投入得越多，最后越容易受到情感挫折。正如上文已经讨论的，保育员们倾向于选择那些"好的"或者"比较好的"——也就是说，健康健全的或者病残程度比较轻的（但智力仍是健全的），能够给予她们的身体或者情感照料以更多回应的孩子——来建立更加紧密的情感关系。而这些孩子恰恰由于他们的相对健康健全成为社会领养的对象，很多最终会离开福利院。② 这就给保育员们造成了相当程度的情感冲击：一方面，她们追随福利院和社会大众的观点，认为能被领养的孩子是非常幸运的，在家庭环境中长大肯定要比在福利院中好；另一方面，她们又很舍不得，觉得自己在孩子们身上投入的精力和

---

① 除了合理化的动机以外，公开宣判的仪式还有警示其他福利院儿童的作用，因为这一仪式通常是在保育员或资深义工认为孩子犯了在他们看来很严重的错误的情况下才举行的。比如有一次有个大龄儿童莫名其妙地找来一把剪刀把电视的电线剪断了，还冤枉是其他大龄儿童做的（有保育员和其他小孩都看到了）。主管他的保育员就体罚他，并且提醒其他在场的孩子不要像这个孩子做错事还撒谎冤枉别人。关于公开宣判仪式令被教育者产生羞耻感的作用机制，也见许晶《培养好孩子：道德与儿童发展》，祝宇清译，上海：华东师范大学出版社，2021 年，第 245~248 页；Heidi Fung，"Becoming a Moral Child：The Socialization of Shame among Young Chinese Children." *Ethos*，vol. 27，no. 2，1999，pp. 180~209。

② 前文曾经提到，从永江福利院实际领养情况来看，国内家庭基本上只领养健康健全的小孩，而国外家庭能够接受轻微到中度病残的小孩。智力残疾被认定为重度残疾类型，国外家庭不接受这类儿童，福利院也不得申报此类儿童涉外送养。由于近年来进入福利院的绝大多数都是病残弃婴，真正从院里出去的国内领养个案数量极少，涉外领养的也都是轻微病残或手术后基本康复的小孩。但在地方社会里，手术后康复的小孩仍被认为是不够健康的。

感情没有回报，而且很有可能永远见不到他们了。在我非正式的访谈中，保育员们多次表达类似的想法。她们也清楚地意识到，对于那些有机会被领养的孩子来说，她们的"保育员母亲身份"只是暂时的。可是在育儿过程中，她们还是自觉或不自觉地去积极建构着与这些孩子的亲密关系，直到后者离开。通常也是在"离开"这个时点，我们看到了保育员对孩子的情感最强烈的表达，比如朱阿姨和张阿姨几乎是"走一个孩子就哭一次"。下面摘录的是我2011年6月14日的一段田野笔记。就在前一天，朱阿姨负责的一个叫泽英的患有唇腭裂的两岁女孩被国外家庭领养了。按通行的做法，领养家庭第二天要来永江福利院回访：

> （下午）将近5点半，泽英的家庭才来福利院回访。只有泽英的养父在翻译的陪同下来到儿童部参观，看了泽英睡过的床，并赠送礼品给朱阿姨。而泽英的养母则抱着泽英在汽车里等待，没有过来。朱阿姨提出还想再见一次泽英，但是被拒绝了，理由是怕泽英看到她会哭闹。作为替代，对方拿出泽英的相册来给朱阿姨看。可后来她还是跑到楼下去找他们的车，结果没找到。回来以后阿姨哭了，对没有看到泽英最后一面感到惋惜。她说，那时候和泽英几乎同时入院的四个唇腭裂的小孩，养了两年多，陆陆续续都出国了。现在只剩下泽芳一个，但估计年底也要出去了。朱阿姨觉得这份工作是很伤人心的，因为和小孩们建立起来的感情最后都会被出国送养切断。她几乎萌生了不干这份工作的想法。

其他保育员聊起朱阿姨的"感性"，总忍不住拿她开玩笑。方阿姨自称是福利院里"心最硬"的阿姨，谈到朱阿姨和张阿姨的"走一个孩子就哭一次"，她说自己绝对不会像她们这样。她说，以前自己照顾过的小孩被领养，她一次也没哭过。方阿姨将自己的"心硬"归因于坚强的性格，而这一性格则是在她过去的生活经验中锻造出来的。她说自己嫁人很早，到婆家以后，由于公公死得早，婆婆在福利院里当保育员，她丈夫也在外面打工，农村家里的活她一肩挑。后来她也到城里的一家超市上班了，每天下班骑两个小时的自行车回到家里接着干农活。连她家盖房子都是她亲自上房顶一砖一瓦叠起来的。她认为这种高强度的劳动体验塑造了她坚强的个性。同样，在保育员这个岗位上，她虽然承认自己也容易和自己照顾的孩子产生感情，但她明确将这种感情限定于孩子们在福利院期间。而对于那些被领养的孩子，"该放手时就放手"。有一次，当方阿姨说到这里，其他保育员就揶揄她，说她前半句是真的，看她一天到晚抱春霞就知道了；但后半句是假的，说她很多时候也放不开手，这是方阿姨自己也不得不承认的。几年前，她曾经照顾过一个叫洋洋的女孩，非常宠爱，总是带回家吃饭和睡觉。由于吃惯了阿姨家的菜，洋洋开始不喜欢福利院食堂的饭菜，要么不吃，要么只吃一点，但是在阿姨家里吃胃口就很好。方阿姨的丈夫也很宠爱这个女孩，经常叫方阿姨煲骨头汤给她喝，为此花了不少钱。洋洋原先身体不太好，体质很弱，据说也是因为喝了许多骨头汤，体质才渐渐好起来。方阿姨说，当时主管儿童部的副院长知道这个事以后说，为了改善洋洋的体质，这个营养费的钱由院里出，虽然到现在她也没收到这个钱。然而，洋洋的体质好转使她成为社会领养的对象，后来她被一户本地家庭领养了。方阿姨至今后悔自己家当时没有领养洋洋。领养洋洋的那户本地家庭一直与福利院保持着联系，养父母与方阿姨的关系也很熟络。在我田野调查期间，洋洋和她的养父母曾来福利院回访。方阿姨让洋洋叫自己"妈妈"，她死活不肯叫，说是她妈妈（养母）教她除了自己以外，其他人都不能叫妈妈了。等到洋洋和她的家人离开，方阿姨又一阵懊悔，说洋洋上一次来还叫她"妈妈"的。又说，她照顾这孩子的时候她还那么小，现在长那么大了，如果当时她家领养了洋洋，现在也该有那么大了。

　　然而，最令人印象深刻的还是张阿姨与国芳之间的感情。国芳是一个脑瘫患儿。据保育员和驻院医生说，四年前她刚入院时，头和手脚都是僵硬的。但在驻院医生的康复治疗和张阿姨的悉心呵护下，她逐渐恢复以至于现在看上去与健康儿童并无差别，只是说话依然不清楚。作为目前在院的张阿姨照顾最久的孩子，同时也因为她身心各方面好转而对阿姨的关爱做出积极的回应和进一步的渴求，国芳自然而然地成了张阿姨最宠爱的对象。同时，虽然她是永江福利院公认最顽皮的小孩，却因为长得漂亮而被说成是"院花"，深受院领导和资深义工的喜爱。也由于受到众人宠爱，她变成了儿童部里名副其实的"小霸王"，一有不如意就哭闹，动不动就躺在地上，用后脑勺撞地板。出于宠爱，也由于担心国芳总是撞地会使大脑受损害，张阿姨对她基本上是百依百顺的。在其他保育员看来，这种百依百顺使国芳变得愈加娇纵。她们认为张阿姨过分宠爱国芳了，而这种宠爱对于孩子来说并不是好事：孩子自己不知道是非对错，完全没有自律意识。这对保育员们本身也是极大的身心负担，张阿姨需要时时关注国芳，怕她出事。张阿姨每天都要把整个福利院搜索几次，因为国芳一趁她不注意就跑出去玩。有时她去池塘边玩水，有时会趁车辆出入大门打开时冲出福利院到大街上玩耍，有时会因为偷吃零食和牛奶过量而呕吐或者拉肚子，诸如此类。张阿姨为照顾国芳，经常累得筋疲力尽。她觉得自己原本是很有耐心的人，但自从做了保育员，脾气越来越差。她会因为国芳做了错事而很生气地惩罚她，但最后意识到任何惩罚措施对国芳来说都是无效的：她可能会感到害怕，却会以更强烈的哭闹来回应，而且下一次还会做一模一样的错事。张阿姨觉得对国芳生气是徒劳的，她也尝试过像对其他能走路能吃饭的大龄儿童一样放任国芳，但最后还是失败了。这不仅是因为国芳总是黏着她，她自己也无法停止对国芳的关注。

在脾气越来越差的同时，张阿姨的身体也越来越差。她总是感到很疲劳，而且记忆力在衰退。她说自己以前在工厂里工作的时候，师傅讲一遍工序，她就全部能记住，在实际操作时很少出现错误。但是现在经常一转眼的事情就怎么也记不起来了。她说自己白天工作时常感到力不从心，比如每天早晨给小孩洗澡，只能洗完一个，休息一下，再洗下一个；有时晚上睡眠也不好，很容易被声音惊醒，经常头晕、头痛。尤其值得注意的是，她和其他保育员都坦言每逢值夜班那天（三天一次），心里就感到很害怕。因为那个晚上的夜班工作和婴儿的哭声使她们基本不可能有良好的睡眠，第二天起床后感觉全身像虚脱一样，站都站不稳。张阿姨的情况可能更严重一些。她说有一次自己夜班后在房间里补觉，隐隐约约听到国芳的声音，心里就很担心是不是国芳又跑丢了。于是她起床，恍恍惚惚地走到儿童部找国芳。在其他保育员的提醒下，她才发现自己那天休假。其他保育员都说这是张阿姨神经衰弱的表现。在我进行田野调查期间，张阿姨由于经常头痛而去医院就诊。医生发现她脑部长了血管瘤，压迫到了神经，并将疾病的产生解释为长期疲劳工作的结果。鉴于血管瘤短期内危害不大，张阿姨和家人商量后决定暂时不治疗了，因为医疗费对她家来说是很大的负担。但她仍担心自己年纪大了以后，肿瘤也会大起来。

　　面对身体健康的每况愈下，在其他保育员的劝告下，张阿姨开始考虑向领导建议把国芳送去农村家庭寄养以减轻自己的工作负担。但她总是很犹豫。她担心寄养家庭不知道国芳的生活习惯和喜好，照顾不好她，又担心国芳到了农村到处乱跑会出意外。所以 2011 年 6 月院领导第一次做出暂时不把国芳寄养的决定时，张阿姨在短时间内反而觉得松了一口气，因为这样她可以用领导指示来舒缓自己的犹豫所造成的心理压力。但只要国芳在院一天，她的工作压力就持续一天。所以 7 月的时候她忍不住再度向领导申请，这次领导批准了。随着寄养的日子渐进，张阿姨对国芳的宠爱有增无减。她内心觉得自己亏欠了国芳，想在国芳下乡以前做一些补偿。比如下乡前的两天，张阿姨都带国芳回家住，休假的日子还带她回老家去玩了一趟。

　　8 月 1 日，下乡的日子终于来了。张阿姨为国芳准备了许多衣服，足足装了一大只编织袋和三只塑料袋，把夏装秋装都带齐了。其他保育员都说张阿姨这是嫁女儿，把家当都给她带上了。院领导过来接小孩，看到那么多行李也十分惊讶。原本这天张阿姨要上班，但其他保育员都建议她陪同小孩下乡，让她有机会具体考察一下寄养家庭的状况，可以安心。可是去了一趟，张阿姨反而更担心了：那户寄养家庭基本上只有女主人长期在家，张阿姨担心她一个人照顾不过来；那户人家的电扇是立式的，她担心国芳会把手指放进去；附近有一口水塘，她又担心国芳趁人不注意跑出去玩可能会溺水；等等。离开的时候，张阿姨特意提早上车，为的是不让国芳看到她。她说现在国芳不哭，等一会儿肯定要开始哭了，晚上肯定要哭惨了。同行的人就劝她不要再去想了。果然，第二天寄养家庭的反馈消息就说国芳哭闹了一整晚，把那家女主人折腾得筋疲力尽。接下来的日子，不断有反馈消息回来，说国芳每天晚上都哭，说女主人体罚了她，说那户寄养家庭卫生条件不好等，都会使张阿姨不高兴好一阵子。其他保育员于是就自觉地不在张阿姨面前提起国芳或者那户寄养家庭。但张阿姨还是很担心。在一次闲聊中，她告诉我，这段时间她晚上都睡不好，一整晚都在担心国芳是不是又哭了。我随口说了一句，说自己在结束调查前可能还要去探访国芳一次，张阿姨就记在心上了。接下来的几天，她就不停地问我什么时候去看国芳。就在我去看望国芳的那天早上，张阿姨夫妇凌晨起床煮了一锅花生，又特地去外面买了包子、花卷和豆浆，嘱咐我一定要亲手喂给国芳吃。张阿姨又准备了一堆玩具要我带去。她的丈夫则叮嘱我，让我去看看那家人待国芳怎么样，如果不好的话，今天就把她带回来，他们自己来照顾。我还未到那户寄养家庭，张阿姨的丈夫就给我打电话询问国芳的情况。我刚到不久，他又给我打来电话。等我回到福利院，天下着大雨，张阿姨从窗户上看到我回来，等不及就冒着大雨从儿童部下来问我国芳的情况。过了几天又遇到张阿姨的丈夫，他告诉我，他回老家和他老母亲讲了国芳目前的状况，老太太还说要把国芳接回来，带到乡下她亲自来照顾。后来，由于院领导安排国芳回城上幼儿园，在农村寄养一个月以后，她又回到了福利院，这才解开了张阿姨和她家人的心结。

第四节　小结

从朱阿姨未见到泽英最后一面的遗憾到方阿姨对洋洋不肯再叫"妈妈"的懊悔，从张阿姨对国芳的牵挂到本章开头付阿姨的情感自控，我们看到了永江福利院保育员们情感劳动的挣扎。这些仿佛都是霍克希尔德所预言的情感劳动必然会带来的情绪失调（emotive dissonance）和情绪倦怠（emotional burnout）的症状。它们被霍氏认为是情感劳动长期压抑劳动者自身"真实"的自我和情感的结果。① 然而，如果从保育员们情感劳动自身的脉络去理解这些情绪反应，我们会发现它们并不符合霍氏的情绪失调和情绪倦怠定义：它们不是劳动者主体"真实"的自我被情感劳动压抑的结果，而是这些主体在情感劳动过程中自身产生的情绪，是情感劳动情绪再生产机制的一部分。这些情绪，某种意义上，就是保育员们"真实"情感的一部分。这一发现或许可以引导我们重新反思霍氏的"情

① Arlie R. Hochschild, *The Managed Heart: Commercialization of Human Feeling*, Berkeley: University of California Press, 2003, pp. 90, 187.

感劳动"理论。

我在前文中曾经指出霍克希尔德的"情感劳动"概念偏向于静态，只关注劳动者激发或抑制个人情感来服务消费者的过程，并且认为这一过程只局限于工作时间，劳动者可以在工作之外放下面具，还原私人生活当中"真实的自我"（real self）。虽然她曾提到这一"真实的自我"在某种程度上也是一种想象的观念①，霍氏在全书中接纳了这一观念的真实性，并由此认定情感劳动所表现的状态是一种与这一"真实的自我"相对立的"展演"（display）②，或者"表现出来的自我"（acted self）③，乃至"虚假的自我"（false self）。④ 也由于霍氏的"情感劳动"总是与"真实的自我"不符，长此以往就会对劳动者的心理健康产生负面的影响，包括产生情绪失调和情绪倦怠的症状。尽管后来的学者一直在努力修正和丰富霍氏的情感劳动定义，但他们中的多数仍然视情感劳动为虚情假意的表演，是与劳动者真实的内在情感相对立的。⑤ 唯有小部分的学者开始深入反思这一二元对立的假设，探讨情感劳动中情感的"真实性"。⑥ 在本章

---

① Arlie R. Hochschild, *The Managed Heart*：*Commercialization of Human Feeling*，Berkeley：University of California Press，2003，p. 34.

② Arlie R. Hochschild, *The Managed Heart*：*Commercialization of Human Feeling*，Berkeley：University of California Press，2003，p. 34.

③ Arlie R. Hochschild, *The Managed Heart*：*Commercialization of Human Feeling*，Berkeley：University of California Press，2003，p. 133.

④ Arlie R. Hochschild, *The Managed Heart*：*Commercialization of Human Feeling*，Berkeley：University of California Press，2003，p. 194.

⑤ 参见 Rebecca Abraham，"Emotional Dissonance in Organizations：Antecedents, Consequences, and Moderators. " *Genetic, Social, and General Psychology Monographs*，vol. 124，no. 2，1998：229~246；Rebecca Erickson and Ritter Christian，"Emotional Labor, Burnout, and Inauthenticity：Does Gender Matter?" *Social Psychology Quarterly*，vol. 64，no. 2，2001，pp. 146~163；Alicia Grandey，"Emotion Regulation in the Workplace：A New Way to Conceptualize Emotional Labor. " *Journal of Occupational Health Psychology*，vol. 5，no. 1，2000，pp. 95~110。社会学家梅笑同时也注意到，由于将情感劳动视为虚情假意的表演，以往学者常常认为它只会对从业者造成负面的影响，而忽视其有可能带来的积极体验。作者对月嫂群体的实证研究揭示了情感劳动的从业者能够运用深层表演的策略将工作关系拟亲属化，进而在职场中获得正面的工作体验，参见梅笑《情感劳动中的积极体验：深层表演、象征性秩序与劳动自主性》，《社会》2020 年第 2 期。

⑥ Blake Ashforth and Marc Tomiuk, "Emotional Labor and Authenticity：Views from Service Agents. " In Stephen Fineman（ed. ），*Emotion in Organizations（second edition）*，London：Sage Publications，2000，pp. 184~203.

的最后，我试图以中国福利院保育员的情感劳动个案来参与这一问题的讨论。

不少理论家质疑绝对"真实的自我"的存在，他们认为每个个体都有多个依据不同社会情境、由自身身份认同定义的"自我"，这些"自我"在某种程度上都是"真实"的。① 对于阿西福斯和托米克（Ashforth and Tomiuk）来说，如果"自我"都是由身份认同定义的，那么情感的存在和表达也将倚赖个体的身份认同。借此，他们发展出关于情感与自我"真实性"的四组概念："表面真实"（surface authenticity）、"表面不真实"（surface inauthenticity）、"深度真实"（deep authenticity）与"深度不真实"（deep inauthenticity）。在他们看来，如果劳动者认为自己在一个具体情境中所表达的感情是其内心所想，那么他们的情感/自我就是"表面真实"的（反之则为"表面不真实"）；如果劳动者认同自身的职场身份，那么他们的情感/自我就是"深度真实"的（反之则为"深度不真实"）。② 这些概念的提出超越了霍克希尔德认为的情感劳动在任何情况下表达的都并非真实情感/自我却无法阐明究竟何为真实情感/自我的预设。它们从个体身份认同的角度承认了那些认同自身的职场角色并认为自己的情感劳动并非虚情假意的劳动者。

而永江福利院的保育员就是这样一群认同自身职场角色，并且显然不会认为自己的情感劳动只是虚情假意表演的劳动者。她们在长时间抚养福利院儿童的过程中依据自身的利益和想法建立起"保育员母亲身份"的认同，并且在工作和私人生活中都实践着这一身份认同所定义的"保育员妈妈"角色。这一角色既考虑了自身利益（包括物质利益、表述权力、身体和情绪健康等方面），同时又包含了对福利院儿童的关注（包括对他们的身体和情感照料、对他们的责任感、对部分孩子的依恋等方面）。也正是在建立和持续巩固这一身份认同的过程中，保育员们的情感劳动跨越

---

① Kenneth Gergen, *The Saturated Self: Dilemmas of Identity in Contemporary Life*, New York: Basic Books, 1991; Robert Lifton, *The Protean Self: Human Resilience in An Age of Fragmentation*, New York: Basic Books, 1993.

② Blake Ashforth and Marc Tomiuk, "Emotional Labor and Authenticity: Views from Service Agents." In Stephen Fineman (ed.), *Emotion in Organizations (second edition)*, London: Sage Publications, 2000, pp. 194~195.

了工作和私人生活的界限（有时工作对象甚至进入了私人生活的领域，乃至被视为家庭和私人情感生活当中的一员），工作影响到了她们的家庭生活和关系：小军生病，付阿姨要不分昼夜地照顾他，以至于晚归而被丈夫责备；洋洋体质不好，方阿姨和她丈夫经常要自掏腰包给她煲骨头汤喝；国芳去农村寄养，不仅张阿姨常常彻夜难眠，她丈夫也内心担忧，最后还影响到了老家的长辈。而当保育员的情感劳动在某种程度上改变了既有的家庭关系和结构，这些新的家庭关系形式又反过来影响到她们的情感劳动，比如，在保育员选择福利院儿童建立亲密关系的过程中，保育员的丈夫和其他亲属就扮演着非常重要的角色。当工作与私人生活的界限变得如此模糊，劳动者主体在职场和私人生活中共享一个身份认同，乃至其家庭成员都在劳动者的职场内外参与了她们的情感劳动并因此具有了连带的身份认同时（比如保育员的丈夫在儿童部和家里帮忙照顾福利院儿童，并认为自己是这些孩子的"爸爸"），这样的情感劳动所表达的情感很难说它只是虚情假意的表演。

尽管如此，因为身处于福利院的制度性安排之中，同时又受到来自福利院官方和大众话语的冲击（诸如所有福利院儿童都应被平等对待，在任何情况下都不能被体罚，回归家庭肯定比在福利院中好），保育员在实践自我身份时还是会感到困惑和矛盾。与她们建立亲密关系的孩子以各种方式的离开（主要是领养和寄养）更令她们倍感挣扎。由此产生的情绪纠结乃至耗竭的症状，虽然并非霍克希尔德定义的因长期压抑"真实"自我而导致的情绪失调和情绪倦怠，却也揭示了情感劳动所具有剥削性：高强度的育儿实践费时耗神，损害保育员的身体和精神健康；与福利院儿童建立起来的亲密关系虽然短期来看也算是对她们情感劳动的一种回报，但长期来看，由于这种关系越亲密越容易被切断，其结果往往给保育员们带来更大的情感创伤。福利院官方和大众话语自身的矛盾也要保育员来承担：不是亲生母亲却被要求把工作对象当作亲生子女对待，但又不能像亲生子女一样以体罚的方式管教；建立起亲子般的情感关系却会被拆散，因为回归家庭被认为是福利院儿童最好的归宿。纠结于外在的社会观念和自我认同与感受之间，中国福利院这群儿童照顾者建构"保育员母亲身份"的挣扎展示了这些女性在特定体制下和社会环境中鲜为人知的职业和生活历程。

福利院的照料机制与保育员的呵护构成了机构养育儿童生存和成长的基本环境。连同福利机构的治理功能（第三章）、来访人士带有慈善暴力性质的献爱心活动（第四章），三者共同组建的生活场景成为这些儿童赖以生存的社会结构。然而，除了我在之前各章零星的介绍，福利院儿童究竟如何在上述结构中成长并经历社会化？他们如何体验机构化并成为能够适应乃至融入集体养育环境的机构收容者？在经历社会化、适应与融入集体养育环境的过程中，他们是否有自身的能动性表达？福利院的病残儿童有其自身的能动性，这一点在学理上是毋庸置疑的，前文的论述也已呈现了它的某些表现。但这一机构养育病残儿童的能动性相比于非机构收容人群的能动性，是否有其特殊性？他们的能动性表达是如何被塑造和整合进福利机构的制度结构的？是否会反过来影响福利机构的具体运作和保育员照料实践？下一章将尝试回答上述问题，并从儿童能动性的视角最终关照福利机构儿童养育的制度与伦理这一本书核心主旨。

第六章
探索儿童自己的声音？

2011年7月，距离送孩子下乡寄养还有几日。一天午休后，保育员们在婴儿房里聊天，有几个小孩也在房里玩耍。不一会儿，永江福利院的"小霸王"国芳又开始闹了，跟一个男孩抢玩具，抢输了就躺在地上耍赖。负责照顾国芳的张阿姨没有强行制止，只是呵斥她，让她不要躺在地上，但后者并不理会。张阿姨不出手，在场的朱阿姨也不好出手惩戒，只是用略显调侃的语气评论说国芳现在"越来越无法无天，什么都不怕了"。付阿姨笑着说她有办法，然后去储藏室拿了一只空纸箱，扔到了国芳的面前。国芳看到纸箱突然停止了打闹耍赖，愣了一下之后赶紧站起身来后退。付阿姨见状又把纸箱踢到国芳跟前，她面露惊恐，接着就大声哭起来。国芳的反应引起了其他保育员的好奇，她们询问付阿姨为何国芳会害怕纸箱。付阿姨说她也不知道。她前几日在储藏室里整理东西，国芳等几个孩子在一边玩，她腾空一只纸箱里面的东西，顺手扔到一旁，马上就听到国芳的哭声。朱阿姨捡起纸箱，故意递给国芳再次试探她的反应，结果她刚平复下来的情绪又被刺激起来了。

针对国芳害怕纸箱的原因，保育员们讨论了许久，最终张阿姨的解释被认为最有可能。她认为这跟福利院中处理死亡儿童遗体的方式有关。这些年永江福利院收养的儿童大多身患疾病或残疾，身体状况本来就不好，加上被遗弃在车站、路边等公共场所，极容易染上风寒，有些孩子入院后经过救治仍会夭折。根据福利院处理儿童死亡的手续，如果孩子死在医院里，由医院出具死亡证明并送至殡仪馆火化；如果孩子死在福利院内，则由驻院医生记录病史保存在办公室，办公室主任出具死亡证明，由门卫丁师傅将遗体送至殡仪馆火化。虽然福利院里有一辆汽车，但这车主要供领导公务使用，丁师傅运送遗体都乘坐公交车。为避免引起司机和其他乘客的反感，丁师傅会事先把遗体用孩子生前穿过的衣服和盖过的棉被包好，然后装进纸箱，外面用胶布密封。张阿姨认为国芳之所以害怕纸箱，就是因为她看到过丁师傅用纸箱装离世的小孩。换言之，国芳是对作为处理尸体工具的纸箱感到恐惧。

　　张阿姨的解释似乎合情合理，因为包括保育员在内的几乎所有福利院工作人员都对死亡污染感到恐惧。① 但当我听到这个解释时心中还是产生了疑惑：一个 4 岁的孩子知道什么是死亡吗？即使她知道，她所理解的死亡的意义是和成人一样的吗？当我提出疑问后，保育员们陷入了沉思。朱阿姨相信有几个年纪较大的孩子可能是知道的，因为有几次当丁师傅来处理遗体时，她曾在他们的脸上看到过悲伤的表情。但她不能确定国芳是否理解死亡的意义，因为她不仅没有如上的表现，有时还会捣乱，比如拿胶布玩。听朱阿姨这么一说，张阿姨也对自己的解释产生了怀疑，毕竟国芳年纪小，还是脑瘫患儿，这一疾病被认为多少会对她的智力发育产生影响。② 阿姨们的讨论没有结果，而那天下午我一直在思考这个问题。作为一名人类学者，我在进行田野调查时也带着一份格尔

① 钱霖亮：《被忽视的文化：当代中国儿童福利院中的民俗观念与实践》，《民俗研究》2020 年第 3 期。

② 发展心理学认为儿童对死亡的理解能力受到他们大脑发育程度的制约。健康的儿童在 5~8 岁时开始对死亡形成相对成熟的认知，包括意识到死亡的不可逆性（即人死不能复生）、肉体功能的消亡，以及致死原因等，参见 Sally Paul, "Is Death Taboo for Children? Developing Death Ambivalence as a Theoretical Framework to Understand Children's Relationship with Death, Dying and Bereavement." *Children & Society*, vol. 33, no. 6, 2019, p. 557。受此影响，已有关注儿童死亡认知的社会科学研究通常选取 5 岁以上的儿童作为研究对象，并依赖访谈等互动性方法来了解儿童的看法，见 Hayley Davies, "Embodied and Sensory Encounters: Death, Bereavement and Remembering in Children's Family and Personal Lives." *Children's Geographies*, vol. 17, no. 5, 2019, pp. 552 ~ 564; Ok Joo Lee, Joohi Lee, and Sung Seek Moon, "Exploring Children's Understanding of Death Concepts." *Asia Pacific Journal of Education*, vol. 29, no. 2, 2009, pp. 251~264。如果我们相信这些研究的前提和结论，那么作为脑瘫患儿的国芳此时能够认知死亡的可能性更加微乎其微，并且我们也无从采用访谈的方式来获知相关的信息。

茨式的使命感,希望能够深入了解研究对象自身的看法。但也正是这一使命感令我的调查困难重重,深陷探索残疾儿童"真实"所思所想的泥泞。

第一节 儿童作为能动的主体及其困境

心理认知人类学家劳伦斯·赫希菲尔德(Lawrence Hirschfeld)2002年在《美国人类学家》上发表了名篇《人类学家为什么不喜欢儿童?》,指出以往人类学者甚少直接将儿童作为研究对象,其背后的原因在于他们认为儿童对社会文化(再)生产的贡献远不如成人。赫氏批评先前的学者没有看到儿童自身也是文化建构的主体,其构造出的儿童亚文化对成人的文化也有一定的形塑作用。[1] 时过境迁,反思儿童的主体性和能动性如今已成为儿童人类学和儿童社会学的热门话题,越来越多的研究者倾向于不再将儿童视为主体性尚未确立的"未成年且成长中的人",而是有独立思考能力、积极主动的社会成员。[2] 为了保障儿童的知情权和参与权,研究者们还不断改进研究方法,希望尽可能多地让儿童以主体身份参与科研项目,发出他们自己的声音,而不是成为仅被表述的客体。[3] 一些学者甚至将一部分儿童训练成为研究者去研究自己或另一部分儿童,以此消弭研究者和被研究者之间基于年龄和身份造成的权力不平等,同时通过自身或

---

[1] Lawrence A. Hirschfeld, "Why Don't Anthropologists Like Children?" *American Anthropologist*, vol. 104, no. 2, 2002, pp. 611~627.

[2] 肖莉娜、袁园:《儿童的能动性:一个整合的解释框架》,《学海》2019 年第 2 期;Kylie Valentine, "Accounting for Agency." *Children & Society*, vol. 25, no. 5, 2011, pp. 347~358。

[3] Allison James, "Giving Voice to Children's Voices: Practices and Problems, Pitfalls and Potentials." *American Anthropologist*, vol. 109, no. 2, 2007, pp. 261~272; Sara Elden, "Inviting the Messy: Drawing Methods and 'Children's Voices'." *Childhood*, vol. 20, no. 1, 2012, pp. 66~81; Erin L. Raffety, "Minimizing Social Distance: Participatory Research with Children." *Childhood*, vol. 22, no. 3, 2015, pp. 409~422; Florian Esser, Meike Baader, Tanja Betz, and Beatrice Hungerland eds., *Reconceptualising Agency and Childhood: New Perspectives in Childhood Studies*, London: Routledge, 2016.

同辈人的视角更好地去了解这一群体的所思所想。① 除了人的层面，儿童研究方法的技术也逐渐从原先的语言主导（例如访谈、焦点小组等）转变得更为多元化，包括采用大量的视觉观察技术，如让孩子用绘画、摄影和录像等方式来记录自身的生活以及他们感兴趣的事物，然后研究者再邀请他们解释说明绘画和拍摄的内容。②

　　尽管已经有了那么多实验性的尝试，有学者认为对儿童能动性的探索依然任重道远。专研非洲家庭育儿问题的人类学家阿尔玛·戈特利布（Alma Gottlieb）指出，既有的研究视角和方法无法帮助我们了解所有年龄层次的儿童在能动性发挥上的特点。例如年龄越小的孩子，受其发育状况和身体条件的影响，对成人语言系统的掌握也越少——遑论绘画、摄影和录像等更具象征性的表意系统——由此他们在许多成人看来是难以交流的人群。也是因为交流的困难性，过往的研究者在探讨儿童的能动性时更倾向于将年龄更大的儿童作为研究对象，从而导致了他们对婴儿能动性的忽视。③ 实际上，如果我们将语言的范畴放大，婴儿的咿呀学语、啼哭声、尖叫声都是他们与他人、与世界交流的方式，只是这些声音的意义很难被一般的成人所理解。戈特利布在非洲 Beng 族部落进行研究时便跟随婴儿的父母向当地的巫师讨教，这些通灵者被认为听得懂孩子所说的话，因为婴儿在当地文化中是由祖先的灵魂转世而来的。④ 这个例子从人类学的地方性视角为我们提供

---

① Vicki Coppock, "Children as Peer Researchers: Reflections on a Journey of Mutual Discovery." *Children & Society*, vol. 25, no. 6, 2011, pp. 435~446; Chae-Young Kim, "Why Research 'by' Children? Rethinking the Assumptions Underlying the Facilitation of Children as Researchers." *Children & Society*, vol. 30, no. 3, 2016, pp. 230~240; Deirdre Horgan, "Child Participatory Research Methods: Attempts to Go 'Deeper'." *Childhood*, vol. 24, no. 2, 2017, pp. 245~259.

② Spyros Spyrou, "The Limits of Children's Voices: From Authenticity to Critical, Reflexive Representation." *Childhood*, vol. 18, no. 2, 2011, pp. 151~165.

③ Alma Gottlieb, "Where Have All the Babies Gone?: Toward an Anthropology of Infants (and Their Caretakers)." *Anthropological Quarterly*, vol. 73, no. 3, 2000, pp. 121~132.

④ Alma Gottlieb, "Where Have All the Babies Gone?: Toward an Anthropology of Infants (and Their Caretakers)." *Anthropological Quarterly*, vol. 73, no. 3, 2000, p. 125. 关于 Beng 族儿童观和育儿文化更全面的讨论，亦即戈特利布的 "婴儿人类学"（anthropology of infancy），详见 Alma Gottlieb, *The Afterlife is Where We Come From: The Culture of Infancy in West Africa*, Chicago: University of Chicago Press, 2004。

了观察和解读婴儿世界的新路径；但严格来说，这一路径最终反映的可能还是成人的儿童观，且带有神秘主义的色彩，也未必是婴儿自身"真实"的所思所想。

戈特利布的论文出版 20 年之后，另两位人类学家菲奥娜·罗斯和米歇尔·潘特蔻丝在一篇回顾性文章中提到，关于婴儿的人类学研究迄今为止只有小规模的增长，而且其中相当一部分的作品还是由戈特利布贡献的。[①] 即便是这些研究，对婴儿本身的关注也还有所欠缺。按照罗斯和潘特蔻丝的说法，这是因为研究者在方法上有困难，无法理解婴儿的非语言交流方式，于是只能仰赖成人照顾者的视角。换言之，过去 20 年，人类学界在洞悉婴儿世界的认识论和方法论上仍没有实质性的突破。

除了年龄差异以外，现有的儿童研究文献也未很好地考虑到各类病残儿童的状况。在专研残疾儿童的学术共同体出现之前，残疾研究的学者和儿童研究的学者在各自的领域中探讨其研究对象的能动性与社会结构之间的张力。同为某种程度上的"社会弱势群体"，残疾人与儿童都面对着工业化社会对非劳动人口的关照兼漠视，而他们自身（以及为这些群体伸张权益的知识分子）又在协调或反抗着上述的关照兼漠视。[②] 专研残疾儿童的学者则发现这一人群深陷于残疾与年幼造成的双重困境，失语程度更甚于成年的残疾人和健康的儿童，同时也更有可能遭遇以善意之名而强加

① Fiona C. Ross and Michelle Pentecost, "Still Unknown and Overlooked? Anthropologies of Childhood and Infancy in Southern Africa, 1995 ~ 2020." *Ethnos*, 2021, https://doi.org/10.1080/00141844.2021.1994622. 晚近的婴儿人类学研究见 Deborah Lupton, "Infant Embodiment and Interembodiment: A Review of Sociocultural Perspectives." *Childhood*, vol. 20, no. 1, 2012, pp. 37 ~ 50; Sesilie Smørholm, "Pure as the Angels, Wise as the Dead: Perceptions of Infants? Agency in a Zambian Community." *Childhood*, vol. 23, no. 3, 2016, pp. 348 ~ 361; Alma Gottlieb and Judy DeLoache, *A World of Babies: Imagined Childcare Guides for Eight Societies*, Cambridge: Cambridge University Press, 2016。
② 人类学研究记录的残疾人与社会结构的互动，参见 Faye Ginsburg and Rayna Rapp, "Disability Worlds." *Annual Review of Anthropology*, vol. 42, 2013, pp. 53 ~ 68; 对儿童作为"弱势群体"的压榨到身份的神圣化，见维维安娜·泽利泽（Viviana A. Zelizer）:《给无价的孩子定价：变迁中的儿童社会价值》，王水雄译，上海：华东师范大学出版社，2018 年。

的不公平对待。① 进一步的研究还发现，残疾儿童内部又存在更细致的差异，譬如性别、族裔背景、家庭经济地位、所在社会的经济发展水平等因素都会影响残疾儿童的生存状况。② 除了这些外在的结构性因素，恰如我在第四章中已指出的，不同的身体损伤类型本身也会导致残疾儿童拥有不同的生命体验，例如失明、失聪和身体瘫痪者与社会环境互动的方式显然会有很大的差别。但是过往的残疾研究学者无视了这些差别及其由此带来的不同经历和感受，把基于特定身体损伤类型（如失聪）的体验普遍化到了其他残疾人身上。而这些人（基本特征是非智力障碍的残疾成年人）对自身主体性的建构、对具有压迫力的社会结构的反抗都有其作为非智力障碍成年人的理性思维的支撑。③ 在这种情况下，尽管本书不否认包括残疾儿童在内的儿童群体也有自身能动性这一看法，但我们还是需要再次考虑残疾与童年带来的特殊性，尤其是以下三种可能：第一，年岁较小的非智力障碍儿童因其大脑尚未发育完全，有可能还未形成非智力障碍成年人的理性思维，也未习得后者的语言及其他表意系统；第二，年岁较大的非智力障碍儿童已经形成一定程度的理性思维，但还未达到非智力障碍成年人的程度，其对后者的语言及其他表意系统的掌握也还

---

① Kirsten Stalker, "Researching the Lives of Disabled Children and Young People." *Children & Society*, vol. 26, no. 3, 2012, pp. 173~180; Lisa Stafford, "'What about My Voice': Emancipating the Voices of Children with Disabilities through Participant-Centred Methods." *Children's Geographies*, vol. 15, no. 5, 2017, pp. 600~613; Nick Watson, "Theorising the Lives of Disabled Children: How Can Disability Theory Help?" *Children & Society*, vol. 26, no. 3, 2012, pp. 192~202.

② 性别差异的影响见 Eric Emerson, "Prevalence of Psychiatric Disorders in Children and Adolescents with and without Intellectual Disability." *Journal of Intellectual Disability Research*, vol. 47, no. 1, 2003, pp. 51~58; 族裔背景的影响见 Yasmin Hussain, Karl Atkin, and Waqar Ahmad, *South Asian Disabled Young People and Their Families*, Bristol: Policy Press, 2002; 家庭经济地位的影响见 Eric Emerson and Chris Hatton, *The Mental Health of Children and Adolescents with Learning Disabilities in Britain*, Lancaster, UK: Institute for Health Research at Lancaster University, 2007, https://www.mentalhealth.org.uk/sites/default/files/mh_ children _ adolescents. pdf; 所在社会经济发展水平的影响见 Deon Filmer, "Disability, Poverty, and Schooling in Developing Countries: Results from 14 Household Surveys." *The World Bank Economic Review*, vol. 22, no. 1, 2008, pp. 141~163.

③ 例如 Lennard Davis, *Enforcing Normalcy: Disability, Deafness, and the Body*, New York: Verso, 1995; Carol Thomas, *Female Forms: Experiencing and Understanding Disability*, Philadelphia: Open University Press, 1999.

有限；第三，不分年龄大小、有智力障碍的儿童因其大脑损伤，有可能无法形成非智力障碍成年人的理性思维，亦较难完全掌握后者的语言和其他表意系统。① 由此，我们该如何探知并理解这一复杂人群"真实"的感想与体验？

第二节　儿童自我表述的本真性迷思

一方面，通过视角的转换和新方法的提出，研究者们对作为整体的儿童生活世界的探索似乎日趋精进；另一方面，在儿童研究的细微之处，这些新视角和新方法又似乎对了解年龄更小的婴儿和病残儿童的内心状况束手无策，甚至陷入神秘主义的漩涡。即便是那些更经常被遴选为研究对象的非智力障碍大龄儿童，更具反思意识的儿童研究学者也会担忧对他们自我表述的（再）阐释是否符合其本意。② 专长于用实验方法研究儿童心理的发展心理学家也承认，受限于当前的技术条件，科学界目前对儿童的所思所想也远未达到了解的程度，研究婴儿甚至比研究老鼠或者鸽子还要困难。比如科学家已经开发出专门用于扫描婴儿大脑的近红外光谱技术

---

① 也许在某些学者看来，形成非智力障碍成年人的理性思维、掌握他们的语言和其他表意系统并非残疾儿童成长的目标，因此也无必要强调残疾儿童和非智力障碍成年人之间的差别。我在这里持不同意见。具体来说，尽管在学理上我认为以往儿童研究和残疾研究的学者将儿童和智力障碍的残疾人都视为有独立思考能力、积极主动的社会成员这一看法，但在实际研究操作的层面上，我认为我们还是需要正视儿童、智力障碍的残疾人与其他社会成员的差异。恰如我在第四章中对"残疾社会论"（social model of disability）提出的批评，尽管我认为它所揭示的社会和政治因素在建构表述残疾人形象中的霸权角色，为在理念上消除对残疾人的偏见与污名提供了思想基础，但其鲜明的平权政治诉求致使它矫枉过正地强调残疾的社会建构性，否认任何形式的身体差异。然而，身体差异是事实存在的，且大部分社会在可见的未来仍将由非智力障碍的成年人主导，理想化的学术理念很难彻底颠覆既有的社会结构。与此同时，到目前为止，我们也没有看到有哪位人文社会科学研究者真正习得了儿童、残疾人群体所独有的语言或其他表意系统，并通过这些系统全面彻底地了解到了上述群体的所思所想。在这种情况下，非智力障碍成年人的表意系统很大程度上还是我们研究者进行研究的基本工具，以往实验性的方法也只是在此基础上的小修小补。我们需要正视这种方法论上的局限性，然后探索和想象其他有可能逼近上述群体所思所想的路径。

② E. Kay M. Tisdall, "The Challenge and Challenging of Childhood Studies? Learning from Disability Studies and Research with Disabled Children." *Children & Society*, vol. 26, no. 3, 2012, pp. 181~191.

(near-infrared spectroscopy)，该技术能让研究者掌握婴儿大脑内部血氧含量变化的情况，以此推断哪些部位是认知活动发生的位置。但它并不能帮助研究者更进一步了解婴儿知道些什么、究竟如何思考。尤其是针对年龄在 3 个月以下的婴儿，科学家们几乎没有相关的实验数据，以至于认为他们心智发展程度仅能与鼻涕虫相比。[①]

退而求其次，发展心理学家们开始用其他测量方法来理解婴儿的所思所想。比如他们相信眼球运动是婴儿能够自主控制的极少数行为之一，于是便尝试通过计算婴儿盯着某人或某物的时间长短来判断他们是否对某人或某物感兴趣，由此生发出一系列测量儿童道德感的经典实验。在耶鲁大学婴幼儿认知中心，学术伉俪保罗·布卢姆（Paul Bloom）和卡伦·温（Karen Wynn）的研究团队制作了三部动画让参与实验的婴儿观看，动画的角色都是几何体，相互之间或帮扶或阻碍。在第一部动画中，一个红色圆球试图滚上小山，一个黄色方块跟在它后面，缓缓地推它上山顶。在第二部动画中，一个绿色三角则试图阻碍红色圆球上山。在第三部动画中，三个角色同时在场，红色圆球要么接近黄色方块，要么接近绿色三角。研究者们测量发现，9 个月和 12 个月大的婴儿在看到红色圆球接近黄色方块时，注视的时间会更长，以此得出这个年龄阶段的婴儿已经具备了道德观念，认为他人应该选择更接近帮助者，而非阻碍者。[②]

保罗·布卢姆和卡伦·温研究团队的观察和阐释都发人深省，在方法上也超越了以往儿童研究仍以语言为中心的取向，用儿童观影后的肢体反应作为解读的素材。但他们结论的可靠性建立在婴儿的注视时间能反映其心智活动这一基本假设之上，论证这一假设需要大量的科学实验和人为再

---

① 保罗·布卢姆：《善恶之源》，青涂译，杭州：浙江人民出版社，2018 年，第 14～15 页。感谢北京大学陶林老师向我推荐相关文献和实验视频。

② 我在这里只是援引其中一个案例，耶鲁大学婴幼儿认知中心还有更多更复杂的实验来阐明这一发现，包括 9 个月和 12 个月大的孩子在道德认知上更细微的差别，参见保罗·布卢姆《善恶之源》，青涂译，杭州：浙江人民出版社，2018 年，第 20～26 页。

阐释。换言之,这一假设本身就是学者层层累积的经验建构的产物。① 类似的,人类学家许晶在其著作中,通过整合民族志方法和发展心理学实验,探究了一家中国幼儿园中3~5岁的儿童如何在特定的社会环境中形成别具一格的道德意识,这些意识既有全人类儿童的普遍性特征,又有基于中国社会文化情境的特殊内涵。② 值得注意的是,许晶的跨学科论述有一个特点,即常常是拿民族志素材去佐证或调试心理学中的已有看法,如同理心、所有权观念、互惠意识、公平原则等。以所有权观念为例,许晶回溯到相关的心理学研究认为18个月大的儿童已经能够分辨他们所熟悉物品的主人是谁;2岁的儿童怀有一种先占者偏见(first-possessor bias),相信第一个拿到物品的人就是其主人;3岁的儿童能够超越先占者偏见,根据谁控制物品的使用权来判断所有权;4岁的儿童在判断所有权时,口头表达对身体占有更重要;5岁的儿童形成了对所有权转移的成熟理解,明白赠予和偷窃之间的差别;而6岁的儿童已经能够应用各种所有权规则。③ 在归纳每个年龄阶段的儿童在所有权观念上的特征时,许晶都给出了相应心理学实验文献作为依据。这一做法显示了她在学术上的严谨,但也令我产生了一系列疑问:每个岁数的儿童在所有权观念上都会有那么明显的差异吗?同一岁数但出生在不同月份(乃至不同日子)的儿童在这一观念结构上是否也有差异?所有儿童在其认知发展的过程中都会呈现

① 科学技术的社会建构性是"科学、技术与社会"(英文缩写成STS)这一跨学科研究领域关注的重点议题,不少学者对实验室中的科学知识生产过程进行了剖析与解构,指认其中人为创造的成分,最负盛名的作品如布鲁诺·拉图尔、史蒂夫·伍尔加《实验室生活:科学事实的建构过程》,刁小英、张伯霖译,上海:东方出版社,2004年;布鲁诺·拉图尔《科学在行动:怎样在社会中跟随科学家和工程师》,刘文旋、郑开译,上海:东方出版社,2005年。我在这里无意亦无能力证否保罗·布卢姆团队的研究假设,乃至认为它是学术范畴内某种程度上可接受的观测方案。但与此同时,我对这一假设是否是完全确立的客观事实抱有怀疑。先被学界拥簇后又被证否的科学"规律"不在少数,因而科学知识的形成与发展本就有很大的不确定性。关于发展心理学中诸多假设的质疑,见 Erica Burman, *Deconstructing Developmental Psychology* (*third edition*), London: Routledge, 2017。

② Jing Xu, *The Good Child: Moral Development in a Chinese Preschool*, Stanford: Stanford University Press, 2017. 中译本见许晶:《培养好孩子:道德与儿童发展》,祝宇清译,上海:华东师范大学出版社,2021年。

③ 许晶:《培养好孩子:道德与儿童发展》,祝宇清译,上海:华东师范大学出版社,2021年,第136页、第272页。

出那么清晰的特征和路径吗？这些疑问实际上质疑了心理学论断在总体性之下对个体差异解释力的缺失，而要回答这些疑问心理学家将陷入无穷无尽的实验之中，最后可能还是难以从根本上解决问题。换言之，如果我们接受这些心理学论断是可靠的"科学发现"，我们也是在笼统的、一般性意义上的接受，而不能认定每个儿童在特定的时间节点都会有如上的所思所想。

归纳来说，从常规的社会科学研究方法到科学实验，我们在现有的技术水平和认知条件下很难百分百地了解儿童"真实"的感想与体验，遑论研究难度更大的婴儿和残疾儿童。我认为，我们当下的儿童研究存在一种本真性迷思，试图通过呈现儿童的自我表述（包括儿童自己的声音和肢体动作等）来探究这一群体所思所想的终极真相。但实际上我们能够做的只是通过各种方法来尽可能地逼近那一真相。如果在 2011 年的田野调查期间，我还在以格尔茨的理念执着地探寻福利院儿童自身的视角，那么在之后的回访中我已意识到绝对客观真实的"当地人"视角实非我所能获得的——即便是每日与孩子们相处，将他们抚养长大，某种程度上已是这个世界上最了解他们个性与爱好的保育员，也有对他们所思所想所为感到困惑的时候，需要仰赖自身的经验，在更情境化的语境中对某些福利院儿童不同寻常的举动/反应提出可能的解释。这一理解路径实际上也在引导我们反思格尔茨式理念的一个悖论，即一方面我们要了解当地人的视角，追求其本真性；另一方面我们又将人类学视为一门着重阐释文化意义的学科，当地人的视角很大程度上只是作为阐释基础的"社会事实"（social facts），而未必是客观事实本身。这种人文主义（而非科学主义的）的学科进路使得我们的知识生产更多的是为读者提供一种符合社会文化情境（即能够自圆其说）的解释，而不是一个正确答案。在这一思路的指引下，同时也考虑到研究婴儿和残疾儿童观念与行为所具有的技术难度，本书接下来的内容并不声称是对儿童自身感受与体验的真实反映，而是一种基于永江福利院特定语境的、获得该院大多数负责儿童照顾的局内人认可的解释方式。这种解释方式根植于特定的情境、依托于利益相关方的集体经验，但在此基础上又关联起人们更广泛的日常生活认知与参与式观察对社会文化的洞察力，我称之为"民族志的想象力"。

第三节　作为方法的"民族志的想象力"

人类学作为一门社会科学，它既认可人类社会的多元性和复杂性，又为寻找真相深感焦虑。与此同时，就像前文已经提到的，人类学又有一张人文科学的面孔，它可能怀疑世上本没有真相，只有意义，而人的生活便如韦伯与格尔茨所言，悬挂在自己所编织的"意义之网"上继续编织意义，这些意义的总和便是文化。也是基于这样的理念，格尔茨认为人类学的文化分析不是一种寻求规律的实验科学，而是一种探求意义的解释科学。① 而作为大多数人类学家和部分质性社会学家基本研究写作方法的民族志，也以能够深刻洞悉社会生活的复杂内涵著称。与人类学的"写文化"学派类似，保罗·威利斯（Paul Willis）将民族志视作一种能够穿透社会文化意涵的艺术性写作手法。它可以引领读者从一粒细沙中看见一个世界，而令其具备这种穿透力的秘诀乃是写作者的民族志想象力（ethnographic imagination）。② 威利斯的名著《学做工：工人阶级子弟为何继承父业》与格尔茨的名篇《深层的游戏：关于巴厘岛斗鸡的记述》均是这方面的典范性作品，能够通过工人家庭年轻人玩世不恭的生活态度看到英国社会的阶级再生产机制，通过斗鸡游戏的规则和具体实践看到巴厘岛社会的文化体系和政府与民众之间的关系。③ 在这里，我想进一步强调"民族志的想象力"的重要之处不仅在于帮助我们以小窥大，建构"一沙一世界"的图景，也在于关联诸多看似不相关的社会事实，使之缝合成一个符合地方社会文化语境的、逻辑自洽的有机整体。对于寻求某一问题成因或理解方式的作品来说，民族志研究和写作的过程更犹如悬疑推理小说的推理过程，从研究对象的日常生活中寻找线索，在整体的语境中将这些线索交织起来分析，寻找可能的解释路径。

---

① 克利福德·格尔茨：《文化的解释》，纳日碧力戈等译，上海：上海人民出版社，1999年，第5页。

② Paul Willis, *The Ethnographic Imagination*, Cambridge：Polity, 2000, p. viii.

③ 保罗·威利斯：《学做工：工人阶级子弟为何继承父业》，秘舒、凌旻华译，南京：译林出版社，2013年；克利福德·格尔茨：《文化的解释》，纳日碧力戈等译，上海：上海人民出版社，1999年，第471~521页。

　　将富有想象力的民族志学术写作类比成悬疑推理小说并非无源之水。历史学界已经有学术专著以推理小说的模式写作，譬如美国中国史学家萧邦奇（Keith Schoopa）曾荣获 1997 年列文森奖的著作《血路：革命中国中的沈定一（玄庐）传奇》。[①] 该书记录了一名浙江萧山籍的国民党党员沈定一于 1928 年 8 月的一天在自己家乡的汽车站被人谋杀事件的前因后果。全书在晚清以来中国政治风云变幻的背景下围绕沈氏的政治经历和社会交往展开，落脚点是探究究竟是谁有动机和能力暗杀这位主角。作者甚至列出了五类嫌疑人，并最终将主谋锁定为蒋介石集团。在学术的层面上，通过对主角的社会网络、人生经历和死亡影响做出详尽的分析，作者尝试再现二十世纪早期中国的社会、政治和文化图景，为读者了解中国革命的动力学提供一个阐释方案。萧氏的著作展示了历史学的科研工作某种程度上可以被理解为是一个拼图游戏。在后现代主义还未侵扰的史学领域，历史学家的任务仍旧是还原史实——那史实犹如一幅被打乱的拼图，历史学家须尽力将它们重新排列组合，无限地逼近历史的真相。而对人类学家来说，这也恰恰应该是他们对其所研究的社区与群体要做的事情，无限地逼近社区和群体的整体事实（也就是人类学家们所谓的整体观），并在把握整体的基础上对局部的文化构成进行分析，了解其意义。在此过程中，民族志的写作恰如悬疑推理小说的推理，民族志作者要像侦探作家一般抽丝剥茧，厘清他们试图阐释的文化现象生成的背景和线索，那样才有可能提出一个相对可靠的解释方案。

　　将民族志写作类比成推理过程的另一项灵感来源于我自身的研究和写作。尽管国内外的人类学研究生培养在开题的时候都会要求学生详列自己的研究问题和相关的文献回顾，但当学生下到田野点时，许多师友会提醒应当抛开那些条条框框，对田野点的人和事要尽可能全面地掌握。我个人的研究倾向也是如此，在选择论文写作主题时喜好从田野材料出发，寻找研究对象在他们自身语境中关心的事件和话题，将它们作为论文的问题意识。这些事件和话题有时候像谜一样贯穿田野调查的始终，关于它们，人

---

① 中译本见萧邦奇《血路：革命中国中的沈定一（玄庐）传奇》，周武彪译，南京：江苏人民出版社，2018 年。

们总有那么多的闲言碎语，然而很可能没有一个人能把它们说清楚。能把研究对象都说不太清楚的东西说清楚，对我来说是一件很有吸引力的事情，这也极有可能是先前的学者没有讨论或者讨论不够充分的问题。而且在长期的田野调查之后，我所掌握的信息面已经比单个的研究对象丰富许多——这时候人类学家的角色就像是一名侦探，他调查收集了一个案件相关人物的证词，能够通过对比不同的证词，运用自己以往的破案经验来重组案情；与此同时，他还可以亲临现场，对案件进行重演。这些是人类学家发挥"民族志的想象力"的基础，是其作为局内人的优势。但作为外来者，人类学家又可以脱身而出成为局外人，在把握田野点整体事实的基础上，从更广泛的社会背景来梳理影响案情的因素。对案情的分析又可以借助一些外来的手段，在刑侦事件中可能是 DNA 检测，而在我们的学术讨论中可以是跨学科的研究思路。最终得出的结论虽未必是百分百的真相，但它为案件提供了一个解释——这个世界上悬而未决的谜案还有很多，即使做不到彻底破案，我们的侦破工作至少可以为最终破案奠定一定的基础。

那么我们该如何通过"民族志的想象力"来寻求问题的解释路径，乃至建立起一套符合地方社会文化语境的解释框架？这里我想用永江福利院里另一个与死亡相关的事件来举例。在田野调查期间，我留意到保育员一般是在清晨起床后或夜晚临睡前给孩子洗澡。但有一天下午，我看到张阿姨在给重症监护室里的一个婴儿洗澡，感到很奇怪，就问阿姨为什么这个时候洗。张阿姨说这个孩子患有先天性肾衰竭和多种并发症，入院后就送到医院就诊，直到几天前医生宣告救治无望，让福利院接回院里来看护。这两天她发现孩子已不怎么喝奶，驻院医生也检查过，认为时日无多。负责照顾这个孩子的张阿姨就决定在过身前给他洗个澡，祝福他干净地上路，下一世健康地投胎到一户好人家。我和张阿姨聊天时朱阿姨也进了重症监护室，听到我们的对话便插话评论张阿姨胆子大，要她肯定不敢。从接下来两位保育员的对话中我了解到，整个福利院里会给濒死儿童洗澡的也就是张阿姨和另外一位余阿姨，她们两人被认为是全院工作人员中胆子最大的。其他的人都认为这样做会染上晦气，朱阿姨甚至觉得孩子死了以后阴魂不散，会黏上那个他最熟悉的人，被鬼黏上可不是什么好事。张阿姨则辩称如果孩子死后真的有灵魂，他也不会害对他有恩情的人。我在分析两位保育员的说法时认为她们各自从民间信仰的传统中借用不同的解释方案来舒缓死亡污染给活人带来的焦虑。[①] 与此同时，我也想到在已有的学术讨论中，用清洗身体的方式为死者祈福本是中国丧葬礼仪中的一项程序，张阿姨的做法实际上是把这个程序提前了。[②] 当我将这个问题抛给张阿姨，问她为何是在死前给孩子洗澡时，张阿姨面露尴尬地表示她觉得死前洗比较安全。于是乎，死亡污染的观念在她身上仍是存在的。

就这样，一次不合常规的洗澡变成了一个悬疑事件的线头，牵出永江福利院中一整套的生死观念。在与保育员们后续的交流中，我还得知洗衣工李阿姨的事情。李阿姨最初也是保育员，但后来转去做工资更低的洗衣工，最主要的考虑是她不想晚上待在儿童部里加夜班。这背后的原因是她认为儿童部这个地方"不干净"。这一观念导致了她特定的行为模式：晚上绝对不来儿童部；白天会来，但是绝对不进重症监护室。当我当面询问李阿姨为何不进重症监护室时，她说因为那里是整个福利院里阴气最重的地方。李阿姨的回答解开了我在福利院里做了几个月田野调查遇到的一个一直讲不清楚到底奇怪在哪里的问题：有好几次李阿姨白天来儿童部找人，对方在重症监护室里，她就站在门外大声喊，从来不进门。

我以上述例子表明在研究对象的日常生活中有许多不易察觉的线索能够构成一系列的悬疑事件，而对这些事件的解析将有助于我们挖掘研究对象和田野地点不为人知的一面。这些线索的拾得可能具有偶然性，但也需要观察者对自己研究的社区和群体有通盘的把握，对反常的情况有敏锐的嗅觉。如果上述事件只是展示了民族志写作类似悬疑推理小说交代的"是什么"和"怎么样"这两个尚属初级的层次，那么本章开篇害怕纸箱的女孩的故事需要解答的便是"为什么"。接下来，我将演示"民族志的

---

① 钱霖亮：《被忽视的文化：当代中国儿童福利院中的民俗观念与实践》，《民俗研究》2020 年第 3 期，第 145 页。

② 关于中国丧葬仪式的标准流程，见华琛《中国丧葬仪式的结构——基本形态、仪式次序、动作的首要性》，湛蔚晞译，《历史人类学学刊》2003 年第 2 期。

想象力"如何帮助我们实现对这一悬疑事件的"真相"进行推理，从福利机构的具体情境和居于其中儿童的成长经验来了解机构养育儿童的能动性及其极限。

　　我将张阿姨的解释作为推理的起点，毕竟她是最了解国芳的人，同时也对福利院的机构运作非常了解。国芳对纸箱的恐惧肯定不是空穴来风，她能够想到把这件事和福利院处理死亡儿童尸体的做法联系起来，让看不到线索的其他保育员和我如在茫茫大海中见到了一座灯塔。纸箱是福利院里经常出现的事物，绝大多数时候是用来装零食和日常用品的，没有哪个孩子曾经表现出对它们的恐惧。唯一例外的情况就是门卫丁师傅偶尔用它们来装儿童的遗体，然后带去殡仪馆火化。假如国芳不懂什么是死亡，她不知道被处理的小孩已死，对她来说这次看到的纸箱最不同之处在于：丁师傅把一个小朋友放进了纸箱，丁师傅提着装着小朋友的纸箱离开了福利院（她也可能意识到那个小朋友后来没有再回来）。将这两点串联到一起，纸箱对她而言就是一个把小朋友带离福利院的容器。如果这个假设成立，国芳害怕纸箱就不是因为它是处理死亡儿童尸体的工具，而是将一个人带离福利院的工具，这个人可以是另外一个小朋友，也可以是她自己。也就是说，国芳害怕的是自己被装进纸箱，然后被带离开福利院。

　　害怕离开福利院，离开自己熟悉的人和地方，这一儿童心理令我想到在其他福利院儿童身上发生的事情，可以作为这个推理的辅证。国珍是和国芳同龄的脑瘫患儿，深受经常来福利院献爱心的志愿者何先生和他女朋友的喜爱。因为他俩经常给她零食吃，跟她说话、一起玩游戏，国珍表现出对这两位志愿者明显的信赖。每次他们来福利院，国珍都只和他们一起玩，他们走到哪里她就跟到哪里。但后来有一次何先生和女友带国珍出院去游乐场玩，然后又去了麦当劳吃午饭，回来以后保育员们和我察觉到国珍对这两位志愿者的恐惧和排斥，有很长一段时间不愿再和他们一起玩。两位志愿者反映国珍在游乐场里一脸的惶恐，什么游戏都不敢玩，去麦当劳也不敢吃东西，完全不像在福利院里那般活泼的模样。对此，他们和保育员的解释都是孩子怕生，一到陌生的环境就没了安全感。按他们的说法，家庭当中的孩子到了陌生的地方也会有这样的紧张情绪。朱阿姨说自己的儿子小时候带出门旅游，晚上还要哭闹着回家睡觉，只有回到熟悉的地方才能安心。

国珍是离开福利院之后才表现出对陌生地方的恐惧，而 6 岁的脑瘫儿晨晓在离开之前就有此反应了。2011 年 6 月，由于入院弃婴人数的增加给保育员造成了沉重的工作负担，福利院领导决定将一批大龄智力残疾的儿童送到农村家庭寄养，晨晓就名列其中。在下乡前的几天，我和保育员察觉到她的情绪似乎不太好，经常会莫名其妙地大哭大叫。一天午休后，我甚至发现她不知从哪儿找来一根绳子绑住了脖子，自己勒自己。保育员们认为她是知道自己要被送到农村寄养，想不开就用绳子上吊自杀。虽然给出了这样一个解释，保育员们也很疑惑，因为晨晓之前并没有家庭寄养的经历，她们想象不到她是如何预见到寄养生活好坏的。然而对比国芳和国珍的例子，我们也许根本不需要想得那么复杂，晨晓实际上很可能只是不想离开自己熟悉的地方。

我是在重温田野笔记后才将三名儿童的例子放在同一个脉络里来解释的，通过"民族志的想象力"将它们联系在一起。国珍的例子表明离开熟悉的环境会对福利院儿童造成心理上的负面影响，而晨晓的例子则揭示了福利院儿童有能力预想自己离开熟悉环境之后会产生的恐惧，这两者的推论用在国芳身上就得出了她害怕纸箱是因为担心自己被带离熟悉的福利院空间。这样的联系并不高估这些年幼的孩子对世界的理解能力（比如死亡和寄养生活的意义），但也不低估她们与普通孩子一样对生活的安全感有着基本的需求。当我第二天把自己思考的结果告诉保育员时，她们觉得我的解释听起来比张阿姨的更合情合理。不知读到此处的读者作何感想？

第四节　在福利院的日常生活中经历社会化

如果上述"民族志的想象力"推导出来的看法可以成立，它实际上提醒了我们，在理解儿童能动性时除了注意他们的年龄、身体与智力发育情况之外，还需更为谨慎地判断在哪些领域儿童的能动性能够更早地形成和展现。尽管还没有系统的研究帮助我们梳理儿童能动性出现领域的先后顺序，福利院的保育员、驻院医生和护士依据自身的护理经验认为儿童在不同发育阶段对周遭环境的反应是不同的，这些反应体现了他们在不同发育阶段的需求。在她们看来，孩子的年龄越小，其需求越倾向于满足其基本的生存需求。在生存需求有保障的前提下，年龄渐长的孩子会根据其身心发育的状况对外在环境提出更多、更复杂的要求，比如获得情感上的关注与照护。由此，这些福利院的照顾者们认为儿童的需求存在一个进化的谱系，从生存型需求到发展型需求不断演进。与此相应，如果新生儿的需求一开始只是为了满足自身的口腹之欲，那么在接下来的成长过程中，他们的需求也会越来越多，为满足这些多样化需求而做出的反应也会越来越复杂。也是在对外界做出反应和收到回应的过程中，这些孩子开启了他们在福利院里的社会化历程。本章接下来的部分将结合"民族志的想象力"，展示三个年龄阶段的儿童在日常生活的不同领域中呈现出来的某些可以被视作能动性的表征，同时探讨这些表征如何在福利院儿童的社会化历程中不断被调整乃至重塑，以便他们适应福利机构集体养育的环境。对这些复杂过程的探究不仅有助于我们了解福利机构的结构性环境和儿童能动性之间的关系，同时也能回归到本书的总体框架，揭示福利院儿童如何回应围绕他们的一系列爱的话语和实践。

根据民政部 2001 年发布的《儿童社会福利机构基本规范》中的儿童年龄分类，本章接下来讨论的三个年龄阶段的儿童分别是婴幼儿（0 个月~3 岁）、少儿（包括 4~6 岁的学龄前儿童和 7~13 岁的学龄期儿童）和青少年（14~18 岁）。我和其他儿童研究的学者一样，相信每个年龄阶段的孩子都有其能动性，但限于自身收集材料和发挥"民族志的想象力"的能力，我对每个年龄阶段孩子能动性表征的讨论都仅聚焦于我本人拥有更丰富素材的那些方面，而这些方面通常也是特定年龄阶段孩子身上较引人注目的特质，包括婴幼儿对成人陪伴者的渴望、少儿对饮食消费的热情，以及青少年在性方面的冲动。

（一）婴幼儿：渴望陪伴

自人类学家阿尔玛·戈特利布提出批评之后，近年来越来越多的儿童研究学者开始反思该学术领域虽然名义上覆盖所有年龄阶段的儿童群体，实际上却甚少关注婴幼儿。① 那些确实以婴幼儿作为研究对象的学者也坦言其研究的难度甚大，因为他们的生活世界看起来十分散乱而又难以捉摸，以至于收集来的观察素材也显得含糊而不够可靠，需要依靠研究者的分析整合能力来梳理清楚。② 类似的感受也出现在永江福利院的保育员身上，她们也对婴幼儿的许多行为感到困惑，不知道他们的脑子里到底在想什么。然而为了照顾这些孩子，这些成人照顾者又必须了解他们的需求（不论是身体上的还是情感上的），于是她们只能根据自身的育儿经验和作为人的同理心来推测。在婴幼儿生活世界所呈现出来的所有含糊和混杂面貌中，她们认为有两个方面是可以确定的，一个是包括吃喝拉撒睡在内的基本生存需求，另一个则是情感上渴望陪伴的需求。如果说前一个方面体现了婴幼儿的生物性本能，后一个方面则更多地指向他们在社会属性上的能动性，因为情感很大程度上是人与人互动的产物。本节将聚焦后一方面，考察在福利院（工作人员想象）婴幼儿如何赢取他人的关注，并在赢取关注的过程中实现基于机构养育情境下特定形态的社会化。

时间回到 2011 年 7 月下旬，第二章开头提到的小女孩清明已经入院 3 个月有余，一直都显得比较安静乖巧，但这阵子突然开始频繁哭闹。负责照顾清明的方阿姨请驻院医生黄医生来看了看，黄医生简单检查后没发现有什么问题，认为有可能是天气热导致孩子身体不适，建议阿姨给她穿薄一点的衣裤。方阿姨不置可否，觉得不太可能是天气热的缘故，因为夏季永江福利院内基本每天都开空调。也是因为长时间待在空调房里，保育员们担心婴儿着凉，所以有意给他们多穿一点。她觉得可能还是孩子身体出了什么状况，但驻院医生没有查出来。听了这话，黄医生有些不高兴

① 　Julie Brownlie and Valerie M. Sheach Leith, " Social Bundles: Thinking through the Infant Body. " *Childhood*, vol. 18, no. 2, 2011, pp. 196~210; Sally McNamee and Julie Seymour, "Towards a Sociology of 10~12 Year Olds? Emerging Methodological Issues in the 'New' Social Studies of Childhood. " *Childhood*, vol. 20, no. 2, 2013, pp. 156~168; David Oswell, *The Agency of Children: From Family to Global Human Rights*, Cambridge: Cambridge University Press, 2013.

② 　Alex Orrmalm, " Culture by Babies: Imagining Everyday Material Culture through Babies' Engagements with Socks. " *Childhood*, vol. 27, no. 1, 2020, pp. 93~105; Alex Orrmalm, "Doing Ethnographic Method with Babies-Participation and Perspective Approached from the Floor. " *Children & Society*, vol. 34, no. 6, 2020, pp. 461~474.

了。站在一旁的其他保育员赶紧打圆场，顺道帮忙分析各种可能性，最后余阿姨的说法引起了所有人的注意。她认为清明是嫉妒隔壁床的孩子受宠，经常被大人抱，所以想通过哭闹的方式来赢得阿姨们的注意。余阿姨提出这个说法的依据是隔壁床的丽敏正好是她负责照顾的，近一段时间这孩子越发显得有些伶俐可爱，所以她每次过来喂奶和换尿布都会抱一抱她，然后每一次她都发现清明在隔壁床看着她抱丽敏。

在场的人听到余阿姨的解释都笑了，但是大家又都在某种程度上认可这一解释的可能性。朱阿姨举了几个福利院学步儿童为获取保育员关爱而展开竞争的例子，进一步引起了其他人的共鸣。比如方阿姨有一次夸她照顾的春霞（大约 2 岁，眼睛内斜视）学走路学得很快，长大以后可以当运动员了，夸完之后还在她的脸颊上亲了一口。站在一边年龄稍大的宏伟（大约 3 岁，唇腭裂患者，且还不太会说话）好像听懂了这话，突然在婴儿房里小跑了一圈，然后站回阿姨面前，好像在等待她的夸奖。方阿姨最开始愣了一下，后来笑开了花，说我们一家子以后都是运动员，都要拿奥运会奖牌，我以后可以躺在家里享清福了。还有一次，朱阿姨让她照顾的一个孩子去婴儿房里给她拿一双拖鞋到工作室来，等那个孩子把拖鞋拿来以后，她照顾的其他几个孩子都去了婴儿房，把她放在婴儿床底的运动鞋、皮鞋都拿了过来，朱阿姨哭笑不得。黄医生听着这些例子频频点头，最后说一些儿童心理学研究发现 3~4 个月大的孩子就已经有嫉妒攀比之心了，比如看到妈妈跟别人聊天时会不安，看到妈妈抱其他孩子时会大哭，所以估计 7 个月大的清明有这样的想法也属正常，她很有可能就是为了获取大人的关注才哭闹的。

清明的例子也启发了我去回顾自己刚进永江福利院做调查时经历的一些事情。同样是宏伟，他是我进院后最早跟我互动的孩子之一。那一次，他在我面前把鞋子脱掉，然后把鞋子递给我。我当时的理解是他让我帮他穿鞋子，但是当我帮他把鞋穿上以后，他又把鞋脱了，继续让我帮他穿上，就这样持续了四五次，直到我有些不耐烦了，拒绝再给他穿。接着他就开始拿鞋打我，我忍不住说了一句"你这孩子真坏"，结果站在边上的几个看起来年纪差不多的孩子就跑过来打他。当我把这个例子拿出来和保育员们分享时，她们的理解是宏伟一开始是拿穿鞋脱鞋当作游戏跟我玩，让我持续地关注和陪伴他。当我厌烦后，他没有感知到我的厌烦（或者感知到了，但还想跟我继续玩），于是就拿鞋子打我，意图再次引起我的注意。而当我责骂他的话说出口后，其他孩子便试图以打他替我出气的方式来争取我的注意。朱阿姨还当场指出打人的孩子中表现最积极的肯定有佳怡，这个大约 3 岁的女孩（轻度脑瘫患儿）走路都走不稳，但是最喜欢迎合大人，听到阿姨骂谁就上去打谁。对她平时表现不了解的外人一开始很有可能会觉得这个女孩有点莫名其妙，比如我第一次注意到她就是因为她在我后背重重地拍了一掌，等我回头发现她时，她满脸笑容，于是那一掌很可能只是为了引起我的注意。

按这一寻求关注乃至陪伴的行为逻辑推演下去，我和保育员们开始怀疑很多婴儿的举动也有类似的动机。霞芳是一名 1 岁左右的唇腭裂患儿，她的"戏码"看起来和宏伟有点相似，只是她脱的是袜子。照顾她的朱阿姨一天要帮她穿七八次袜子，因为每过一段时间，这个手脚灵活的女孩就把自己的袜子脱了，拿在手上玩，放在嘴里咬，或者扔到床底下。而每次朱阿姨给她穿好袜子之后，都要逗弄她几下，她都笑得很开心。久而之，阿姨感觉自己给霞芳穿袜子的频率好像越来越高，几乎每次路过她的婴儿床，她的袜子都是脱掉的。

如果说宏伟和霞芳吸引成人关注的方式还需倚赖外在的媒介，有些孩子似乎可以将自身作为产生吸引力的工具了，前文提到的清明便是一例。按照保育员们的看法，孩子哭闹一般有两种原因，一种是身体不舒服，另一种则是情绪不好、不高兴，比如被人抱过或者一起玩了游戏，但是对方突然停止导致的情绪跌落（见第四、第五两章中慈善人士抱小孩的讨论）。如果清明真的用哭闹来吸引成人的注意，那么她等于创造出了第三种原因，即哭闹是一种身体化的社交策略。对于保育员和驻院医生来说，哭闹作为儿童表达诉求的社交策略之所以能被认可和接受，一方面是福利院中的生活情境和儿童心理学的实验发现令它在逻辑上说得通，另一方面是她们自身在家育儿的体验也符合这种想象，就像余阿姨说的，她们自己的子女就经常通过"撒泼耍赖"的方式从父母那里获得他们想要的东西。

然而哭闹有可能并非福利院婴幼儿唯一的身体化社交策略。在意识到孩子们正在用种种手段吸引乃至取悦成人之后，保育员们开始将一些看上去更自然的动作和情感表达也理解成为一种朴素的"心机"。① 例如她们会把孩子注视成人的行为理解成一种对陪伴的渴望。此外，孩子的笑容也可分为两种，有一些笑容是发自内心的、更纯粹的笑，而有一些则可能是另一种身体化的社交策略，为的是吸引成人的注意，希望后者能够抱他们，或者跟他们一起玩。吕阿姨与我分享了如下的观察：

> 你来福利院也有几个月了，应该能观察到很多小孩喜欢看大人。你到婴儿房里去，人还没到，一听到有脚步声，有些小孩就开始盯着门口看了。等到有人出现，有些小孩就开始发出各种声音，或者摇动床头的风铃。等你走近了，他们会微笑地看着你，有时候还会手舞足蹈。能站起身来的小孩会笑着举手让你抱了。等你走远了，只要还在视线范围之内，能翻身或者能爬的小孩会换着姿势看你，直到你离开他们的视线。有些小孩看到你走了还会哭，想把你唤回来。

在吕阿姨的描述里，婴幼儿为了获得成人的关注启动了包括视觉、听觉、面部表情、内心情感等一系列身心机能。某种程度上，似乎这些孩子已有了做情感工作/劳动的潜能，只是形式上还显得质朴。与此同时，这样复杂的身心活动不是偶尔发生的，而是随时有可能上演的，只看成人何时到来，因而婴幼儿似乎需要时刻准备着，要将赢取关注的情感工作自然化、身体化，消弭前台与后台的差别。然而，在机构集体养育的场景中，由于保育员的照护实践还存在流程化的安排（包括批量喂奶、换尿布等时间的设定），而非一对一的专注性照料，儿童对成人关注与照护的竞争更为激烈。② 也因为竞争的存在，如果我们想象婴幼儿们真的懂得上述这

---

① 这里用"手段"和"心机"这样的词汇来描述福利院婴幼儿的行为与动机并不是要对他们做负面的道德判断，而是想要凸显这些孩子所具有的能动性。事实上，其他的研究者也在中国的幼儿园中观察到学龄前儿童丰富的内心世界和实践策略，包括所谓的"心机"，见许晶《培养好孩子：道德与儿童发展》，祝宇清译，上海：华东师范大学出版社，2021年，第163~164页。

② 尽管我在第五章中也讨论到了保育员对特定儿童更密集的身体和情感照料，但正如我当时所强调的，这样的做法只针对被挑选的儿童个体，而非普遍化的做法。

些策略，并能（不同程度上）运用自身的身心机能实现他们的目标，那么最终胜出的孩子无疑是最符合机构和保育员期待，也是在福利机构场景中社会化程度更高的——正如我在第五章中已经指出的，他们会比其他孩子对外界的反应更灵敏，对保育员的关爱更渴求，并且对获得的关爱给予更多的积极回应；而更"聪明"的孩子懂得"保育员妈妈"的心思，能够感受到保育员情绪的变化，学会分场合地有节制地渴求关爱。由此，对成人关注与陪伴的渴求造就的竞争极有可能成为相当一部分福利院婴幼儿成长的催化剂，促使他们不断地调整自身的行为、习性与心智状态，尽其所能地成为一个满足机构养育体制所期待的"聪明"孩子。

（二）少儿：透过饮食来展现能动性

相比于婴幼儿们大多只能通过成人不容易理解的声音和少量的肢体动作来与成人交流，身心发育状况日趋"成熟"的少儿们则是更活跃的群体。他们中的一部分已经习得了一定的成人语言，同时在肢体活动能力上亦大有长进。如果说婴幼儿们通常只能在有限的时间里、在其视线所及范围之内争取成人的关注，那么那些能独立行走的少儿们则可以更自如地跟随成人，由此获得更多赢得关注的机会。本书第四章已对福利院儿童和志愿者在这方面的互动做了一些介绍，本节我将聚焦儿童如何通过饮食活动来展现自身的能动性，以及福利院集体生活和居于其中儿童某种程度上的"自我中心主义"之间的张力。

饮食是所有人生存都必须进行的活动，福利院儿童自然也不例外。以往的儿童研究亦从饮食消费的角度探查到儿童的能动性，但孤儿院儿童的饮食消费在学界仍是较少人谈及的议题。[①] 在永江福利院，由于正餐多由食堂按计划采购和准备，福利院儿童在正餐饮食选择方面缺乏话语权（见第三章）。与此不同的是，他们在吃零食点心时受到较少的限制，也展示出自己更多的能动性。

永江福利院的点心时间是每天上午 10 点和下午 2 点。点心的来源主

---

① 关于儿童饮食的总体概述，见 Allison James, Anne Trine Kjørholt, and Vebjørg Tingstad, *Children, Food and Identity in Everyday Life*, Basingstoke：Palgrave Macmillan，2009；关于中国儿童的饮食消费实践，见景军主编《喂养中国小皇帝：食物、儿童和社会变迁》，钱霖亮、李胜等译，上海：华东师范大学出版社，2017 年。

要是慈善捐赠的零食，此外也有福利院自行采购的水果。具体的点心类型包括乳制品饮料（如牛奶、娃哈哈营养快线等）、膨化食品（薯片、饼干、虾条、糕点等）、糖果（如水果糖、巧克力等）、水果和其他一些零食（比如孩子们爱吃的乡巴佬牌鸡腿和卤蛋、牛肉干），夏天还有雪糕、绿豆汤和西米露等消暑食品。和家庭当中的孩子一样，许多福利院儿童非常爱吃零食，每到点心时间，就会自觉地围绕餐桌等待保育员分发零食。不少智力障碍儿童也记得这个时间，瘸腿的儿童也会飞奔到餐桌边。有时个别保育员忘记了时间，有的孩子就会想方设法地提醒她。但也有孩子会自己去偷吃。从学步时期开始，很多孩子就知道了福利院儿童部里储藏零食的地方，尤其是一间储藏室和保育员工作室里的一个柜子。由于进入储藏室需要钥匙，保育员工作室的柜子便成为孩子们日常锁定的目标，乘着阿姨们不注意就进去拿一点吃的。在吃零食时，尽管不少孩子（尤其是年龄较小的和智力损伤较为严重的）似乎并不懂得区分，只要有的吃就行，但也有孩子相当挑剔。他们吃遍了各种零食，从中选择出自己喜欢的种类和口味，下次再吃时就专门向保育员要那几种，或者自己去拿时专挑那几种，以至于后来被发现偷吃也无法抵赖，因为保育员们都知道他们爱吃这几种零食。除了讲求口味，部分儿童还特别注意零食包装是否新颖有趣。比如碰到印有喜羊羊等卡通形象的，有个孩子就经常舍不得吃，藏在他床底下的一个储物盒里，平时还经常拿出来跟其他小孩炫耀。[1] 这就激起了其他孩子的攀比和嫉妒，争抢和偷窃零食时有发生。

　　由于受到国家财政的支持并接受大量的慈善捐赠，永江福利院有较为充足的资金来购买儿童所需的日常用品，包括零食。保育员们购买零食时，也知道哪些是儿童特别钟爱的。因为时常被保育员和慈善人士询问喜欢吃什么，有些能说话儿童似乎开始领会到"说得出来的东西就有的吃"的道理。我常常听到这些孩子时不时地跟保育员唠叨想吃什么零食，或者什么零食好像没有了；在面对慈善人士的询问时，他们也会毫不犹豫地表

[1] 罗立波曾经讨论过二十世纪九十年代电视动画形象对中国儿童零食消费的影响。永江福利院的孩子平时最喜欢的娱乐活动就是看动画片，并且非常喜爱里面的动画形象。见罗立波《全球化的童年？北京的肯德基餐厅》，李胜译，景军主编《喂养中国小皇帝：食物、儿童和社会变迁》，上海：华东师范大学出版社，2017年，第99～124页。

达自己的喜好。不会说话但仍能辨明喜好的孩子，也能够通过肢体语言表达自己的选择，比如从慈善人士提供给他们的零食中进行挑选。此外，对零食的着迷不仅关系福利院儿童的个人兴趣和爱好，有时也是某些儿童对福利院依恋感情的一部分。例如前文提到的送下乡寄养的晨晓，她是一名被驻院医生诊断为"中度智力障碍"的6岁儿童。由于她缺乏语言能力，我们无法知晓她情绪失控乃至想要"自杀"的缘由。但到了下乡那天，正赶上点心时间，晨晓吃完后还偷偷抓了两把别人的零食塞在口袋里。负责照顾她的朱阿姨看到就纳闷了，说她平时吃零食并不贪心，怎么今天吃完还要拿别人的？朱阿姨的妈妈是已退休的保育员，晨晓后来就寄养在她家里。在一次回家后朱阿姨告诉我，她终于搞清楚当初晨晓为什么要"自杀"了。她妈妈有时会带小孩在村里走街串巷、访问邻里，有些乡亲见有小孩来就拿出零食给他们吃。朱阿姨形容晨晓的吃相好像是饿了几辈子，见到零食就狼吞虎咽，吃完走了还要捎上一点；路过村里的小卖部时，也是一直盯着零食看，朱阿姨由此认为，晨晓当初行为反常的原因，就是她不愿意去一个不熟悉且可能没有零食吃的地方。

　　有了充沛的零食供给之后，孩子又是如何进食的呢？不同于中西方的许多家庭、学校乃至孤儿院，永江福利院儿童就餐（不论是正餐还是点心）时并没有一套很正式的餐桌礼仪，① 但这并不意味着保育员们对孩子的饮食行为放任不管。进餐时大吵大闹、抢夺他人食物的孩子，必定会受到惩罚。有的孩子有挑食习惯，如果事先没有告知，事后又耍赖不吃分配好的食物，就有可能惹怒保育员。这些导致惩罚的状况，虽然都与食物分配有关，但追根究底，是因为触犯了保育员的权威，挑战了她们在儿童饮食安排上的分配权和就餐秩序的管理权。也正因为福利院的机构制度和作

---

① Paul Daniel and Ulla Gustafsson, "School Lunches: Children's Services or Children's Spaces?" *Children's Geographies*, vol. 8, no. 3, 2010, pp. 265 ~ 274; Nika Dorrer, Ian McIntosh, Samantha Punch, and Ruth Emond, "Children and Food Practices in Residential Care: Ambivalence in the 'Institutional' Home." *Children's Geographies*, vol. 8, no. 3, 2010, pp. 247~259; Susan Grieshaber, "Mealtime Rituals: Power and Resistance in the Construction of Mealtime Rules." *British Journal of Sociology*, vol. 48, no. 4, 1997, pp. 649 ~ 666; Joseph Tobin, David Wu and Dana Davidson, *Preschool in Three Cultures: Japan, China and the United States*, New Haven: Yale University Press, 1989.

为成人的优势赋予了保育员上述权力，她们转而可以在实际抚养的过程中利用这些权力，对福利院儿童进行管理。食物能被用作管理工具，在具体语境中，食物的工具性可以分为两个方面：它既可以用来表达关爱，亦可以用来实行控制。

　　一方面，用食物来表达关爱这种方式似乎在中国成人和儿童的互动中非常常见，并且被认为是中国父母宠爱独生子女的重要表现之一。① 尽管不是亲生子女，永江福利院的保育员也常常以这种方式来对待自己宠爱的儿童。在第五章中，我提到过 4 岁的脑瘫患儿国芳是张阿姨最宠爱的孩子，因为"张妈妈"的宠爱，她成为福利院里名副其实的小霸王，一有不如意就哭闹。张阿姨对她百依百顺，在食物分配上也是如此，平时分零食时就会多给国芳一点；在非点心时间，只要是国芳想吃零食，张阿姨也会拿给她，自己家里有什么好吃的，也时常会拿给国芳吃。张阿姨这种宠爱方式令国芳养成了习惯，似乎觉得自己有相对于其他福利院儿童的特权，例如其他保育员分食物时她一定要多拿一份，别的孩子的食物只要她想吃就是她的，不给她就抢，抢不过就找张阿姨。而张阿姨偶尔还会偏袒、纵容她，有时甚至不惜和其他保育员发生冲突。其他保育员认为张阿姨的过分宠爱导致了国芳的骄纵与蛮横，于是时不时地会提醒张阿姨要控制自己，这既有助于减轻张阿姨本人和其他保育员的工作压力，从长远来看也是为了国芳好，矫正她已经走偏的自我认知，收敛脾气。张阿姨与国芳的例子揭示了作为纽带的食物是如何连接福利院两代人之间的情感的，而这种情感联系对福利院儿童的社会化既有利亦有弊：利在于让这些儿童感受到亲情的温暖和照慰，获得与成人建立亲密关系的机会；弊在于令部分儿童形成类似独生子女般以自我为中心的心态，不完全适应机构集体养育的环境，造成他们与保育人员以及其他儿童的矛盾。

　　另一方面，食物分配和它所牵扯出来的社会关系也并不总是那么温情脉脉。从福柯和戈夫曼的理论视角出发，许多研究者将家庭、学校和孤儿院的饮食安排阐释为规训机制，将成人照顾者和儿童之间的互动理解成压

---

① 冯文：《唯一的希望：在中国独生子女政策下成年》，常姝译，南京：江苏人民出版社，2018 年；景军主编《喂养中国小皇帝：食物、儿童和社会变迁》，钱霖亮、李胜等译，华东师范大学出版社，2017 年。

迫者和反抗者之间的不平等权力关系。① 永江福利院里的部分例子也可以从这个角度加以讨论。比如，一次午休后，方阿姨拒绝给三个孩子发点心，因为他们三人在午休时不睡觉，还把其他人吵醒了。其中两个孩子在方阿姨的斥责声中沉默地靠着墙壁站着，但5岁的小雨对不能吃点心感到非常不满，跑去把分给其他小孩的饼干都拍碎了。这一举动进一步惹恼了方阿姨，她故意让小雨站在餐桌边看其他孩子吃点心。之后她又教育了其他两个孩子，鉴于他们的认错态度比较好，方阿姨在小雨面前给了这两个孩子一人一瓶牛奶。看到小雨一脸不服气的样子，方阿姨便故意刺激他，说所有人都有点心吃，就他没有；以后他再这么做，不听话，就永远没有点心吃。从福柯的视角来看，方阿姨的零食分配显然可以理解为一种规训机制，而零食本身也变成了管控工具，可以用来惩罚午休不睡觉且打扰到他人的孩子，同时也是对他们再犯的警告。尽管福利院的孩子们未必总能控制自己的行为，但食物的规训功能时不时地提醒着他们集体生活规则的重要性。

到访永江福利院的慈善人士也常常以捐献零食的方式来表达他们对福利院儿童的关爱。值得注意的是，这些"爱心食品"除了在物质上满足福利院儿童的需求之外，在社会文化上也有其独特的功能。根据我的观察，食物在慈善人士和福利院儿童日常互动的过程中，也作为两者建立互信关系的手段而存在。许多慈善人士到福利院时都会带一些零食，在选定一个具体的"献爱心"对象后，把零食喂给他们吃。这个过程可能是慈善人士单向的选择，一般长相可爱的孩子总是更受青睐。更多时候这个过程是双向的，因为零食对大多数孩子具有很强的吸引力，会走路的儿童会一直跟在他们身后，婴儿床里会吃零食的幼儿也会向他们招手微笑。吃了零食的孩子似乎能够体会到食物所承载的感情，对食物的馈赠者产生亲昵感，愿意和慈善人士一起互动做游戏。有些经常来献爱心的人士，感受到零食可以帮助成人与福利院儿童建立起互信关系，于是将它作为一项交流

① Jo Pike, " Foucault, Space and Primary School Dining Rooms. " *Children's Geographies*, vol. 6, no. 4, 2008, pp. 413~422; Samantha Punch and Ian McIntosh, " 'Food is a Funny Thing within Residential Child Care': Intergenerational Relationships and Food Practices in Residential Care. " *Childhood*, vol. 21, no. 1, 2014, pp. 72~86.

沟通的技巧传授给新来的人，告诉他们"智力障碍儿童和普通孩子一样，只要有吃的就会和你很亲密"。在这个以食物为媒介建立起来的沟通互信组合里，成人有意识的策略固然具有主导性，但孩子的兴趣和习性也在其中发挥很重要的影响力。① 见多了分发零食的慈善人士，经历了几次跟着他们就有零食吃之后，有的孩子也会有意识地这么做。比如每逢有慈善人士到访，我总会看到有几名大龄儿童围在门口，患有唐氏综合征的小凯（7岁）就是其中一位。他殷勤地帮助慈善人士拿捐赠品，然后偷偷摸摸地打开袋子和箱子看里面的东西，有零食就会顺手拿一点；开始发零食时，他又会选择站在离慈善人士最近的位置，以便获得优先选择权或者更多的食品。而挑剔的孩子甚至还会撒娇或者发脾气，拒绝慈善人士给他不喜欢的零食，执意选择他自己爱吃的，以至于有位慈善人士感慨说："谁说福利院小孩智力低下？我看一个个人精似的，家里孩子的脾气，他们一点没少有。"

食物的流动除了发生在儿童与成人之间，也流行于儿童群体内部，主要表现为对食物的争夺和分享。争夺食物是福利院中小孩打架的主要原因之一，但并不是因为食物不足，按照保育员们的说法，是由于争抢者"永远吃不够，吃吐了还要吃"。此外，福利院儿童吃东西除了吃本身的意义以外（比如肚子饿想吃、嘴馋、好吃），可能也是一种游戏。譬如有一次有个孩子口渴了，到保育员工作室来问我要白开水喝，我倒了一杯给他，结果几个站在门外观望的小孩也进来讨水喝。后来站在大厅里的孩子也纷纷跑过来，喝了一杯又一杯，直到凉水壶里的水喝干。我对这么多小孩一下子都感到口渴觉得很奇怪，而且是一直喝。目睹这个场景的洗衣工李阿姨提醒我，第一个孩子可能是真口渴，第二个就以为是你给第一个喝什么好喝的东西，他也想喝；再接下来的就是把喝水当游戏了，看到别人喝他们也要喝，别人喝多少他们也要喝多少。李阿姨的解释不仅揭示了孩

---

① 富晓星曾经讨论志愿者与受助流动儿童之间长期的互动，发现两者之间的关系会随着时间的演进发生变化。到永江福利院献爱心的慈善人士很多在时间安排上并不固定，不少人只是一次性的捐赠。即使是那些每隔一段时间就会到访的志愿者，我也没有发现福利院儿童对他们的态度有明显的历时性差异。解释这种差别还需后续的研究。见富晓星《互为中心：志愿者和服务对象的关系建构》，《青年研究》2015年第6期。

子的饮食行为可能具有的多重意义，更重要的是这些意义背后蕴含着的自我认知：别人有好的东西我也要有，别人有多少我也要有多少，"我"在这里是一个大写的自我。

　　除了争抢食物，部分福利院儿童之间也存在分享关系。这些分享关系又暗示着福利院儿童的自我也非孤立的个体主义，仍受制于人作为社会性动物的本能和福利院集体养育的大环境。就我的观察，这种分享关系有两种类型："家庭"成员之间的分享和"朋友"之间的分享。在永江福利院，每个孩子入院后都会分配给一个专门的保育员照顾，日复一日的养育过程在保育员和相当多儿童之间建立起情感联系，会说话的孩子对其主管保育员的称呼也是"妈妈"（其他的则称"阿姨"）。这些密集育儿的实践和亲属称谓的使用，加上保育员平时在教养儿童时也常常有意无意地使用"家"这个概念来区分不同保育员所照顾的儿童群体，久而久之，有些大龄儿童便对同属一位保育员照顾的儿童群体有了作为家人的认同感。① 这种认同也表现在食物分配上。比如有一次我帮保育员给婴儿房里的幼儿喂饭，7 岁的小凯就走过来，告诉我不要喂隔壁床的一个孩子，因为那个孩子不是他们家的。在大龄儿童之间，"家人"身份在食物分享和争夺的过程中也非常重要。例如，有一次小霸王国芳抢了一个同龄男孩的零食，和他同归付阿姨照顾的一个女孩非常生气，一把抓住国芳。等触不及防的国芳摔倒在地上，这个女孩就压在她身上，叫那个男孩抢回零食，两个孩子一起把国芳打了一顿。女孩一边打一边骂："叫你抢我们家的零食。"保育员们后来制止了这场打架，但是私底下评价付阿姨家的两个孩子时认为，他们虽然被诊断为轻度智障，却很聪明，有很强的一家人观念，并希望自己照顾的孩子也能有这样的认同意识。

---

① 每个保育员所主持的"家"是福利院中资源分配的基本单位，除了食品是统一保存使用以外，其他物资都会平均分配到每个保育员。有几次在分配物资时，我就听到有保育员招呼一些大龄儿童将分配到他们"家"的物资搬运到他们"家"的地方去，而这些儿童都知道所谓他们"家"的地方在哪。福利院婴儿房的空间也是依据"家"来划分的，有两位保育员负责的婴儿房是单独的小间，另外四位则分享两个大间，各自的婴儿床密集排列在房间的两侧。这种认同也表现在食物分配上。更详细的关于保育员和福利院儿童类家庭成员亲密关系的建立过程，参见第五章。

　　食物分享的另一种类型发生在朋友之间，在争夺食物的过程中朋友身份也同样发挥作用。如果"家人"和不属于同个保育员照顾的朋友发生冲突，我的观察是，有的孩子会更倾向于帮助跟他们关系更亲密的朋友。福利院儿童朋友圈的形成也是一个日积月累的过程，而零食的分享在这个过程中有着极为重要的角色。患有侏儒症的民雅在院10多年，虽然个子矮但气场很强，被保育员们说成是福利院儿童中的老大。她们在点心时间分发零食时留意到不少孩子分到零食后都会再分一些给她，就认为这些小孩是在拍民雅的马屁，戏称她在福利院里建了一个小帮派，自认首领。但我仔细观察后发现，她和这些孩子之间并没有等级关系，而是用一些小策略发展出一个较大的朋友圈，策略之一就是零食的互惠交换。民雅平时在点心时间吃得不多，储藏盒里存了一堆各式各样的零食。由于其他孩子每一次都吃得很干净没有存货，民雅会在非点心时间拿一些自己储藏的零食给跟她关系好的孩子吃。如果其他孩子问她要，她会要求这些孩子在发了零食之后还给她。我注意到她给那些孩子的也许就是一包饼干中的几片，但等还回来的时候可能就是一整包。也因此，民雅储藏盒中零食的数量只增不减。我尝试问了几次也没搞清楚那些"借贷"零食的孩子是不介意还是根本没想过这个问题（不会说话的孩子无法自我表达，会说话的孩子也不太听得懂我问的），但他们能在非点心时间吃上零食还是很开心的，并和民雅熟稔起来。就此，围绕零食展开的关系网使得民雅成为福利院中的孩子王。

　　从争抢食物衍生出的自我意识，到围绕食物展开的"家庭"认同的塑造，再到朋友关系网的营造和维系，这些日常生活中看似平常的游戏行为，实际上都是福利院儿童在给定环境中经历社会化，形成自我认知和习性的过程。[①] 仍以民雅以自我为中心营建关系网为例，她的能动性表达既包含了残疾儿童个人的主体性彰显，也可能牵涉每个个体之间如何关联，以及个体如何融入集体生活的努力。如前所述，在儿童个体融入福利院集体的过程中，保育员等成人的角色是十分明显的。一方面她们提供"家

---

① 人类学者陈学金对北京一家幼儿园中儿童日常生活的考察也有类似的发现，见陈学金《儿童如何融入社会？——托班日常生活与群体秩序的民族志研究》，《民族教育研究》2021年第5期，第70~81页。

庭"的概念，营造结构性的氛围；另一方面，她们也通过关爱和规训的手段，构造出家庭成员之间的权力关系，制定出相互之间的职责和义务。儿童融入和体验这种结构的经历，不仅生产出了他们的身份认同，也塑造了他们自我的习性和与他人相处时的道德观念。与其他儿童攀比、争抢和分享食物，向慈善人士索要食物，对保育员恃宠而骄，这些"孩子般"（childish）的稚嫩行为，实际上都是福利院儿童通过食物这一媒介在经历社会化的道德旅行。

（三）青少年：性意识的萌发

从少儿期进入青春期，福利院儿童在身心特征上又有了新的发展，包括性意识的萌发。但是针对中国残疾人的性议题，尤其是福利院残疾儿童的性议题，相关的学术研究屈指可数。社会学家潘璐和叶敬忠曾对中国乡村中智力障碍女性的生存环境展开研究，揭示了乡土社会对残疾女性在性、婚姻和生育等方面权利的漠视。[1] 类似的，人类学家马修·考勒曼对中国城市残疾人的研究也发现，残疾男性在寻找婚姻伴侣方面面临诸多困难。[2] 与此相对的，在儿童研究领域，不少学者从性教育和性虐待的角度探讨了中国儿童的性问题，但基本没有涉及残疾儿童。[3] 本节希望从永江福利院智力障碍青少年的个案出发，论述以下两个方面的内容。其一，通过观察保育员对待和处理残疾儿童性问题的做法，揭示中国的照顾者与她们的西方同行一样，从生物医学的角度来理解残疾儿童的生理及心理特征，将他们视为"无性人"（asexual）或"在性方面上不成熟的人"

---

[1]　Lu Pan and Jingzhong Ye, "Sexuality and Marriage of Women with Intellectual Disability in Male-Squeezed Rural China." *Sexuality & Disability*, vol. 30, no. 2, 2012, pp. 149~160.

[2]　Matthew Kohrman, "Grooming Que Zi: Marriage Exclusion and Identity Formation among Disabled Men in Contemporary China." *American Ethnologist*, vol. 26, no. 4, 1999, pp. 890~909.

[3]　陈晶琦、王兴文、Michael Dunne：《239 名高中男生儿童期性虐待调查》，《中国心理卫生杂志》2003 年第 5 期，第 345~347 页；陈晶琦、Michael Dunne、王兴文：《某中学高中女生儿童期性虐待发生情况调查》，《中国学校卫生》2002 年第 2 期，第 108~110 页；Liying Zhang, Xiaoming Li and Iqbal Shah, "Where Do Chinese Adolescents Obtain Knowledge of Sex? Implications for Sex Education in China," *Health Education*, vol. 107, no. 4, 2007, pp. 351~363.

（*sexually immature*），① 进而采取过分保护的措施，限制他们接触性信息，或对表现出性意识和行为的残疾个体采取较为严厉的管制措施，而非给予性教育，对他们的行为加以引导。② 其二，也是对本章论点来说更重要的，即残疾儿童面对上述的管制措施，非但没有（当然也无法）遏制自己性意识的形成和表达，反而促使他们发展出一些策略性的手段来满足自身的需求，彰显出他们在性方面的能动性（sexual agency）。

针对福利院儿童自身就其性问题的看法，这里需要在民族志的想象力层面再做些许补充。恰如读者即将看到的，我使用的许多素材来自我在不同场合听到他们中的一些人使用了一些字眼，这些字眼尽管不一定能构成完整的句子，却是非残疾的普通人经常会拿来表达性感觉或性需求的用语。另一部分重要的材料来自我和保育员对他们在公开场合做出一些行为的观察，这些行为在非残疾的普通人眼里也具有性意味。③ 在这里，如果我们假设残疾儿童仍旧能和非残疾的普通人一样思考和学习的话（这是残疾研究学者的一个基本学术立场），那么我们或许可以把他们使用的字眼和表达的行为看作他们自身思考性问题和学习性知识的结果。在此基础上，我们甚至可以更进一步推论残疾儿童与非残疾人可以共享一些表达性感觉和需求的方式，而这些方式揭示了残疾儿童在性问题上具备一定的能动性。④ 据此推论，我在下文中将把残疾儿童的只言片语和行为表达作为

---

① Eunjung Kim, "Asexuality in Disability Narratives." *Sexualities*, vol. 14, no. 4, 2011, pp. 479~493; Maureen Milligan and Aldred Neufeldt, "The Myth of Asexuality: A Survey of Social and Empirical Evidence." *Sexuality & Disability*, vol. 19, no. 2, 2001, pp. 91~109; Tom Shakespeare, Kath Gillespie-Sells, and Dominic Davies, *The Sexual Politics of Disability: Untold Desires*, London: Cassell, 1996.

② Donna Bernert, "Sexuality and Disability in the Lives of Women with Intellectual Disabilities." *Sexuality & Disability*, vol. 29, no. 2, 2011, pp. 129 ~ 141; Aysegul Isler, Dilek Beytut, Fatma Tas, and Zeynep Conk, "A Study on Sexuality with the Parents of Adolescents with Intellectual Disability." *Sexuality & Disability*, vol. 27, no. 4, 2009, pp. 229~237.

③ 这里需要说明的是我的参与观察仅限于公开场合，并不试图窥探残疾儿童的隐私，尽管他们的性问题在福利院中已经公共化了。

④ 关于残疾人在性问题上的主体性和能动性讨论见 Donna Bernert, "Sexuality and Disability in the Lives of Women with Intellectual Disabilities." *Sexuality & Disability*, vol. 29, no. 2, 2011, pp. 129~141; Russell Shuttleworth, "Bridging Theory and Experience: A Critical-Interpretive Ethnography of Sexuality and Disability." In Robert McRuer and Anna Mollow (eds.), *Sex and Disability*, Durham: Duke University Press, 2012, pp. 54~68。

正式访谈的替代信息来展示他们自身的观点。

我第一次意识到残疾儿童性问题的争议性是在 2011 年 4 月一个天气闷热的下午。清清（16 岁男孩，唐氏综合征患者）在浴室里洗澡，保育员方阿姨正好路过，发现浴室门开着，小萍（7 岁女孩，先天性癫痫症患者）站在门口往里面看。方阿姨走上前去看看，结果发现清清一丝不挂地在跳舞给小萍看。阿姨非常生气，把小萍拽出来训斥了一顿，说她"一个女孩子看男人洗澡，不要脸"、"和清清这种智障的人一样傻"。小萍大哭。其他保育员就过来劝方阿姨，说小萍还小，不懂性这些东西，但方阿姨仍然不解气。等清清穿好衣服，方阿姨把清清拽过来体罚了一顿，还给正在休假的主管清清的朱阿姨打电话控诉。结果第二天朱阿姨来上班时又把清清骂了一顿。骂完之后，朱阿姨和其他保育员解释说清清平时在性方面还是很保守的，不穿内裤都不敢出浴室，生怕被别人看到，不知道为什么这次会表现得那么奇怪。然而当我问朱阿姨清清是否有性意识时，她却给出了一个模棱两可的答案：

> 我也不确定……我觉得一般要长大成人了才会有性意识。像清清这样的青少年，正好处在快要成年的阶段，所以也有可能已经有了一些性意识……我实在不知道他对性的东西到底懂多少。他一生下来就有唐氏综合征，这种病会影响人的智商。一般来说智力不好的人会比平常人发育慢一点，所以性意识的形成也会慢一点，也有可能永远没有性意识。

说完这话，朱阿姨也意识到了自己的前后矛盾，因为她刚刚提到清清不穿内裤不敢出浴室是因为他在性方面比较保守，这意味着他是有性意识的。朱阿姨同样也对清清在小萍面前跳裸舞这个事件感到困惑。她认为这有两种可能：一种是清清有性意识，他这么做是为了吸引异性；另一种则是他完全没有性意识，根本不知道在异性面前跳裸舞意味着什么。方阿姨也有同样的困惑，她不知道小萍是否已经有了性意识，因而对异性的身体产生了兴趣；抑或是她完全不了解看异性洗澡意味着什么。也是通过这次事件，我发现了保育员们对残疾儿童/青少年的此类行为都有一种不确定的感觉。虽然很多时候她们倾向于认为这些行为具有性意味，但并不确定残疾儿童/青少年做出这些行为是否受到他们性意识的驱使。按她们的理解，残疾儿童/青少年由于其残疾应该不具备性意识，或要在很久之后才会产生。

但这种观念似乎逐渐被现实证否。尽管最初还有所怀疑，经过几次事件后保育员们开始确信清清是有性意识的，而且认为这会造成严重的后果。引起她们担忧的事例又是由方阿姨曝光的。有一天下午她正好去洗衣房取洗好的尿布，发现清清在里面脱小梅（7岁女孩，脑瘫患者）的裤子。看到这一幕，方阿姨震惊了，她立刻拉着清清去见其他保育员，她们一起责骂清清，警告他不准再脱女孩的裤子或者光着身子给女孩看。方阿姨对其他保育员说，这次如果不是她恰好撞见，小梅恐怕已经被清清强暴了。其他保育员感到奇怪的是清清从哪里学来这种行为的。张阿姨忽然想起门卫丁师傅经常在保卫室里播放二十世纪九十年代那种画面里有穿泳装女性的DVD唱片。因为不少福利院的男孩子会去保卫室玩，张阿姨怀疑他们是从那里获取了性信息。后来，保育员们还派代表去跟丁师傅商量，让他不要再让福利院孩子看这些东西。

在接下来一段时间，清清看上去变得"老实"多了，没有表现出任何在保育员看来带有性意味的举动。但是很快付阿姨说她发现了一个秘密。她说自己和朱阿姨，以及方阿姨和余阿姨值班的时候，清清会很老实。可是当张阿姨和吕阿姨值班时，因为她们经常会走开（回宿舍拿东西或者到外面接电话），清清就会趁机骚扰女孩子。付阿姨发现这个秘密是因为有一次她下班后回福利院拿东西，张阿姨和吕阿姨正巧都不在，她在楼底下就听到依兰（16岁女孩，脑瘫患者）在楼上大叫，付阿姨上去一看发现清清正追着依兰跑，手里抓着她已经被扯下一半的衣服。付阿姨在讲述这个事件时气愤地说：

> 你是没看到那个场面，太可怕了！依兰一边躲一边大叫着哭，清清拉着她的衣服在后面追。如果我当时不出现，估计依兰就被他强奸了！……你看，这个男孩子其实很聪明，他知道怎么把握机会。但是他也很傻，傻在不知道怎么控制自己，不知道自己做这种事情会有什

么后果。这种青春期的男孩子最危险了。那次以后我特别提醒张阿姨和吕阿姨值班的时候不要随便离岗，而且要特别盯着清清。如果我们不盯着他，他肯定还会再犯。

当我问付阿姨为什么她觉得清清肯定会再犯，她气愤地回答：

> *因为他脑子不好。智力正常的小孩，你教过几次之后他就知道这种行为是错的，会懂得自律。但是智障的小孩教不会，他根本不懂。或者他可能懂一些，但是没办法控制自己。*

智力残疾儿童要么没有性意识，要么性意识不健全，这是保育员们普遍的看法，而这种状况被认为归根结底是由他们的残疾导致的。保育员们不仅对这类情况较为严重的性意识表现严阵以待，对那些看似无伤大雅的儿童举止也格外关注，因为它们有可能就是潜在的危险信号。比如朱阿姨发现军军（15岁男孩，唐氏综合征患者）看到电视里的亲吻画面时会用手遮住眼睛。正如其他学者曾经讨论过大众传媒对儿童性意识和行为塑造的影响，① 保育员们相信残疾儿童的性信息主要来源就是电视节目。朱阿姨此前认为残疾儿童的亲吻动作只是一种模仿行为，但军军的表现令她开始觉得这些孩子也可能明白亲吻的含义。她说："我以前觉得残疾小孩肯定不懂这些，但是当我看到军军这么做的时候，我就想到我的儿子和其他亲戚的小孩也曾经这么做，这是一种害羞的表现。所以残疾小孩也知道亲嘴是一种爱的表达方式。"尽管如此，朱阿姨接下来的理解却走去了不同方向：

> *我觉得残疾小孩能够理解亲嘴和其他一些带有性意味的行为的含*

---

① Kelly L'Engle, Jane Brown, and Kristin Kenneavy, "The Mass Media Are An Important Context for Adolescents' Sexual Behavior." *Journal of Adolescent Health*, vol. 38, no. 3, 2006, pp. 186~192; Chaohua Lou et al., "Media's Contribution to Sexual Knowledge, Attitudes, and Behaviors for Adolescents and Young Adults in Three Asian Cities." *Journal of Adolescent Health*, vol. 50, no. 3, 2012, pp. S26~S36.

义，有性意识，是一件好事。这说明他们的身体和心理还在发育，说不定有一天能变得跟普通人一样。但这样的机会不会很大，因为他们的智力水平已经滞后了，尤其是那些智障的小孩。他们的智力水平导致他们对亲嘴和其他带有性意味的行为的理解是不全面的。他们不懂爱到底是什么，也不知道该怎么自律。

　　正是残疾儿童对性"不全面"的理解令保育员们倍感焦虑。对她们而言，宁愿让小孩不知道这些行为也比让他们一知半解的好，因为后者只会造成不负责任的性行为。在这种观念的引导下，保育员们开始习惯于看到电视中播放有性意味的情节就立即换台。但是有部分孩子已经习得了节目中的用语和动作，与军军关系非常亲密的小瑜（12岁女孩，脑瘫患者）就是其中一个。小瑜有相当不错的语言能力，说话内容也常常出人意料。有好几次我听到她叫军军"老公"，让军军亲她的嘴，或者抱住她。尽管军军的语言能力要差很多，但不久之后他也学会了这个套路，让"老婆"小瑜亲他抱他。除此之外，他们还经常大白天躺在一张床上，用被子蒙住身体，外人看不出他们在里面干什么。每当保育员看到这个场景，她们都会阻止并对两个孩子进行惩罚，警告他们不能亲嘴、不能抱在一起和躺在一张床上。但在阿姨们不在场的情况下，两个孩子会一切照旧。担心小瑜最终会以怀孕收场，福利院将她送到农村去家庭寄养。在小瑜走后，我注意到军军一度情绪非常低落，并常常问我小瑜去哪里了。

　　相比于作为潜在威胁的清清和军军，林波（16岁男孩，脑瘫患者）已经成为福利院里公开的"危险人物"。他被认为在2010年夏天的一个晚上强迫依兰和他发生了性关系。第二天早上依兰用不流利的语言和肢体动作告诉保育员她的私处很痛，保育员发现她的生殖器官有明显的损伤。当被问及是谁造成的损伤时，依兰指向了坐在不远处的林波。负责照顾依兰的张阿姨认为尽管她是脑瘫患者，但懂得的事情很多，与此同时，她的表达也非常清晰明确，因而张阿姨认定林波性侵犯了依兰。保育员意识到问题的严重性，上报给院领导，虽然林波自己不承认，领导还是决定另外给林波安排住处。在讲述这次事件时，张阿姨说还好依兰没有怀孕，不然这件事情都不知该如何解决。她认为林波的行为是受其性意识驱使的，在有性意识这点上他和普通人没什么区别，但问题在于他的残疾导致了他无法控制自己的行为，也无法意识到这样做会造成严重的后果。

与男孩相比，机构养育的女孩通常都被认为在性方面单纯而脆弱，比如前文提到的小梅和依兰，所以像小瑜这样在性方面看起来比较开放的女孩会让人感到特别。如果我们接受保育员们的判断，认定小瑜的行为具有性意味，那么像她这样善于表达自身需求和感受的女孩有可能更进一步地成为男孩们的性启蒙者，教会了他们同异性亲吻、拥抱和睡在一起。这个例子或许可以证明残疾少女/女性在性问题上具有能动性，并且在性活动中可以扮演不同的角色，而非只是被动的受害者。这对于残疾研究的学者来说可能是一个欣喜的发现，但对保育员们来说则未必。保育员对残疾女孩性意识的理解有两极化的倾向。在一个极端，尽管保育员同样会责骂和惩罚表露出性意识和行为的女孩，但惩罚力度一般来说会比男孩轻。这背后有两个原因。一是保育员接受生物学的观点，认为女性一般比男性更早熟，即便是残疾，残疾女孩也会比残疾男孩更早熟，因此更容易接受一个具有性意识的残疾女孩。二是女性仍旧被认为在性关系里处于被动的角色，或许会主动，但却不会有攻击性（在小瑜的例子中，她是叫军军亲她，而非她去亲军军），因而危险程度较低。但在另一个极端，一旦残疾女孩在性方面表现出攻击性，保育员们也绝不会容忍。

16岁的小丹就是这样一个极端的例子。据说她原本按医学鉴定属于中度智力障碍，但是因为在行为表现上太让人震惊，福利院工作人员将她上报给上级或者介绍给慈善人士时都说她是重度智力障碍。保育员们怀疑小丹之前在某个农村家庭寄养的时候被中老年男性侵犯过，以致她养成了一个异样的习惯：每当她看到这个年龄段的男性就主动脱衣服或裤子，然后拉那个男性的手摸自己的乳房或者私处。因为这个异样的习惯，她在每个寄养家庭都待不长。最后她的寄养家庭是保育员方阿姨的婆婆，可是一个月之内全村的人都知道方阿姨婆婆家有这样一个女孩，成为当地一大"丑闻"。方阿姨的婆婆没办法只好把小丹退回福利院，而方阿姨本人也对这个决定有很大的影响，因为她担心自己的丈夫会被这个性意识"不正常"的女孩"勾引"。小丹回到福利院后一切照旧，几乎每次都把来访的上级领导和慈善人士吓坏了。在所有教育和惩戒手段都失效后，福利院只好以更高的寄养费用将她送回了农村家庭。

一方面，从语言表达到肢体行为，福利院保育员能够越来越清晰地察觉到上述青少年正在形成中的性意识，但她们又不愿意完全承认其存在的合理性。在生物医学的视角下，她们认定这些青少年因其病残而成为"无性"或"在性方面不成熟"的个体，但其在日常生活中频频显现的具有性意味的举动加剧了保育员的焦虑，以至于后者要通过严厉的手段加以制止，直至遇到小丹这样无法控制的案例才会选择避而远之。① 另一方面，受到信息阻塞和严厉的管束，部分残疾青少年也尝试在外在约束和自身性意识表达之间做出平衡，甚至发展出一些策略性的手段来满足自身的需求，实现了某种程度上性约束的社会化（比如有保育员在场时控制自身的欲望），② 尽管这些策略最后只会加剧成人照顾者对他们的监控。不论如何，由于人在性方面的天性本身不可避免，当越来越多的智力残疾孩子在福利院中长大，照顾者们未来在性议题上或许将面对更多的挑战。据此，本节所展示的保育员与残疾儿童就性问题的互动亦可解读为一个目前尚不利于性表达的机构环境与残疾儿童在性方面的能动性相互协商的动态过程。

第五节　小结

从婴幼儿对成人陪伴者的渴望、少儿对饮食消费的热情到青少年性意识的萌发，上述三个主题的民族志素材详细地呈现了福利院儿童在每个年

---

① 当然，保育员们不愿意承认福利院儿童/青少年的性意识也跟中国社会中长辈普遍在年轻人面前回避性问题的文化禁忌有关。有研究者发现中国父母甚至不愿意跟他们的成年子女讨论性方面的议题，更不用说少年儿童了，见 Nian Cui, Mingxiang Li, and Ersheng Gao, "Views of Chinese Parents on the Provision of Contraception to Unmarried Youth." *Reproductive Health Matters*, vol. 9, no. 17, 2001, pp. 137~145。对性普遍回避与忽视的态度也部分解释了为什么在中国很少有学术研究涉及残疾儿童的性意识与行为。但正如本节所示，性也是残疾儿童日常生活的重要组成部分，需要引起相关机构和人员的关注。

② 但这个限度的社会化显然不彻底，残疾儿童缺乏正确的信息引导，让他们知道哪些是合乎社会伦理的性表达方式。我在调查期间曾委婉地向院领导及保育员讨论过性教育的可能性，并在保育员训斥孩子时尽力劝解。但他们的态度一如往昔：尽管承认残疾儿童也可能有性需求，但他们认为在这些孩子发育成熟之前最好不要唤醒他们的性意识，这对孩子自身而言也是一种保护；尤其针对智力残疾的儿童，部分工作人员声称这些孩子因为他们的脑损伤，很可能永远都不会发育成熟，而发育不成熟条件下产生的性意识是缺乏判断力和自制力的，因而是危险的，在这种情况下他们还不如不形成性意识。

龄阶段所展示的能动性表征。这些表征镶嵌于永江福利院儿童集体养育的具体情境之中，伴随着儿童的成长与社会化历程不断地显现、调整与重塑，最终服务于孩子们融入（也许不够完美的）机构养育生活。也是通过这些能动性表征的生成与变化过程，我们能够看到福利机构的结构性环境和儿童能动性之间的互动关系。然而正如本章前半部分所提示的，所有这些探索都是人文主义式的，致力于为我们了解福利机构运作和居于其中儿童的日常生活提供一套符合地方社会文化情境的解释，而非绝对客观真实的答案——我对儿童研究相关文献的梳理表明，受限于现有的技术水平和认知条件，不论是使用常规社会科学研究方法的社会学家、人类学家，还是使用科学实验的发展心理学家，都很难完全了解儿童"真实"的感想与体验，更不用说研究难度更大的婴儿和残疾儿童。在这种情况下，本章尝试另辟蹊径，用具有逻辑推理性质的"民族志的想象力"来构筑一套根植于特定情境、依托于利益相关方集体经验，并且在此基础上能够关联起人们更广泛的日常生活认知与参与式观察对社会文化洞察力的解释方案。尽管它获得了永江福利院儿童照顾者们的认可，但这种实验性的研究与写作方式在学术层面上是否成功还有赖学界同行，以及更多对此有兴趣的读者的审视和检验。

第七章

结　语

　　我想告诉我的亲生父母，我很好（哽咽）。我很爱他们，即使我见不到他们。我非常爱他们，我一生都不会忘记他们。我始终感谢他们。我希望他们安全，有足够的钱，生活得幸福。我希望他们身体健康。我想让他们知道，他们永远在我心里。他们的女儿从未忘记过他们。

　　　　　　　　——夏华斯的开场白，摘自纪录片《似是故人来》（2012）

第一节　重温爱的话语：跨国领养儿童的寻根之旅

　　2012 年 8 月，我偶然间看了中央电视台新闻频道记录现实题材的专题栏目《看见》，其中一集题为《似是故人来》的纪录片给我留下了深刻的印象。该片讲述的是一名 1992 年从武汉市儿童福利院被领养去美国的女孩詹娜·库克（中文名为夏华斯）返乡寻亲的故事。① 当时已是耶鲁大学学生的她，对 20 年前被父母遗弃的经历始终耿耿于怀，于是下定决心回到中国来解开身世之谜。2012 年 5 月，夏华斯和养母抵达武汉，在当地媒体和爱心公益组织的帮助下开始了八个星期的寻亲之旅，并且经过舆论发酵后引起了央视的关注，继而有了《看见》栏目的专题报道。

　　影片以夏华斯的英文自白开篇，接着主持人的一段简短介绍，影片开始展示这个女孩如何尝试找回 20 年前那个被丢失的自己。她去的第一站

---

① 　影片全片参见 http：//news.cntv.cn/program/kanjian/20120820/100053.shtml。

便是武汉市儿童福利院。1992 年，两个月大的夏华斯被遗弃后进了这一机构，并在那里待了 2 个月，直至被她的美国养母领养。在美国白人小镇上的生活，在邻里和同伴异样的眼光中，黄皮肤、黑眼睛的夏华斯在成长过程里逐渐意识到自己不同的族裔身份，为她后来的寻亲行动埋下了伏笔。

　　转回武汉的寻亲场景，上百个家庭在看到媒体报道后联系了她们。经过筛选，最终有 44 个信息匹配度更高的家庭受邀参加了认亲见面会。影片呈现的这些家庭讲述自身遗弃孩子的理由，包括家里穷养不活、祖辈的重男轻女观念，但是后续的媒体报道也提到了躲避计划生育政策、为生男孩留出配额。① 对于遗弃亲生子女这件事，参加见面会的家庭都深感愧疚，甚至将夏华斯当作自己的女儿来祈求原谅。在见面会的最后，有 36 个家庭留下了父亲的 DNA 样本以供比对，然而结果都是阴性。但夏华斯和她的养母并不觉得这是一趟一无所获的寻亲之旅，她们把会面家庭的照片带回美国家中，贴满了整个墙壁。主持人在片尾深情总结道："看着这些照片，会提醒她，也许 20 年前的那场分离，并不仅仅是关于放弃，也关乎着谅解、勇气、思念和爱。"

　　我用夏华斯返乡寻亲的案例作为本书结尾的开篇，部分原因是她的故事感人肺腑，值得与读者朋友分享。② 我在看完纪录片后，循着片中提供的电子邮箱地址给夏华斯发了一封邮件，在表达观影感受的同时，也分享了自己的福利院研究。很快我便收到了她的回复，并且得知她也在用学术的视角理解自身的经历和中国的儿童领养制度。之后我还了解到，她的养母又给她领养了一个妹妹，那个女孩恰巧来自永江福利院。这种冥冥之中的联系让我觉得用这个故事结尾，有其特殊的意义。

　　然而更重要的还是《似是故人来》这一影像文本本身。我的福利院机构研究和在院儿童日常生活的研究可以说是它的前史，呈现的是跨国领养儿童出国前的成长环境，这一环境对不少被领养儿童在认知方式、行为

---

① 吴雪峰：《耶鲁女孩寻亲十年未果："会一直找到死"》，搜狐"新闻当事人"栏目，2016 年 6 月 28 日，https://www.sohu.com/a/86758304_ 157902。

② 但我的描述可能仍过于单薄，建议有兴趣的读者可看央视纪录片，前文已提供网址出处。

习惯和身份认同等诸多方面皆有影响。① 与此同时，影片呈现的时间节点也与本书的论述暗合。夏华斯出生及被领养的 1992 年，恰是中国开始参与跨国领养事务的那一年，这一国家政策的变动令她成为中国最早一批被跨国领养的儿童之一。到了 2012 年前后，这些最早被领养的中国孩子基本上都已长大成人，她们中的不少人产生了寻根的念头。也就是从那几年开始，西方儿童领养的学术期刊上陆续出现了关于跨国领养儿童返回中国寻亲的研究。② 尽管我在田野调查期间也访谈了数位回访中国的被领养儿童和她们的外国养父母，一些细节也已在前文涉及跨国领养的部分谈及，但我并未专门讨论跨国领养后儿童日常生活的具体情况。在这层意义上，本书（作为前情）与上述那些关注被领养儿童认知方式、行为习惯和身份认同的研究（作为后续）构成了互补，为读者构筑出机构养育儿童从机构化到去机构化之人生历程的全景。

再者，如果对《似是故人来》进行话语分析，我们还会发现它的影像文本也充满了"爱"的表述，呼应了我在绪论中对福利院作为一个"爱"之容器的观察。影片对"爱"的呈现可以分解成两个层次，一是片中各类角色对爱的表述，二是作为影片制作方的主流媒体对爱的表述。就前者而言，夏华斯的开场白其实就是在用爱的话语来奠定全片的基调。养母远渡重洋来收养夏华斯是爱，同时她又告诉女儿其亲生父母遗弃她并不是因为他们不爱她，他们给予了她生命、在她出生后照顾了

---

① 关于认知方式与行为习惯方面的影响，见 Tony Xing Tan and Kofi Marfo，"Pre-adoption Adversity and Behavior Problems in Adopted Chinese Children：A Longitudinal Study." *Journal of Applied Developmental Psychology*，vol. 42，2016，pp. 49~57；Tony Xing Tan and Emily A. X. Robinson，"Institutionalized Chinese Children with Congenital Medical Conditions：Placement Delay，Developmental Issues at Arrival and Current Wellbeing." *Children and Youth Services Review*，vol. 88，2018，pp. 380~386. 关于跨国领养儿童成长过程中的身份认同问题，见 Sara Dorow，*Transnational Adoption：A Cultural Economy of Race，Gender，and Kinship*，New York：New York University Press，2006；Andrea Louie，*How Chinese Are You？Adopted Chinese Youth and Their Families Negotiate Identity and Culture*，New York：New York University Press，2015。

② Iris Chin Ponte，Leslie Kim Wang and Serena Pen-Shian Fan，"Returning to China：The Experience of Adopted Chinese Children and Their Parents." *Adoption Quarterly*，vol. 13，no. 2，2010，pp. 100~124；Leslie Kim Wang，Iris Chin Ponte and Elizabeth Weber Ollen，"Letting Her Go：Western Adoptive Families' Search and Reunion with Chinese Birth Parents." *Adoption Quarterly*，vol. 18，no. 1，2015，pp. 45~66。

她两个月、放弃她时将她留在人潮密集的地方以确保她被人发现，这些都是亲生父母爱她的表现。① 尽管最初在情感上皆颇为内敛，认亲的家庭在对谈后都情绪失控，包括一位母亲抱着夏华斯抽泣，一直说着"对不起、对不起"。这一忏悔的声音，在夏华斯和她的养母看来，反映了弃婴父母内心的愧疚与挣扎，最终也指向他们对所遗弃女儿的爱。主流媒体将所有这些个体的爱的表述整合到了一起，同时略去那些有争议的话题——例如计划生育有可能是部分父母遗弃自己女儿的诱因，以及那些来认亲的父母在法律意义上是犯了遗弃罪的人——由此将一个令人感到心酸的故事呈现得格外温馨感人，并在最后升华了全片的主题，告诉观众不要只看到寻亲事件所揭示的阴暗面，而要看到它所蕴含的爱的正能量。

本书的立意也在于倡导用一种辩证的视角来看待中国儿童福利机构的运作机制。我将书的主标题取名为"爱的悖论"，即希望这样的视角能够提醒读者注意围绕机构运作所呈现的"爱"的复杂性，它兼有光明与晦暗："国家关爱"兼有救济与治理的两面（同时治理本身又包含了权力的规训性与生产性两面），"社会关爱"兼有扶弱与排斥的两面，"保育员妈妈的爱"亦兼有付出与自利的两面。这三者内在的两面性皆是共存的关系。

第二节　福利机构运作机制与儿童主体性的形成

探讨这三者两面性的基础是我在绪论中提出的本书的基本观点，即当代中国儿童福利机构的运作主要由三重机制构成，它们分别处理福利机构与国家、与社会，以及机构内部保育员与儿童之间的关系。也正是这三重机制对应的社会关系塑造了福利机构场景内的日常生活状态。在探讨福利机构与国家关系的第三章中，我指出这些机构不仅承担着落实国家儿童救

---

① 类似的叙事在跨国领养家庭中非常普遍。有学者分析，养父母们之所以建构这样的叙事，主要是为了减少孩子对自身被遗弃这一客观事实的负面认知，见 April Chatham-Carpenter, "'It Was Like This, I Think': Constructing an Adoption Narrative for Chinese Adopted Children." *Adoption Quarterly*, vol. 15, no. 3, 2012, pp. 157~184。

济政策的职责，也肩负着国家人口治理的重任。从福利机构内部来看，其运作兼有照顾和规训的色彩，为福利院儿童提供了生存和发展的基本保障，但同时又令他们现时的日常生活和长远的人生际遇皆受到一定的约束和限制。而从外部来看，通过与户籍管理、计划生育、教育、医疗、婚姻登记、劳动与社会保障等其他治理机构合作，福利机构助力政府建构起一整套现代国家人口治理的体系，而它主要负责的项目包括孤残儿童的救济、正式与非正式收养、打击与救助被拐卖儿童等。综合对内和对外两个方面，福利机构的运作生产出了"福利院儿童"这一特殊的人群类别并对其进行了有效的治理。在学理上，这一章节的论述还意图对福柯及其追随者的治理术理论进行补充，提醒相关学者注意不同治理技术/机构之间的关系，尤其是它们基于不同的部门利益和在国家官僚体系中高低不一的地位所导致的矛盾与冲突。

相比新中国成立后福利机构与国家关系的历史，这类机构与社会之间产生联系的历史较为短暂，可以说是自二十世纪九十年代"社会福利社会化"政策出台后才逐步成形的。一方面，上述政策打开了福利机构的大门，欢迎各方的捐赠者和志愿者；另一方面，改革开放以来经济的腾飞也孕育了到福利机构献爱心的民间慈善力量。本书的第四章探讨了这些新兴的慈善力量如何在献爱心的过程中与他们的援助对象形成新的不平等关系，以此与过分美化慈善活动的托克维尔范式产生对话。具体而言，绝大部分到访永江福利院的慈善人士将福利院儿童表述为"可怜人"或"不正常的可怜人"，少数人将他们贬低为"不正常的没用的人"。如果说后者完全排斥这些孩子，前者则尝试以同情的名义否定这些孩子出生的意义，或对他们进行正常化改造。而由于改造活动很难成功，最后只是加剧了对福利院儿童作为"不正常的人"的污名化，进一步否认了他们作为人的"有用性"。吊诡的是，在眼见正常化活动几乎都失败的情况下，部分慈善人士开始有意无意地利用这些孩子的"不正常"来重新创造他们对社会的"有用性"价值，包括将他们作为社会实践教育的工具、作为旅游景点里的景观和旅游服务提供者、作为商业营销的工具等。尽管永江福利院的孩子确实在物质上受益于上述慈善人士的献爱心活动，但他们将这些儿童工具化、作为消费对象的做法揭示了人道主义活动同样有可能包含非人道的元素，在理念和实践之间形成张力，导致爱的悖论的产生。

总的来说，与国家、社会的关系主要关涉福利机构运作对外的面向，而保育员和儿童的关系则是其内部运作最重要的方面。第五章探讨了保育员在工作场所中密集的育儿实践以及由此形成的"保育员妈妈"的身份认同。面对国家和社会的高期待（如将弃婴孤儿当成亲生子女来无私奉献）、沉重的工作负担和较低的收入水平，永江福利院的儿童照顾者们一边想方设法回击外界道德绑架式的职业期待，减轻自身的压力，一边在育儿活动中不由自主地逐渐建立起和孩子们的亲密关系。这一亲密关系在福利机构的场景中还有另一层爱的悖论，即如果真的当作亲生子女来对待，保育员们在孩子犯错或不听话时便可以采取包括体罚在内的惩戒措施，但机构的管理条例和外来的志愿者并不认可这一做法。于是是否惩戒福利院儿童、何时惩戒、以什么样的理由惩戒都成了保育员们在日常管教过程中需要考虑再三的问题。除此之外，她们和孩子们之间的亲密关系又经常会被领养或其他类型的离别拆散，反复经历情感挫折。一方面，她们追随福利院和社会大众的观点，认为能被领养的孩子是非常幸运的，在家庭环境中长大肯定要比在福利院中好；另一方面，她们又很舍不得，觉得自己在孩子们身上投入的精力和感情没有回报，而且很有可能永远见不到他们了。这种情感挫折也是保育员们在机构育儿实践中不得不面对的困境，再生产出她们在劳动过程中的各种情绪。以机构育儿形成的特殊的母亲身份和实践这一母亲身份造成的情绪生产为例，第五章对女性主义建构论视野下不同类型母职身份的研究和情感劳动的社会学研究分别做出了新的经验与理论补充。

值得注意的是，虽然我用三个相对独立的章节分别论述了福利机构运作的三重机制，但这并不代表这三重机制之间是相互孤立的。恰恰相反，它们相互缠绕又相互影响。这方面的例子包括国家和志愿者的话语对保育员在育儿观念和实践方面造成了心理压力，后者又以自身的方式做出了回应（见第五章）。此外，为了处理好福利机构和社会的关系，福利机构的领导会要求保育员尽力和慈善人士、大众媒体合作，以便让后者的献爱心活动顺利进行（见第四章）。更进一步来说，在福利机构与国家的关系之中，保育员的关爱本身就是国家通过雇佣成人照顾者给福利院儿童提供的特殊福利（见第三章）。由此，如果我们把这三重机制叠加成一体，它们构成的制度结构以及连带的社会关系网络便成为福利院儿童成长和生活的基本环境。第六章的主题便是讨论这一机构养育的结构性环境如何塑造孩子们的日常生活和习性，借助"民族志的想象力"这一实验性的研究与写作方法来探索孩子们经历社会化、形成自我认知，并最终实践自身能动性的过程。能够通过哭闹和微笑等方式来赢取保育员的怜爱，在零食消费中形成某种程度上的自我中心主义意识并得到保育员和慈善人士的默许，在保育员严厉的管教之下仍能发展出自身表达性需求的策略，这些容易被忽视的生活细节不仅反映了福利院儿童所拥有的主体性，也揭示了福利机构作为兼备照顾的全控-规训机构的属性，其收容对象的复杂处境亦远非"赤裸生命"这样的消极概念所能涵括。

第三节　重访永江福利院

为了解保育员和孩子们的近况，近些年我时不时地会到永江福利院回访。从 2011 年至今，该院的硬件设施已有极大的改善，包括院舍的不断修缮到最终的搬迁。新院舍由地方政府以"惠民工程"的名义投资近 5000 万元兴建，可容纳 200 名福利院儿童在院居住，居住条件和医疗康复设备的配备皆远胜从前。但截至 2019 年初，永江福利院登记在案的儿童为 92 人，其中院内 38 人，在农村家庭寄养的 54 人。在民政部大力推广家庭寄养的政策趋势下，永江福利院也将越来越多的孩子送出院外，只是绝大多数的寄养家庭仍在农村，被寄养的孩子绝大多数又是身体状况已稳定的中度或重度残疾的儿童。正如我在绪论中已经提到的，选择农村家庭寄养中度、重度残疾儿童的理由主要是用相对低的寄养成本来缓解福利院内劳动力不足造成的压力，以便腾出空间和人手来照顾那些年幼体质弱的婴儿。与此同时，民政系统内资源分配的调整也影响到家庭寄养覆盖面的拓展。由于过去寄养的支出需要机构自身来承担，永江福利院领导有意控制寄养家庭的数量，以避免造成财政负担，但如今地方民政局已配备专款资助寄养家庭，福利院领导乐于用上级部门的经费来舒缓自身机构的资金压力（寄养儿童的开支不计入福利院财政预算）和员工的工作压力，同时也乐于向上级部门推荐自己已退休的员工和长大成人的孤儿成为新的寄养家庭，在政策允许的范围内尽力照顾这些经济上相对困难的"自己人"，于是曾经的保育员付阿姨在退休后便和方阿姨的婆婆、朱阿姨的妈妈一样成为寄养人。

除了硬件设施，永江福利院抚育孤残儿童的软件条件也在改善升级。从 2013 年起，该院陆续派送在职保育员到省城相关机构学习专业的儿童保育技术，并在为期一周的培训结束后参加由劳动与社会保障部门开设的保育员资格证考试。朱阿姨是第一批参加培训的保育员之一。她告诉我，她那一周的课程压力甚至比自己上学的儿子还大，从早到晚地上课，不仅要熟记课本知识，还要现场演练育儿技术。课本知识包括儿童心理学、儿童教育学、幼儿卫生学和职业伦理学，其中部分内容还需应用到实际育儿工作中，比如给婴儿泡奶用的水，温度应为 50~70℃；给婴儿喂奶时应抱着喂，而不是让他们躺着自己喝（这是过去永江福利院里人手不够情况下的常规操作）；等等。培训结束后的考试包括笔试和实操两项，朱阿姨觉得实操考试更容易让人紧张，现场有两名考官就坐在她面前，给她的每个动作打分。好在她最后通过了考试，拿到了保育员资格证。也是从拿到资格证后的第二个月起，朱阿姨的月工资涨了 100 元。这之后，永江福利院所有在职和新招聘的中青年保育员（即将退休的可不考）上岗都需持有专业资格证。

一方面得益于专业技术的提升，另一方面是在院儿童人数减少降低了工作压力，保育员们对个体儿童的身体照顾和情感投入似乎较前些年愈加多了。从 2015 年开始，永江福利院陆续出现了在职保育员领养院内儿童的案例，张阿姨就是其中一例，尽管她领养的并不是国芳。国芳在 2011 年 8 月从寄养家庭回到城里上幼儿园，一个学期后就因为太过顽皮而被老师退回，福利院于是又将她送到了乡下去寄养。也是在这段时间，按张阿姨自己的说法，新入院的健康女孩新兰填补了她在情感上的空缺。两者的互动就像我先前描述过的模式，保育员投入情感，孩子能够积极回应，于是保育员投入得更多，并最终决定领养。① 但国芳依然在张阿姨的心上。在办完领养新兰的手续之后，张阿姨将自己照顾过的孩子的照片贴满了她那间婴儿房的墙面，而国芳的照片是最多的。其中一张是 2011 年 8 月我离开田野时给她们拍的合照，照片中瘦弱的张阿姨抱着 60 多斤重的国芳，两个人笑靥如花。

---

① 当然新兰身体健康这一点也是张阿姨一家人考虑的重要因素。在私下交流中，张阿姨坦言，领养一个今后可能无法自立自存的孩子对他们这样一个经济条件不够好的家庭来说确实是一种负担。在其他保育员领养院内儿童的案例中，被领养的对象也都是健康的，或只有轻微的、可治愈的疾病。

附　录

付阿姨,55 岁,小学教育程度,农村户籍。在院工作 13 年。育有 2 女,长女已结婚,已工作的二女儿也住在外面。她和丈夫住在单位福利房里。

余阿姨,44 岁,初中文化程度,农村户籍。在院工作 5 年。育有 1 子,在农村上初中,跟祖父母一起住。余阿姨和丈夫住福利院单位房,经常假期回家。

方阿姨,43 岁,初中文化程度,农村户籍。在院工作 7 年。育有 1 子,已上大学。她和丈夫住在福利院单位房。

吕阿姨,39 岁,初中文化程度,农村户籍。在院工作 6 年。育有 1 女,在城里上高中。她和丈夫在院外租房住。

张阿姨,37 岁,初中文化程度,农村户籍。在院工作 5 年。育有 1 子,在农村上高中,跟祖父母一起住。她和丈夫住在福利院单位房。

朱阿姨,32 岁,初中文化程度,农村户籍。在院工作 4 年。育有 1 子,在农村上小学,跟祖母一起住。离异,独自住在福利院单位房,经常假期回家。

附录二：本文提及姓名的永江福利院儿童信息
（按在本书中的出场顺序，年龄时间截至 2011 年 8 月）

清明,女,8 个月,方阿姨主管,脑瘫患儿。

丽敏,女,10 个月,余阿姨主管,健康,2011 年 11 月由单亲妈妈领回。

俊伟,男,15 岁,付阿姨主管,健康,在永江市下辖的乡镇上中专。

丽华,女,27 岁,独臂,初中毕业,已婚,目前为永江福利院的寄养家庭。

秀珍,女,24 岁,健康,初中毕业,曾在工厂打工,后在养母家中帮忙照顾寄养的福利院儿童。

明燕,女,21 岁,先天性心脏病,手术后康复,中专毕业,幼儿园老师。

建强,男,26 岁,出生时仅一条腿,大专毕业,在永江城区某社区居委会工作,已搬离福利院自住。

余英,女,11 岁,云南人,健康,父母因贩毒被判刑,2010 年被国外家庭领养。

孝姿,女,2 岁,张阿姨主管,先天性脑积水。

霞芳,女,1岁,朱阿姨主管,唇腭裂患儿,手术后康复。

小军,男,4岁,付阿姨主管,曾经是重度唇腭裂患儿,手术后基本康复。2011年被国外家庭领养。

晓海,男,年纪不详,付阿姨主管,半边脸黑色胎记。2008年被国外家庭领养。

小名,女,1岁,余阿姨主管,锁肛患儿,手术后基本康复。

国芳,女,6岁,张阿姨主管,脑瘫患儿。2011年8~9月曾到农村家庭寄养。

泽英,女,2岁,朱阿姨主管,重度唇腭裂患儿,手术后基本康复。2011年被国外家庭领养。

春霞,女,2岁,方阿姨主管,眼睛内斜(俗称"斗鸡眼")。

洋洋,女,6岁,方阿姨主管,早产儿。2009年被本地家庭领养。

国珍,女,6岁,余阿姨主管,脑瘫患儿。

晨晓,女,6岁,朱阿姨主管,脑瘫患儿。2011年6月后去农村家庭寄养。

宏伟,男,3岁,方阿姨主管,唇腭裂患儿,手术后康复。

佳怡,女,3岁,朱阿姨主管,脑瘫患儿。

小雨,男,5岁,方阿姨主管,一只眼睛失明。

小凯,男,7岁,方阿姨主管,唐氏综合征患儿。

民雅,女,16岁,吕阿姨主管,侏儒症患儿。

清清,男,16岁,朱阿姨主管,唐氏综合征患儿。

小萍,女,7岁,余阿姨主管,先天性癫痫症患儿。

小梅,女,7岁,吕阿姨主管,脑瘫患儿。

依兰,女,16岁,吕阿姨主管,脑瘫患儿。

军军,男,15岁,朱阿姨主管,唐氏综合征患儿。

小瑜,女,12岁,付阿姨主管,脑瘫患儿,2011年6月后去农村家庭寄养。

林波,男,16岁,吕阿姨主管,脑瘫患儿。

小丹,女,16岁,方阿姨主管,脑瘫患儿,曾多次农村寄养家庭和福利院之间流转。

新兰,女,2015年入院,入院时约4个月大,张阿姨主管,健康,后被张阿姨一家领养。

参考文献

中文文献（按引用版本作者的中文名拼音排序）

〔美〕阿莉·拉塞尔·霍克希尔德：《心灵的整饰：人类情感的商业化》，成伯清、淡卫军、王佳鹏译，上海：上海三联书店，2020年。

〔美〕艾志端：《铁泪图：19世纪中国对于饥馑的文化反应》，曹曦译，南京：江苏人民出版社，2011年。

〔英〕安·奥克利：《初为人母》，王瀛晨译，南京：南京大学出版社，2022年。

安超：《拉扯大的孩子：民间养育学的文化家谱》，北京：社会科学文献出版社，2021年。

〔法〕安克强：《镰刀与城市：以上海为例的死亡社会史研究》，刘喆译，上海：上海社会科学院出版社，2022年。

半岛网：《青岛福利院上半年收40余弃婴，三原因催生遗弃》，2009年7月30日，https://www.guer.org/forum.php? mod = viewthread&action = printable&tid = 16338。

〔美〕保罗·布卢姆：《善恶之源》，青涂译，杭州：浙江人民出版社，2018年。

〔英〕保罗·威利斯：《学做工：工人阶级子弟为何继承父业》，秘舒、凌旻华译，南京：译林出版社，2013年。

鲍雨：《治理残障的身体：转型时期截瘫者的日常生活》，南京：江苏人民出版社，2019年。

〔美〕本尼迪克特·安德森：《想象的共同体：民族主义的起源与散布》，吴叡人译，上海：上海人民出版社，2016 年。

卞民德：《给孤残儿童当好"妈"——记山东潍坊市儿童福利院护理部主任杨守伟》，《人民日报》2012 年 10 月 7 日，第 2 版。

〔澳〕薄大伟：《单位的前世今生：中国城市的社会空间与治理》，柴彦威、张纯、何宏光译，南京：东南大学出版社，2014 年。

〔法〕布鲁诺·拉图尔：《科学在行动：怎样在社会中跟随科学家和工程师》，刘文旋、郑开译，上海：东方出版社，2005 年。

〔法〕布鲁诺·拉图尔、史蒂夫·伍尔加：《实验室生活：科学事实的建构过程》，刁小英、张伯霖译，上海：东方出版社，2004 年。

曹慧中：《在医院做产前检查：生育文化变迁的人类学研究》，南京大学博士论文，2019 年。

〔印〕帕萨·查特杰：《被治理者的政治》，田立年译，桂林：广西师范大学出版社，2007 年。

晁罡、石杜丽、申传泉、王磊：《新媒体时代企业社会责任对声誉修复的影响研究》，《管理学报》2015 年第 11 期。

陈晶琦、Michael Dunne、王兴文：《某中学高中女生儿童期性虐待发生情况调查》，《中国学校卫生》2002 年第 2 期。

陈晶琦、王兴文、Michael Dunne：《239 名高中男生儿童期性虐待调查》，《中国心理卫生杂志》2003 年第 5 期。

陈学金：《儿童如何融入社会？——托班日常生活与群体秩序的民族志研究》，《民族教育研究》2021 年第 5 期。

陈玉佩：《建构亲密与控制情绪：幼儿教师的情感劳动研究——以北京市 3 所幼儿园的田野调查为例》，《妇女研究论丛》2020 年第 2 期。

〔美〕大卫·哈维：《新自由主义简史》，王钦译，上海：上海译文出版社，2016 年。

〔英〕蒂莫西·米切尔：《再造国家：埃及在 19 世纪》，张一哲译，北京：生活·读书·新知三联书店，2022 年。

丁华芳、张永梅：《社区培力视角下孤残儿童家庭寄养实践研究——对 G 市福利院儿童家庭寄养工作的案例考察》，《社会工作与管理》2015

年第 2 期。

〔美〕厄文·高夫曼：《精神病院》，群学翻译工作室译，台北：群学出版有限公司，2012 年。

范可：《跨国领养——对美国人领养中国婴孩及相关现象的考察》，《世界民族》2004 年第 3 期。

范可：《跨国领养与跨文化的"家"：以来华领养的美国公民为例》，《华侨华人历史研究》2011 年第 1 期。

费孝通：《乡土中国 生育制度》，北京：北京大学出版社，1998 年。

〔英〕冯客：《近代中国的犯罪、惩罚与监狱》，徐有威译，南京：江苏人民出版社，2008 年。

〔美〕冯文：《唯一的希望：在中国独生子女政策下成年》，常姝译，南京：江苏人民出版社，2018 年。

傅婷婷、李桧英：《孤残儿童家庭寄养需求及其效果——以 L 市儿童福利院为例》，《社会福利》2016 年第 2 期。

富晓星：《互为中心：志愿者和服务对象的关系建构》，《青年研究》2015 年第 6 期。

〔日〕夫马进：《中国善会善堂史研究》，伍跃等译，北京：商务印书馆，2005 年。

〔美〕高素珊：《爱婴医院和育婴科学》，景军主编《喂养中国小皇帝：儿童、食品与社会变迁》，钱霖亮译，上海：华东师范大学出版社，2017 年。

葛学溥：《华南的乡村生活：广东凤凰村的家族主义社会学研究》，周大鸣译，北京：知识产权出版社，2012 年。

公安部：《关于加强涉外收养儿童出国管理工作的通知》，国务院反拐联席会议办公室、公安部刑事侦查局编：《公安机关办理侵犯妇女儿童人身权利犯罪案件指南》，北京：中国人民公安大学出版社，2008 年，第 204~205 页。

公安部：《公安部关于打击拐卖妇女儿童犯罪适用法律和政策有关问题的意见》，2000 年 3 月 24 日，http：//www. nwccw. gov. cn/2017-05/03/content_ 153264. htm。

公安部、司法部、民政部、全国妇联：《关于做好解救被拐卖妇女儿童工作的几点意见的通知》，国务院反拐联席会议办公室、公安部刑事侦查局编《公安机关办理侵犯妇女儿童人身权利犯罪案件指南》，北京：中国人民公安大学出版社，2008 年。

郭建文、张震东、高耀中：《以"理念类型"比较研究华人幼儿社会化》，吴燕和主编《华人儿童社会化》，上海：上海科学技术文献出版社，1995 年，第 10~17 页。

郭金华：《污名研究：概念、理论和模型的演进》，《学海》2015 年第 2 期。

郭金华：《与疾病相关的污名：以中国的精神疾病和艾滋病污名为例》，《学术月刊》2015 年第 7 期。

国务院：《国务院关于加强困境儿童保障工作的意见》，2016 年 6 月 13 日，http：//www. gov. cn/zhengce/content/2016-06/16/content_ 5082800. htm。

国务院：《国务院关于建立残疾儿童康复救助制度的意见》，2018 年 6 月 21 日，http：//www. gov. cn/zhengce/content/2018-07/10/content_ 5 305296. htm。

H 省民政厅：《关于印发 H 省涉外送养工作规范补充规定的通知》，永江福利院内部文件，2006 年。

H 省民政厅：《H 省民政厅关于进一步规范收养登记工作的通知》，永江福利院内部文件，2009。

H 省人民政府：《H 省人民政府办公厅关于加快发展孤儿和困境儿童福利事业的意见》，永江福利院内部文件，2011。

郝龙：《中国已与 17 个国家建立涉外收养合作关系》，2016 年 6 月 15 日，http：//news. sohu. com/20160615/n454434682. shtml。

〔美〕洪理达：《剩女时代》，李雪顺译，厦门：鹭江出版社，2016 年。

洪岩璧、赵延东：《从资本到惯习：中国城市家庭教育模式的阶层分化》，《社会学研究》2014 年第 4 期。

侯琳良、林洛頫：《母爱，在孤残儿童中积淀》，《人民日报》2011 年 12 月 18 日，第 1 版。

胡键、岳宗：《每个孩子都应拥有幸福快乐童年》，《南方日报》2009年5月31日，第1版。

〔美〕华琛：《中国丧葬仪式的结构——基本形态、仪式次序、动作的首要性》，湛蔚晞译，《历史人类学学刊》2003年第2期。

奂倩：《"模拟家庭"："福利院儿童"社会化的新路径》，《中国青年研究》2012年第6期。

黄黎若莲：《中国社会主义的社会福利：民政福利工作研究》，北京：中国社会科学出版社，1995年。

〔意〕吉奥乔·阿甘本：《神圣人：至高权力与赤裸生命》，吴冠军译，北京：中央编译出版社，2016年。

江苏省民政厅等四部门：《关于妥善安置社会福利机构成年孤儿的通知》，《社会福利》2005年第3期。

江昱纬：《救婴与济贫：乳妇与明清时代的育婴堂》，台北：秀威资讯科技股份有限公司，2021年。

金观涛、刘青峰：《中国近代公共领域变迁的思想史研究》，《"中央研究院"近代史研究所集刊》2001年第35期，第1~66页。

景军主编《喂养中国小皇帝：食物、儿童和社会变迁》，钱霖亮、李胜等译，上海：华东师范大学出版社，2017年。

〔美〕卡梅隆·林·麦克唐纳：《影子母亲：保姆、换工与育儿中的微观政治》，杨可译，上海：华东师范大学出版社，2024年。

〔美〕克利福德·格尔茨：《文化的解释》，纳日碧力戈等译，上海：上海人民出版社，1999年。

赖立里：《生殖焦虑与实践理性：试管婴儿技术的人类学观察》，《西南民族大学学报（人文社科版）》2017年第9期。

蓝佩嘉：《跨国灰姑娘：当东南亚帮佣遇上台湾新富家庭》，长春：吉林出版集团有限责任公司，2011年。

蓝佩嘉：《拼教养：全球化、亲职焦虑与不平等童年》，台北：春山出版，2019年。

李敬、尚晓援：《儿童福利服务组织公信力建设研究之一：安琪之家的个案研究》，尚晓援、王小林编《中国儿童福利前沿2011》，北京：社会科学文献出版社，2011年，第260~274页。

李路路、李汉林：《中国的单位组织：资源、权力与交换》，北京：生活·读书·新知三联书店，2019年。

梁其姿：《施善与教化：明清时期的慈善组织》，北京：北京师范大学出版社，2013年。

梁祖彬、颜可亲：《权威与仁慈：中国的社会福利》，香港：中文大学出版社，1996年。

林甦：《儿童福利服务组织公信力建设研究之二：儿童希望》，尚晓援、王小林编《中国儿童福利前沿2011》，北京：社会科学文献出版社，2011年，第275~295页。

林晓珊：《"购买希望"：城镇家庭中的儿童教育消费》，《社会学研究》2018年第4期。

刘继同：《国家责任与儿童福利：中国儿童健康与儿童福利政策研究》，北京：中国社会出版社，2010年。

刘新宇：《礼俗时刻：转型社会的婴儿诞养与家计之道》，北京：社会科学文献出版社，2022年。

龙书芹、陈海林：《城市"双非一孩"育龄女性的就业状态对其二胎生育抉择的影响》，《东南大学学报（哲学社会科学版）》2017年第3期。

陆益龙：《户籍制度：控制与社会差别》，北京：商务印书馆，2003年。

卢宜宜：《NGO的局限性——中国民间社会福利组织初探》，沙琳编《需要和权利资格：转型期中国社会政策研究的新视角》，北京：中国劳动社会保障出版社，2007年。

伦少斌：《同一片天空，同一个梦想：BMW车主为顺德福利院儿童献爱心》，《广州日报》2010年9月3日，第SDAII04版。

〔美〕罗立波：《全球化的童年？北京的肯德基餐厅》，李胜译，景军主编《喂养中国小皇帝：食物、儿童和社会变迁》，上海：华东师范大学出版社，2017年。

〔英〕玛丽·道格拉斯：《洁净与危险》，黄剑波等译，北京：民族出版社，2008 年。

〔美〕麦克·布洛维：《公共社会学》，沈原译，北京：社会科学文献出版社，2007 年。

梅笑：《情感劳动中的积极体验：深层表演、象征性秩序与劳动自主性》，《社会》2020 年第 2 期。

〔法〕米歇尔·福柯：《另类空间》，王喆译，《世界哲学》2006 年第 6 期。

〔法〕米歇尔·福柯：《必须保卫社会》，钱翰译，上海：上海人民出版社，2010 年。

〔法〕米歇尔·福柯：《不正常的人》，钱翰译，上海：上海人民出版社，2010 年。

〔法〕米歇尔·福柯：《疯癫与文明：理性时代的疯癫史》，刘北成、杨远婴译，北京：生活·读书·新知三联书店，2012 年。

〔法〕米歇尔·福柯：《规训与惩罚》，刘北成、杨远婴译，北京：生活·读书·新知三联书店，2016 年。

民政部：《国家级福利院评定标准》，1993 年 4 月 22 日，http：//mzj. nanjing. gov. cn/njsmzj/njsmzj/200801/t20080125_ 1063618. html。

民政部：《民政部关于加强对社会福利事业单位外事接待工作管理的紧急通知》，1995 年 6 月 29 日，http：//www. people. com. cn/item/flfgk/gwyfg/1995/213052199506. html。

民政部：《残疾孤儿手术康复明天计划实施方案》，2004 年 5 月 9 日，http：//www. haiyanxian. gov. cn/html/1639/5319. html。

民政部：《民政部关于认真贯彻落实胡锦涛总书记视察北京市儿童福利院重要指示精神的通知》，2006 年 6 月 14 日，http：//sgxh. mca. gov. cn/article/zcfg/200712/20071200008683. shtml。

民政部：《民政部关于印发〈 "儿童福利机构建设蓝天计划" 实施方案〉的通知》，2007 年 1 月 22 日，http：//fss. mca. gov. cn/article/etfl/ltjh/200809/20080900019788. shtml。

民政部：《民政部关于制定福利机构儿童最低养育标准的指导意见》，2009 年 6 月 9 日，http：//fss. mca. gov. cn/article/etfl/zcfg/200907/200907

00032833. shtml。

民政部：《家庭寄养管理办法》，2014 年 9 月 26 日，http：//www. mca. gov. cn/article/gk/fg/rtfl/201507/20150715848518. shtml。

民政部：《民政部关于做好取消福利企业资格认定事项有关工作的通知》，2016 年 10 月 10 日，http：//xxgk. mca. gov. cn：8081/n1360/84344. html。

民政部：《民政部关于贯彻落实〈国务院关于建立残疾儿童康复救助制度的意见〉的通知》，2018 年 10 月 11 日，http：//xxgk. mca. gov. cn：8081/new_ gips/contentSearch？id＝155235。

民政部社会福利与社会事务司：《民政部关于在办理收养登记中严格区分孤儿与查找不到生父母的弃婴的通知》，1992 年 8 月 11 日，http：//www. people. com. cn/item/flfgk/gwyfg/1992/213121199206. html。

民政部社会福利与社会事务司：《中国公民收养子女登记办法》，1999 年 5 月 12 日，http：//www. mca. gov. cn/article/fw/bmzn/sydj/flfg/201507/20150715849 180. shtml。

民政部社会福利与社会事务司：《外国人在中华人民共和国收养子女登记办法》，1999 年 5 月 12 日，http：//www. mca. gov. cn/article/fw/bmzn/sydj/flfg/201804/20180400008413. shtml。

民政部社会福利与社会事务司：《民政部关于社会福利机构涉外送养工作的若干规定》，国务院法制办公室编《中华人民共和国民政法典》（第 2 版），北京：中国法制出版社，2014 年，第 126~127 页。

民政部社会福利与社会事务司：《民政部办公厅关于在办理涉外收养登记时为收养人出具〈跨国收养合格证明〉的通知》，2008 年 1 月 8 日，http：//mzt. qinghai. gov. cn/html/show-2734. html。

民政部社会福利与社会事务司：《收养登记工作规范》，2008 年 8 月 25 日，http：//www. gov. cn/gongbao/content/2009/content_ 1230012. htm。

民政部社会福利与社会事务司：《关于解决国内公民私自收养子女有关问题的通知》，2008 年 9 月 5 日，http：//www. gov. cn/zwgk/2008-09/22/content_ 1102097. htm。

民政部等十二部委：《关于进一步加强事实无人抚养儿童保障工作的

意见》，2019 年 6 月 18 日，http：//xxgk. mca. gov. cn：8081/new_ gips/contentSearch？id＝159474。

民政部等十五部委：《关于加强孤儿救助工作的意见》，2006 年 3 月 29 日，http：//www. gov. cn/zwgk/2006-04/14/content_ 254233. htm。

民政部、公安部：《民政部 公安部关于开展查找不到生父母的打拐解救儿童收养工作的通知》，2015 年 8 月 20 日，http：//www. mca. gov. cn/article/gk/wj/201508/20150815867698. shtml。

〔美〕欧爱玲：《饮水思源：一个中国乡村的道德话语》，钟晋兰、曹嘉涵译，北京：社会科学文献出版社，2013 年。

〔美〕欧文·戈夫曼：《污名：受损身份管理札记》，宋立宏译，北京：商务印书馆，2009 年。

祁培育：《民政部新闻发布会介绍〈儿童福利机构管理办法〉和孤儿医疗康复明天计划等有关情况》，2019 年 1 月 25 日，http：//www. gov. cn/xinwen/2019-01/25/content_ 5361171. htm#allContent。

钱霖亮：《被忽视的文化：当代中国儿童福利院中的民俗观念与实践》，《民俗研究》2020 年第 3 期。

乔东平：《虐待儿童：全球性问题的中国式阐释》，北京：社会科学文献出版社，2012 年。

单春霞、仲伟周、蔡元：《企业社会责任的公关危机与股东价值》，《河南社会科学》2014 年第 8 期。

尚晓援：《中国孤残儿童养护政策与实践的演变》，沙琳编《需要和权利资格：转型期中国社会政策研究的新视角》，北京：中国劳动社会保障出版社，2007 年，第 161~162 页。

尚晓援：《中国弱势儿童群体保护制度》，北京：社会科学文献出版社，2008 年。

尚晓援：《国有儿童福利机构改革研究》，尚晓援、王小林、陶传进编《中国儿童福利前沿问题》，北京：社会科学文献出版社，2010 年。

尚晓援、李香萍：《永不成年？国家养育的大龄孤儿如何获得经济独立》，《山东社会科学》2015 年第 12 期。

尚晓援、陶传进：《非政府儿童福利机构研究》，尚晓援、王小林、陶传进编《中国儿童福利前沿问题》，北京：社会科学文献出版社，2010 年。

尚晓援、伍晓明、万婷婷：《从传统到现代：从大同经验看中国孤残儿童福利的制度选择》，《青年研究》2004 年第 7 期。

沈国仪：《张连珍到南京儿童福利院走访慰问》，《新华日报》2013 年 6 月 1 日，第 A01 版。

沈洪成：《激活优势：家长主义浪潮下家长参与的群体差异》，《社会》2020 年第 2 期。

施芸卿：《制造熟客：劳动过程中的情感经营——以女性美容师群体为例》，《学术研究》2016 年第 7 期。

〔美〕斯蒂芬·蒂默曼斯、玛拉·布赫宾德：《拯救婴儿？新生儿基因筛查之谜》，高璐译，上海：华东师范大学出版社，2020 年。

〔美〕苏黛瑞：《在中国城市中争取公民权》，王春光、单丽卿译，杭州：浙江人民出版社，2009 年。

苏熠慧、倪安妮：《育婴家政工情感劳动的性别化机制分析——以上海 CX 家政公司为例》，《妇女研究论丛》2016 年第 5 期。

孙承斌、李斌：《胡锦涛在北京市考察少年儿童工作时强调，让每一个孩子都在祖国的蓝天下健康幸福成长，代表党中央向全国少年儿童祝贺"六一"国际儿童节》，《人民日报》2006 年 6 月 1 日，第 1 版。

腾讯公益：《王家玉儿童福利院：一家民办儿童福利院转公之路》，2012 年 1 月 4 日，https://gongyi.qq.com/a/20120104/000004.htm。

田毅鹏、漆思：《"单位社会"的终结：东北老工业基地典型单位制背景下的社区建设》，北京：社会科学文献出版社，2005 年。

汪集锋：《福利固化：成年孤儿安置的个案探究——以 GC 福利院为例》，《社会福利》2019 年第 11 期，第 38~43 页。

王斌：《女性社会工作者与情感劳动：一个新议题》，《妇女研究论丛》2014 年第 4 期。

王楠杰、马欢：《跨国收养催生的灰色"产业"链》，腾讯新闻，2011 年 5 月 19 日，https://news.qq.com/a/20110519/000475.htm。

王晴锋：《正常的越轨者：戈夫曼论污名》，《河北学刊》2018 年第

2 期。

王晴锋：《欧文·戈夫曼与情境互动论》，北京：社会科学文献出版社，2019 年。

王绍光：《关于"市民社会"的几点思考》，《二十一世纪》（香港）1991 年第 8 期。

王小林、尚晓援：《中国弱势儿童群体社会福利筹资制度研究》，尚晓援、王小林、陶传进编《中国儿童福利前沿问题》，北京：社会科学文献出版社，2010 年。

王毅杰、薄小奇、宋姣：《结构洞察中的职业学校女孩——基于启明中专的个案研究》，《上海大学学报（社会科学版）》2019 年第 4 期。

王玥：《我想有个家：中国家庭寄养青少年和他们的寄养家庭》，重庆：重庆大学出版社，2015 年。

王振耀、高华俊：《重建现代儿童福利制度：中国儿童福利政策报告 2014》，北京：社会科学文献出版社，2015 年。

卫敏丽：《我国孤儿收留养育能力亟待全面提高——民政部有关负责人回应河南兰考"1·4"火灾事件》，2013 年 1 月 9 日，http：//www.gov.cn/jrzg/2013-01/09/content_ 2308396.htm。

〔美〕维维安娜·泽利泽：《给无价的孩子定价：变迁中的儿童社会价值》，王水雄译，上海：华东师范大学出版社，2018 年。

吴冠军：《译者导论：阿甘本的生命政治》，吉奥乔·阿甘本：《神圣人：至高权力与赤裸生命》，吴冠军译，北京：中央编译出版社，2016 年，第 7~71 页。

吴心越：《照护中的性/别身体：边界的协商与挑战》，《社会学评论》2022 年第 1 期。

吴雪峰：《耶鲁女孩寻亲十年未果："会一直找到死"》，搜狐"新闻当事人"栏目，2016 年 6 月 28 日，https：//www.sohu.com/a/867583 04_ 157902。

夏建中：《中国城市社区治理结构研究》，北京：中国人民大学出版社，2012 年。

〔美〕萧邦奇：《血路：革命中国中的沈定一（玄庐）传奇》，周武彪译，南京：江苏人民出版社，2018 年。

〔日〕小滨正子：《近代上海的公共性与国家》，葛涛译，上海：上海古籍出版社，2003 年。

肖莉娜、袁园：《儿童的能动性：一个整合的解释框架》，《学海》2019 年第 2 期。

萧延中、谈火生、唐海华、杨占国：《多难兴邦：汶川地震见证中国公民社会的成长》，北京：北京大学出版社，2009 年。

谢红梅：《教娃娃学说话"爱心妈妈"有妙招》，《南方都市报》2010 年 5 月 11 日，第 AII11 版。

徐安琪、刘汶蓉、张亮、薛亚利：《转型期的中国家庭价值观研究》，上海：上海社会科学院出版社，2013 年。

徐城忆：《被隔绝在时代之外的人生：杭州病残孤儿状况的一次调查》，《青年时报》2013 年 7 月 29 日，http://www.qnsb.com/fzepaper/site1/qnsb/html/2013-07/29/content_ 444438. htm。

许晶：《培养好孩子：道德与儿童发展》，祝宇清译，上海：华东师范大学出版社，2021 年。

〔美〕许烺光：《祖荫下：中国乡村的亲属、人格与社会流动》，王芃译，台北：南天书局，2001 年。

薛亚利：《村庄里的闲话：意义、功能和权力》，上海：上海书店出版社，2009 年。

〔美〕阎云翔：《私人生活的变革：一个中国村庄里的爱情、家庭与亲密关系，1949-1999》，龚小夏译，上海：上海人民出版社，2017 年。

杨可：《母职的经纪人化——教育市场化背景下的母职变迁》，《妇女研究论丛》2018 年第 2 期。

〔加〕叶礼庭：《痛苦的正当尺度：工业革命中的监狱，1750-1850》，赵宇哲译，上海：上海文化出版社，2019 年。

易松国：《社会福利社会化的理论与实践》，北京：中国社会科学出版社，2006 年。

永江福利院：《儿童收养工作总结》，永江福利院内部文件，2003～2009 年。

永江福利院：《年度报告》，永江福利院内部文件，1993、1996、2001~2009 年。

永江福利院：《在院儿童名单》，永江福利院内部文件，2003、2005~2007、2009~2011 年。

永江市公安局调查组：《"永江"市外来人口管理存在的问题及对策》，《公安学刊》1998 年第 49 期。

余成普、李宛霖、邓明芬：《希望与焦虑：辅助生殖技术中女性患者的具身体验研究》，《社会》2019 年第 4 期。

岳经纶、范昕：《中国儿童照顾政策体系：回顾、反思与重构》，《中国社会科学》2018 年第 9 期。

张晶、李明慧：《"向死而生"：安宁疗护专科护士的情感劳动层次及其转化》，《社会学评论》2022 年第 2 期。

张晶晶：《新媒体语境下孝观念的当代呈现与话语建构》，《南京师大学报（社会科学版）》2018 年第 2 期。

张旭：《什么是 Homo Sacer?》，《基督教文化学刊》第 45 辑（2021年春），第 2~20 页。

赵川芳：《家庭寄养：现实困境和完善对策》，《当代青年研究》2017年第 4 期。

中国收养中心：《安置后报告内容及格式要求》，2011 年 8 月 11 日，http：//www. cccwa. cn/article/syhfw/azfk/201108/20110800174 179. shtml。

中国儿童福利和收养中心：《关于安置后报告催缴的通知》，2013 年3 月 18 日，http：//www. cccwa. cn/article/syhfw/azfk/201303/20130300429 651. shtml。

中国江苏网：《养老院老人重阳节被志愿者洗 7 次脚，直言吃不消》，2012 年 10 月 24 日，http：//news. sohu. com/20121024/n355595994. shtml。

中国收养中心：《如何向中国收养中心提交安置后报告?》，2011 年 3月 24 日，http：//www. cccwa. cn/article/sysw/zxjd/201103/2011030014146 9. shtml。

周心忠、罗能专：《机构反弃婴的有效尝试》，中国儿童福利事业年鉴编委会编《中国儿童福利事业年鉴 2006》，北京：中国社会出版社，

2007 年。

朱剑峰、董咚：《技术希望、个人选择与文化叙事：生殖领域基因检测的民族志研究》，《世界民族》2018 年第 1 期。

〔巴〕若昂·比尔：《维塔：社会遗弃下的疯癫与文明》，杨晓琼译，南京：南京大学出版社，2022 年。

英文文献

Abraham, Rebecca. "Emotional Dissonance in Organizations: Antecedents, Consequences, and Moderators." *Genetic, Social, and General Psychology Monographs*, vol. 124, no. 2, 1998.

Alagappa, Muthiah. "Civil Society and Political Change: An Analytical Framework." In Muthiah Alagappa (ed.), *Civil Society and Political Change in Asia*, Stanford: Stanford University Press, 2004.

Alford, Fred. "What Would It Matter if Everything Foucault Said about Prison Were Wrong? Discipline and Punish after Twenty Years." *Theory and Society*, vol. 29, no. 1, 2000.

Almond, Gabriel, and Sidney Verba. *The Civic Culture: Political Attitudes and Democracy in Five Nations*, Newbury Park, CA: Sage, 1963.

Alpermann, Bjorn, and Shaohua Zhan. "Population Planning after the One-Child Policy: Shifting Modes of Political Steering in China." *Journal of Contemporary China*, vol. 28, no. 117, 2019.

Anagnost, Ann. "Imagining Global Futures in China: The Child as a Sign of Value." In Jennifer Cole and Deborah Durham (eds.), *Figuring the Future: Globalization and the Temporalities of Children and Youth*, Santa Fe: School for Advanced Research Press, 2008.

Appadurai, Arjun. *Modernity at Large: Cultural Dimensions of Globalization*, Minneapolis: University of Minnesota Press, 1996.

Ashforth, Blake, and Marc Tomiuk. "Emotional Labor and Authenticity: Views from Service Agents." In Stephen Fineman (ed.), *Emotion in*

Organizations (*second edition*), London: Sage Publications, 2000.

Aspinall, Edward. "Indonesia: Transformation of Civil Society and Democratic Breakthrough." In Muthiah Alagappa (ed.), *Civil Society and Political Change in Asia*, Stanford: Stanford University Press, 2004.

Baer, D. Leonard, and Bodil Ravneberg. "The Outside and Inside in Norwegian and English Prisons." *Geografiska Annaler: Series B, Human Geography*, vol. 90, no. 2, 2008.

Bai, Limin. *Shaping the Ideal Child: Children and Their Primers in Late Imperial China*, Hong Kong: The Chinese University Press, 2005.

Beckett, Greg. "A Dog's Life: Suffering Humanitarianism in Post-au-Prince, Haiti." *American Anthropologist*, vol. 119, no. 1, 2017.

Bengtsson, Staffan, and Pia H. Bulow. "The Myth of the Total Institution: Written Narratives of Patients' Views of Sanatorium Care 1908 ~ 1959." *Social Science & Medicine*, vol. 153, 2016.

Berebitsky, Julie. *Like Our Very Own: Adoption and the Changing Culture of Motherhood*, 1851~1950, Lawrence, Kan. : University of Kansas Press, 2000.

Bernert, Donna. "Sexuality and Disability in the Lives of Women with Intellectual Disabilities." *Sexuality & Disability*, vol. 29, no. 2, 2011.

Biehl, João. *Vita: Life in a Zone of Social Abandonment*, Berkeley: University of California Press, 2005.

Brandtstadter, Susanne, and Santos Goncalo. "Introduction: Chinese Kinship Metamorphoses." In Susanne Brandtstadter and Goncalo D. Santos (eds.), *Chinese Kinship: Contemporary Anthropological Perspectives*, London: Routledge, 2009.

Brownlie, Julie, and Valerie M. Sheach Leith. "Social Bundles: Thinking through the Infant Body." *Childhood*, vol. 18, no. 2, 2011.

Bullock, Roger. *Children Going Home: The Re-unification of Families*, Aldershot: Ashgate, 1998.

Burman, Erica. *Deconstructing Developmental Psychology* (*third edition*), London: Routledge, 2017.

Campbell, Kumari. *Contours of Ableism: The Production of Disability and Abledness*, New York: Palgrave Macmillan, 2009.

Carpenter, Kathie. "Childhood Studies and Orphanage Tourism in Cambodia." *Annals of Tourism Research*, vol. 55, 2015.

Carpenter, Kathie. *Life in a Cambodian Orphanage: A Childhood Journey for New Opportunities*, New Jersey: Rutgers University Press, 2021.

Chambers, Simone, and Jeffrey Kopstein. "Bad Civil Society." *Political Theory*, vol. 29, no. 6, 2001.

Champagne, Susan. *Producing the Intelligent Child: Intelligence and the Child-Rearing Discourse in the People's Republic of China*, PhD Dissertation in Anthropology, Stanford University, 1992.

Chatham-Carpenter, April. "'It Was Like This, I Think': Constructing an Adoption Narrative for Chinese Adopted Children." *Adoption Quarterly*, vol. 15, no. 3, 2012.

Chen, Janet. *Guilty of Indigence: The Urban Poor in China*, 1900 ~ 1953, Princeton: Princeton University Press, 2012.

Chen, Xinyin, Dong Qi, and Zhou Hong. "Authoritative and Authoritarian Parenting Practices and Social and School Performance in Chinese Children." *International Journal of Behavioral Development*, vol. 21, no. 4, 1997.

Cheng, Tiejun, and Mark Selden. "The Origins and Social Consequences of China's Hukou System." *The China Quarterly*, vol. 139, 1994.

Chow, Nelson. *Socialist Welfare with Chinese Characteristics: The Reform of the Social Security System in China*, Hong Kong: Hong Kong University Press, 2000.

Chu, Cindy. "Human Trafficking and Smuggling in China." *Journal of Contemporary China*, vol. 20, no. 68, 2011.

Chui, Cheryl, and Lucy P. Jordan. "The Role of International Non-Governmental Organizations in Service Delivery for Orphans and Abandoned Children in China." *International Social Work*, vol. 60, no. 5, 2017.

Collier, Stephen. "Topologies of Power: Foucault's Analysis of Political Government beyond 'Governmentality'." *Theory, Culture & Society*, vol. 26, no. 6, 2009.

Collins, Caitlyn. *Making Motherhood Work: How Women Manage Careers and Caregiving*, Princeton: Princeton University Press, 2019.

Conrad, Peter, and Kristin Barker. "The Social Construction of Illness: Key Insights and Policy Implications." *Journal of Health and Social Behavior*, vol. 51, 2010.

Coppock, Vicki. "Children as Peer Researchers: Reflections on a Journey of Mutual Discovery." *Children & Society*, vol. 25, no. 6, 2011.

Cui, Nian, Mingxiang Li, and Ersheng Gao. "Views of Chinese Parents on the Provision of Contraception to Unmarried Youth." *Reproductive Health Matters*, vol. 9, no. 17, 2001.

Cunha, Manuela. "The Ethnography of Prisons and Penal Confinement." *Annual Review of Anthropology*, vol. 43, 2014.

Daniel, Paul, and Ulla Gustafsson. "School Lunches: Children's Services or Children's Spaces?" *Children's Geographies*, vol. 8, no. 3, 2010.

Davies, Christie. "Goffman's Concept of the Total Institution: Criticisms and Revisions." *Human Studies*, vol. 12, 1989.

Davies, Hayley. "Embodied and Sensory Encounters: Death, Bereavement and Remembering in Children's Family and Personal Lives." *Children's Geographies*, vol. 17, no. 5, 2019.

Davis, Deborah. "Performing Happiness for Self and Others: Weddings in Shanghai." In Becky Yang Hsu and Richard Madsen (eds.), *The Chinese Pursuit of Happiness: Anxieties, Hopes, and Moral Tensions in Everyday Life*, Berkeley: University of California Press, 2019.

Davis, Deborah, and Harrell Stevan (eds.). *Chinese Families in the Post-Mao Era*, Berkeley: University of California Press, 1993.

Davis, Lennard. *Enforcing Normalcy: Disability, Deafness, and the Body*, New York: Verso, 1995.

Disney, Tom. "Complex Spaces of Orphan Care: A Russian Therapeutic Children's Community." *Children's Geographies*, vol. 13, no. 1, 2015.

Disney, Tom. "The Orphanage as an Institution of Coercive Mobility." *Environment and Planning A*, vol. 49, no. 8, 2017.

Donzelot, Jacques. *The Policing of Families*, translated by Robert Hurley, Baltimore: The Johns Hopkins University Press, 1979.

Dorow, Sara. *Transnational Adoption: A Cultural Economy of Race, Gender, and Kinship*, New York: New York University Press, 2006.

Dorrer, Nika, Ian McIntosh, Samantha Punch, and Ruth Emond. "Children and Food Practices in Residential Care: Ambivalence in the 'Institutional' Home." *Children's Geographies*, vol. 8, no. 3, 2010.

Downing, Lisa. *The Cambridge Introduction to Michel Foucault*, Cambridge: Cambridge University Press, 2008.

Dutton, Michael. *Policing and Punishment in China: From Patriarchy to "the People"*, Cambridge: Cambridge University Press, 1992.

Elden, Sara. "Inviting the Messy: Drawing Methods and 'Children's Voices'." *Childhood*, vol. 20, no. 1, 2012.

Elisha, Omri. "Moral Ambitions of Grace: The Paradox of Compassion and Accountability in Evangelical Faith-Based Activism." *Cultural Anthropology*, vol. 23, no. 1, 2008.

Elvin, Mark. "Between the Earth and Heaven: Conceptions of Self in China." In Michael Carrithers et al. (eds.), *The Category of the Person*, Cambridge: Cambridge University Press, 1985.

Emerson, Eric. "Prevalence of Psychiatric Disorders in Children and Adolescents with and without Intellectual Disability." *Journal of Intellectual Disability Research*, vol. 47, no. 1, 2003.

Emerson, Eric, and Chris Hatton. *The Mental Health of Children and Adolescents with Learning Disabilities in Britain*, Lancaster, UK: Institute for Health Research at Lancaster University, 2007, https://www.mentalhealth.org.uk/sites/default/files/mh_ children _ adolescents. pdf.

Erickson, Rebecca, and Ritter Christian. "Emotional Labor, Burnout, and Inauthenticity: Does Gender Matter?" *Social Psychology Quarterly*, vol. 64, no. 2, 2001.

Esser, Florian, Meike Baader, Tanja Betz, and Beatrice Hungerland (eds.). *Reconceptualising Agency and Childhood: New Perspectives in Childhood Studies*, London: Routledge, 2016.

Evans, Karin. *The Lost Daughters of China: Abandoned Girls, Their Journey to America, and the Search for a Missing Past,* New York: Jeremy P. Tarcher/Putnam, 2000.

Fassin, Didier. "Compassion and Repression: The Moral Economy of Immigration Policies in France." *Cultural Anthropology*, vol. 20, no. 3, 2005.

Fassin, Didier. "Inequality of Lives, Hierarchies of Humanity: Moral Commitments and Ethical Dilemmas of Humanitarianism." In Ilana Feldman and Miriam Ticktin (eds.), *In the Name of Humanity: The Government of Threat and Care*, Durham: Duke University Press, 2010.

Fassin, Didier. *Humanitarian Reason: A Moral History of the Present*, translated by Rachel Gomme, Berkeley: University of California Press, 2012.

Fassin, Didier, and Estelle d'Halluin. "The Truth from the Body: Medical Certificates as Ultimate Evidence for Asylum Seekers." *American Anthropologist*, vol. 107, no. 4, 2005.

Feldman, Ilana. "Difficult Distinctions: Refugee Law, Humanitarian Practice, and Political Identification in Gaza." *Cultural Anthropology*, vol. 22, no. 1, 2007.

Feldman, Ilana. "The Humanitarian Condition: Palestinian Refugees and the Politics of Living." *Humanity: An International Journal of Human Rights, Humanitarianism, and Development*, vol. 3, no. 2, 2012.

Feldman, Ilana. *Life Lived in Relief: Humanitarian Predicaments and Palestinian Refugee Politics*, Berkeley: University of California Press, 2018.

Filmer, Deon. "Disability, Poverty, and Schooling in Developing Countries: Results from 14 Household Surveys." *The World Bank Economic*

Review, vol. 22, no. 1, 2008.

Finzsch, Norbert, and Robert Jutte (eds.). *Institutions of Confinement*: *Hospitals*, *Asylums*, *and Prisons in Western Europe and North America*, 1500~1950, Cambridge: Cambridge University Press, 1996.

Foley, Michael, and Bob Edwards. "The Paradox of Civil Society." *Journal of Democracy*, vol. 7, no. 3, 1996.

Foucault, Michel. "Governmentality." In Graham Burchell, Colin Gordon and Peter Miller (eds.), *The Foucault Effect*: *Studies in Governmentality*, Chicago: University of Chicago Press, 1991.

Freidus, Andrea. "Unanticipated Outcomes of Volunteerism among Malawi's Orphans." *Journal of Sustainable Tourism*, vol. 25, no. 9, 2017.

Freidus, Andrea. "The Limitations of Compassion in International Volunteering." *Anthropology Now*, vol. 10, no. 3, 2018.

Freidus, Andrea, and Anne Ferguson. "Malawi's Orphans: The Role of Transnational Humanitarian Organizations." In Deborah J. Johnson, DeBrenna LaFa Agbenyiga, and Robert K. Hitchcock (eds.), *Vulnerable Children*: *Global Challenges in Education*, *Health*, *Well-Being*, *and Child Rights*, New York: Springer, 2013.

Friedman, Sara. *Intimate Politics*: *Marriage*, *the Market*, *and State Power in Southeastern China*, Cambridge, Mass.: Harvard University Press, 2006.

Fung, Heidi. "Becoming a Moral Child: The Socialization of Shame among Young Chinese Children." *Ethos*, vol. 27, no. 2, 1999.

Gergen, Kenneth. *The Saturated Self*: *Dilemmas of Identity in Contemporary Life*, New York: Basic Books, 1991.

Ginsburg, Faye, and Rayna Rapp. "Disability Worlds." *Annual Review of Anthropology*, vol. 42, 2013.

Giudici, Daniela. "Beyond Compassionate AID: Precarious Bureaucrats and Dutiful Asylum Seekers in Italy." *Cultural Anthropology*, vol. 36, no. 1, 2021.

Goffman, Erving. *Asylums*: *Essays on the Social Situation of Mental*

Patients and Other Inmates, New York: Anchor, 1961.

Goldberg, Abbie. *Gay Dads: Transitions to Adoptive Fatherhood*, New York: New York University Press, 2012.

Gottlieb, Alma. "Where Have All the Babies Gone?: Toward an Anthropology of Infants (and Their Caretakers)." *Anthropological Quarterly*, vol. 73, no. 3, 2000.

Gottlieb, Alma, and Judy DeLoache. *A World of Babies: Imagined Childcare Guides for Eight Societies*, Cambridge: Cambridge University Press, 2016.

Gottlieb, Alma. *The Afterlife is Where We Come From: The Culture of Infancy in West Africa*, Chicago: University of Chicago Press, 2004.

Gottschang, Suzanne. *Formulas for Motherhood in a Chinese Hospital*, Ann Arbor: University of Michigan Press, 2018.

Grandey, Alicia. "Emotion Regulation in the Workplace: A New Way to Conceptualize Emotional Labor." *Journal of Occupational Health Psychology*, vol. 5, no. 1, 2000.

Greenhalgh, Susan. "The Peasantization of the One-Child Policy in Shaanxi." In Deborah Davis and Stevan Harrell (eds.), *Chinese Families in the Post-Mao Era*, Berkeley: University of California Press, 1993.

Greenhalgh, Susan. "Planned Births, Unplanned Persons: 'Population' in the Making of Chinese Modernity." *American Ethologist*, vol. 30, no. 2, 2003.

Greenhalgh, Susan. *Cultivating Global Citizens: Population in the Rise of China*, Cambridge, Mass. : Harvard University Press, 2010.

Greenhalgh, Susan, and Edwin Winckler. *Governing China's Population: From Leninist to Neoliberal Biopolitics*, Stanford: Stanford University Press, 2005.

Grieshaber, Susan. "Mealtime Rituals: Power and Resistance in the Construction of Mealtime Rules." *British Journal of Sociology*, vol. 48, no. 4, 1997.

Gu, Xiaorong. " 'You are not Young Anymore!' : Gender, Age and the Politics of Reproduction in Post-Reform China. " *Asian Bioethics Review*, vol. 13, no. 1, 2021.

Guiney, Tess, and Mary Mostafanezhad. "The Political Economy of Orphanage Tourism in Cambodia. " *Tourist Studies*, vol. 15, no. 2, 2014.

Hacking, Ian. "Between Michel Foucault and Erving Goffman: Between Discourse in the Abstract and Face-to-Face Interaction. " *Economy and Society*, vol. 33, no. 3, 2004.

Hansen, Halskov Mette. *Educating the Chinese Individual: Life in a Rural Boarding School*, Seattle: University of Washington Press, 2016.

Haviland, William. *Cultural Anthropology (tenth edition)*, London: Wadsworth, 2002.

Hays, Sharon. *The Cultural Contradictions of Motherhood*, New Haven: Yale University Press, 1996.

High, Anna. *Non-Governmental Orphan Relief in China: Law, Policy, and Practice*, New York: Routledge, 2020.

Hirschfeld, A. Lawrence. "Why Don't Anthropologists Like Children?" *American Anthropologist*, vol. 104, no. 2, 2002.

Ho, Y. F. David. "Filial Piety and Its Psychological Consequences. " In Michael H. Bond (ed.), *The Handbook of Chinese Psychology*, Oxford: Oxford University Press, 1996.

Hochschild, R. Arlie. *The Managed Heart: Commercialization of Human Feeling*, Berkeley: University of California Press, 2003.

Hoffman, Lisa. *Patriotic Professionalism in Urban China: Fostering Talent*, Philadelphia: Temple University Press, 2010.

Horgan, Deirdre. "Child Participatory Research Methods: Attempts to Go 'Deeper' . " *Childhood*, vol. 24, no. 2, 2017.

Hsu, Carolyn. "Rehabilitating Charity in China: The Case of Project Hope and the Rise of Non-Profit Organizations. " *Journal of Civil Society*, vol. 4, no. 2, 2008.

Human Rights Watch. *Romania's Orphans*: *A Legacy of Repression*, 1990, http: //www. hrw. org/legacy/reports/1990/romainia1290/romania1290. pdf.

Human Rights Watch/Asia. *Death by Default*: *A Policy of Fatal Neglect in China's State Orphanages*, New Haven: Yale University Press, 1996.

Hunt, Kathleen. *Abandoned to the State*: *Cruelty and Neglect in Russian Orphanage*, New York: Human Rights Watch, 1998.

Hunt, Paul. *Stigma*: *The Experience of Disability*, London: G. Chapman, 1966.

Hussain, Yasmin, Karl Atkin, and Waqar Ahmad. *South Asian Disabled Young People and Their Families*, Bristol: Policy Press, 2002.

Inda, Xavier, and Renato Rosaldo (eds.) . *The Anthropology of Globalization*: *A Reader*, Malden, Mass. : Blackwell Publishers, 2002.

Isler, Aysegul, Dilek Beytut, Fatma Tas, and Zeynep Conk. "A Study on Sexuality with the Parents of Adolescents with Intellectual Disability. " *Sexuality & Disability*, vol. 27, no. 4, 2009.

Jackson, Jonathan. *Reforming the Dead*: *The Intersection of Socialist Merit and Agnatic Descent in a Chinese Funeral Home*, PhD Dissertation in Anthropology, University of California at Los Angeles, 2008.

James, Allison. "Giving Voice to Children's Voices: Practices and Problems, Pitfalls and Potentials. " *American Anthropologist*, vol. 109, no. 2, 2007.

James, Allison, Anne Trine Kjørholt, and Vebjørg Tingstad. *Children, Food and Identity in Everyday Life*, Basingstoke: Palgrave Macmillan, 2009.

Jeffreys, Elaine. (ed.) . *China's Governmentalities*: *Governing Change, Changing Government*, London: Routledge, 2009.

Johnson, Kay. "Chinese Orphanages: Saving China's Abandoned Girls. " *The Australian Journal of Chinese Affairs*, vol. 30, 1993.

Johnson, Kay. "The Politics of the Revival of Infant Abandonment in China, with Special Reference to Hunan. " *Population and Development Review*, vol. 22, no. 1, 1996.

Johnson, Kay. "Politics of International and Domestic Adoption in China." *Law & Society Review*, vol. 36, no. 2, 2002.

Johnson, Kay. *China's Hidden Children: Abandonment, Adoption, and the Human Costs of the One-Child Policy*, Chicago: University of Chicago Press, 2016.

Johnson, Kay, Huang Banghan, and Wang Liyao. "Infant Abandonment and Adoption in China." *Population and Development Review*, vol. 24, no. 3, 1998.

Jones, S. Keely. "Giving and Volunteering as Distinct Forms of Civil Engagement: The Role of Community Integration and Personal Resources in Formal Helping." *Nonprofit and Voluntary Sector Quarterly*, vol. 35, no. 2, 2006.

Jordanova, Ludmilla. "The Social Construction of Medical Knowledge." *Social History of Medicine*, vol. 8, no. 3, 1995.

Kalir, Barak. "Repressive Compassion: Deportation Caseworkers Furnishing an Emotional Comfort Zone in Encounters with Illegalized Migrants." *PoLAR: Political and Legal Anthropology Review*, vol. 42, no. 1, 2019.

Keyser, Catherine. "The Role of the State and NGOs in Caring for at-risk Children." In Jonathan Schwartz and Shawn Shieh (eds.), *State and Society Responses to Social Welfare Needs in China: Serving the People*, Abingdon: Routledge, 2009.

Kim, Chae-Young. "Why Research 'by' Children? Rethinking the Assumptions Underlying the Facilitation of Children as Researchers." *Children & Society*, vol. 30, no. 3, 2016.

Kim, Eunjung. "Asexuality in Disability Narratives." *Sexualities*, vol. 14, no. 4, 2011.

King, T. Michelle. *Between Birth and Death: Female Infanticide in Nineteenth-Century China*, Stanford: Stanford University Press, 2014.

Kipnis, Andrew. *Governing Educational Desire: Culture, Politics, and Schooling in China*, Chicago: University of Chicago Press, 2011.

Kirsch, Stuart. *Engaged Anthropology: Politics beyond the Text*, Berkeley: University of California Press, 2018.

Klooster, van't Erik, Jeroen van Wijk, Frank Go, and Johan van Rekom. "Educational Travel: The Overseas Internship." *Annals of Tourism Research*, vol. 35, no. 3, 2008.

Kohn, L. Melvin. "Social Class and Parent-Child Relationships: An Interpretation." *American Journal of Sociology*, vol. 68, no. 4, 1963.

Kohrman, Matthew. "Grooming Que Zi: Marriage Exclusion and Identity Formation among Disabled Men in Contemporary China." *American Ethnologist*, vol. 26, no. 4, 1999.

Kohrman, Matthew. *Bodies of Difference: Experiences of Disability and Institutional Advocacy in the Making of Modern China*, Berkeley: University of California Press, 2005.

Kramer, Ralph. *Voluntary Agencies in the Welfare State*, Berkeley: University of California Press, 1981.

Kuan, Teresa. "'The Heart Says One Thing but the Hand Does Another': A Story about Emotional-Work, Ambivalence and Popular Advice for Parents." *The China Journal*, vol. 65, 2011.

Kuan, Teresa. *Love's Uncertainty: The Politics and Ethics of Child Rearing in Contemporary China*, Berkeley: University of California Press, 2015.

Lee, Ok Joo, Joohi Lee, and Sung Seek Moon. "Exploring Children's Understanding of Death Concepts." *Asia Pacific Journal of Education*, vol. 29, no. 2, 2009.

Lee, Wei-Chin. "Book Review: Death by Default: A Policy of Fatal Neglect in China's State Orphanages." *The Journal of Asian Studies*, vol. 56, no. 2, 1997.

L'Engle, Kelly, Jane Brown, and Kristin Kenneavy. "The Mass Media Are An Important Context for Adolescents' Sexual Behavior." *Journal of Adolescent Health*, vol. 38, no. 3, 2006.

Lewin, Ellen. *Gay Fatherhood: Narratives of Family and Citizenship in*

America, Chicago: University of Chicago Press, 2009.

Lifton, Robert. *The Protean Self: Human Resilience in An Age of Fragmentation*, New York: Basic Books, 1993.

Linton, Simi. *Claiming Disability: Knowledge and Identity*, New York: New York University Press, 1998.

Liu, Huwy-Min Lucia. *Governing Death, Making Persons: The New Chinese Way of Death*, Ithaca: Cornell University Press, 2023.

Lou, Chaohua, Yan Cheng, Ersheng Gao, Xiayun Zuo, Mark R. Emerson, and Laurie S. Zabin. "Media's Contribution to Sexual Knowledge, Attitudes, and Behaviors for Adolescents and Young Adults in Three Asian Cities." *Journal of Adolescent Health*, vol. 50, no. 3, 2012.

Louie, Andrea. *How Chinese Are You? Adopted Chinese Youth and Their Families Negotiate Identity and Culture*, New York: New York University Press, 2015.

Lupton, Deborah. "Infant Embodiment and Interembodiment: A Review of Sociocultural Perspectives." *Childhood*, vol. 20, no. 1, 2012.

Ma, Qiusha. *Non-Governmental Organizations in Contemporary China: Paving the Way to Civil Society?* New York: Routledge, 2006.

MacCannell, Dean. "Staged Authenticity: Arrangements of Social Space in Tourist Settings." *American Journal of Sociology*, vol. 79, no. 3, 1973.

Macdonald, Dunbrook Sarah. *Mismatched: Adoption Agencies, Parental Desire, and the Economy of Transnational Adoption*, PhD Dissertation in Sociology at University of California, Berkeley, 2016.

Macdonald, Lynne Cameron. "Manufacturing Motherhood: The Shadow Work of Nannies and Au Pairs." *Qualitative Sociology*, vol. 21, no. 1, 1998.

Macdonald, Lynne Cameron. *Shadow Mothers: Nannies, Au Pairs, and the Micropolitics of Mothering*, Berkeley: University of California Press, 2010.

Madigan-Curtis, Aidan. "A Decade after the Dying Room: Revisiting China's One-Child Policy." *Harvard Asia Pacific Review*, vol. 8, no. 1, 2005.

McCarthy, Kathleen. *American Creed: Philanthropy and the Rise of Civil*

Society, 1700~1865, Chicago: University of Chicago Press, 2003.

McNamee, Sally, and Julie Seymour. "Towards a Sociology of 10 ~ 12 Year Olds? Emerging Methodological Issues in the 'New' Social Studies of Childhood." *Childhood*, vol. 20, no. 2, 2013.

McWilliams, Abagail, Donald Siegel, and Patrick Wright. "Corporate Social Responsibility: Strategic Implications." *Journal of Management Studies*, vol. 43, no. 1, 2006.

Mezey, Nancy. *New Choices, New Families: How Lesbians Decide about Motherhood*, Baltimore: Johns Hopkins University Press, 2008.

Milligan, Maureen, and Aldred Neufeldt. "The Myth of Asexuality: A Survey of Social and Empirical Evidence." *Sexuality & Disability*, vol. 19, no. 2, 2001.

Moran, Dominique, and Jennifer Turner. "Turning over a New Leaf: The Health-Enabling Capacities of Nature Contact in Prison." *Social Science & Medicine*, vol. 231, 2019.

Morris, Jenny. *Pride against Prejudice: Transforming Attitudes to Disability*, London: Women's Press, 1991.

Muehlebach, Andrea. *The Moral Neoliberal: Welfare and Citizenship in Italy*, Chicago: *University of Chicago Press*, 2012.

Mungello, D. E. *Drowning Girls in China: Female Infanticide since* 1650, Lanham: MD: Rowman & Littlefield Publishers, 2008.

Nafali, Orna. "Empowering the Child: Children's Rights, Citizenship and the State in Contemporary China." *The China Journal*, vol. 61, 2009.

Neimetz, Catherine. "Navigating Family Roles within an Institutional Framework: An Exploratory Study in One Private Chinese Orphanage." *Journal of Child and Family Studies*, vol. 20, no. 5, 2011.

Nelson, A. Charles, Nathan A. Fox, and Charles H. Zeanah. *Romania's Abandoned Children: Deprivation, Brain Development, and the Struggle for Recovery*, Cambridge, Mass.: Harvard University Press, 2014.

O'Farrell, Clare. *Michel Foucault*, London: Sage Publications, 2005.

Oksala, Johanna. "From Biopower to Governmentality." In Falzon Christopher, O'Leary Timothy and Sawicki Jana (eds.), *A Companion to Foucault*, Malden, MA: Wiley-Blackwell, 2013.

Ong, Aihwa. *Neoliberalism as Exception: Mutations in Citizenship and Sovereignty*, Durham: Duke University Press, 2006.

Orrmalm, Alex. "Culture by Babies: Imagining Everyday Material Culture through Babies' Engagements with Socks." *Childhood*, vol. 27, no. 1, 2020.

Orrmalm, Alex. "Doing Ethnographic Method with Babies-Participation and Perspective Approached from the Floor." *Children & Society*, vol. 34, no. 6, 2020.

Ortner, Sherry. "Dark Anthropology and Its Others: Theory Since the Eighties." *HAU: Journal of Ethnographic Theory*, vol. 6, no. 1, 2016.

Oswell, David. *The Agency of Children: From Family to Global Human Rights*, Cambridge: Cambridge University Press, 2013.

Palmer, Michael. "Civil Adoption in Contemporary Chinese Law: A Contract to Care." *Modern Asian Studies*, vol. 23, no. 2, 1989.

Pan, Lu, and Jingzhong Ye. "Sexuality and Marriage of Women with Intellectual Disability in Male-Squeezed Rural China." *Sexuality & Disability*, vol. 30, no. 2, 2012.

Paul, Sally. "Is Death Taboo for Children? Developing Death Ambivalence as a Theoretical Framework to Understand Children's Relationship with Death, Dying and Bereavement." *Children & Society*, vol. 33, no. 6, 2019.

Perry, J. Elizabeth. "Trends in the Study of Chinese Politics: State-Society Relations." *The China Quarterly*, vol. 139, 1994.

Perry, Nick. "The Two Cultures and the Total Institution." *The British Journal of Sociology*, vol. 25, no. 3, 1974.

Pieke, Frank. *The Good Communist: Elite Training and State Building in Today's China*, Cambridge: Cambridge University Press, 2009.

Pike, Jo. "Foucault, Space and Primary School Dining Rooms."

Children's Geographies, vol. 6, no. 4, 2008.

Pinkerton, John. *Meeting the Challenge: Young People Leaving Care in Northern Ireland*, Aldershot: Ashgate, 1999.

Ponte, Chin Iris, Leslie Kim Wang, and Serena Pen-shian Fan. "Returning to China: The Experience of Adopted Chinese Children and Their Parents. " *Adoption Quarterly*, vol. 13, no. 2, 2010.

Punch, Samantha, and Ian McIntosh. " 'Food is a Funny Thing within Residential Child Care' : Intergenerational Relationships and Food Practices in Residential Care. " *Childhood*, vol. 21, no. 1, 2014.

Putnam, Robert. *Making Democracy Work: Civil Traditions in Modern Italy*, Princeton: Princeton University Press, 1993.

Raffety, Erin. *Morality on the Margins: Fostering Disabled Children in Contemporary China*, PhD Dissertation in Anthropology, Princeton University, 2015.

Raffety, Erin. *Families We Need: Disability, Abandonment, and Foster Care's Resistance in Contemporary China*, New Jersey: Rutgers University Press, 2022.

Raffety, Erin. "Minimizing Social Distance: Participatory Research with Children. " *Childhood*, vol. 22, no. 3, 2015.

Raffety, Erin. "Chinese Special Needs Adoption, Demand, and the Global Politics of Disability. " *Disability Studies Quarterly*, vol. 39, no. 2, 2019, doi: http: //dsq-sds. org/article/view/6662/5249.

Ramsay, Georgina. "Benevolent Cruelty: Forced Child Removal, African Refugee Settlers, and the State Mandate of Child Protection. " *PoLAR: Political and Legal Anthropology Review*, vol. 40, no. 2, 2017.

Ramsay, Georgina. "Humanitarian Exploits: Ordinary Displacement and the Political Economy of the Global Refugee Regime. " *Critique of Anthropology*, vol. 40, no. 1, 2020.

Rankin, Mary. "Some Observations on a Chinese Public Sphere. " *Modern China*, vol. 19, no. 2, 1993.

Redfield, Peter. "Sacrifice, Triage and Global Humanitarianism. " In Thomas Weiss and Michael Barnett (eds.), *Humanitarianism in Question*: *Politics*, *Power*, *Ethics*, Ithaca: Cornell University Press, 2008.

Repo, Virve. "Spatial Control and Care in Finnish Nursing Homes. " *Area*, vol. 51, no. 2, 2019.

Rhodes, A. Lorna. "Toward an Anthropology of Prisons. " *Annual Review of Anthropology*, vol. 30, 2001.

Rich, Adrienne. *Of Woman Born*: *Motherhood as Experience and Institutions*, New York: Norton, 1986.

Richardson, Diane. *Women*, *Motherhood and Childrearing*, New York: St. Martin's Press, 1993.

Richter, Linda, and Amy Norman. "AIDS Orphan Tourism: A Threat to Young Children in Residential Care. " *Vulnerable Children and Youth Studies*, vol. 5, no. 3, 2010.

Riley, Dylan. "Civic Associations and Authoritarian Regimes in Inter-war Europe: Italy and Spain in Comparative Perspective. " *American Sociological Review*, vol. 70, 2005.

Ritchie, Brent. *Managing Educational Tourism*, Buffalo: Channel View Publications, 2003.

Robbins, Joel. "Beyond the Suffering Subject: Toward an Anthropology of the Good. " *Journal of the Royal Anthropological Institute*, vol. 19, no. 3, 2013.

Rockhill, Elena Khlinovskaya. *Lost to the State*: *Family Discontinuity*, *Social Orphanhood and Residential Care in the Russian Far East*, New York: Berghahn Books, 2010.

Ross, C. Fiona, and Michelle Pentecost. "Still Unknown and Overlooked? Anthropologies of Childhood and Infancy in Southern Africa, 1995 ~ 2020. " *Ethnos*, 2021, https: //doi. org/10. 1080/00141844. 2021. 1994622.

Rowe, William. "The Problem of Civil Society in Late Imperial China. " *Modern China*, vol. 19, no. 2, 1993.

Sanchez, Carol. "Motives for Corporate Philanthropy in El Salvador: Altruism and Political Legitimacy." *The Journal of Business Ethics*, vol. 27, no. 4, 2000.

Santos, Goncalo, and Stevan Harrell (eds.). *Transforming Patriarchy: Chinese Families in the Twenty-First Century*, Seattle: University of Washington Press, 2016.

Schliehe, K. Anna. "Re-discovering Goffman: Contemporary Carceral Geography, The 'Total' Institution and Notes on Heterotopia." *Geografiska Annaler: Series B, Human Geography*, vol. 98, no. 1, 2016.

Schwarz, Stephen. *The Moral Question of Abortion*, Chicago: Loyola University Press, 1990.

Shakespeare, Tom, Kath Gillespie-Sells, and Dominic Davies. *The Sexual Politics of Disability: Untold Desires*, London: Cassell, 1996.

Shang, Xiaoyuan. "Looking for a Better Way to Care for Children: Cooperation between the State and Civil Society in China." *Social Service Review*, vol. 76, no. 2, 2002.

Shang, Xiaoyuan, and Karen Fisher. *Young People Leaving State Care in China*, Bristol: Policy Press, 2017.

Shang, Xiaoyuan, and Karen Fisher. "Child Maltreatment and Prevention Practices in Chinese Orphanages." In Adrian V. Rus, Sheri R. Parris, and Ecaterina Stativa (eds.), *Child Maltreatment in Residential Care: History, Research, and Current Practice*, Cham: Springer, 2017.

Shang, Xiaoyuan, and Xiaoming Wu. "Protecting Children under Financial Constraints: Foster Mother Villages in Datong." *Journal of Social Policy*, vol. 32, no. 4, 2003.

Shang, Xiaoyuan, Xiaoming Wu, and Yue Wu. "Welfare Provision for Vulnerable Children: The Missing Role of the State." *The China Quarterly*, vol. 181, 2005.

Shieh, Shawn, and Guosheng Deng. "An Emerging Civil Society: The Impact of the 2008 Sichuan Earthquake on Grassroots Associations in China."

The China Journal, vol. 65, 2011.

Shield, Rose Renee. *Uneasy Endings: Daily Life in an American Nursing Home*, Ithaca: Cornell University Press, 1988.

Shuttleworth, Russell. "Bridging Theory and Experience: A Critical-Interpretive Ethnography of Sexuality and Disability." In Robert McRuer and Anna Mollow (eds.), *Sex and Disability*, Durham: Duke University Press, 2012.

Smith, Benjamin. *Youth Leaving Foster Care: A Developmental, Relationship-Based Approach to Practice*, New York: Oxford University Press, 2011.

Smith, Horton. *Grassroots Associations*, Thousand Oaks: Sage, 2000.

Smith, Mark. *Rethinking Residential Child Care: Positive Perspectives*, Bristol: Policy Press, 2009.

Smørholm, Sesilie. "Pure as the Angels, Wise as the Dead: Perceptions of Infants? Agency in a Zambian Community." *Childhood*, vol. 23, no. 3, 2016.

Spires, Anthony. "Contingent Symbiosis and Civil Society in an Authoritarian State: Understanding the Survival of China's Grassroots NGOs." *American Journal of Sociology*, vol. 117, no. 1, 2011.

Spyrou, Spyros. "The Limits of Children's Voices: From Authenticity to Critical, Reflexive Representation." *Childhood*, vol. 18, no. 2, 2011.

Stafford, Lisa. "'What about My Voice': Emancipating the Voices of Children with Disabilities through Participant-Centred Methods." *Children's Geographies*, vol. 15, no. 5, 2017.

Stalker, Kirsten. "Researching the Lives of Disabled Children and Young People." *Children & Society*, vol. 26, no. 3, 2012.

Stewart, Pamela, and Andrew Strathern. *Witchcraft, Sorcery, Rumors and Gossip*, Cambridge: Cambridge University Press, 2003.

Tabbush, Constanza. "Civil Society in United Nations Conferences: A Literature Review." Civil Society and Social Movements Programme Paper No. 17, United Nations Research Institute for Social Development, 2005.

Tan, Xing Tony, and Kofi Marfo. "Pre-adoption Adversity and Behavior Problems in Adopted Chinese Children: A Longitudinal Study." *Journal of Applied Developmental Psychology*, vol. 42, 2016.

Tan, Xing Tony, and Emily A. X. Robinson. "Institutionalized Chinese Children with Congenital Medical Conditions: Placement Delay, Developmental Issues at Arrival and Current Wellbeing." *Children and Youth Services Review*, vol. 88, 2018.

Teets, Jessica. "Post-Earthquake Relief and Reconstruction Efforts: The Emergence of Civil Society in China?" *The China Quarterly*, vol. 198, 2009.

Thomas, Carol. *Female Forms: Experiencing and Understanding Disability*, Philadelphia: Open University Press, 1999.

Ticktin, Miriam. "Where Ethics and Politics Meet: The Violence of Humanitarianism in France." *American Ethnologist*, vol. 33, no. 1, 2006.

Ticktin, Miriam. *Casualties of Care: Immigration and the Politics of Humanitarianism in France*, Berkeley: University of California Press, 2011.

Ticktin, Miriam. "Transnational Humanitarianism." *Annual Review of Anthropology*, vol. 43, 2014.

Tisdall, E. Kay M. "The Challenge and Challenging of Childhood Studies? Learning from Disability Studies and Research with Disabled Children." *Children & Society*, vol. 26, no. 3, 2012.

Tobin, Joseph, David Wu, and Dana Davidson. *Preschool in Three Cultures: Japan, China and the United States*, New Haven: Yale University Press, 1989.

Tomba, Luigi. *The Government Next Door: Neighborhood Politics in Urban China*, Ithaca: Cornell University Press, 2014.

Tu, Wei-Ming. *Confucian Thought: Selfhood as Creative Transformation*, Albany: State University of New York Press, 1985.

Unger, Jonathan. "Introduction: Chinese Associations, Civil Society, and State Corporatism: Disputed Terrain." In Jonathan Unger (ed.), *Associations and the Chinese State: Contested Spaces*, Armonk: M. E. Sharpe,

2008.

Urry, John. *The Tourist Gaze: Leisure and Travel in Contemporary Societies*, London: Sage Publications, 1990.

Valentine, Kylie. "Accounting for Agency." *Children & Society*, vol. 25, no. 5, 2011.

van Doore, E. Kathryn. *Orphanage Trafficking in International Law*, Cambridge: Cambridge University Press, 2022.

Walder, Andrew. *Communist Neo-Traditionalism: Work and Authority in Chinese Industry*, Berkeley: University of California Press, 1988.

Waltner, Ann. *Getting an Heir: Adoption and the Construction of Kinship in Late Imperial China*, Honolulu: University of Hawaii Press, 1990.

Wang, Leslie. "Importing Western Childhoods into a Chinese State～Run Orphanage." *Qualitative Sociology*, vol. 33, no. 2, 2010.

Wang, Leslie. *Outsourced Children: Orphanage Care and Adoption in Globalizing China*, Stanford: Stanford University Press, 2016.

Wang, Leslie, Iris Chin Ponte, and Elizabeth Weber Ollen. "Letting Her Go: Western Adoptive Families' Search and Reunion with Chinese Birth Parents." *Adoption Quarterly*, vol. 18, no. 1, 2015.

Watson, Nick. "Theorising the Lives of Disabled Children: How Can Disability Theory Help?" *Children & Society*, vol. 26, no. 3, 2012.

Weinstein, M. Raymond. "Goffman's Asylums and the Total Institution Model of Mental Hospitals." *Psychiatry*, vol. 57, no. 4, 1994.

Willis, Paul. *The Ethnographic Imagination*, Cambridge: Polity, 2000.

Wolf, Arthur, and Huang Chieh-Shan. *Marriage and Adoption in China*, 1845-1945, Stanford: Stanford University Pres, 1980.

Wolf, Margery. "Child Training and the Chinese Family." In Maurice Freedman (ed.), *Family and Kinship in Chinese Society*, Stanford: Stanford University Press, 1970.

Wong, Linda. *Marginalization and Social Welfare in China*, London: Routledge, 1998.

Wood, Ellen. "The Uses and Abuses of Civil Society." *Socialist Register*, vol. 26, 1990.

World Tourism Organization, "UNWTO Technical Manual: Collection of Tourism Expenditure Statistics." 1995, http://pub. unwto. org/WebRoot/Store/Shops/Infoshop/Products/1034/1034-1. pdf.

Woronov, Terry. "Chinese Children, American Education: Globalizing Child Rearing in Contemporary China." In Jennifer Cole and Deborah Durham (eds.), *Generations and Globalizations: Youth, Age, and the Family in the New World Economy*, Bloomington: Indiana University Press, 2007.

Woronov, Terry. "Governing China's Children: Governmentality and 'Education for Quality'." *Positions*, vol. 17, no. 3, 2009.

Woronov, Terry. *Class Work: Vocational Schools and China's Urban Youth*, Stanford: Stanford University Press, 2016.

Wright, Arthur. "Values, Roles, and Personalities." In Arthur Wright and Denis Twitchett (eds.), *Confucian Personalities*, Stanford: Stanford University Press, 1962.

Wu, Jinting. "Mothering Special Children: Negotiating Gender, Disability, and Special Education in Contemporary China." *Harvard Educational Review*, vol. 90, no. 1, 2020.

Wu, Yen-Ho David. "Child Abuse in Taiwan." In Jill Korbin (ed.), *Child Abuse and Neglect: Cross-Cultural Perspectives*, Berkeley: University of California Press, 1981.

Wuthnow, Robert (ed.). *Between States and Markets: The Voluntary Sector in Comparative Perspective*, Princeton: Princeton University Press, 1991.

Xu, Jing. *The Good Child: Moral Development in a Chinese Preschool*, Stanford: Stanford University Press, 2017.

Xu, Ying, and Ngan-Pun Ngai. "Moral Resources and Political Capital: Theorizing the Relationship between Voluntary Service Organizations and the Development of Civil Society in China." *Nonprofit and Voluntary Sector Quarterly*, vol. 40, no. 2, 2011.

Yang, Katja, and Bjorn Alpermann. "Children and Youth NGOs in China: Social Activism between Embeddedness and Marginalization." *China Information*, vol. 28, no. 3, 2014.

Yeoh, Brenda, and Shirlena Huang. "Singapore Women and Foreign Domestic Workers: Negotiating Domestic Work and Motherhood." In Janet Henshall Momsen (ed.), *Gender, Migration and Domestic Service*, London: Routledge, 1999.

Yu, Yi. "Making Adoptable Children: A Case Study of the Child Assessment Programme for Chinese-US Transnational Adoptions." *Area*, vol. 52, no. 2, 2020.

Yu, Ying. "The Implications of Civil Society Innovations for Good Governance in China: Exemplification of a Voluntary Charity-oriented Sphere." In Deng Zhenglai and Guo Sujian (eds.), *China's Search for Good Governance*, New York: Palgrave Macmillan, 2011.

Zhang, Liying, Xiaoming Li and Iqbal Shah. "Where Do Chinese Adolescents Obtain Knowledge of Sex? Implications for Sex Education in China," *Health Education*, vol. 107, no. 4, 2007.

致　谢

　　本书的雏形是我在香港科技大学的学位论文，后经多番增补修订，并幸得国家社会科学基金后期资助项目资助出版。在本书成形的过程中，我得到了许多师友的支持与鼓励，对此不胜感激。

　　张兆和教授是我论文的指导老师，是他将我引入极富魅力的人类学学科，也是从他身上我领略到了人类学学者对田野调查十几年如一日的执着。同样热爱田野的马健雄教授提醒彼时痴迷理论的我"理论是会过时的，但田野却是永恒的"。虽然当时并未醒悟，但辗转多年以后，这一提醒成为我的学术座右铭。廖迪生教授在答辩时的提问指引我在毕业之后仍不断回访田野，意图解决"为什么一本关于孤儿院的民族志却少有孤儿自己的声音"这一难题，并最终有了本书第六章儿童研究方法论的反思。我也要感谢我在澳大利亚国立大学的老师邓利杰（Luigi Tomba）和安戈（Jonathan Unger）两位教授为本书一些章节提出的富有创见的修改建议。

　　本书的部分内容曾以中英文论文的形式发表，得到多位期刊编辑和审稿人的指点，在这里我尤其想感谢几位中文期刊的编辑老师。我的第一篇福利院文章刊发于台湾地区最具声望的人类学刊物《台湾人类学刊》。2017 年，我所在的澳大利亚国立大学中华全球研究中心的裴凝（Benjamin Penny）教授到台北参加李亦园先生逝世后的纪念活动。返澳之后，裴老师告诉我他遇到了曾任该刊主编的黄树民教授，他竟知道我正在澳大利亚求学，并表示我的文章给他留下了较深的印象，这让我备受鼓舞。也是在 2017 年，我的另两篇有关福利院的中文文章发表于《思想战线》和《浙江工商大学学报》。这之后，《民俗研究》发表了我关于福利院的后续成果。我要特别感谢这四家刊物的编辑，陈斌、彭何芬、张士闪、王加华、龙圣等老师，在面对期刊引用率考核的压力下仍愿意发表本人的冷门研究。我也想在此感谢国家社科基金后期资助项目的五位评审专家。尽管不知道诸位是谁，但正是你们的支持，让这本连不少出版社都觉得冷门到卖不动的书得见天日。

我也曾多次拿本书的内容在境内外的学术会议上作报告，并借此结识了不少学界名宿。2013 年香港中文大学人类学系主办的亚太人类学研究生论坛是我第一次发言的学术会议，得到了范可、南鸿雁两位教授的点评意见，范老师自己也曾写过跨国收养儿童的文章。同一年，我与刚刚从美国返港工作的关宜馨（Teresa Kuan）教授一起在香港亚洲研究协会的年会上申办了一场小组报告，热烈的讨论一直从会场延续到港铁东铁线的大学站。本书的标题实际上也受到关老师专著标题的启发。2015 年年中，我在南宁开会时结识了作为评议人的程瑜教授，程老师的才学和待人接物的风采都令我敬仰。同年年底，在长三角人类学新锐论坛上，我领略了邵京教授的犀利、黄剑波教授的温润和杨德睿教授的真诚宽厚。2016 年，我因偶然的机会结识了自己从本科阶段就开始阅读其著作的岳永逸教授，后来又在岳老师主办的会议上认识了富晓星教授。两位老师对我的扶持与提携，我一直铭感于心。本书的写作同样也受益于翻译景军教授主编《喂养中国小皇帝》一书的经历，景老师对儿童饮食的讨论直接启发了我关注福利院儿童如何通过零食消费来展现自身的能动性。2019 年 10 月，我在东南大学主办了"转型期家庭伦理与儿童养育实践"研究论坛，有机会与多位校内外专注儿童养育/教育研究的社会学、人类学和社会工作学者交流，在此特别感谢杨可、林晓珊、沈洪成、姚泽麟、李萱、王瑞静等外校师友与会指导和交流。在此后东南大学社会学系主办的医学社会学青年论坛和中国社会学会年会道德社会学分论坛上，梅笑和陶林两位老师的分享亦让我受益匪浅。

除了前辈师长的指点与启发，我也要感谢伴随自己留学十数载的友邻。没有香港清水湾、九龙塘、屯门、红磡和堪培拉故旧们的相伴（其中还有几位后来成为同事），我的求学之路恐怕会变得更加艰辛。2018 年底，我回国入职东南大学人文学院社会学系，在此也要感谢学院领导和同事这些年来的关照，尤其是王珏、洪岩璧、李林艳等老师在我入职面试时的肯定，以及张晶晶、张晶、刘莹等老师在学术与行政事务上的支持。在做福利院研究时期就认识的朋友中，我还想致谢张经纬、顾晓清、石含笑、龚霓、符隆文、林海聪、熊威、李胜、沈河西、许多、李炎新、沈敏一、王展，他们曾以不同形式在智识、情谊和事业上支持过我（其他的师长和朋友，下本书我再来致谢）。王展也是本书的责任编辑，我们可以说是相互见证了彼此的成长。董轩、袁长庚、安孟竹和严丽君在我提交结项前阅读了全书，给出了详尽的意见和建议，我从中受益匪浅。除本书受国家社科基金后期项目资助出版以外，本人在成书过程中也受到江苏省道德发展高端智库、江苏省公民道德与社会风尚协同创新中心、东南大学至善青年学者项目和江苏省双创博士项目的支持，在此一并致谢。

　　最后，我要将本书献给永江福利院的人们和我的家人，同时感谢读到这最末一句的读者，期待下次相逢。

2024 年 4 月 22 日，南京秦淮河畔